伪柏拉图文集

岳海涌○编译

中国社会科学出版社

图书在版编目(CIP)数据

伪柏拉图文集 / 岳海湧编译. —北京：中国社会科学出版社，2019.10
ISBN 978 – 7 – 5203 – 5709 – 8

Ⅰ. ①伪⋯　Ⅱ. ①岳⋯　Ⅲ. ①古希腊罗马哲学—文集
Ⅳ. ①B502.232 – 53

中国版本图书馆 CIP 数据核字（2019）第 271011 号

出 版 人	赵剑英
责任编辑	张冰洁
责任校对	杨　林
责任印制	王　超

出　　版	中国社会科学出版社
社　　址	北京鼓楼西大街甲 158 号
邮　　编	100720
网　　址	http://www.csspw.cn
发 行 部	010 – 84083685
门 市 部	010 – 84029450
经　　销	新华书店及其他书店
印　　刷	北京明恒达印务有限公司
装　　订	廊坊市广阳区广增装订厂
版　　次	2019 年 10 月第 1 版
印　　次	2019 年 10 月第 1 次印刷
开　　本	710×1000　1/16
印　　张	25.75
插　　页	2
字　　数	384 千字
定　　价	118.00 元

凡购买中国社会科学出版社图书，如有质量问题请与本社营销中心联系调换
电话：010 – 84083683
版权所有　侵权必究

目　录

译者前言 ……………………………………………………… (1)
  一　伪柏拉图作品及其作者 ………………………………… (1)
  二　伪柏拉图作品的写作时间、版本及其译本 …………… (7)
  三　伪柏拉图作品翻译和研究的历史及现状 ……………… (12)
  四　翻译并研究伪柏拉图作品的意义 ……………………… (14)
  五　关于《伪柏拉图文集》的翻译及其篇目次序 ………… (19)

《定义篇》 ……………………………………………………… (1)
《论美德》 ……………………………………………………… (17)
《论正义》 ……………………………………………………… (26)
《爱慕者篇》 …………………………………………………… (35)
《阿尔基比亚德斯篇（Ⅰ）》 …………………………………… (50)
《阿尔基比亚德斯篇（Ⅱ）》 …………………………………… (118)
《阿克西奥科斯篇》 …………………………………………… (142)
《傣崇道科斯篇》 ……………………………………………… (160)
《埃律克夏斯篇》 ……………………………………………… (172)
《克莱托丰篇》 ………………………………………………… (196)
《弥诺斯篇》 …………………………………………………… (204)
《塞亚革斯篇》 ………………………………………………… (222)
《西西福斯篇》 ………………………………………………… (242)
《希帕尔科斯篇》 ……………………………………………… (251)
《翠鸟篇》 ……………………………………………………… (265)

《书信（十八封）》……………………………………………（270）
《警句（三十三首）》…………………………………………（305）
《遗嘱》…………………………………………………………（321）

附录一　《伪柏拉图文集》篇目缩略语表………………………（324）
附录二　主要参考的《柏拉图全集》原文、译本及其他书目
　　　　简称表……………………………………………………（325）
附录三　希汉译名对照表…………………………………………（326）
附录四　重要术语和主要语词一览表……………………………（345）
附录五　《伪柏拉图文集》"内容提要"…………………………（368）
附录六　主要参考文献……………………………………………（378）

译者后记……………………………………………………………（382）

译者前言

一　伪柏拉图作品及其作者

中外文献史上托名作品屡见不鲜，例如，归于赫西俄德名下的《神谱》，据称是希罗多德的《荷马生平》，冒称庄子的《杂篇》，伪托马鸣菩萨的《大乘起信论》，等等。于是，人们就给诸如这类的托名作品贴上"假冒的作品"、真实性可疑的作品，或"伪书""伪经"的标签。

柏拉图是希腊古典时代著作丰富而完整——除了归于他名下的一些伪作外——留传下来的第一位西方哲学家。据第欧根尼·拉尔修的《名哲言行录》（第三卷）记载，很早就有人按照所谓三联剧形式或不按固定次序以单独作品编订柏拉图作品（包括伪作），其中著名的就有公元前3世纪至公元前2世纪拜占庭博学的阿里斯托芬，公元1世纪门德斯的忒拉叙洛斯。而自后者编订柏拉图作品以来，除了归于柏拉图名下的《定义篇》《论正义》和大概二十余首"警句"以及五封书信外，我们没有在任何地方再发现第欧根尼·拉尔修提到过的——我们至今还没有掌握的——柏拉图作品。然而，在柏拉图去世之后不久，人们就开始对归于他名下的一些作品加以怀疑并对其真伪甚或优劣进行争论和评价了。

本译著称谓的"伪柏拉图文集"是给一些未知名作者或匿名作者的作品由于归属错误或因为它们伪仿或托名柏拉图作品而使人们误以为其出自柏拉图之手或人们对某些疑似的、乱真的或存在争议的所谓柏拉图的作品所起的集体名称。

最早提出柏拉图作品真伪问题的可能是约小于柏拉图五十岁的逍

遥学派哲学家阿里斯托克色诺斯①，他认为柏拉图的《共和邦篇》②曾经几乎完整地包含在普罗泰戈拉③的《辩论集》（Ἀντιλογικός）中④。约四百年之后，怀疑主义学派的哲学家法伯里诺斯也持此说⑤。但生于斯巴达统治下的弗莱奥伊斯城（Φλειοῦς）的阿克丝奥泰阿正是在读到柏拉图的《共和邦篇》后才女扮男装到雅典学园当了后者的学生⑥。又据说，柏拉图的学生奥布斯的菲力普斯还是《厄庇诺米斯篇》（Ἐπινομίς）的作者⑦。再如，生活于公元前2世纪的斯多亚学派哲学家帕奈提俄斯⑧曾指出《斐多篇》是伪柏拉图对话作品⑨。

甚至在公元5世纪时期的柏拉图学园内部也发生了对柏拉图著作真伪问题的争论。例如，当时著名的新柏拉图主义代表人物之一的普罗克洛"不仅认为《厄庇诺米斯篇》和《书信》是伪作，甚至认为最重要的《国家篇》也是伪作"⑩。而更早些时候的新柏拉图主义者，例如新

---

① Ἀριστόξενος（鼎盛年约在公元前335年），古希腊在南意大利建立的殖民地塔纳斯（Τάρᾱς）人，是亚里士多德的一位学生和逍遥学派的哲学家。他著有《柏拉图的生平》（Πλάτωνος βίος）等几位著名希腊哲学家的传记作品和许多著作，但大部分都只留有残片。

② 在学术界，一般将柏拉图的对话"Πολιτεια"翻译为《理想国》《国家篇》《共和国》或《王制》，在古代，它还有一个副标题，即"论正义"（Περὶ δικαιοσύνης），忒拉叙洛斯将它说成是属于政治性质的对话。笔者译为《共和邦篇》。参见拙著《柏拉图正义学说》（第四章，第一部分），人民出版社2013年版。

③ Πρωταγόρας（约公元前490—约前420年），是一个前苏格拉底希腊哲学家和思想家，被柏拉图在其《普罗泰戈拉篇》和《泰阿泰德篇》等对话中描述为一个智者派的主要代表人物。他的著名观点是："人是万物的尺度。是存在物存在的尺度，也是不存在物不存在的尺度。"

④ 参见"名哲本"[3.37]；另见[3.57]。括号内的数字表示该书的卷数和节数；例如，[3.37]即第3卷第37节。下同。

⑤ Φαβωρῖνος（约公元80—160年），生于高卢，其鼎盛年在罗马皇帝哈德良统治时期（公元117—138年）；是罗马著名的智者和哲学家，属于怀疑主义学派，以其学识和雄辩闻名于世，著有《历史杂记》和《回忆录》等；是传记作家普鲁塔克最亲密的朋友。

⑥ Ἀξιοθέα（鼎盛年在公元前350年），是柏拉图和学园第二代主持司彪西波（Σπεύσιππος）的学生。参见"名哲本"[3.46]以及"苗本"第十卷第135页"泰米斯提《谈话》[295c–d]"。

⑦ Φίλιππος Ὀπούντιος，是一位哲学家，也是柏拉图有生之年期间学园的一名成员。他以编辑柏拉图的《法律篇》而著名。参见"名哲本"[3.37]。

⑧ Παναίτιος（约公元前185—约前110年），是一个斯多亚学派哲学家。他的最著名的作品是《论义务》或《论责任》。西塞罗在他自己的同名作品中使用了它的主要原始资料；参见 CICERO: *DE OFFICIIS*（Ⅰ. ⅲ. 9；Ⅲ. ⅱ. 7–15等）。

⑨ 参见"梁本"，第7页。

⑩ "汪陈本"（第二卷），第625页。另外参见该书第71页关于古罗马哲学家、新柏拉图主义者波菲利（公元233—约305年）类似的说法。

译者前言

柏拉图主义创始人之一的普罗提诺却将《阿尔基比亚德斯篇（Ⅰ）》和《第二封信》以及《第六封信》等当作柏拉图的作品引用①。

即使对属于柏拉图最伟大对话之一的《斐德罗篇》，亚里士多德的学生狄凯阿尔科斯②也责难说，它的整个文体都粗俗不堪③。

由以上略举来看，真所谓是：既"智者见智"，又"真作假时假亦真"。

不过，我们在柏拉图最著名的学生亚里士多德的著作中没有看到他明确提及任何一部所谓的伪柏拉图作品④。

---

① 参见"汪陈本"（第四卷[下]），人民出版社2010年版，第1165页。
② Δικαίαρχος（约公元前350—约前285年），是一位古希腊哲学家、制图师、地理学者、数学家和作者。
③ 参见"名哲本"[3.38]。
④ 然而，在此必须指出的是，亚里士多德在其《论灵魂》一文[404b20]中提及的《论哲学》（περὶ φιλοσοφίας）指的是柏拉图的哪一部作品？因为按照忒拉叙洛斯给柏拉图的每部作品添加的双标题，有两部对话作品的标题是《论哲学》，它们在古代长期被认为是柏拉图作品的《爱慕者篇》和《塞亚革斯篇》的副标题；但在这两部对话作品中并没有亚里士多德在《论灵魂》[404b20-25]一文所转述的内容（根据上下文，似乎亚里士多德是在转述有关他所谓柏拉图不成文学说数论方面的话）。若真如亚里士多德认为的，柏拉图有一篇《论哲学》的作品，则说明，这两部现在被认为是伪柏拉图的作品中至少有一部是柏拉图的作品，但即使如此，正如前面已指出的，这两篇对话作品中没有亚里士多德在《论灵魂》[404b20-25]一文所转述的内容；或者就像Loeb本《亚里士多德全集》（第八卷，1936年版）的英译者W. S. Hett对此句的一段注释："... We know of no treatise of Plato *About Philosophy*. but tradition ascribes the reference to some lecture notes of Plato to which Aristotle had access..."（Ⅷ. pp. 24-25）。若此说成立，或许该篇《论哲学》是我们所不知而亚里士多德知晓的一份柏拉图未成文的讲义——也许是《论善》——或未流传下来的作品。不过，众所周知，在流传至今的《亚里士多德全集》中也有一些作品并非亚里士多德原作而属于他人伪托，而且，在现存的即使是亚里士多德原作中，由他本人亲手定稿成书的也只有一本《尼各马科伦理学》。因此，亚里士多德在其《论灵魂》一文[404b20]中提及的转述柏拉图《论哲学》中的话也有可能是后来的编者据己意添加的。再者，与亚里士多德在《论灵魂》中所指《论哲学》是柏拉图的作品相矛盾的是，据苗力田主编的《亚里士多德全集》第十卷中的"残篇"，其第三部分的"著作3"为《论哲学》（另见"著作19"《论至善》，尤见该卷第197页中的内容，亚里士多德的《论哲学》也称为《论至善》。而据亚里士多德的说法，柏拉图在学园里也有一门称为"论善"的课程），从历史上一些作家所引来看，它却属于亚里士多德的作品或他的听课记录。若再从原文（ὁμοίως δὲ καὶ ἐν τοῖς περὶ φιλοσοφίας λεγομένοις διωρίσθη）来看，在苗力田主编的《亚里士多德全集》第三卷第9页中译为："他还在《论哲学》一文中下过同样的定义"，文中的"他"即指柏拉图；而"下定义"（"διωρίσθη"）一词为动词"ὁρίζω"的第三人称单数不定过去时陈述式的被动态；因此，该句也许可译为"但同样地，在这些命题中的一些也被所说的《论哲学》定义过"；从而可以理解为有可能《论哲学》是指亚里士多德自己的作品，这就与《亚里士多德全集》第十卷中的"残篇"第三部分的"著作3"《论哲学》的内容相符。另外据第欧根尼·拉尔修在《名哲言行录》[5.22]中列举的亚里士多德著作中也有《论哲学》三卷。顺便一提的是，亚里士多德在其著作中凡是提及柏拉图（包括苏格拉底）和其学派，对其观点多持批评或否定的态度。但普鲁塔克在其《道德论集》[1115b-c]中对亚里士多德的批评则持批评的态度。

那么,"伪柏拉图"的意向性何在呢?显然其"作伪"不同于为名利而为的造假。或许柏拉图学园早期曾经有过一份柏拉图作品的藏书目录或柏拉图作品得到早期学园内部的一致认可。后来,随着时间的流逝,世事变迁,也许有人是有意而更多是无意地将其他人的作品当作了柏拉图的作品①,从而产生了两千多年以来一直有争议的关于柏拉图一些作品的真伪问题。

毋庸置疑,要全面、准确地理解一位有着丰富作品的伟大思想家,起码要做到对其生平、著作撰写的确切时期及其形成的相关顺序,甚或其作的真伪能够有所掌握。而对于柏拉图,长期以来,人们在这些方面的详细了解和确切证据并不是很充足。

其中关于柏拉图作品的真伪问题,主要是在近代,具体而言,在18、19世纪之交,西方学术界重新对柏拉图一些作品的真实性开始质疑。特别是在19世纪的德国、英国学者中有许多哲学史家和古典学家对柏拉图的著作从主题、内容、文体风格以及语言②等方面是否一致或前后是否一贯并且结合柏拉图同时代作家的记述和他的学生的作品进行对比和分析,试图弄清真伪问题。学者们经过一百多年认真的研究——我们可以从多种著名的或影响较大的柏拉图文集的版本看出——基本上取得了一致的意见,从而大体上认定了柏拉图的真作和伪作,尽管一些学者对其中的几篇对话作品③和几封书信以及大多数

---

① 据"名哲本"[4.32],柏拉图中期学园(怀疑主义阶段)的建立者并任学园第六位主持的阿尔凯西劳斯(Ἀρκεσίλαος,约公元前316—约前240年)有一套柏拉图的书。我们不知其中是否有所谓伪柏拉图的作品。

② 主要是按照文体分类,根据文体风格和语言检验,考察柏拉图各篇对话中使用的词汇、文法、结构,分析文体风格的演变和各种语言现象,尤其是柏拉图使用小品副词和虚词(如冠词、副词、前置词、连接词等)的演变情况;此外,还根据对话中涉及的有关人物和事件、对话中相互涉及的内容和柏拉图原作有些其他方言多些,一些少些——例如,特别是从使用其他方言而非柏拉图主要使用的阿提卡方言方面或许可以作为旁证之———以判断某篇非柏拉图所作。

③ 主要是指《大希庇亚斯篇》和《厄庇诺米斯篇》,但近些年来它们逐渐被学者认为是真作,笔者也认可此说。参见格思里(William Keith Chambers Guthrie,1906—1981年)在其 *A History of Greek Philosophy*,第四卷第4章第7节(pp. 175 - 190;1975年版)和第五卷第6章(pp. 383 - 398;1978年版)中关于这两篇对话的论述;另外参见 David Sider, *Plato's Early Aesthetics*: "*The Hippias Major*", Journal of Aesthetics & Art Criticism, June 1977, Vol. (转下页)

译者前言

"警句"的看法还有分歧。①

曾经被忒拉叙洛斯当作真作编入他的所谓柏拉图的四联剧中而后被认为是伪作的作品如下：《爱慕者篇》《阿尔基比亚德斯篇（Ⅰ）》《阿尔基比亚德斯篇（Ⅱ）》《克莱托丰篇》《弥诺斯篇》《塞亚革斯篇》《希帕尔科斯篇》《书信（11封）》；再加上独立的《定义篇》《论美德》《论正义》《警句（33首）》和《遗嘱》以及至迟在第欧根尼·拉尔修写其《名哲言行录》之前，在古代已经被认为是伪作而没有被忒拉叙洛斯编入四联剧的对话即被公认为——如今人们也是如此认为——是在柏拉图的名下传播的以下十一篇托名柏拉图的对话，计有：1.《米东篇》（Μίδων）或《养马人篇》（Ἱπποτρόφος）；2.《法亚凯斯人②篇》（Φαίακες）；3.《凯利东篇》（Χελιδών③）；4.《第七日篇》（Ἑβδόμη）；5.《埃琵美尼傣斯篇》（Ἐπιμενίδης）；6.《阿凯法劳依篇》（Ἀκέφαλοι④）；7.《埃律克夏斯篇》（Ἐρυξίας）或《埃拉西司特拉托斯篇》（Ἐρασίστρατος）；8.《翠鸟篇》（Ἀλκυών）；9.《西西福斯篇》（Σίσυφος）；10.《阿克西奥科斯篇》（Ἀξίοχος）；11.《傣峁道科斯篇》（Δημόδοκος）。以上这些在公元3世纪前已经被肯定是伪作的对话，我们已经见不到其中早已失传的前六篇了。

因此，本译著称谓的《伪柏拉图文集》总共包括一本"辞典"式的

（接上页）35 Issue 4, page 465-470, paragraph 6. Published by: Wiley, Article Stable URL: http://www.jstor.org/stable/43061210.2307/430612. Charles M. Young, *Plato and Computer Dating*, Oxford Studies in Ancient Philosophy 12 (1994), pp. 227-250（Ⅰ-Ⅸ）, repr. Nicholas D. Smith（ed.）, *Plato: Critical Assessments* 1 (London: Routledge, 1998), p. 35. Holger Thesleff, *Platonic Chronology*, Phronesis Vol. 34, No. 1, 1989, pp. 1-26, p. 60. Published by: BRILL Article Stable URL: http://www.jstor.org/stable/4182317; repr. in Nicholas D. Smith（ed.）, *Plato: Critical Assessments*, Vol. 1 (London: Routledge, 1998). 本译著所引外文期刊类文献皆源自互联网。文中所引观点的文献出处有些源自 *Wikipedia, The Free Encyclopedia* 的相关词条，下同。

① 对此方面的具体论述，参见译者的《伪柏拉图作品研究》（人民出版社2018年版）的相关内容。

② 他们是居住在希腊西北海岸外一个岛屿的人，当地人以善于航海著称。

③ 该词字面意思是"燕子来时刮的春风"。

④ 该词单数的字面意思是"没有头的（怪物）；没有开头部分的（故事）；愚笨的（人）"。

· 5 ·

《定义篇》，十四篇对话作品，书信（十六封）[①]，警句（三十三首）[②]和一份《遗嘱》等总共十八部作品。我们可将搜集到的迄今所能够看到的以上全部伪柏拉图作品分成三类：一类包括在忒拉叙洛斯的曾经被认为是柏拉图作品的四联剧中（包括七篇对话作品和书信集）；一类是不在忒拉叙洛斯的柏拉图作品的四联剧中而在古代即被认定是伪作的对话录（包括七篇对话作品）；另一类是非对话录形式（包括《定义篇》；十六封书信；三十三首警句和一份《遗嘱》在内）的几部伪作。

伪柏拉图作品主题范围广泛，涉及哲学、政治、法律、宗教、伦理、教育、文学诗歌、书信等；而对话作品的属性在方法上既有试探性的，也有助产性的；既有逻辑性的和辩驳或驳斥性的，也有揭露性的；等等。

从伪柏拉图对话作品的篇幅来看，除了最长的一篇是《阿尔基比亚德斯篇（Ⅰ）》外，大都简短，长则过万字，短则数千字，最短的一篇是《翠鸟篇》，约两千五百字。

至于伪柏拉图作品的作者，根据近代以来的学者考证，他们中的一些人可能是柏拉图晚年时期的学生，或者至少属于柏拉图学园或柏拉图学派，极少数人或是早期新柏拉图主义者。由于他们大都亲身经历了希腊尤其是雅典被马其顿和罗马先后征服的历史性巨变，目睹了雅典社会的动荡和变迁，因此像苏格拉底和柏拉图一样，他们关注的主题通常也是政治和法律、正义和伦理以及美德和宗教等实践哲学方面的问题。在形式上，伪柏拉图作品中的对话作品大都类似柏拉图早期苏格拉底式的对话录，也即苏格拉底作为主要对话人大都出现在这些对话录中；对话最后通常也采用了无明确结论的开放式结尾。

总之，伪柏拉图作品是其作者公开模仿柏拉图的风格和依据其思想

---

① 据伯内特（John Burnet）的说法，柏拉图的书信，除了传统上的十三封书信，另外还有五封书信，它们是编号第十四、第十五、第十六、第十七和第十八封的书信。Hermann（赫尔曼，可能指德国古典学者和古文物研究者 Karl Friedrich Hermann，1804—1855 年）据其他来源添补了这些被遗失的书信。参见"B 本"电子版 p. 2185 注释（也即"B 本"《第十三封书信》最后一页的脚注）。译者认可其中的《第七封书信》和《第八封书信》是真实的。

② 施莱尔马赫［等］译的三卷本的德译文本辑录了"33 首《警句》"。

写成的。众所周知，柏拉图在第三次从西西里返回雅典后的年代，也即到他去世前的十来年间，除了撰写《法律篇》和《厄庇诺米斯篇》，或许还有《蒂迈欧篇》以及几封书信外，柏拉图做得更多的事情主要是举办一些讲座，最显著的例子是柏拉图关于"论灵魂"和关于"论至善"的演讲。[①] 而我们也可以大胆地猜测，他或许常常给其学生提出一些问题并指导他们使用问答式论辩术进行研究，并尝试通过写作去解决它们，显然他们着重是在练习辩证法而不是发表它们。甚至，柏拉图有可能看到过其学生的几篇——而后来属于"伪作"的——习作。

二 伪柏拉图作品的写作时间、版本及其译本

伪柏拉图作品的写作时间大都在柏拉图学派早期，或者是在老学园后期，也即主要是第二、三代柏拉图主义者的作品；另一些则属于中期学园和新学园早期。具体而言，大部分伪柏拉图作品的写作时间大约从公元前4世纪中叶至公元前1世纪下半叶，除此之外的个别作品可能产生于1—2世纪。

无疑，人们很早就开始摘录、评注、编纂、模仿并且翻译（伪）柏拉图的作品了。

除了一些已经遗失的伪作，现今保存下来的所公认的伪柏拉图作品与柏拉图作品主要包括在多种柏拉图文集版本中，除此之外，也有一些是单行本；而"33首警句"则部分包含在第欧根尼·拉尔修的《名哲言行录》（第三卷）中（11首）、除一首外全部包含在《希腊诗文选》中[②]；"遗嘱"则最早包含在第欧根尼·拉尔修的《名哲言行录》（第三卷）中。

学问渊博的来自拜占庭的阿里斯托芬可能是最早编订柏拉图文集者之一，他曾在公元前3世纪至公元前2世纪之交将柏拉图的对话按

---

① 《论灵魂》即《斐多篇》。参见"名哲本"[3.36 – 37；3.58]。另据亚里士多德的说法，柏拉图在学园里也有一门称为"论至善"的课程。参见"苗本"第十卷中的"残篇"第三部分"著作19《论至善》"[阿里斯托克森《和声学》2.30.16 – 31]，第195页。

② 即"警句（三十三首）"中的"第21首"。

照一组三篇的所谓三联剧的方式编订了五组,除了编于第五组最后的《书信集》,其他四组都是柏拉图的对话作品。其余的作品单独编辑,没有规定次序;关于是否有其他伪作,拉尔修在其《名哲言行录》中没有明确说明。公元1世纪初期,即柏拉图去世三百多年之后,忒拉叙洛斯也编订了柏拉图作品的希腊文版全集。虽然他们编订的《柏拉图全集》没有流传下来,但后者所编辑的柏拉图希腊文手稿版本是整个中世纪直至今天研究柏拉图的基本资料。

忒拉叙洛斯认为,柏拉图是按古希腊悲剧诗人的四联剧的结构方式公示了他的全部对话。因此,他将柏拉图所有作品编订成九组,每组四联(对话作品35篇,书信集1种,共36部,包括约一半伪柏拉图作品)。他还给每一部作品附加了一个双重标题,一则取自对话者的名字;一则根据对话主题。

具体来看,他将伪柏拉图作品分别列于第四组:《阿尔基比亚德斯篇(Ⅰ)》,或论人性,助产术的;《阿尔基比亚德斯篇(Ⅱ)》,或论祈祷,也是助产术的;《希帕尔科斯篇》,或爱财者,伦理性的;《爱慕者篇》,或论哲学,也是伦理性的。

第五组:《塞亚革斯篇》,或论哲学,助产术的。

第八组:《克莱托丰篇》,或论鼓励,伦理的。

第九组:《弥诺斯篇》,或论法,政治的。

最后是《书信》,有十三封,伦理的。

随着西罗马帝国的覆灭,由于政治和宗教以及战乱等原因,在中世纪的早、中期,与拜占庭帝国和阿拉伯帝国的一些学者依然重视对柏拉图的研究不同,柏拉图的作品——除了《蒂迈欧篇》和《斐多篇》等为数很少且主要还是拉丁文译本的几篇作品外——大都不为西欧拉丁语学界所熟知。因此,西欧拉丁语学界对柏拉图的研究,也就显得相当薄弱[①]。

而在文艺复兴时期的人文主义时代,人文主义者重新开始重视对

---

① 参见[英]约翰·埃德温·桑兹:《西方古典学术史》[第三版,第一卷,下册],张治译,世纪出版集团、上海人民出版社2010年版,第496—502、537、559、576页。

译者前言

古希腊文化和柏拉图的研究。

意大利人文主义者和威尼斯的出版商阿尔多·马努齐奥（Aldo Manuzio，1449—1515年）在1513年最早重印了希腊文版本的《柏拉图全集》，这一版本中也辑录了大部分归于伪造的柏拉图的作品。尤其是在1578年，亨利·艾蒂安[①]基本上也按忒拉叙洛斯的版本编辑了他所编订和出版的《柏拉图全集》（三卷）完整版（希腊语和拉丁语平行的对照本），其中不仅辑录了绝大部分伪柏拉图作品，而且该版中首次使用了新的分页方法，即对全部希腊语原文用数字和大写的拉丁字母作为边码以标注分卷、页码和分栏，例如《定义篇》（St. Ⅲ 411A–416A），St. Ⅲ 指分卷，411 指页码，A 指分栏[②]。这也成为现代对其他古希腊作者作品的标准分页的基础。后来，德国学者贝克尔（August Immanuel Bekker，1785—1871年）于1816—1823年在柏林出版了将柏拉图作品希腊文版本历来的注释一并辑入的校刊本《柏拉图全集》。迄今为止，由伯内特[③]校编的被学术界公认为权威版本的《柏拉图全集》的希腊文版（1899—1906年）根据的即是亨利·艾蒂安的版本并参考了贝克尔等人的校刊本，不过该版本将边码改为小写字母并且加以细化到行号，例如《定义篇》（St. Ⅲ 411a1–416a36），字母"a"后的数字1和36即为行号。由于他们遵循的都是忒拉叙洛斯的体例，所以也没有将《翠鸟篇》和《警句》以及《遗嘱》等（除了《定义篇》）收录在内。

[①] Henri Estienne（1528年或1531—1598年），也称为 Henricus Stephanus（亨利克斯·斯特凡努斯），是16世纪法国印刷商和古典学者。他改进了很多对希腊作者旧式的翻译。他于1578年在巴黎出版了由他所编订的有页码和分栏的柏拉图对话的希腊文完整版，现今仍被奉为标准编本而为各国学者广泛采用。伯内特的牛津版《柏拉图著作集》（古希腊文）即主要是根据他的版本 Platonis opera quae extant omnia。

[②] 本译著和注明（伪）柏拉图著作引文出处时也采用这种公认的页码。由于亨利·艾蒂安的版本不包括《翠鸟篇》《警句》和第十四—第十八封书信以及《遗嘱》，所以，这些作品也就没有这种公认的页码。

[③] John Burnet（1863—1928年）是苏格兰一位古典文献学家。他以关于柏拉图的研究论著最为知名，他的论柏拉图早期对话的几本著作至今仍被广泛阅读，被学者誉为仍然无与伦比的版本；重要的是，由他校编的柏拉图著作（古希腊文）的6卷本（包括伪作）（1899—1906年）被认为是迄今100多年来的权威版本。译者的翻译和研究即以他的这一版本为准。

至于柏拉图作品的其他各种语言的译本，① 就全集本而言，② 意大利人文主义者马尔塞琉·菲齐诺③首先于1484年出版了最早的拉丁文版的《柏拉图全集》，这一版本中也辑录了大部分归于伪造的柏拉图的作品。尤其是在近现代西方重新重视柏拉图研究以后，以德国、英国、法国和美国以及意大利等几个国家为代表，先后出版了许多语言版本的《柏拉图全集》，不过，它们所含的篇数不一，作品顺序也不同；尤其是，在这些国家出版的大多数所谓《柏拉图全集》中，除了有几种版本含有篇数不等的伪作外，主要包括柏拉图的作品，也即有些《柏拉图全集》则将部分伪作排除在外。以下仅列举本人在翻译《伪柏拉图文集》过程中参考的几种柏拉图作品的译本。

英文译本：库珀（John M. Cooper, 1939— ）主编的 *PLATO COMPLETE WORKS*（1997年版），几乎包括所有伪作，只是没有将"柏拉图的遗嘱"和十余首"警句"以及"五封书信"辑录；

乔伊特（Benjamin Jowett，1817—1893年）译的 *The Dialogues of Plato*（五卷本，1871年版），包括数篇伪作。

德文译本：施莱尔马赫（Friedrich Daniel Ernst Schleiermacher, 1768—1834年）等人译的 *Platon: Sämtliche Dialoge*（Ⅰ—Ⅲ卷本，1982年版），几乎包括所有伪作，④ 只是没有将"柏拉图的遗嘱"《翠鸟篇》

---

① 参见"汪陈本"（第二卷）"第十三章第三节'史料'"；"王本"（第一卷）["中译者导言"第三部分：柏拉图著作的版本]。

② 至于伪柏拉图单篇作品的原文及译本产生和流传情况可参看译者的《伪柏拉图作品研究》（人民出版社2018年版）。

③ Marsilius Ficinus（1433—1499年），是意大利文艺复兴时期早期最具影响力的人文主义哲学家，柏拉图主义的复兴者和将柏拉图现存的希腊文作品翻译成拉丁语的第一人。他试图复兴柏拉图学园的佛罗伦萨学院对意大利文艺复兴的方向和主旨以及欧洲哲学的发展具有重大影响。

④ 该版（HERAUSGEGEBEN VON ERICH LOEWENTHAL, © 1982 Verlag Lambert Schneider GmbH Heidelberg）伪作的德译文部分主要由 Franz Susemihl（1826—1901年，德国古典语言学家）和 Hieronymus Müller（1785—1861年，德国语言学家和翻译家）翻译。在该版本中，其编者只收录了施莱尔马赫翻译的柏拉图的七篇对话作品；鉴于施莱尔马赫对柏拉图的翻译和诠释在哲学史上的影响，在本译著中，中译者还特意参考了施莱尔马赫另外翻译的伪柏拉图的七篇对话作品（*Platons Werke*, dritte Auflage, Berlin, 1826—1861），它们是：《爱慕者篇》《阿尔基比亚德斯篇（Ⅰ）》《阿尔基比亚德斯（Ⅱ）》《克莱托丰篇》《弥诺斯篇》《塞亚革斯篇》《希帕尔科斯篇》等主要的伪柏拉图对话作品；而且中译者将以上两个版本统称为"S本"。不过，为比较这两个德译文本的异同，有时，中译文另外也分别标明"S本"和施莱尔马赫。特此说明。

译者前言

和"五封书信"等辑录；

伊姆舍尔①译的 *Platon：BRIEFE*，1960 年版。

法文译本：库赞（Victor Cousin，1792—1867 年）的 *Œuvres de Platon*（13 卷本，1822—1840 年版），有大部分伪作；

Les Belles Lettres 出版社②编辑出版的 *Œuvres complètes de Platon*（13 卷本，1920—1935 年版），有绝大部分伪作。

中文译本（仅伪作而言）：徐开来、溥林译的《名哲言行录》（希汉对照本，2010 年版），有十一首"警句"和"遗嘱"；谢随知等译的泰勒著《柏拉图——生平及其著作》③和王太庆译的《柏拉图对话集》（2004 年版）中也有"遗嘱"的译文。此外，在国内出版的几种"外国诗歌集"中含有数首"警句"。

王晓朝翻译的《柏拉图全集》中，有十三封《书信》（在全集第四卷，2003 年版）。

特别是，由刘小枫和甘阳主编，华夏出版社已经有根据忒拉叙洛斯编订的《柏拉图九卷集》（36 篇 + 托名作品 7 篇）的以带注疏的柏拉图作品译本为主体的足本汉译《柏拉图全集》（西方传统：经典与解释）、《柏拉图注疏集》（包括伪作）的出版计划，已经出版的有：《阿尔喀比亚德》（前、后篇），梁中和译/疏；华夏出版社 2009 年版；《米诺斯》，林志猛译，华夏出版社 2010 年版。其他作品将陆续出版。

---

① Johannes Irmscher（1920—2000 年）是德国最著名的古典语言学家之一，主编有 *Lexikon der Antike*。他翻译的柏拉图书信集中含有大多数柏拉图书信集译本中罕见包含的第十四至第十八封书信（*Platon：BRIEFE*，pp. 118 - 122），他认为它们无一为真作，因为它们没有一件出自亚历山大时代之前。参见 *Platon：BRIEFE*（ANHANG），p. 118。

② Les Belles Lettres（字面意思是"纯文学"或"文艺"）是法国一家出版古典作家作品的文学和人文学科的专业出版社（相当于美国哈佛大学出版社标志性出版物之一的 *The Loeb Classical Library*）；1920 年，它出版的第一本书籍即是布德丛书（Collection Budé）中的柏拉图的《小希庇亚斯篇》。其编辑和出版的《柏拉图全集》（13 卷）的绝大部分伪作（除了《阿尔基比亚德斯篇（Ⅰ）》是在第一卷由 Maurice Croiset 译出的外）是在第 13 卷的第 2 和第 3 部分（tome XIII，2 e partie - 3 e partie），它们是由 Joseph Souilhé 翻译和编辑的，巴黎，1930 年。关于"伪作"的研究，参见该版"引言——可疑的对话"。

③ [英]泰勒：《柏拉图——生平及其著作》，谢随知等译，山东人民出版社 1991 年版，第 787—788 页。

三 伪柏拉图作品翻译和研究的历史及现状

　　西方学术界对柏拉图的研究源远流长，自古至今绵延不绝，虽然由于政治、战乱和宗教等原因的影响，柏拉图的研究在中世纪的西欧曾中断了数百年，但是在拜占庭帝国治下的地区以及阿拉伯帝国的一些学者依然重视对柏拉图的研究，至今人们仍在不断阅读和研究柏拉图的作品，包括伪柏拉图作品。

　　曾几何时，受到疑古思潮的影响，除了少数版本还保留一些伪柏拉图作品，西方一些版本（包括所谓全译本）不收录这些对话而将它们排除在柏拉图著作以外，一般编译的柏拉图选集中更是不包括它们。学者大都不太重视对伪柏拉图作品的研究，而即使有对这方面的研究，也主要是在研究柏拉图其他方面时附带加以论述。因此，伪柏拉图作品的原始资料对公元前4世纪至公元1世纪希腊和罗马哲学与文化的意义没有得到充分的评价。

　　但是，西方古典学界也有一些有识之士在19世纪早期就认识到了伪柏拉图作品的价值。例如，他们翻译了包含伪作的《柏拉图全集》，与此同时，一些出版社也根据忒拉叙洛斯编订的《柏拉图九卷集》编辑出版了包括伪柏拉图作品的《柏拉图全集》。1896年，The Friedenwald company出版社还出版了William Arthur Heidel（1868—1941）专论伪柏拉图作品的拉丁文版的 *Pseudo-Platonica*（《伪柏拉图作品》）一书。此外，对伪柏拉图作品的研究还有如施莱尔马赫的《论柏拉图哲学》、阿斯特的《柏拉图的生平和著作》、格罗特的《柏拉图，和苏格拉底的其他友伴们》、泰勒的《柏拉图——生平及其著作》（对"伪作"的论述主要在该著"附录"中）、格思里的《希腊哲学史》（尤见第4、5卷）等，以及大量期刊类论文。

　　西方学术史上对柏拉图的研究文献包括柏拉图（以及伪柏拉图）作品的编纂、评注、校对，并且形成多种版本和许多种类文字的译本，产生了大量论著，可谓汗牛充栋。近几十年来，欧美学术界重新翻译和解释柏拉图及其学派的文献和思想，成就斐然。就对柏拉图研究的各种解读而言,"现代西方学术界对于研究古典著作又提出了新的研究方法,如分析法、解释法等"①。20 世纪中期以来的解读方向之一是政治哲学解读,代表人物有莱奥·施特劳斯②等。他于 1963 年写成的《政治哲学史》即为政治哲学解读的名作。如今,柏拉图哲学及其学派是国际古希腊哲学学界研究的热点,已经成立了国际当代柏拉图主义评价学会(International Soeiety For contemporary Assessment of Platonism, 1986 年创立)、国际柏拉图学会(International Plato Society,成立于 1989 年)、国际新柏拉图主义研究学会(International Society for Neoplatonic Studies,1973 年建立)等机构,并且定期举办有关柏拉图哲学国际学术会议等。

而在我国,若以由商务印书馆 1929 年出版的吴献书先生翻译的《理想国》为起点算起,对柏拉图作品的研究文献也只有八十多年的历史。相对而言,尽管国外对柏拉图作品(包括伪作)的翻译、编纂和研究文献资料很是可观,但在国内,除了少数人尚能重视研究伪柏拉图作品——近十来年已经有数种新译的包括评注的单行本,几篇(本)介绍伪柏拉图作品的论著(文),如梁中和译/疏的《阿尔喀比亚德》(前、后篇)、林志猛译/疏的《弥诺斯》、吴明波译/疏的《情敌》、《柏拉图的真伪》["论题部分",程志敏(等)著译],以及唯一一部由王晓朝翻译的《柏拉图全集》(除了《书信》部分,不包括其他伪作)③——大多数学者并不注重研究它们,即使涉及伪作也主要是在他们研究柏拉图其他问题时附带加以论述,例如在西方(或希腊)哲学史论著中涉及柏拉图著作时简略提到伪柏拉图作品。因此,关于伪柏拉图作品的第一手和第二手资料也就不是很多。换句话说,学界既然不太重视翻译和引用伪柏拉图作品,专门研究伪作的译著和论著自然相对也就较少。

---

① 汪子嵩:"中文版序",载"王本"(第一卷),第 14 页。
② Leo Strauss(1899—1973 年),是德裔美国政治哲学家,尤其是古典政治哲学专家。
③ 值得一提的是,王晓朝翻译的《柏拉图全集》(人民出版社 2002—2003 年版),是我国发行的柏拉图著作的第一个也是迄今唯一的一部全集中文译本,这在翻译柏拉图著作领域具有里程碑的意义。

总之，在中国学术界，与对柏拉图作品的研究相比，至今尚无伪柏拉图作品完整的单行中译本出版。①

四　翻译并研究伪柏拉图作品的意义

对于离我们时代久远的伪柏拉图作品，究竟该如何看待呢？

笔者认为，真、伪柏拉图作品犹如"经"和"论"，是"正文"和"附录"的关系；即使伪柏拉图作品假冒或托名柏拉图作品也并非没有价值，而是其作者阐发柏拉图学说的需要。除了在形式上，伪作与柏拉图的对话有很大的相似之处，例如，两篇《阿尔基比亚德斯篇（Ⅰ、Ⅱ）》，如同两篇《希庇亚篇（大、小）》；内容上，伪作在关于美德、政治、法律等主题上更是和柏拉图作品相同，例如，伪作《正义篇》是《共和邦篇》的缩写，等等。

因此，虽然它们是伪作，我们更愿意将之当作真作看待，因为它们的基本精神与柏拉图的思想实质大体上是一致的，而作为历史文献，它们也仍然具有研究柏拉图思想的参考价值。

众所周知，柏拉图是希腊也是西方历史上最伟大的思想家之一，他在整个古希腊哲学传统中具有承前启后的地位。著名哲学家怀特海在论述西方哲学史与柏拉图学说的关系时说过一句名言："对欧洲哲学传统的最保险的一般定性莫过于：它不过是对柏拉图学说的一系列的注释……他的著作成了富有启迪的取之不尽的宝藏。"② 换言之，即使在两千三百多年后的今天，人们依然在试图理解和寻求解答柏拉图所提出并探讨的一些问题。

毋庸置疑，柏拉图是一位具有不同学说且思想博大精深的综合性

---

① 需要说明的是，本译著是译者主持的国家社会科学基金一般项目"伪柏拉图作品研究"（批准号：13BZX055）的阶段性成果；译者于2014年6月前完成了翻译，在2015年6月中旬完成了研究并一起按时于当月下旬上报甘肃省国家社会科学基金课题主管部门。译者当时在撰写此篇"译者前言"（参见"译者后记"）时尚不知王晓朝打算在其新修订的《柏拉图全集》中补译疑伪之作16篇的情况，迄今也尚未看过他的那些增补的译文。

② ［英］怀特海：《过程与实在》（卷一），周邦宪译，贵州出版集团、贵州人民出版社2006年版，第54页。

译者前言

的思想家，他是哲学家，同时也是一位政治思想家、法学家、社会思想家、伦理学家和教育学家。像所有伟大的思想家一样，柏拉图也有其不足之处，虽然其理论因具有一定程度的非现实性，甚至迷信和神学的因素而受到贬抑，[①] 但他不应被简单化归类批判，人们更不应对他肆意攻击而让他受不白之冤[②]。我们阅读柏拉图的对话作品，感觉它们就像是他导演的一幕幕话剧，而且"他用了有多种意义的[③]一些术语，对那些无知者而言，对于（他的）哲学论述不是一望即知的"。[④] 他在文中还穿插了各种逸闻轶事、神话故事、传说或传奇、寓言和假设等，充满了虚构和想象色彩，这些往往也具有言外之意，来达到其阐述思想、教育启迪、社会批判以及讽喻等创作目的；而且其作品大都又没有对所探讨的问题给出明确的结论或"定义"，或使用了开放式结尾，再加上他与苏格拉底的思想难解难分的关系以及其让人费解的所谓未成文的"密传学说"[⑤]，其真实观点更显得扑朔迷离，这些因素都增加了人们对他思想的理解难度。但正因为如此，他的博大精深的优美作品也最为耐读，它们不仅给读者提供了广阔的解读空间，而且能够引发读者无限的遐想并激发读者不断的思考和认知。

一种解释即一种理解。正如福柯指出的，西方思想两源头之一的希腊思想一直在不断地被重新理解之中；而每一种新的哲学往往正是从对古希腊哲学的重新解释开始的。人们对柏拉图学说的众说不一的各种解读自柏拉图去世后即已开始。而伪柏拉图作品大都由柏拉图的学生或柏拉图学派的哲学家写作于柏拉图去世之后，它们属于匿名或托名柏拉图而从不同方面阐释柏拉图思想的历史文献，这至少反映了柏拉图学派的学说起码符合怀特海的"是对柏拉图学说的一系列的注释"的说法，而且其中也不乏上乘之作。并且，它们大多处于柏拉图

[①] ［英］培根：《新工具》，许宝骙译，商务印书馆1984年版，第38、76页。
[②] 参见［英］波普尔《开放社会及其敌人》（第一卷），陆衡等译，中国社会科学出版社1999年版。
[③] 该词（ποικίλος）的本义是"多花色的"；也有比喻的含义："多变化的，各什各色的，错综复杂的，巧妙的，模棱两可的"等。
[④] "名哲本"［3.63］。
[⑤] 图宾根－米兰学派力主此说。

· 15 ·

思想到晚期希腊哲学嬗变的过渡环节，从中也可以看到希腊由盛转衰时期和希腊化时期知识界学者们的思想状态和生活意趣以及所关注的问题等，值得重视研究。

伪作中就对话人物而言，毫无例外都是以苏格拉底为主角；正如亚里士多德所说的："的确，一则，苏格拉底的所有表现思想的话含有不寻常的、巧妙的、革新的和探求的意思；一则……"① 按照其上下文意思，这是在评价柏拉图的对话作品，这也同样适合评价伪柏拉图作品。

伪作中的大部分对话主要论及实践哲学方面的问题，例如政治、正义、法律、美德、伦理、教育和宗教等，这与作者当时所处的时代和环境有关。

而从柏拉图、伪柏拉图和柏拉图学派的其他人以及研究者之间的关系来看，伪柏拉图的写作风格和观点则更加接近柏拉图。

因此，要理解伪作中包含的思想，我们必须研读柏拉图的相关对话；而为了更有助于理解柏拉图，我们也应当研读伪柏拉图的作品。要之，真假问题关系到对柏拉图思想的判断和对他的评价问题，非同小可，② 我们在研究柏拉图思想时不可不考虑它们。

按照一般常识，如果人们将历史上的某件作品看作某人的真作或假作，需要提出充分的理由予以证明。而真作和假作的标准或确凿的根据到底何在，有时也是成问题的——真作也有可能在数百年的传抄过程中因有改动而成为"假作"。何况某人的真作之间也常常有不一致

---

① ［古希腊］亚里士多德：《政治学》［1265a12 - 14］；括号内的数字和字母表示亚里士多德全集希腊文本的"贝克尔编号"（边码）的页栏行数；［1265a12 - 14］即指第1265页a栏、第12—14行。下同。

② 清代学者姚际恒在其《古今伪书考序》中即认为，读书不辨真伪则不可谓读书。所以，他把明辨书之真伪看成是"读书第一义也"。再如梁启超也在其《中国近三百年学术史》（十四［四］："辨伪书"）中指出："无论做哪门学问，总须以别伪求真为基本工作……所以辨伪书为整理旧学里头很重要的一件事。""'求真'为学者的责任。把古书及年代辨析清楚，尤为历史学之第一级根据。"我们也可以说，思想史就像一条流淌在思想家的主张和其作品的真（"基岩"）和伪（"泥沙"）的河床上的河流，在不断辩驳中后浪推前浪浩浩荡荡地前行。

译者前言

的方面,就像"莱奥·施特劳斯从未说过哪篇柏拉图对话是伪作"①那样,我们所持的最可靠的态度是将所谓的伪作当作历史文献认真研究。

客观上来看,模仿柏拉图的文体写成的伪柏拉图的对话作品大多简短,有些属于平铺直叙之作,其写作水平也不是上乘,而且缺乏场景描写和戏剧性特点等;即使如此,笔者认为,从思想史的角度看,任何古典作家的作品都是对其所处时代和思想状态的反映,也就有值得研究的必要。因此,无疑,伪柏拉图作品都属于历史文献,具体而言,它们也都是阐释柏拉图或摘自或改编自柏拉图思想的文献,我们还可以将它们与柏拉图的对话著作进行对比研究。何况,它们的主题本身也是近现代人的关心所在。正如雅各布·布克哈特在其《希腊人和希腊文明》一书"导言"中所说的:"即使是伪造者,一旦被我们识破,了解到他这样做的目的,其伪作也能够不自觉地提供非常有价值的信息。"②在我看来,哪怕它们有的属于狗尾续貂,也有其价值所在。例如,在《埃律克夏斯篇》中,该作者提出非道德价值中立的财富概念,他通过获利的事例说明概念本身的中性属性,表达了他眼中的柏拉图或他自己的思想;再比如,在《爱慕者篇》和《希帕尔科斯篇》中对僭主的看法,虽与柏拉图眼中的僭主很是不同,但却更接近历史的事实。

此外,撰写伪柏拉图作品本身也是一种社会行为,作品一旦发表、问世或出版,就成为一种社会事实,对读者和听者必定会产生一定影响。

不论如何,一切需要价值重估。我们认为,伪柏拉图作品都是有

---

① [德]施莱尔马赫:《论柏拉图对话》,黄瑞成译,华夏出版社2011年版,第29页。不过,莱奥·施特劳斯却说过别人所谓的某篇伪柏拉图对话是真作的话;例如,关于《弥诺斯篇》,他即认为是柏拉图对话。参见 Leo Strauss, *On the Minos*, In *Liberalism Ancient and Modern*, pp. 65 – 75, Ithaca, NY: Cornell University Press, 1968。该文另外载于 Thomas L. Pangle (Hrsg.), *The Roots of Political Philosophy*, Ithaca/London 1987, pp. 67 – 79。From Wikipedia, the free encyclopedia. *Minos*。

② [瑞士]布克哈特:《希腊人和希腊文明》,王大庆译,上海人民出版社2008年版,第55页。

一定学术价值的作品，它们从某个侧面阐发了柏拉图的主张，因此，它们在柏拉图学说史上也是值得关注的重要文献。这些伪作也反映了其作者当时关注的问题，他们是如何理解的？是如何论述相关问题的？它们是否有可供我们参考的或可以启迪我们的有价值的内容？等等。诸如对这些问题的解答将为我国希腊哲学史，尤其是柏拉图及其学派的研究和教学具有一定的价值并产生一定的积极影响。

概言之，伪柏拉图作品的贡献主要在于：

首先，伪作中的对话作品对柏拉图学说进行了通俗的解释，起到了宣传和普及柏拉图学说的作用；其结果是，不仅其作者的同时代人既知晓它们，而且也深深地影响了后代人。例如，古人称颂《阿尔基比亚德斯（Ⅰ）》"是进入柏拉图的最佳门径"。① 在古代，一些讲授柏拉图哲学课的教师正是通过《阿尔基比亚德斯（Ⅰ）》等对话组织他们的标准化教学的。②

其次，伪作中的对话作品所论及的许多主题本身属于实践哲学，也都是人们所关注的，例如"善""正义""信仰""美德""认识你自己""法律的本质"以及人们如何拥有智慧、获得美德和成为好人？在现实生活中的方方面面如何实现正义？还有正义和美德、财富和美德的关系等，这些恐怕是人类面临的永恒问题。

最后，就精神实质而言，伪作中的对话作品所论及的主题大都与苏格拉底或柏拉图的思想是一致或相符的；而且这些伪柏拉图作品的目的在于用"苏格拉底式的谈话"来阐述柏拉图的思想，例如，在关于善恶关系与善和正义相关的有知和无知方面的论述，既可以在色诺芬的《苏格拉底回忆录》中得到印证，也与柏拉图《共和邦篇》和《法律篇》等对话的思想基本相符。

假做"真"时真也不会假。而不辨假，焉知真？要研究真假先得

---

① ［德］施莱尔马赫：《论柏拉图对话》，黄瑞成译，华夏出版社2011年版，第268页。
② 新柏拉图主义先驱之一的哲学家扬布里丘（Ἰάμβλιχος，约250—约330年）在新柏拉图主义的课程体系中，即给予《阿尔基比亚德斯篇（Ⅰ）》很高的地位，定其为学员的首要读物或作为柏拉图对话作品的导论。参见"汪陈本"（第四卷［下］），第1362页；以及"梁本"，第2页。

读其文。我们既要考察文本的真实性，也要注重即使是伪作而其中隐含的有价值的内容。既然伪柏拉图作品托名柏拉图，其意旨在于有所附会，异同就是我们研究的重点所在。

此外，将伪柏拉图作品翻译成中文为我国学术界不懂古希腊语的研究者和对伪柏拉图作品感兴趣的一般读者从不同角度观看柏拉图提供可阅读的第一手资料。这也在一定程度上填补了翻译伪柏拉图作品的一些空白，或者说，对于它们的全文翻译开启了希腊文献资料中为人们所不太看重的一个方面，这对于全面认识和评价柏拉图及其学派也有一定的意义。

无疑，对伪柏拉图作品的研究，迄今一直主要是西方学者的知识和研究领域，相比之下，其他国家对这方面的贡献不是很大。然而，随着本译著的出版，可令人欣慰地看到这一落后局面在中国得到一定程度上的改观。

总之，研究伪柏拉图作品有重要的学术意义，其价值和意义在于或可弥补国内研究伪柏拉图作品之不足。伪柏拉图作品有些（主要是"书信""警句"和"遗嘱"）也涉及柏拉图的情感生活、人事关系和经济状况，这也可以让人们了解到他并非是一位只有精神层面的哲学家。无论真作或是伪作，我们可以探索该作者写作的动机或初衷是什么，想要表达的是什么，我们又是怎样理解的，对我们有什么启发等；因为只有通过解读，人们才可以理解些什么。而将伪柏拉图作品与柏拉图的和其最著名的学生亚里士多德的著作以及柏拉图学派的其他人的作品进行对比研究，可以有助于我们用历史的眼光全面、准确、深入地理解和认识柏拉图及其学派。

五　关于《伪柏拉图文集》的翻译及其篇目次序

无疑，翻译的实质在于从一种语言向另一种语言的转换过程——理解和表达——之中。纵观中外历史上学者们提出的众多的翻译标准，概言之，其目的都在于首先要做到对原文理解正确，译文则要表达通顺；至于文笔是否能够做到优美，则要依所译的原文性质或内容而定。在我国，严复提出的"信、达、雅"翻译标准最为著名，也颇具影响力。

而按照柏拉图的模仿说，翻译既然也当属于一种模仿，也就永远不可能做到与原本一样。如果说，作为模仿之一的肖像画重在刻画人物五官神情，既描绘外形特征（写真）又体现内在神韵（传神），以求获得形神兼备或惟妙惟肖的逼真神似的效果，那么，翻译正犹如肖像画，"直译"相当于写真，传神类似"意译"，"文（意译）质（直译）彬彬"，就是优秀的译文。

《伪柏拉图文集》的中译者就是遵循此理念进行翻译的，希望做到理解准确、表达通顺。当然，中译者自知要做到这点很难，但向往之。

众所周知，古希腊语是一种典型的屈折语，柏拉图主要是用古典希腊语[①]中的阿提卡方言[②]写作的；而伪柏拉图作品的一些作者使用的语言是处于古典希腊语向希腊化时代的希腊语过渡中的希腊语[③]，有些作者除了主要使用阿提卡方言写作外，还使用伊奥尼亚方言和多里斯方言以及埃奥利斯方言，或许这些对话语言上的特征也是伪作的证据之一。

此外，本译者认为，就翻译来说，虽然语言的深层次转换是可能的，但完全等值转换则是不可能的。因此，本译者需要交代的方面如下：

一是，忠实于原文。在做到词能达意、句子也通顺的前提下，译文尽量保持原作风貌，即能直译时直译，尽量贴近原文的风格和句式，与原文的语序结构一致；例如译诗与原诗对行，行文力求保持原诗朴实、流畅而又严谨、凝练的风格；此外，尽可能译出小品词，如"ἀρά""δή"和"τοι"等，[④] 以反映原文语气等；除非直译的语句明显不合汉语行文习惯从而影响读者理解甚至阅读时，本译者才加以意

---

① 约在公元前 800—前 300 年之间。

② 以阿提卡方言写作的主要作家是公元前 5 世纪—前 4 世纪雅典全盛时期的文化代表人物。例如三大悲剧家，而据说喜剧家和演说家则最能代表"标准的雅典语"。

③ 约在公元前 300—300 年之间；而通常人们认为的"希腊化时期"则在约公元前 323—前 31 年。

④ "柏拉图的思想恰恰是通过丰富的小品词等内容表达出来的，也正寓于这种表达之中。"转引自［德］施莱尔马赫《论柏拉图对话》，黄瑞成译，华夏出版社 2011 年版，第 327 页。

译。这样起码做到通顺而为使用现代汉语的读者能够看懂①。

二是，增加语词注释。由于原文很多重要的词是多义词，而且一些词同时具有褒贬二重性和双关语的含义，换句话说，一些表达既有"直笔"，也有"曲笔"，而曲笔或隐喻有时所要突出的正是语词的原义，因此，选词不同，则意思的轻重、褒贬则不同。为使译文的选词和语句尽量真实反映原文作者的意向性，有助于读者理解，本译者对此所作的解释性的理解和根据上下文（语境）取意或用词时均在脚注中特意标明，并且对较为重要的语词和出现在文中的人物、地名等有两种或多种译法的词语作了说明，供读者参考②。

三是，将原文边码置于句子中。为了便于核对原文，译文虽然保留了原文边码，但考虑到翻译为汉语时的语序出入问题，译文将原文边码改为文中标注，并且将没有再细分到行数的原文边码主要置于句子与句子之间。

四是，哲学术语的译法以汪子嵩和陈村富等人的《希腊哲学史》（第1—4卷）为基本依据。为了便于学者们在研究中使用，本译者在附录部分制作了伪柏拉图作品篇目缩略语表和希汉译名对照表、重要术语以及主要语词一览表，并且提供了主要参考文献。

五是，《伪柏拉图文集》中神名、民族或部落名、人名和地名等专名的译名，除按"约定俗成"的专名译出外（例如沿用已久而成习惯的"苏格拉底"和"柏拉图"③），对一部分不常见的专名，为尽可能使其接近原音而便于核查原文，本译者以"音似为主，形似为辅"为

---

① 可对照维特根斯坦所说的："一个词的意义就是它在语言中的使用。"［奥］维特根斯坦：《哲学研究》，李步楼译，商务印书馆1996年版，第31页。另外，比如译史书，史家的曲笔是直译不能反映的。

② 凡本译文的脚注除非注明，皆为本译者所注。

③ 柏拉图的希腊原文为"Πλάτων"，字尾有n音，按照原音，接近的发音是"珀拉陶恩"或"珀拉彤"，重音在"ά"；英文一般译为Plato，德文译为Platon，法文译为Platon；约定俗成的中译名即作"柏拉图"，而把字尾的ν音略去了；又如苏格拉底，希腊原文为"Σωκράτης"，字尾有ς音，按原音，接近的发音是"索克拉泰斯"，重音在"ά"；英文译为Socrates，德文译为Socrates，法文译为Socrate；约定俗成的中译名即为"苏格拉底"，把字尾的ς音也省略了；诗人荷马（Ὅμηρος，音译为"豪迈劳斯"）和阿波罗（Ἀπόλλων，音译为"阿庖隆"）的译音也同样；等等。

· 21 ·

原则，按照"名从主人"或按照古希腊语的古代读音和兼顾历史译法译出；但是，为便于读者核对，译者对之都加了脚注或可参考本著"附录"中的"希汉译名对照表"。

最后，为便于和柏拉图作品以及亚里士多德的作品进行比较研究，译者对《伪柏拉图文集》的译文作了较为详细的注释。

本译文既可供懂得原文的行家批判、评阅和研究者参考，也可供对伪柏拉图作品感兴趣的一般读者阅读。

此外，为便于读者理解原文，本译者对所有的伪柏拉图作品各撰写了一篇"内容提要"[①]。

中译文所据《柏拉图全集》的古希腊文本是被学术界公认为权威版本的伯内特的牛津古典版校勘本：PLATONIS OPERA（6），RECOGNOVIT BREVIQVE ADNOTATIONE CRITICA INSTRVXIT, OXONII E TYPOGRAPHEO CLARENDONIANO（1899－1906）；

《警句（33首）》的古希腊文本是佩顿[②]的希腊文英文对照本《希腊诗文选》（*The Greek Anthology*, with an English Translation by W. R. Paton, Cambridge, Mass.: Harvard University Press, 1916－1918, Loeb Edition）；

《翠鸟篇》的古希腊文本是由杰弗里·亨德尔森[③]编辑的八卷本的希腊文、英文对照本 *Lucian*（《琉鄯文集》）[④]（Harvard University Press, 1913－1967）；

《遗嘱》的古希腊文本根据的是第欧根尼·拉尔修的 Βίοι καὶ γνῶμαι

---

① 参看"附录五"。

② William Roger Paton（1857—1921年）是有苏格兰血统的一位作家和古希腊文本以及诗作的译者，他以翻译《希腊诗文选》而知名。

③ Jeffrey Henderson（1999—　）是波士顿大学希腊语言和文学的威廉·古德温·奥雷利奥教授职位（the William Goodwin Aurelio Professorship）的持有人，也是娄卜古典丛书（The Loeb Classical Library）现任总编辑。

④ Λουκιανὸς ὁ Σαμοσατεύς（125—180年），另译卢奇安，是一个用希腊语写作的雄辩家和讽刺（对话）作家；出生于位于现在土耳其的一个古罗马城市萨莫萨塔。他的作品因其诙谐和嘲弄性而著称。虽然他只以希腊语写作，并且主要是用阿提卡方言的希腊语，但他属于亚述人种族并且自称是叙利亚人。《翠鸟篇》在 *Lucian*（《琉鄯文集》）第八卷 pp. 306－316，由 Matthew Donald Macleod 翻译。

译者前言

τῶν ἐν φιλοσοφίᾳ εὐδοκιμησάντων（《知名哲学家的生平和观点（名哲言行录）》）。

此外，为保证译文质量，本人在翻译《伪柏拉图文集》的过程中还参考了施莱尔马赫等人的德文译本、库珀主编的英文译本和乔伊特的英文译本、库赞的法文译本和 Les Belles Lettres 出版社出版的法文译本，中文译本则参考了梁中和的《阿尔喀比亚德》（前、后篇）、林志猛的《米诺斯》、王晓朝的《柏拉图全集》（第四卷《书信》）[①] 以及徐开来、溥林的《名哲言行录》（希汉对照本）等。

值得指出的是，库珀主编的英译本和 Les Belles Lettres 出版社出版的法文译本在其脚注中关于原文的许多校正和注释很有参考价值，但其译者没有说明校正的根据或只是出于推测而没有进一步说明，因此，中译者只是根据自己的理解选用了部分校正。

在《伪柏拉图文集》中译文部分的脚注中，中译者对古希腊单词的释义除使用罗念生和水建馥编的《古希腊语汉语词典》（商务印书馆2004年版）和阿斯特的《柏拉图辞典》[②] 以及利德尔和斯科特编纂的《希英大词典》[③] 外，还主要参考了互联网上非常有实用价值——尤其是动词的变位和一些释词的例句有其出处——的"Greek Word Study Tool"。

在此，对以上书目的编者、译者和著者表示诚挚的感谢！

如同柏拉图的作品肯定有发表或创作的顺序——虽然我们没有确凿的根据，但这对于认识他的哲学思想的发展非常重要，所以，最可靠的做法是将其所有的作品进行整体研究，包括"伪造的"的作

[①] 以上所参考版本的详细情况，参见本"译者前言"第二部分的介绍和本译著"附录"中的"主要参考文献"。

[②] Georg Anton Friedrich Ast（G. A. F. Ast，1778—1841年）是一个德国古典语言学家和哲学家，以哲学史学家和柏拉图研究者而著称。他最后的作品是3卷本的拉丁语释义本《柏拉图辞典》（*Lexicon Platonicum sive vocum Platonicarum index*）3 Bände. Weidmann, Leipzig 1835 - 1838，另外著有《柏拉图的生平和著作》（*Plato's Leben und Schriften*），1816。

[③] Henry Greorge Liddell（1811—1898年）和 Robert Scott（1811—1887年），他们都是英国基督教会牧师，博学的语言学家，前者还曾任牛津大学副校长，他们合编有著名的 *A Greek-English lexicon*, with a revised supplement, Oxford: Clarendon Press, 1996 (the first edition in 1843)。

品——一样，伪柏拉图作品也有创作的时间，不过，这也不为我们知晓。所以，本译者为《伪柏拉图文集》采用的排列顺序，具有很强的主观成分，主要是按照主题兼顾伪柏拉图作品大概的写作时间，从对概念的《定义篇》开始，以上位阶涵盖下位阶，如美德蕴含正义，以及人物优先（基本上按照汉语字母顺序），最后是属于传记性质的作品《书信》和《遗嘱》等排序的，因此，它们并不具有任何内在的和确切的编年史的含义，而仅仅是"逻辑"的顺序。由于伪柏拉图作品的多数作者从事写作的时间前后相距约两三百年，人们要为它们安排一个写作时间上的确切顺序非常困难，而且这有赖于学术界对其同时代的人们，特别是对柏拉图的弟子们资料的研究——除了亚里士多德等少数人的作品——可惜它们大多已经遗失。

最后，有必要一提的是，正如摹本不是原本，没有任何译文能够代替原作。作为一种典型屈折语的古希腊语语词的多义及其在文中的复杂关系使得一个不懂古希腊语语法的人很难从任何译本中感受其意蕴的真谛。所以，正如笛卡尔所说的"谁也不能代替我思考"一样，谁若要进行认真的探究必须以原作为准。尽管译者付出了不小的努力——至少尽可能做到了译文是忠实可信的——但囿于水平所限，译文中一定还存在诸多的不足之处，敬请看了本译著的专家和学者不吝赐教。

译　者

2018 年 7 月

《定义篇》[*]

[**411a**] 永恒[①]：贯穿以前一切时间的存在而且现在也不被毁灭。[②]

神：永生者，从昌盛方面自足；永久不变的本体，善的原动力[③]之因。

---

[*] 原文标题是"OPOI"（该词是"ὅρος"的复数，因此，其篇名也可译为《定义集》），中译文根据"B本"并参考了"C本""L.B.L本"和"S本"译出。这里的篇名，是后来的学者所添加的。下同。

[①] 从"永恒"到"夜晚"词条的释义参见《蒂迈欧篇》[36e-39e]。以下所引著作出处，凡省略著者的，皆为柏拉图所著，如《蒂迈欧篇》等。

[②] 就存在与一切时间的关系而言，此句似乎还应该包括"未来"（μέλλον）的措辞。但也可理解为：连续、持久存在的现在也就包括了未来。参见"C本""L.B.L本"和"S本"的译文，它们分别直译为："eternal: existent at all times, including past and present, without being destroyed."; "Éternel: ce qui existe de tout temps, autrefois et maintenant, sans être détruit."; "Immerwährend: das, was alle frühere Zeit hindurch war und auch jetzt nicht zugrunde gegangen ist."。另外参见古罗马波爱修斯在《哲学的慰藉》（贺国坤译，陕西师范大学出版社2009年版，第207—208页）中关于"永恒"的解释。

[③] "φύσεως"是名词"φύσις"的属格，在句中为定语，其含义很多，其中，它本身就是一个哲学术语，有："（宇宙、万物的）本然，本性，原动力，自然力；（宇宙、万物的）本质，元素"等含义。中译者取其中的"原动力"之释义，符合神创造万物或是万物存在之因的词条本义。

诞生①：进入存在中；改变状态②；被带入实有中③。

太阳：天上的火焰；对同样的一些人来说，它是从早晨直到晚上④在白天出现的唯一能被看见的星辰⑤；[**411b**] 最强大的⑥永久有活气

---

① 本词条的释义非常重要也较为难译。就前者而言，它涉及万物存在的起源、创造物（所谓七十贤士本的希腊文《〈旧约〉圣经》中的《创世纪》即是本词条"Γένεσις"）和如何成为存在、存在的方式等本体论或存在论问题。参见《巴门尼德篇》中关于存在和不存在的论证，例如该篇 [156a]。就后者而言，需要说明的三点是，首先，词条（Γένεσις）的基本含义是"诞生"，转义可以是"产生""形成"或"生成"；其次，Γένεσις 的三种释义（κίνησις εἰς οὐσίαν·μετάληψις οὐσίας·πόρευσις εἰς τὸ εἶναι.）的句子结构，第一和第三种释义是名词+介词+名词；第二种释义是名词+名词。因此，中译者是按照由动词派生的名词和具有动作意义的名词可以转译成汉语动词的译法意译的；本词条释义的第一句也可以用介词词组作为名词的定语，这样，也可以译为"进入存在的运动"。再次，值得指出的是，句子中"存在（状况）"的三种不同用词："οὐσίαν"是名词"οὐσία"的单数形式；"οὐσίας"是"οὐσία"的复数形式；而"οὐσία"又源自动词"εἰμί"的分词"οὖσα"。"εἶναι"是动词"εἰμί"的现在时不定式，在本句中作名词用。"εἰμί"的基本含义是"是""有"或"存在"。它是古希腊语"μι"类动词中最重要的不规则动词。它迄今仍以各种形式保留在现代印欧语言中。参见"C本""L.B.L本"和"S本"（它们由于共同有不同于汉语的词法和句法结构，可以做到基本上是直译）的译文，它们分别是："becoming: change into being; coming to participate in being; passing into existence."；"Génération: mouvement vers l'être; participation à l'être; passage à l'être."；"Entstehung: Hinbewegung zum Sein; Teilnahme am Sein; Uebergang ins Sein."。另外，参见《斐莱布斯篇》[55a] 以下等处（"περὶ γενέσεως καὶ φθορᾶς [关于诞生和死亡或不存在]"）和在《共和邦篇》[546a-e] 等处的用法。

② 本句即指从不存在到存在，也意味着由存在产生新事物（存在）或出现新现象（存在）。此外，本句也可以译为"分享（或参与）存在（现实）"。

③ 据柏拉图的说法，有些存在者是自生、自动和从一种存在形式向另外一种存在形式转换的（本词条的前二句可视为如此），所以是不朽的，如灵魂；而大多数存在物是被动产生的，是有生有灭的（本词条的后一句可视为如此）。因此，据后一种说法，此句"Πόρευσις εἰς τὸ εἶναι."中由动词派生的"Πόρευσις"（即 πορεία）一词虽然是名词，但中译者在这里按与其有同一词根（πόρε）的动词"πορεύω"的被动态用法译出，而与"C本""L.B.L本"和"S本"的译文皆不同。这种译法是否恰当，敬请方家指正。

④ "δείλης"在句中为属格，当副词用，即指"在晚上"。而"L.B.L本"译为"coucher（[日]落）"似恰当些。

⑤ 参见《泰阿泰德篇》[208d]。另外参见亚里士多德《论题篇》[142b1]。就此句而言，在亚里士多德的逻辑学看来，被定义的词项实质上已经被包含在定义项中，从而造成循环定义的错误。因为定义太阳是白昼出现的星体，但白昼恰恰是指太阳出现在地球上空。参见以下"白昼"定义。

⑥ "τὸ μέγιστον"是"μέγας（基本词义为'大的'）"的形容词最高级，原级"μέγας"本身就有"强大的""强有力的"等十余种同义甚至贬义的释义；若将太阳译为"最大的生物"未免显得有些一般化。考虑到强调用法，译为既强又大的"最强大的"，就不仅包含体积和强度上的最大，而且还有能力和力量方面的最强含义。例如，在本文集最后一篇对话《翠鸟篇》中"μέγας"一词所表达的——形容"天庭""天神""宇宙""自然""以太"等核心词时——主要即是"强大的"的意思。另外，参见下一注释。

《定义篇》

的天生物①。

时间：太阳的运动，行程的量度②。

白昼：太阳从升起到降落的轨程③；与夜晚相反的光明。

黎明：白昼的起始；自太阳而来的最早的光线。

正午：时间在物体影子中参与的长度最短。

晚上：白昼结束。

夜晚：白昼的反面黑暗；太阳的消失。

命运：从不可预知进入不可预知的移动，尤其出自偶然的原因而来的命中注定的遭遇。

[**411c**] **老年**：活气随时间产生的衰减。

风：空气在地上的运动④。

空气：构成一切物质的最基本元素，它是合乎自然、遍及所有运动地域的。

天空：除了在最高处的空气本身之外，包围一切可以感觉到的地方的整体。

灵魂⑤：自己产生的运动；归因于充满生命力的生物运动。

能力⑥：由于自身产生的能创造的力量。

---

① "ζῷον" 的基本释义是"生物"，但是也有"[天文学]十二宫之一"的含义。而十二宫一词的希腊语是"ζῳδιακός"。在希腊人眼里，星座是由各种不同的动物形成，这也就是十二个星座名称的由来。在天文学上，太阳是最重要的天体之一，如在太阳系中即以太阳为中心。因此，中译者窃以为据此二义，将"ζῷον"译为"天生物"，更精确些，而没有将之译为指地上的普通的生物或动物。何况古希腊人通常认为星体都是神。参见《申辩篇》[26d]；《蒂迈欧篇》[40a]；《厄庇诺米斯篇》[984d]；亚里士多德《形而上学》[1074b2]。

② 亚里士多德虽然批评柏拉图把时间等同于天体运动，从而否认前一句，但基本上肯定了后一句。参见亚里士多德《物理学》[219b3；220a25；221a1；221b9 等]。

③ 参见亚里士多德《论题篇》[142b3 – 4]。

④ 参见《克拉底鲁篇》[410b]；亚里士多德《论题篇》[127a5] 和《天象学》[349a20]。

⑤ 参见《斐德罗篇》[245e – 246a] 和《法律篇》[895e – 896a；899b；903d；927a]。另外参见亚里士多德《论灵魂》[404a7 – 404b30] 中引述的原子论等学派的观点。

⑥ 与本篇 [416a34] 的术语名相同。另外参见亚里士多德《优台谟伦理学》[1220b 16 – 17]。

视觉：有能力区别物体者。

骨：变暖凝固的骨髓①。

元素：构成一切物质的最基本的聚合并且分开复合物者。

[**411d**] **美德**②：最好的安排；非永生的生物由于其本身所处的赞美状态；由于其本身拥有者被说成是好的状态；依照法律的正义关系；由于其本身拥有者被说成是置于完美、卓越的境况或安排③；被视为守法的状态。

审慎④：人之幸运由于其本身行事的能力；关于善和恶的智慧；有关判断是否必须要做什么的状况。

正义⑤：心灵合乎其本身的协调一致，像灵魂的各部分处处都整齐有序；[**411e**] 按照每一个人的价值拥有所分配的⑥；根据其有优先选择的给他拥有，显然是正当的；在一生中保持服从法律的状态；人人平等公正；保持服从守法的状态⑦。

明智⑧：关于在灵魂中合乎自然产生的渴望和快乐二者的适可而止；来自灵魂的自然产生的快乐和痛苦二者的和谐与有节制；灵魂关于统治和受统治方面的协调一致；做自己自然应当做的事；整齐有序的心灵；灵魂关于善和恶的有理性的交往；[**412a**] 拥有明智者按照能选择的和应该谨慎行事的状态。

---

① 参见《蒂迈欧篇》[73e]。
② 以下四个词条即希腊四主德，其释义参见《名哲本》[3.91]。
③ 参见《高尔吉亚篇》[506d－e]；亚里士多德《论题篇》[131a37－131b2]。
④ 该词（"Φρόνησις"）也有"意图，意向，心高志大，［贬义］高傲，傲慢，聪明，精明，见识"等含义。亚里士多德将之作为一种实践智慧在其《尼各马科伦理学》第六卷第五章专门讨论了这一概念。
⑤ 参见《共和邦篇》[434a；442c；443d－e]；另外参见亚里士多德《政治学》[1253a37－39]和《尼各马科伦理学》[1129a31－b1]。
⑥ 参见亚里士多德《论善与恶》[1250a12]。
⑦ 参见《高尔吉亚篇》[504d]；另外参见亚里士多德《尼各马科伦理学》[1129a31－1129b2]。
⑧ 该词（"Σωφροσύνη"）通常汉译为"自制"或"节制"。关于该词条的释义参见《共和邦篇》[442d]；另外参见讨论该主题的《卡尔米德篇》。

· 4 ·

《定义篇》

勇气（勇敢）①：灵魂不为恐惧所动摇的状态；准备作战的信心；涉及一切战争事务的知识②；灵魂对于恐惧和害怕的克制；服从审慎的刚毅；在意料中的死亡面前很英勇；在危险中保持维护正确推理的状态；对于危险保持均衡的力量；对于美德的坚韧力；灵魂根据公正的推理以及关于某事和有信心之事显示的平静；关于某事和战争经验保存隐秘的信念；[412b] 坚守法律的状态。

自我克制：忍耐痛苦的能力；服从正确的推理；难以超过的对于正确推理接受的能力。

自足：完全拥有好的事物；那些由于有能力统治他本人的状态。

公平合理：公道的和较小的利益；在契约中适度；[412c] 有理性的灵魂对于美好和可耻的事情有节制。

坚忍：为了美好之事的缘故忍耐身心上的痛苦；由于美好的事忍受劳苦。

信心：没有预料到坏的状况；不因坏的状况之存在而畏惧。

无苦痛：涉及我们不遭受③进入痛苦的状态。

勤奋：完成某事而前进的状态；心甘情愿地忍耐；对于工作无可指责的状态。

谦逊④：正当地从鲁莽行动中自愿后退并显示出合乎最好的；自愿据有最好的；敬畏公正的指责。

[412d] **自由**：能够引控自己的生活方式；在一切方面都自己统治⑤；

---

① 关于该词条的释义参见《共和邦篇》[429b–430c；442b–c] 以及《拉凯斯篇》[196d；199c–d] 和《普罗泰戈拉篇》[360d] 等。另外参见亚里士多德《尼各马科伦理学》[1115a] 和西塞罗（《图斯库兰 [Tusculanae] 辩论》[Ⅳ.53]）对该词条"勇气"的类似定义。

② 参见亚里士多德在其《大伦理学》[1190b29–33] 中对此释义的批评。

③ 该词（"ἀνέμπτωτοί"）词义不明，"οἱ" 当为希ытской词尾，它可能是该篇作者自造的一个复合词："ἀν+ἐμπτύω"；"C 本""L. B. L 本"和"S 本"将该词（句）分别译为："be not subject to pain."（p. 1680）；"incapacité de tomber dans l'affliction."（XIII. p. 164）和"in keinen Schmerz verfallen."（Ⅲ. p. 789）。另见本篇以下"无畏"和"无痛苦感"[413a] 词条释义。

④ 该词（"αἰδώς"）也有"尊严"的含义。

⑤ 参见亚里士多德《政治学》[1317b11–12]。

在生活中追求他自己的权力；在使用和拥有自己的财产期间不顾惜①。

慷慨：对于使自己致富依照应当的状态；按需要用上和获得财产②。

心平气和：使由愤怒激起的运动（镇定下来的）③ 状况④；和理智相适应的性情。

守秩序的行为⑤：自愿屈服显得最好的（安排）；有关身体的运动有节制。

幸运：从所有的好里被组合在一起的幸福；关于生活得很好的自给自足的能力；合乎美德的完美；[**412e**] 生物自给自足的益处。

崇高：与公正的推理一致的最庄严的地位。

精明：心灵的天赋高是由于具有看每一项必要的事情看得深刻的能力；神志敏锐⑥。

正直：凭谨慎从事的真诚之性情；具有优良品格。

高贵优秀的（品格和行为）⑦：宁愿选择最好的⑧状态。

宽宏大量的：与优美相适应的交往；心灵和道理在一起的崇高。

仁慈：容易引导朝向爱人的性情状态；对人有意行善的状态；向某人施恩惠的情形；善行中的记忆。

虔敬⑨：为了神之缘故的公正；心甘情愿敬奉神的能力；[**413a**] 树立对于受尊敬之神的见解；关于受尊敬之神的知识。

---

① 意即不做守财奴。
② 参见亚里士多德《尼各马科伦理学》[1107b10]。
③ 括号内的词语系中译者据语境添加。下同。
④ "C本""L. B. L本"和"S本"对该句的翻译分别是："even temper: suppression of the impulse caused by anger;" (p. 1680); "Douceur: répression des mouvements de colère;" (XIII. p. 164); "Sanftmut: das Unterdrücken zorniger Gemütsbewegungen;" (III. p. 790)。另外参见亚里士多德《修辞术》[1380a7-8]。
⑤ 该词（"κοσμιότης"）也有"礼貌，规矩"的含义。
⑥ 参见《卡尔米德篇》[159d - 160d]。
⑦ 该词（"καλοκἀγαθία"）尤指"慷慨，与朋友有福同享等高尚性格"，这被古希腊人认为是理想的人格所推崇。
⑧ 该词（"βέλτιστος"）多指品质和美德方面的最好。
⑨ 该词（"Εὐσέβεια"）除了对神的敬仰、虔诚意思外，也有"（对父母）忠心，孝心，敬爱"的含义。参见主题为"论虔敬"的对话《欧绪弗洛篇》[12e; 14d]。

《定义篇》

好①：由于其自身的缘故。

无畏：涉及我们不遭受恐惧的状态。②

无痛苦感：涉及我们不遭受痛苦的状态。③

和平：在战争敌意时期的安静。

漫不经心：灵魂的闲适；热情的麻木。

伶俐④：由于拥有精明而实现属于自己愿望的状况。

友谊：关于美好和公正具有一致的意见；优先挑选他的生活⑤；对于抉择和事情的结局抱同样的看法；对于生活有一致的感想；[**413b**] 凭好意的结交；做好事和处境顺遂的交情。

高尚：优良的高贵性格；容易对言或行控制的灵魂。

选择：正确审查。

好意（选择）：人对人的喜爱。

亲戚：同一家族的关系。

感想一致：完全真实⑥的交情；感知和假设的协调。

爱慕⑦：完全地显示出来⑧。

---

① 该词（"ἀγαθόν"）与 [414e9] 的 "ἀγαθόν" 词名相同，但释义不同。该词的基本词义是"好的"，也有"高尚的，高贵的，勇敢的，能干的，善良的，有用的（东西）；[名词] 贵人，贵族，财富，幸福"等含义。参见亚里士多德《大伦理学》[1182b20－22]。

② "L. B. L 本""C 本"和"S 本"将此句分别译为："Intrépidité：état qui nous rend inaccessibles à la crainte."（XIII. p. 165）；"fearlessness：the state in which we are not subject to fear."（p. 1681）和 "Furchtlosigkeit：diejenige Seelenbeschaffenheit, vermöge deren wir nicht in Furcht verfallen."（III. p. 791）。

③ "L. B. L 本""C 本"和"S 本"将此句分别译为："Insensibilité：état qui nous rend inaccessibles aux passions."（XIII. p. 165）；"passionlessness：the state in which we are not subject to passions."（p. 1681）和 "Leidenschaftslosigkeit：diejenige Seelenbeschaffenheit, vermöge deren wir nicht in Affekt greaten."（III. p. 791）。

④ 参见亚里士多德《尼各马科伦理学》[1144a25－26]。

⑤ 参见亚里士多德《政治学》[1280b39－40]。

⑥ "C 本"接受猜想：将原文（b8）中的 "τόν ὄντων" 替换为 "τόν εν νοῖ ὄντων"；因此可译为："共享属于心灵中的一切"。

⑦ 该词（"ἀγάπησις"）在亚里士多德《形而上学》[980a22] 中的意思是"爱好"或"喜爱"；"S 本"将该词（句）也译为 "Zuneigung：einvollstndiges Sichgefallenlassen."（III. p. 791）。但 "C 本"和 "L. B. L 本"分别译为 "contentment：welcoming everything."（p. 1681）；和 "contentment：accueil sans réserve"（XIII. p. 165），其意思都是"满足"或"称心"。

⑧ 该词（"ἀπόδεξις"）属于伊奥尼亚方言，等于 "ἀπόδειξις"。

政治学①：美好的和有益的学问；在城邦内缔造正义的知识②。

[413c] **伙伴**③：由于同龄人通过交往密切，在他们之间形成友情。

深思熟虑：与生俱来能推理的美德。

信任：具有如此正确的见解，如同它向他显示的一样；性情牢靠。

真相④：在肯定与否定中的状态；关于真实的知识。

意愿：根据正确理由的希望；合乎情理的想望；基于道理和本性的渴望。

谋划：为了做另外之事的建议；应当用某一方式做事。

好时机：有利的时间；在遇到可以做某事时。

[413d] **谨慎**：当心邪恶；注意防备。

义务：关于全部是相互相似的工作；关系对称；为了适合于整个相互和谐（由于通过阅读学习）的缘故。

专心：由于凭据阅读，学习和灵魂相和谐。

聪明：学习得很快；生育得好；天生优良。

悟性：天赋的合乎于学得很快的理解力⑤。

法律⑥：关于争议事务的判决权。

审判：对于是否做错事的争论⑦。

[413e] **法治**：热诚地服从法律⑧。

欢乐：就有节制地做令人喜欢的事而言。

尊重：按照由于善行给予的好礼；出自美德的名誉；形态庄严；维护名誉。

---

① 该词（"πολιτική"）暗含"技艺""方法"的意思。
② 尤其与柏拉图在《共和邦篇》和《政治家篇》以及《法律篇》等作品中的基本观点相同。
③ 参见"名哲本"［3.81］。
④ 参见亚里士多德《尼各马科伦理学》［1139b15］。
⑤ 参见《卡尔米德篇》［159e］。
⑥ "C本"和"L.B.L本"没有译出此条目，但将此条的定义内容合并在下一条"审判"条目之下。从［415b8］又出现"法律"词条来看，它们于此处的合并翻译是恰当的。而"S本"则译出了此条目。
⑦ 参见亚里士多德《尼各马科伦理学》［1134a30］。
⑧ 参见"名哲本"［3.103］和 Σί.［387c］。

《定义篇》

热衷：表明应当做抉择。

恩惠：自愿的善行；在适宜时偿还好的服务。

和谐共处：统治者和被统治者抱同样的看法，比如应当统治和被统治一样①。

共和城邦②：自给自足的民众为了繁荣昌盛而结伙；民众社团合法地结交。

[414a] **预谋**：为某些打算做的事而策划。

计划：对将至的怎么有益的事思考。

胜利：竞赛中战胜的能力。

疑难的解决：细心选择战胜所说及的。

礼物：恩惠的交换。

适时③：有益的最好时机；通力合作某事的好时间。

回忆：灵魂置其于保存真实开始时的状况。

思考：紧张地思想。

思想④：知识的本源。

净罪礼：关于众神的事小心谨慎罪过；[414b] 自然地敬奉尊严的神。

说预言的能力：早就可以看出尚无显示事情结局的智慧。

预言术⑤：考虑活着的凡人的现在和未来的知识。

哲理⑥：无可怀疑的知识；永远确实的知识；考虑真实原因的学问。

哲学⑦：对于永远真实知识的渴望⑧；思考真相怎么样真实存在的

---

① 参见《共和邦篇》[433c]。
② 参见亚里士多德《政治学》[1275b19 – 21]。
③ 与本篇 [416a6] 的词名相同，但释义有别。
④ 该词（"νόησις"）也有 "思维；智力，理解力；概念，观念" 的含义。
⑤ 参见《卡尔米德篇》[173c]。
⑥ 该词（"σοφία"）通常被译为 "智慧"。亚里士多德认为智慧就是研究和能认识原因和本原的学问或科学推断能力的德性。参见亚里士多德《形而上学》[981b30 – 982a4] 和《尼各马科伦理学》[11141a9 – 21] 以及《论题篇》[1145a30 – 31]。
⑦ 从其释义来看，"哲学" 是一个动词。
⑧ 参见 "名哲本" [3.63]：柏拉图认为 "哲学是对神之智慧的渴求（Φιλοσοφία ὄρεξις τῆς θείας σοφίας）"。

状态①；灵魂按照正确的原理之经管。

知识②：不因谈论可改变理性的见解；［**414c**］认为某件或某些事情不因谈论可改变的学力；为了思想的缘故不可改变的确实之道理。

意见：被谈论说服的见解；引发论辩的见解；由谈论涉及虚假③和真实的思想。

感觉④：欲念快速地移动；心神的运动；心灵通过身体引入关注人；心灵通过身体产生⑤的触觉认识不能以言语所表达事物的能力。

(身体或精神上的) 习惯⑥：涉及一些被我们说成属于某种性质之人的心灵的安排。

［**414d**］**说话声**：从思考力（一种使人说出某种话的能力）而来的通过口腔的流动。

话语⑦：根据字母发出的、每一种现实存在的言辞之声音⑧；从没有乐声的名词和动词合成的谈话⑨。

名词⑩：解释非复合的和表明状况的以及一切不说及它自身的语言。

语言：有音符的人类说话声；以及解释没有乐声的任何事物的一致的符号。

---

① 参见《共和邦篇》［521c］；亚里士多德《形而上学》［993b20］。
② 参见《蒂迈欧篇》［29a－b；51e］；亚里士多德《论题篇》［134b1－20］。
③ 柏拉图常把该词（"ψεῦδος"）用作和"ἀληθής"（真实）相对。
④ 参见《蒂迈欧篇》［43c；45d］；亚里士多德《论睡眠》［454a10］。
⑤ 句中"ἧς"一词，是系词"εἰμί"（是）的陈述式未完成时第三人称单数，属于多立斯方言。
⑥ 参见亚里士多德《形而上学》［1022b10－14］。
⑦ 该词（"λόγος"）在古希腊语中具有 20 多种含义，无法与中文简单对译，特别是，它在哲学中也是一个非常重要的术语。它的基本意思是："表现思想的话；思想；原理"。因此，依照语境之不同，通常译为"谈话，逻各斯""话语""道（理），命题，推论，主题"等。参见《智者篇》［263e］。
⑧ 柏拉图关于声音的看法参见"名哲本"［3.107］。
⑨ 关于句子由名词和动词构成的说法参见《克拉底鲁篇》［431b］。
⑩ 该词"ὄνομα"在语法上指与动词相对而包括形容词等词类的"名词"，但也有"名称，词汇，术语"等含义。参见《泰阿泰德篇》［202b］。亚里士多德认为："名词是因约定俗成而具有某种意义的与时间无关的声音。"参见亚里士多德《解释篇》［16a20］。

《定义篇》

音节①：属于人声的可记录的连接点。

定义：从区别和种属推断出来的命题②。

[414e]**（可靠的）证明**③：模糊不清的显示。

证明：推论真实的根据；通过预断表明的命题。

简单音：声音的非复合音调，该音调是其他声音的原因。

有益的：处境顺遂的原因；好的原因④。

有利：带来涉及好的东西⑤。

【**善**：好。】⑥

好⑦：保持现实的原因；一切朝向其本身的原因，从其发生所应当选择的。

自制：心灵的有秩序。

公道：获得正义的习惯法。

[415a] **自愿的**：对他自己有说服力的；符合他自己可选择的并按照意图尽义务。

自由的：自己自主。

适度的⑧：在过分和不足之间的正中尤其满足于技能。

适中：在过分与不足之间的中部。

奖品：美德全靠它自己可选择的奖赏。

不朽：有活气的实体尤其永久的逗留。

虔敬的：敬奉神，受神欢喜。

---

① 参见《泰阿泰德篇》[204a]。

② 参见亚里士多德《论题篇》[101b35；103b15；141b23；154a33] 和《形而上学》[1031a3；1034b20；1038a9]。

③ 关于"Τεκμήριον"的用法和释义，参见 Ἀλα'. [113e9] 和伪亚里士多德《亚历山大修辞学》[1430a14-15；1431a26-32]。

④ 参见《大希庇亚篇》[296e]。

⑤ 参见《高尔吉亚篇》[506e]。

⑥ 原文如此。见 [414e8]。此条定义是《定义篇》中最简短的一条，也可能是有缺漏。在"C本"和"L.B.L本"译本中未被译出；"S本"（Ⅲ. p.794）则译为"[Schön; das, was gut ist.]"。

⑦ 参见前面对"ἀγαθόν"[413a3] 释义的注释。

⑧ 参见《政治家篇》[284b-c]。

节日：依法献给神的时期。

人①：无翅膀、有两只脚和有平阔手指甲的生物②；唯一按照逻各斯可接受真正知识者。

[415b] 献祭③：给予神的祭品。

祈祷④：向神祈求给人好的或所期望的东西。

王⑤：按照法律不受审查的统治者；属于政治行业谋略的领袖。

统治权：对一切的经管。

权限：法律的决定权。

立法者：关于应当治理城邦的法律的制定者。

法律⑥：大多数人关于不限定在某些时期之内的公共生活方面的信条。

假设：未经证明的前提；命题的总结。

法令：限定在某些时间之内的政治信条。

[415c] 政治家：精通由公民组成的自由城邦的谋略者。

城邦⑦：享有共同信念的许多人的居住地；隶属其现有法律的许

---

① 参见亚里士多德《范畴篇》[7a1-5] 和《论题篇》[103a25；132a19；133a1-3；133a20-22；133b7-11]。

② 参见《政治家篇》[266e]；亚里士多德则批评了"人"这一定义，参见其《形而上学》[第12节]；另据"名哲本"[6.40] 记载，狄欧根尼斯这位犬儒通过扯下一只公鸡的羽毛将柏拉图学派"人"的定义嘲讽为"无羽毛的，两足动物"，并且说"这里是柏拉图的人！"因此，作为补充，在该定义中就添加了"有平阔手指甲的"的内涵。此外，约公元前350年，埃琵克拉泰斯的一部喜剧讽刺了柏拉图学派借助于划分的定义计划，在该喜剧中，柏拉图学园的成员深思默想"南瓜"（"Κολοκύνθη"[一种圆形葫芦]）的定义。该词在口语中指"夜郎自大的蠢货"。埃琵克拉泰斯（Ἐπικράτης，鼎盛年约在公元前376—前348年），是一个在雅典生活的属于中期喜剧时代的希腊喜剧诗人。在现存的他的戏剧片段中，他冷嘲热讽了柏拉图和他的学生们。另外参见 [德] 文德尔班《哲学史教程——特别关于哲学问题和哲学概念的形成和发展》（上卷），罗达仁译，商务印书馆1987年版，第164页脚注1。

③ 参见《政治家篇》[290d] 和《法律篇》[801a]。

④ 同上。

⑤ 参见《政治家篇》[301b]。

⑥ 参见本篇 [413d9] 的 [B注] 和 [C注]；另外参见《法律篇》[644d]；Μí.[314c1] 以及伪亚里士多德《亚历山大修辞学》[1420a22-26；或1422a3-5]。

⑦ 本条及下条"城邦的美德"的释义参见亚里士多德《政治学》[1252a1-7；1275b20-21] 的类似主张。

※ 《定义篇》 ※

多人。

城邦的美德：建立起公正的政体。

战争艺术：交战的见识。

攻守同盟：战争结伙。

拯救：未受伤害的保全。

僭主：按照他自己的意图统治城邦者①。

智者②：富有的和有名声的年轻人雇用的猎人。

[415d] **财富**：和昌盛相称的财产；促使趋向繁荣的充裕财物。

委托别人代管的财产：凭信任的礼物。

净化：将更坏的从较好的分开。

获胜：在争执中占上风。

好人：这类实现人之善的那种性质的人。

有节制的③：某人具有适度渴望。

能自我克制的：某人有抵抗力，灵魂部分能进行正确推理。

卓越者④：达到好的人；具有美德本身的人。

[415e] **忧虑**：没有理由处于苦恼中的思想。

迟钝⑤：在学习时吃力。

主子⑥：合法的、不至于受审查的统治权。

轻视哲学：有关其具有厌恶学术辩论的状态。

---

① 参见《共和邦篇》[562a–580c]。
② 该词（"σοφιστής"）是个多义词：具有"有技能的人，大师，能人，巧匠（指诗人和音乐家）；[泛指] 哲人，哲学家"等含义。柏拉图在其对话作品中，特指（雅典公元前5世纪中叶以后的）"智者，修辞学教师，诡辩家；也指骗子"，是他批驳、讽刺的主要对象。在《智者篇》[231d–e] 中，柏拉图为智者下的六种定义的第一个定义是："年轻人和富豪们雇佣的猎人。"只不过少了当作属格的ἐνδόξων（"有名声的"）一词。另外参见亚里士多德《辩谬篇》（或"智者的反驳"）[165a20–23；171b29] 对"智者"（和"诡辩术"）的类似定义。
③ 参见亚里士多德《大伦理学》[1203b13–17]。
④ 参见亚里士多德《范畴篇》[10b8–9]。
⑤ 参见《卡尔米德篇》[159e]。
⑥ 指与"奴隶"相对的一家之主。

恐惧：内心为不祥的预期而惶恐①。

激情②：无理性的强有力之冲动；灵魂缺乏理智的神志状态。

惶恐：为了坏的预期而恐惧③。

谄媚④：使人高兴的而非使人最好的交往；使人高兴的超越适度合理的结交状态。

愤怒⑤：为报复而急躁的召唤。

暴行⑥：不公正导致公民权利的丧失。

[**416a**]⑦ **不能自制**：与正确理性相反的、对似乎是高兴之事强行的状态。

畏缩：逃避劳苦；必须制止去做某事之冲动的怯懦。

本源：存在⑧的第一原因。

[**416a5**] **诽谤**：朋友被流言分开。

适时⑨：在其每件事上遭受好运或厄运或做事是合适的。

非正义：藐视法律的状况。

匮乏：财富⑩短缺。

---

① 在《法律篇》[644d]，雅典客人（柏拉图）即表示，对痛苦的预想是"恐惧"，预想快乐则是"自信"。而亚里士多德将恐惧定义为"对恶的预感"（《尼各马科伦理学》[1115a9]）和"某种痛苦或不安，它产生于对即将降临的、将会导致毁灭或痛苦的灾祸的臆想"（《修辞术》[1382a22－23]）；转引自"苗本"（第九卷）第423页。

② 参见《共和邦篇》[439e以下]。另外参见"名哲本"中[7.110－114] 斯多亚学派关于"激情"的定义和划分。参见亚里士多德《优台谟伦理学》[1220b13－15]。

③ 参见本篇"恐惧"的注释。另外参见《普罗泰戈拉篇》[358d]。

④ 参见亚里士多德《尼各马科伦理学》[1108a25－26]。

⑤ 参见亚里士多德《论题篇》[156a30－32]。

⑥ 该词（"ὕβρις"）也有"侮辱损害"等含义。

⑦ 本篇[416a]的内容最多，从a1直到a36结束，原文没有用边码再细分为通常的b、c等。因此，译者增加边码的数字表达行数，例如[416a5]。

⑧ 该词（"εἰμί"）为系词和实词，是古希腊语中仍然以各种形式保留在现代印欧语如德语、英语和法语等中的一个重要的不规则动词，通常译为"是"和"存在"。另外还有一个表示"是"和"存在"的动词"ὑπάρχω"。

⑨ 与本篇[416a6]的术语名相同。

⑩ 该词（"ἀγαθός"）具有一般"好的"意思外，还有以下词义："[形容词] 高尚的，高贵的，勇敢的；能干的；善良的；有用的（东西）；[名词] 贵人，贵族；财富，幸福"等含义。当用作比较级时，通常分别多指智力和勇气、品德和美德、愿望、体力方面的"好"。大多数西语也有这些多义性质，特别是形容词"好的"和名词"财富""幸福"同属一词，反映了西人对它们之间具有密切关系的认识，而有别于中国传统的"义利观"。

◈ 《定义篇》 ◈

羞耻心①：为预期的坏名声而恐惧。

[**416a10**] **吹嘘**②：故意装成是对人做好事或有财富而事实不是那样的状态。

失误：行事逆反正确准则。

忌妒：为了朋友的或现在或过去的好之缘故而苦恼。

无耻：由于利益缘故灵魂容忍坏名声的状况。

[**416a15**] **鲁莽**③：过度敢于朝向不应对着的恐怖。

爱荣誉④：全都耗费而不计算的挥霍的心灵状态。

天生就坏⑤：在天性和涉及本性的过错中的卑劣；[**416a20**] 就本性的疾病⑥而言。

希望：好的预期。

疯狂：可以毁灭真实见解的状态。

唠叨：不能自制不合道理的言谈。

相反⑦：[**416a25**] 在同一属下按照归于某类最大区别的差异。

不情愿：与意图相反而尽了义务。

教育：照料灵魂的能力⑧。

---

① 参见亚里士多德《尼各马科伦理学》[1127a21-22]。
② 参见亚里士多德《尼各马科伦理学》[1128 b11-13]。
③ 参见亚里士多德《尼各马科伦理学》[1115b 29-30]。
④ 该词（"φιλοτιμία"）既有"慷慨，雄心"等褒义，也具有贬义"夸耀"的意思。"C本""L.B.L本"和"S本"分别译为"vanity""Vanité"和"Prunksucht"，它们都有"虚荣""炫耀""好讲排场"的含义。而在《共和邦篇》第八卷中，柏拉图分析了统治者的指导原则是爱荣誉的政制。参见《共和邦篇》[545b-d]中使用的"爱荣誉"一词即"φιλοτιμία"的形容词"φιλότιμον"；"荣誉政制"一词即是"τιμοκρατία"。
⑤ 该词（"κακοφυΐα"）在《希汉词典》和 Greek Word Study Tool 中都没有收录，它可能是该篇作者自造的"κακός"+"φύω"的一个复合词；"L.B.L本"的脚注为"κακία-φύσιν"，意思一样。"C本""L.B.L本"和"S本"分别译为"bad nature""Mauvais naturel"和"Mißbegabung"。
⑥ 该词（"νόσος"），有"痛苦，苦恼；疾病，瘟疫；精神病，疯狂；祸，灾难"等义。该词条释义与柏拉图的观点——将天性邪恶视作精神疾病——相同。参见《蒂迈欧篇》[44c；86b-87c；88b] 等。
⑦ 参见亚里士多德《形而上学》[1055 a4]。
⑧ 该词条释义与柏拉图的观点——善即知识，教育事关灵魂的善，"好人们就是受过好的教育变成的"——相同。参见《法律篇》[641c；643d-e] 以及《蒂迈欧篇》[86b-87c] 等。

教化：教育的传递。

立法术：造就好城邦的知识①。

告诫：从判断力而来的苛刻评论的表现思想的话；［**416a30**］关于劝阻犯错表现思想的话。

援助：阻止现在的坏之状况或防止将要发生的坏事。

惩罚：针对已发生的罪过对灵魂的治疗②。

能力：在行为上或口头上卓越；涉及其拥有力量的状态；［**416a35**］与天性一致的刚健有力。

获救：未受害而从灾难或战争中得到生还。

---

① 该词条释义与柏拉图相关的观点相同。参见《法律篇》［641c］："好人们就是受过好的教育变成的。"另外参见亚里士多德《政治学》［1280b39 – 1280a2］。

② 该词（"θεραπεία"）是多义词，有"服侍，（对父母的）侍奉，（对神的）敬奉；培育，抚养，照料，（对病人的）护理，治疗；奉承，讨好"等义。该词条释义与柏拉图的观点——将天性邪恶视作精神疾病——相同。参见《蒂迈欧篇》［44c；86b – 87c；88b］等。

《论美德》*

对话人：苏格拉底（以下简称苏）；希庖特劳芳斯①（以下简称希）

[**376a**] 苏：那么，美德是能够教会的吗？或者是不能够教会的，再者，人们是天生变好②的，或是用其他的什么方式变得好呢？③

希：我不能够当场说，苏格拉底啊。

[**376b**] 苏：那么，我们像这样思考④它：干吧！如果某人打算用使有才能的厨师是好人的那美德变得好，他就怎么会变得好呢？

希：显然，如果他从好的厨师们学习。

苏：但是怎么？假如他打算成为好的医生，那么他就会从谁成为

---

* 原文标题是"ΠΕΡΙ ΑΡΕΤΗΣ"，中译文根据"B 本"并参考了"C 本""L. B. L 本"和"S 本"译出。"ἀρετή"一词通常译为"美德"，但它也有"某事（动）物或人的特有的品性、功能优良，（为某人立下的）功劳"等含义。关于该词演变的详细释义参见"汪陈本"（第 2 卷）第 167—171 页；HANS JOACHIM KRÄMER, *Arete bei Platon and Aristoteles-Zum Wesen und zur Geschichte der platonischen Ontologie*, HEIDELBERG 1959, CARL WINTER·UNIVERSITATSVERLAG。另外参见"C 本"p. 980 注 8。

① 该词（"Ἱπποτρόφος"）在古希腊语里本来是形容词，字面意思是"养马的"或"牧马的"。据说柏拉图常常赞许马。参见"名哲本"[6.7]。

② 该词（"ἀγαθός"）具有一般"好的"意思外，还有"高尚的，高贵的，勇敢的，能干的，善良的"等含义；当用作比较级时，通常多指智力和勇气、品德和美德、愿望、体力方面的"好"。

③ 以下的比喻用法类似于 Ἔρα。

④ 值得指出的是，此处及以下的用词"σκέπτομαι"（"观察"或"思考"）不是阿提卡方言"σκοπώ"（"观察"或"思考"）一词，或许作为根据之一，由此可以推测，该篇对话作者不属于主要使用阿提卡方言写作的柏拉图。但这种个别用词方面的不同也有可能是后来学者传抄时发生的笔误，所以，也可以不足为凭。

好的医生呢？

希：实实在在显然是从某一位好的医生。

苏：再者，假如有人想凭使有才能的匠人是好人的那美德变得好，他需要到什么地方学习变得好呢？

[**376c**] 希：从一位匠人那里。

苏：此外，假如有人愿意靠使人们有才能和好人的那种美德变得好，他需要到什么地方学习呢？

希：我料想真的也是用那美德，如果真的它是能够被从一位好人那里学会的；究竟怎么会从另外的地方学到呢？

苏：于是，你说，在我们看来，什么人已经是好人呢？我们就可以观察，如果那些人使人们变好。

希：像修昔底德、塞米司托克勒和阿里斯提得斯以及伯里克利。①

苏：所以，我们能够对这些人中的每一位说是教师吗？

[**376d**] 希：我们不能；因为据说不能。

---

① 此处提及的修昔底德（Θουκυδίδης）是指与伯里克利同时代的雅典一位杰出的政治家、军人，即与伯里克利一直相抗衡、是其政敌的修昔底德，其家族属于雅典的贵族。据说他是雅典政治家和将军基蒙（Κίμων，公元前510—前450年）的亲戚，后被伯里克利放逐，死于外地。参见《拉凯斯篇》[179a]；修昔底德《伯罗奔尼撒战争史》第四卷第八章；"名人传"（《伯里克利》[11.1-2；14]和《尼基亚斯》[2.2]），而非指公元前5世纪下半叶雅典历史学家、政治哲学家、将军和著名的《伯罗奔尼撒战争史》作者的修昔底德（Θουκυδίδης，公元前460—前395年）。塞米司托克勒（Θεμιστοκλῆς，约公元前524—前459年，另说约公元前514—前449年），绰号"法律的荣耀"，是公元前5世纪雅典著名政治家和将军。在公元前493年当选执政官，也作为将军参加了马拉松战役，希波战争初期他在雅典推行民主改革，使贵族会议的成分发生改变。他的海军政策对雅典产生了持久的影响，作为海上力量的基石，因而成就了雅典帝国的黄金时代。后来，他遭到放逐，投奔并死于波斯。阿里斯提得斯（Ἀριστείδης）有大阿里斯提得斯和小阿里斯提得斯。这里是指前者。大阿里斯提得斯（公元前530—前468年）是古雅典政治家，绰号"正义"；他在希波斯战争期间的领导才能深受雅典人民的认可。希罗多德［《历史》[8.79]（括号内的数字表示该书的卷数和节数；[8.79]即第8卷第79节。下同。）］称他为"雅典最好的和最值得尊敬的人"；在柏拉图的作品中，他同样受到尊重。大阿里斯提得斯虽然在美德方面著称，但没有将儿子吕西玛考斯教育好。参见《高尔吉亚篇》[526a-b]；《美诺篇》[94a]；小阿里斯提得斯在与苏格拉底的交往中没有受益，参阅《泰阿泰德篇》[151a]。伯里克利（Περικλῆς，公元前495—前429年），公元前5世纪雅典著名政治家，民主派领导人（公元前460—前429年），其统治时期成为雅典经济、文化和军事上的全盛时期，迄今都是雅典政治中最负盛名的人。

《论美德》

苏：但是怎么？断定一个学生或某异乡的人或某个同邦人或其他的什么人，或自由人或为奴者①，无论谁应归功于是通过与那些人的交往而变得有才能的和好的吗？

希：但没有人那样说。

苏：那么，难道他们不会出于嫉妒而吝惜把美德给予其他人吗？

希：或许吧。

苏：那么，对他们来说就可以不发生比技艺的事，就像厨师、医生以及工匠们会出于妒忌而拒绝一样吗？因为比技艺对他们大多数人不会产生好处，甚至他们不生活在像他们同样的许多人中。所以，真是这样吗，对好的人们而言，生活在像他们同样的人中也没有益处？

希：很可能。

苏：但他们不是好的和公正的人吗？

希：是好的和公正的人。

苏：所以，对无论谁来说，不生活在好人中而是生活在恶人中是有益的吗？

希：我没说过。

苏：难道你的确甚至就不能那样说：一则，是好人妨碍竞赛；一则，是恶人有助于竞赛，还是相反？

希：相反。

[**377a**] 苏：于是，一方面，好人有助于竞赛；另一方面，恶人妨碍竞赛，是吗？

希：是的。

苏：因而，比起有助于竞赛，无论谁更为愿意妨碍竞赛吗？

希：当然不愿意妨碍。

苏：那么，比起生活在好人中，没有一个人更愿意生活在恶人中。

希：是这样。

苏：所以，没有一个人会出于嫉妒而拒绝使其他人好，如同也使他自己好一样。

---

① 该词（"δοῦλος"）尤指生而为奴者，与"战俘被卖为奴者"（ἀνδροποδον）相对。

希：是的，的确，从那推论，显然是真的。

苏：你的确听说过塞米司托克勒生的儿子克莱奥芳托斯①吧？

希：听说过。

苏：所以，显而易见，塞米司托克勒不但不妒忌儿子成为最优秀的，甚至也不妒忌其他人成为最优秀的，如果他真的是好的，是吗？[377b] 但他是那种人，像我们相信的。

希：是的。

苏：你的确知道塞米司托克勒真的曾用智慧和好教儿子为骑者——他确实能够持续在马背上笔直地站立，也能够从马背上直立投掷，以及完成其他许多和令人钦佩的技艺——也教给他其他许多的东西并使他有才智，和好的教师有能力教的一样多②。难道你没有从比较年长者那里听到那些事情吗？

希：听到过。

[377c] 苏：所以，任何一个人至少就不会责怪他的儿子的本性是笨拙的③。

希：的确就不是公正的，至少从你所说的。

苏：但这是怎么回事？例如，塞米司托克勒的儿子克莱奥芳托斯成了好的和有才智的人，就像他的父亲本人是有智慧的一样，你迄今或者从更年轻的人或者从比较年长者那里听到过这吗？

希：没听过。

苏：所以，我们料想，一则，他愿意教育他自己儿子的那些东西，一则，并没有使他的儿子，像父亲具有智慧一样他是有才智的，比任何一个邻居变得更好④，[377d] 果真美德是能够学会的吗？

希：的确真的不可能。

---

① Κλεόφαντος，是塞米司托克勒的儿子。
② 参见《美诺篇》[93d] 中相似的表述。
③ 该词（"κακός"）是个多义词，有"坏的，劣的，丑的，恶的，不中用的，怯懦的，胆小的，低贱的，无用的，卑鄙的"等含义。在本句中也暗示是"坏的，邪恶的"。
④ 在古希腊语中，"更好"（"βελτίων"）一词具有道德含义，多指品格和美德方面的好，而非智力、勇气、体力等方面的好。参见前注。

《论美德》

苏：然而，此人在你看来是这样的美德教师，你先说过的；但我们立即观察另外的人，阿里斯提得斯，一则，他培养了吕西马科斯①，一则，他使他受到和从教师那里能够受到的一样多的雅典人所受的最好的教育，但没有使这人比他人变得更好；因为你和我也知道他，并且我们和他一同诞生②。

希：是的。

苏：此外，你的确知道伯里克利教育了他的儿子帕拉劳斯和克珊西珀斯③，在我看来，你似乎也对他们中的另外一个有爱欲。[**377e**] 当然，比如你也知道，一则，他教他们骑术不比任何一个雅典人较差，尤其他教他们艺术④和其他的体育锻炼以及另外像在技艺方面人们所教育的一样多的事情，没有一种更差；一则，难道他不曾愿意使他们成为好人吗？

希：但他们很可能成为好人，苏格拉底啊，假如他们不是年纪轻轻就死了的话⑤。

苏：一则，你当然援助心爱的少年们，一则，伯里克利，果真美德能够教会和能够使那些人成为好人，比起教他们艺术和体育竞赛，他就会更早用他的美德使他的儿子们有才智了。[**378a**] 但教不会⑥，因为此外，修昔底德培养了两个儿子：美勒西亚斯和斯特珪

---

① Λυσίμαχος 是阿里斯提得斯的儿子。见前注。

② 原文如此。原文用词是"συνεγενόμεθα"，疑是讹误，*Greek-English lexicon*，*LEXICON PLATONICUM*，"希汉词典"和 *Greek Word Study Tool* 都未录该词；或是印刷错误，或是原作者自造的复合词 συν+γίγνομαι；意思等于 συγγίγνομαι，除了"和……一起诞生"，也有"和某人交往，（学生向老师）请教"等含义。因此，根据语境，"一起诞生"很可能是"一同交往"。例如，"C 本""L. B. L 本"和"S 本"分别译为："for we've spent time with him."（p. 1696）；"toi et moi, l'avons connu et fréquenté."（XIII. p. 30）；"denn diesen haben du und ich gesehen mit ihm verkehlt."（III. p. 809）。

③ Πάραλος 和 Ξάνθιππος 两人是伯里克利合法的儿子——前者是弟弟，后者是哥哥——都远比其父要差。与哥哥相比，弟弟只不过在音乐方面有些才能。参见《普罗泰戈拉篇》[314e–315a；319e–320a；328c] 和《美诺篇》[94b]。

④ 指缪斯们掌管的诸艺术（μουσική），包括音乐、诗歌等。

⑤ 这两个儿子与他们的母亲一同死于雅典发生的那场著名的大瘟疫期间（429 年），稍后，伯里克利也遭此难。

⑥ 参见《美诺篇》[94b] 中相似的表述。

洛斯①，关于他们，你就不能说就像说伯里克利的儿子一样；因为你也实在是知道两者中的一个的确活到老年为止，但另一个全然活得更久。无疑，那两人的父亲也将他们教育得很好，另外，尤其他们的角力是雅典最好的；一则，他把一个儿子交给克珊西亚斯②管束；一则，他把另一个儿子交给欧多劳斯③管束，再者，那两人在那个著名的时代也许看来是最好的摔跤手④。

希：是的。

苏：因此，显然，他一度就会真的不需要在教育他的儿子方面耗费，[**378b**] 一方面，他把那些技艺教给了他自己的孩子们；另一方面，当他能够使他们变好时甚至就不需要浪费，如果美德能够教会的话，他就不会教他们变好吗？

希：的确很可能。

苏：当然，也许修昔底德是个普通的人，他从雅典和其盟军那里甚至没有最大多数的亲朋们。{但}⑤ 他也出自一个大的门第，并且在雅典城邦中和在希腊其他的城邦中能做大事，那么，果真美德能够教会，[**378c**] 如果他由于经管城邦事务没有闲暇，不论谁必定就会发现或者是本地人或者是异邦人使他的儿子们变好。的确，同伴啊，恐怕美德是不能教会的⑥。

希：不能教会，很可能。

苏：另一方面，假如美德实在是不能教会的，那么，人们天生是好人吗？比如我们用这种方式观察，那也许就会发现。干吧！在我们看来，好马有自然形成的性质吧？

---

① Μελησιας 和 Στέφανος，修昔底德之子，与吕西玛科斯住在一起，是摔跤能手。参见《拉凯斯篇》[178a–179c；184e] 和《美诺篇》[94c]。

② 克珊西亚斯（Ξανθιας），著名的摔跤手，参见《美诺篇》[94c]。

③ Εὔδωρος，著名的拳击手和摔跤手。在希腊神话中，同名的欧多劳斯是阿喀琉斯在特洛伊战争中的五个指挥官中第二个最著名的。欧多劳斯腿脚快捷，作战骁勇，也是一个优秀的拳击手。参见荷马《伊利亚特》[16.179]；括号内的数字表示该书的卷数和行数；[16.179] 即第 16 卷第 179 行。下同。

④ 参见《美诺篇》[94c] 中相似的表述。

⑤ 本篇中正文中的括号及其里边的字词是中译者根据语境所加。下同。

⑥ 参见《美诺篇》[94d] 和《普罗泰戈拉篇》[319e；320b]。

《论美德》

希：有。

［**378d**］苏：因此，难道有些人不具有一种技艺，他们用该技艺懂得好马自然形成的性质，像合乎赛跑的躯体，尤其根据性情，无论它们是精力充沛的还是气馁的吗？

希：是的。

苏：所以，该技艺本身是什么性质的呢？给它取什么名字呢？

希：骑术①。

苏：关于狗，难道不也同样有某种可以区别狗的好的和坏的自然形成的性质的技艺吗？

希：是同样有。

苏：它是什么？

希：狩猎术。

苏：然而，在我们看来，关于金币和银币②也有检验人吗？不论谁都通过辨认判断较好的和较劣的吧？

［**378e**］希：有的。

苏：所以，你将那些人称作什么？

希：银钱解释者③。

苏：然而，体操教练们凭观察懂得人的身体自然形成的什么样的性质对于每一种任务是有助益的和无助益的，比较年长者和年轻人也像即将具有值得一提的身体的人一样并且希望靠它们，像从事体力工作的人一样，很好地完成许多竞赛。

希：是的。

---

① 参见《欧绪弗洛篇》［13 a］。
② 原文疑有误，"ἀργύριον"应该为"ἀγρύιον（银币）"。例如"L. B. L 本"（XIII. p. 32）译为"l'argent（银钱）"；"C 本"（p. 1698）和"S 本"（III. p. 811）同样译为银钱（"silver"和"Silber"）。
③ "ἀργυρογνώμων"，"C 本"（p. 1698）、"L. B. L 本"（XIII. p. 32）和"S 本"（III. p. 811）分别译为"Assayers（试金者）""Les essayeurs（检验金属成色者）"和"Silberprüfer（银币检验员）"。另外参见［L. 法注 2］（XIII. p. 32）：负责确保金属货币的真实、纯度和分析其适当比例的官员。在希腊，这种官员通常由银行家担任。以及参见亚里士多德《修辞术》（第一卷）［1375b5］。"苗本"（第九卷 p. 400.）译为"银器鉴别者"。

苏：所以，对城邦来说，是好的马和狗以及其他这样的什么东西更有价值呢，还是好人们更有价值？

[**379a**] **希**：好人们。

苏：于是怎么？难道你就不认为，果真人们对于美德具有自然形成的好性质，那么，人们就会想方设法分辨他们吗？

希：的确很可能。

苏：所以，你能够说，为了显示好人的自然形成的性质缘故，不论哪一种，作为能够判断他们的是哪一种技艺吗？

希：我不能。

苏：然而，那种技艺的价值也就极高，像拥有它的人们一样①；因为那些人就会给我们宣布年轻人中的哪些人，现在仍然是孩子的，注定将成为好人，[**379b**] 我们就会靠公费开支，就像用银钱，甚至更为有价值的什么，在卫城中款待他们，保卫他们，免得他们在我们看来遭受轻微的某种既非在战争中又非在其他任何其他中的危险；另一方面，他们会被当作拯救者和恩人为城邦贮存起来，至少自从他们直到成年时起②。当然，有可能，对人们来说，美德既非天生又非通过学习生成。

希：所以，苏格拉底啊，在你看来他们怎么就似乎是有美德的呢？[**379c**] 假如既非天生又非通过学习产生？用其他什么方式就会变成好人呢？

苏：我真的不认为就会容易地阐明它，我揣测宝贵的美德一定是最神圣的某种所有物，并且如何就变成好人仿佛是说神示之人③的神道和解释神示的人④。因为他们既不是天生是这种性质的又不是凭技艺变成的，那么，是由诸神用吹气⑤的方式变成这样的⑥。但只不过像这

---

① 参见《厄庇诺米斯篇》[284b] 有类似的说法。
② 参见《美诺篇》[89b] 中相似的表述；另外参见《共和邦篇》中关于对卫士培养的论述。
③ "Μάντις" 一词也比喻 "预卜未来的人"。
④ 但该词（"χρησμόλογος"）同时也有贬义 "贩卖神示的人"。
⑤ 该词（"ἐπίπνοια"）引申义为 "神的启示"。
⑥ 古希腊人也有一种 "谋事在人，成事在天" 的意识，在勇于承担自作自受的后果之余，将不可把握的未来之事都归于 "天道" 所为。

《论美德》

样，好人们任何时候对城邦宣告可能的结果和将至的事情，[**379d**] 尤其是从诸神注入的气息比预言者们更为明白清楚。此外，也许妇女们也说那种人是神一样的①；拉栖第梦人②每当赞扬某个显赫的人时，他们也说那人是神一样的。再者，荷马像其他的诗人一样，在许多地方也应用了那同一种赞语。尤其每当神打算使一个城邦走运时，他就将好人放进城邦；但每当一个城邦注定要倒霉时，那位神就从该城邦中取出好人③。如此看来，美德既非能学会又非天生的，而是将由神在场分配给其拥有者④。

---

① 该词（"θεῖος"）是个多义词，有"来自神的，神指定的，出于神意的，敬神的，属于神的，神圣的；神一样的，超过常人的（英雄），高出常人的；杰出的，极好的"等含义。

② Λακεδαιμόνιοι，即斯巴达人。

③ 或许本篇作者在这里暗示：雅典的衰落原因在于"好人"的先后去世，例如，在最重要的政治家和哲学家方面分别以伯里克利和苏格拉底为代表。

④ 参见《美诺篇》[99e - 100a] 中相似的表述；另外参见《共和邦篇》[409d - e; 558b]。

《论正义》*

对话人：苏格拉底（以下简称苏）；某位无名氏（以下简称无）

[372a] 苏：你能告诉我们什么是正义吗，或者在你看来不把它当作一件值得一提的事？

无：至少对我来说，尤其值得。

苏：那么，什么是正义？

无：正义除了是法律①外，怎么会是别的？

苏：不要这样对我说。但只要如果你问我眼睛是什么，我就会告诉你，它是我们用以辨识的东西；但即使你向我下命令证明它，我将为你证明。而如果你问我，对无论谁来说，我将称灵魂②是什么，我会告诉你，它是我们用以认识的东西。此外，如果你再问我，说话声是什么，我将回答你，它是我们用以交谈的东西。你也这样解释什么是正义，我们怎样运用它，就像我此刻询问的这些事情一样。

无：我完全不知如此给你回答。

苏：那么，你既然不能那样回答，或许用这种方式更容易发现它

---

* 原文标题是"ΠΕΡΙ ΔΙΚΑΙΟΥ"，中译文据"B本"并且参考了"C本""V.C本""L.B.L本"和"S本"译出。

① 该词（"νομιζόμενα"）是"νομίζω"的分词形式，前加冠词则有"习惯，风俗，法律"的含义。

② 该词（"ψυχή"）除了与肉体相对的"灵魂"意思外，也有"意志，欲念；心灵，内心；精神，理智，理性，悟性，理解力"等含义。

《论正义》

吧？喂！人们用什么分辨所查看的较长和较短的东西呢？难道不是用尺子吗？

无：是的。

苏：随后用什么技能呢？难道不是靠测量的技术吗？

无：是靠测量技术。

［**373a**］苏：但是怎么，用什么区分轻和重呢？难道不是用放到天平上去称吗？

无：是的。

苏：此外，我们使用什么技能？难道不是用秤量的技能吗？

无：的确，完全是的。

苏：但到底是什么，我们现在分辨所查看的正义和非正义要用的工具是什么呢？靠那工具帮助之前也用什么技能呢？怎么，对你来说，这样难道甚至不清楚吗？

无：不清楚。

苏：那么，重新表述如下：每当我们争论有关什么是较大和较小时，裁决我们之间分歧的是些什么人呢？难道不是测量者吗？

无：是的。

苏：再者，每当我们争论有关较多和较少时，判定它们的又是些什么人呢？［**373b**］不是一些擅长计算者①吗？

无：还有别的什么人吗？

苏：此外，每当我们彼此争论什么是正义和非正义时，我们找什么人晤谈，并且任何时候决定我们分歧的是些什么人呢？你说。

无：你的确指的真是审判者吗，苏格拉底啊？

苏：你的确发现得好！马上前进！你也试着说这。当测量者决定

---

① 该词（"ἀριθμηταί"）在"希汉词典"和 Greek Word Study Tool 以及 A Greek-English lexicon 里都没有被收录；它可能是形容词"ἀριθμητικός（擅长计算的）"的名词化。"C 本"（p. 1688）、"L. B. L 本"（XIII. p. 14）、"S 本"（III. p. 800）和"V. C 本"分别译为"the ones who count.""les calculateurs.""l'arithmétique.""Rechenkünstler."含义都是"计算者"。在 LEXICON PLATONICUM（1）和 HANDWORTERBUCH DER GRIECHISCHEN SPRACHE 中的释义分别为"ratiocinator"和"der Rechner, Berechner"。

什么是大、是小时他们正在干什么？难道他们不是正在测量吗？

无：是在测量。

苏：再者，当过秤员在决定什么是重和轻时，他们不是正在天平上衡量吗？

无：他们当然在天平上衡量。

苏：但是怎么？当计数者们在决定多与少之时，难道他们不是正在计数吗？

无：是在计数。

苏：但是怎么？在决定什么是正义和不义时，审判者实实在在究竟正在做什么？你回答。

[373c] **无**：我回答不上。

苏：你说："他们正在宣告。"

无：是的。

苏：那么，宣告解决了我们之间的争执，每当审判者在断定正义和非正义时，是吧？

无：是的。

苏：此外，测量者的确通过测量决定了小和大；既然用了尺度，以此断定了那些事情。

无：是这样。

苏：再者，过秤员是靠衡量重量的技术判断重和轻的；既然天平断定了重和轻。

无：但愿是。

[373d] **苏**：另外，计数者通过算术断定了多与少；既然数目断定了那些事情。

无：是这样。

苏：此外，的确通过宣告，正如我们刚才意见一致一样，审判者们为我们判定关于什么是正义和非正义；既然那些事情是用话语被判定的。

无：你说得很好，苏格拉底啊。

《论正义》

苏：而是确实的：话语①，看来，也决定了什么是正义和非正义。

无：无论如何，似乎是这样的②。

苏：正义和非正义到底是什么呢？正如假定有人就会问我们："既然量尺和测量术以及测量者断定什么是较大和较小，'较大'和'较小'是什么呢？"我们就会对他说，一方面，超过者是"较大"，另一方面，被超过者是"较小"。[373e] 再者，既然精通衡量重量者和衡量重量的技术决定什么是重和轻的重量，"轻"和"重"是什么呢？我们就会告诉他，一则，在天平的横杆上，"重"是使天平这头落下；一则，"轻"是使天平那端向上。于是假定有人这样问我们：但既然言语和审判的技能二者以及审判者为我们决定了什么是正义和非正义，那正义和非正义到底是什么呢？我们有能力给他回答什么呢？或者我们还不能够说吗？

无：我们还不能。

苏：再者，你认为人们是自愿还是不情愿有那种非正义行为的呢？[374a] 但我指的是如下意思：你认为人们是自愿做错事和非正义的，还是不情愿做错事和非正义的呢？

无：至少在我这方面，认为他们是自愿非正义的，苏格拉底啊；因为他们是邪恶的人。

苏：于是，你认为人是邪恶的和自愿非正义的吗？

无：至少在我这方面认为是的；而你不这样认为吗？

苏：至少我不如此认为，假如我们必须听从那位诗人的话。

无：相信什么样的诗人？

苏：那个人，他曾经说过"没有一个人情愿是邪恶的，但也不愿

---

① 该词（"λόγος"[表现思想的话]）在古希腊语里是一个重要而且著名的多义词，例如，在哲学方面常常译为"思想，道理，原则，原理，准则，逻各斯（规律）"；在宗教方面常常译为"[新约]（上帝的）话，道，道理（比如《新约·约翰福音》的首句：太初有道，道与神同在，道就是神）；神示，神谕"；法律方面为"行为规则，准则，原则"；逻辑方面为"命题，推论"；与神话和正史相对的"传说，故事"；语言学方面的"字，词，片语"；以及日常的"谈话，对话，讨论"等数十种含义。因此，"话语"暗含"法规"或"话语权"的意思。

② 意思即"是的。"

成为蒙福者①"的诗人。②

无：毫无疑问，古老而受到敬仰的格言说得很好。然而，苏格拉底啊，抒情诗人们撒了很多谎。

[**374b**]苏：但我会感到诧异的，假如那位抒情诗人的确为此撒谎。如果你有闲暇，在我们察看其人以后，看他或者说真话或在撒谎。

无：无论如何，我有闲暇。

苏：那就马上干吧！你认为说真话是正义的，还是撒谎是正义的？

无：至少在我这方面认为，讲真话是正义的。

苏：那么，撒谎是非正义的吗？

无：是的。

苏：此外，你认为欺骗是正义的或不欺骗是正义的？

无：不欺骗一定是正义的。

苏：于是，欺骗是非正义的吗？

无：是的。

苏：但是怎么，害人是正义的，还是助人是正义的呢？

无：助人是正义的。

苏：那么，害人是非正义的吧？

无：是的。

[**374c**]苏：于是，一则，说实话和不骗人以及助人是正义的；一则，说谎和害人并且骗人是不义的。

---

① "μάκαρ"一词也有"（脱离苦海的）亡灵"的意思。考虑到这是喜剧诗人所说的话，因此，该词也有戏谑或双关语成分。西方语言中也多有与该词相同含义的宗教意义上的词语，指"死后已升天者"。

② 该诗人指Επίχαρμος（公元前540—前450年），是柏拉图赞赏的希腊西西里岛的喜剧诗人、哲学家，对西西里、多里安的戏剧影响甚大。他也写了关于哲学、医学、自然科学、语言学和道德操守方面的作品。其中有许多哲学和道德方面的训诫，他教导说，持续践行美德可以克服遗传特性，这样，无论出生如何，任何人都有可能成为一个好人。参见《高尔吉亚篇》[505e]所引埃氏的话；现代人对埃氏的认识主要源于《苏达辞书》（Σοῦδα）和阿忒那奥斯（Ἀθήναιος，约170—230年）的《饮宴的智者们》（Δειπνοσοφισταί），尤见"名哲本"[3.9-17]。另外见亚里士多德《诗学》（3）[1448a32]、（5）[1449b7]等也提及埃氏。在《泰阿泰德篇》[152e]中，苏格拉底将埃氏和荷马分别说成每一个都是喜剧和悲剧最杰出的（ἄκρος）诗人。

《论正义》

无：极是，我凭宙斯发誓，的确。

苏：甚至为敌军的缘故吗？

无：绝不是！

苏：那么，伤害敌人是正义的，而帮助他们是不义的吧？

无：真的。

苏：难道甚至用欺骗的方式伤害敌人不是正义的吗？

无：到底怎么不是这样呢①？

苏：但是怎么样，撒谎以便我们欺骗和伤害敌人呢？难道不是正义的吗？

[**374d**] 无：是正义的。

苏：但是怎么？难道你不认为帮助朋友是正义的吗？

无：至少在我看来，是正义的。

苏：为了对那些朋友帮助的缘故，是用不欺骗还是欺骗的方式是正义的呢？

无：{既然是帮助朋友，}② 甚至用欺骗的方式也是正义的③，我凭宙斯起誓。

苏：但是，因帮助朋友用欺骗的方式真的就是正义的，难道用撒谎的方式甚至一定是非正义的吗？莫非用撒谎的方式也是正义的？

无：也是正义的。

苏：那么，看来，撒谎和说实话是正义的也是非正义的。

无：的确。

苏：甚至不欺骗和欺骗也是正义的和非正义的。

无：像是。

苏：伤害和帮助也是正义的和非正义的吗？

无：是的。

苏：于是，还是这些行为，看来，所有这样的一些现实也是正义

---

① 这种说法表示肯定，即"当然是这样！"。下同。
② 括号中的话是中译者按照语境所添加。
③ 参见《共和邦篇》（第三卷），尤见 [414b–415e]。

的和非正义的。

[374e] 无：至少对我来说，似乎是这样的①。

苏：于是，你听着。我有右眼和左眼吗，就像其他人一样？

无：有。

苏：我有左右鼻孔吗？

无：当然，真的有。

苏：我也有左右手吧？

无：有。

苏：既然，一方面，用同一名称说属于我的那些是右；另一方面，说是左。如果我问你两者中的哪一个｛是右，哪个是左｝，难道你就没有能力说，一则，在这边的一些是右；一则，在另外一边的一些是左吗？

无：我有能力说。

苏：立即前进，尤其到那里②，既然一方面，你用同一名称说那些行为是正义的；另一方面，说那些行为是非正义的。[375a] 你有能力说两者中的哪一些是正义的，哪一些是非正义的吗？

无：那么真的，从我的角度，看来是，那里因有必要和合时宜，那些行为中的每一种是正义的；那里因无必要，就是非正义的。

苏：从你的角度，看来，的确说得好！那么，一方面，那些行为中的每一种在有必要当做即做时是正义的；另一方面，在每件事没必要做而做时是非正义的，是吗？

无：是的。

苏：难道你不认为，一方面，行正义之事者是正义的；另一方面，行非正义之事者是非正义的吗？

无：是的。

苏：却说在有必要和合时宜时，谁能够做手术和灼烧以及消肿呢？

无：外科医生。

---

① 意思即"是的"。下同。

② 意思即"言归正传"。

《论正义》

苏：就因他懂得如何做吗，或者由于别的缘故呢？

[375b] 无：就因他懂得如何做。

苏：此外，在有必要时，谁能够耕耘和锄地以及种植呢？

无：耕种者。

苏：就因他懂得如何做，还是由于他不懂得如何做呢？

无：就因他懂得如何做。

苏：难道你不认为其他情况也只是如此吗？一方面，懂得如何做的人能够做他有必要做的事，并且在有必要和合时宜的时候做；另一方面，不知道怎样做的人就不能够做他有必要做的事，是吗？

无：是这样。

苏：那么，像撒谎和哄骗以及助人呢，一则，懂得如何做的人在有必要和合时宜的期间能够做这些事中的每件事；一则，不懂怎样做的人不能做，是吧？

[375c] 无：你说得对。

苏：但的确，在有必要做时，做那些事情的人是正义的吗？

无：是的。

苏：此外，他做这些事的确是由于他的知识①的缘故。

无：但怎么会不是这样？

苏：那么，由于知识，正义的人是正义的。

无：是的。

苏：针对正义者，难道不是非正义的人由于反面的缘故是非正义的吗？

无：似乎是这样的。

苏：再者，正义的人由于智慧的缘故是正义的。

无：是的。

苏：那么，由于无知的缘故，非正义的人是非正义的。

无：像是。

---

① 该词（"ἐπιστήμην"）具有"知识，智慧，熟练，经验；学问，科学知识；[复]各种科学"的含义，通常译为"知识"。

· 33 ·

苏：因此，也许是，一方面，正义是祖先们给我们作为智慧①所流传下来的东西；而另一方面，非正义是祖先给我们作为无知所流传下来的东西。

[375d] 无：看来是这样。

苏：再者，人们是情愿无知或不情愿无知呢？

无：不情愿无知。

苏：那么，他们也是不情愿非正义的吧？

无：似乎是这样的。

苏：此外，非正义的人是邪恶的吧？

无：是的。

苏：那么，邪恶的人也是不情愿非正义的吧？

无：而是毫无疑义。

苏：再者，由于非正义的缘故，他们做错事吗？

无：是的。

苏：那么，做错事是由于不情愿的缘故吗？

无：的确完全是的。

苏：然而，自愿所做之事的确不会由于不情愿产生。

无：不，当然不会。

苏：再者，由于非正义的缘故，产生了做错事。

无：是的。

苏：但非正义的行为是非情愿的行为。

无：是非情愿的。

苏：那么，他们是不情愿做错事和非正义以及邪恶的②。

无：是不情愿的，说真的，的确似乎是这样的。

苏：所以，无论如何，歌手③本人的确未曾撒谎。

无：看来没有撒谎。

---

① 该词（"σοφία"）具有"才智，才艺，手艺，技巧，本领；知识，见识，常识；科学的知识，智慧，哲理，学识；[贬] 机灵，狡诈"等含义，通常译为"智慧"。

② 参见《普罗泰戈拉篇》[345e]。

③ 该词（"ἀοιδός"）在古希腊即指如荷马一样的"说唱人"，在这里指前面提及的那位诗人。

《爱慕者篇》*

对话人①：苏格拉底；爱慕者甲；爱慕者乙

[132a] 我进入语法教师狄奥尼修斯的学校②，在那儿无疑看到一些还算是外表最适宜的，尤其祖先有名声的年轻人和他们的爱慕者。却说他们中的两个青少年③恰巧在争吵，但至于争吵什么，我听的不是很细。他们显然一定是在争吵有关阿那克萨戈拉或是有关奥伊瑙庇俄斯④的事；[132b] 至少，他们像是用双手弯曲着似乎在画圆而倾向于

---

* 中译文根据"B本"并且参考了"C本""S本"和"L.B.L本"译出。原文的标题"ΕΡΑΣΤΑΙ"是"ἐραστής"的复数形式。"ἀντεραστής（情敌；[泛指] 敌手）"一词的复数"ἀντερασταί"或许更符合本篇主旨。在古代，其副标题为"论哲学"或"哲学爱好者"（περὶ φιλοσοφίας）。参见该词在本篇对话 [132c5] 和 [133b3] 中的用法。

① 原文没有标明对话人，但显然是由苏格拉底转述的一篇对话。这里的对话人是中译者根据对话内容添加的。

② 据"名哲本"[3.4]，文法家狄奥尼修斯（Διονύσιος）曾是柏拉图少年时代的教师。公元前420年，7岁的柏拉图进狄奥尼修斯的学校，识字，听荷马等诗作。而希腊神话中的葡萄酒神叫Διόνυσος，对他的祭祀发展出古希腊悲剧。另外参见柏拉图在其书信中关于他与叙拉古的同名僭主狄奥尼西奥斯的交往。

③ 该词（"μειράκιον"）具有两种词义：一是指14岁到21岁的青少年；另外是指30岁左右的壮年男子。在古希腊语中，30岁左右的壮年男子被称为"青少年"则含有嘲讽的意思。按照古希腊当时的同性恋风俗，被爱者或情人（ἐρώμενος）通常是年龄较小的青少年，爱慕者或钟情者（ἐραστής）通常是年龄较长者。参见《斐德罗篇》。

④ Ἀναξαγόρας（约公元前510—前428年）是一位生于克拉佐美尼城邦（Κλαζομεναί，位于小亚细亚伊奥尼亚海岸，是一个古老的希腊城市和伊奥尼亚联盟的成员）前苏格拉底希腊自然哲学家，他是第一个将哲学和科学探究精神从伊奥尼亚带入了雅典的人；Οἰνοπίδης，公元前5世纪人，是与阿那克萨戈拉同时代但较他年轻的人，是古希腊一位天文学家和数学（几何学）家。他于公元前500年后生于凯奥斯（Χίος，位于爱琴海，是希腊的第五大岛屿），但大部分时间在雅典度过。

描绘着某个事物，尤其十分认真地做着这些事。而我——既然挨近他们中两个爱慕者的一个坐下——所以抬起胳膊肘推推他，问："青少年们何时这样认真？"并说："莫非是有关何处重要的和美好的某事才付出这样大的真诚吗？"

"你刚才说的是什么话！"他说，"什么重要的和美好的？！他们实实在在至少的确唠叨①一些涉及悬在空中②的事和爱哲学③的蠢话。"

[132c] 我对他的答复尤其感到吃惊，就问他："年轻人啊，在你看来，爱哲学是可耻的吗？为什么这样严厉地说呢？"④

两人中的另一个⑤——因为恰巧邻近他坐着的是情敌⑥——听到我的问题和那个人的回答二者，说："至少从你方面，苏格拉底啊，不要将之当作一回事，甚至追问他是否认为爱哲学是可耻的。难道你不知道，他把整个一生始终花费在掐着对手的脖子摔跤、吃饱和睡觉上了吗？那么，除了他认为爱哲学是可耻的外，你期望他给出其他什么样的答复呢？"

[132d] 再者，两个爱慕者中的这一位无疑始终从事于缪斯们掌管之诸艺术⑦以培养自己；但两者中的另一个，他指责的那人，则忙于体育⑧。甚至在我看来，我实实在在应当放弃两者中的一个，即我向他提问的那一个，就因他甚至没有给自己增添关于有见识的道理，除了有关一些行动没有别的，但继续问这一位，成为自己的朋友更聪明些，

---

① 该词的名词"闲谈者（ἀδολέσχης）"特指智者、诡辩派而言。另外有褒义"精明人"的含义。古希腊人也被称为闲聊的民族。

② 可能暗示阿里斯托芬的喜剧《云》中的苏格拉底。

③ 该词（"φιλοσοφέω"）也具有"诡辩，弄玄虚"的含义。

④ 从说话的语气看，在本篇对话中，苏格拉底显然是作为长者出现的。

⑤ 拉尔修提及，忒拉叙洛斯说，如果《爱慕者篇》是柏拉图的作品，那么，柏拉图反对的哲学家德谟克利特就是此人。参见《名哲本》[9.37]。

⑥ 该词（"ἀντεραστής"）泛指"敌手"。在本篇对话中具有双重含义：既是情感上的"情敌"，也是对方观点上的"敌手"。

⑦ Μοῦσα，是文艺诸女神，共九位，她们是：历史女神、抒情诗女神、喜剧女神、悲剧女神、歌舞女神、爱情诗女神、颂神歌女神、天文女神、史诗女神；该词也常常比喻"音乐，诗歌，艺术"等。因此，缪斯掌管之诸艺术（μουσική），既比喻为"音乐，诗歌，艺术"等，也指通识教育。

⑧ 该词（"γυμναστική"）暗含"技艺"的意思，也即指"体育术"。

《爱慕者篇》

以便甚至从他是否能得到什么益处。所以我说："我将提起的询问无疑涉及大家；此外，你如果认为对此回答得更美好，那么，我问你的也就是那同一件事，在你看来，爱哲学是否是美好的？"

[**133a**] 却说也许两个青少年倾听到了我们的那些谈话，他们安静下来，甚至停止了争吵，成为我们的听众。我也真的不知道那些爱慕者怎么办，但我本人的确被吓呆了：一度经常因为年轻人和他们的美二者让我惊慌失措。我当然认为，两者中的一个不是我的担心；[**133b**] 无论如何，至少他真的热心地给我回答问题。

"那么，任何时候，苏格拉底啊，"他说道，"我把爱哲学视为可耻的，我就不把自己当作人，也把抱这种态度的其他人不当作人。"他向他的情敌表示着，并用大声说话，以便他的宠爱少年者①们聆听到。

我也说："在你看来，哲学是美好的②吗？"

他说："而是当然。"③

"所以，"我说，"难道在你看来，如同无论谁有可能首先不知道要做的事是什么却知道应当做的某件事情是美好的或者可耻的吗？"

"不可能。"他说。

[**133c**] "于是，"我就问："你知道爱哲学是什么吗？"

"至少当然知道。"他说。

"却说它是什么？"我问。

"但是怎么，还有比按照梭伦④的说法更甚的说法吗？因为他在某

---

① 该词（"παιδικά"）在"希汉词典"（p.628）的释义为名词"宠爱少年的人"。在 *Greek Word Study Tool* 中的释义是形容词作名词用："心爱的少年"或"被爱的年轻人"（παιδικός）。根据语境，后者的解释符合原意。"C本""L.B.L本"和"S本"分别译为："young favorite""de celui qu'il aimait"和"Liebling"。但施莱尔马赫仅译为："die beiden Knaben"。考虑到所引几种译本都使用了亨利·艾蒂安（亨利克斯·斯特凡努斯）所编订的页码，所以，中译本在此之后不再注明各译本的页码，特此说明。另外，柏拉图的对话，尤其是《会饮篇》和《斐德罗篇》等篇中也涉及古希腊有关同性爱的问题。

② 该词（"καλός"）此外也具有"美的，美观的；优良，好使用的，良好的，吉祥的，优秀的；正直的，高贵的，高尚的精神"等词义。

③ 原文是 Πάνυ μέν οὖν，而柏拉图最常用的具有同一意思的短语是 κομιδῇ μέν οὖν（完全如此）。

④ Σόλων（约公元前638—前558年），是古代雅典的卓越的政治家、立法者、诗人，被誉为古希腊七贤之一。

处说：'我虽在变老①，但永远多学。'② 我也认为如此而已，人们的确就要在学习什么的过程中时常应当爱哲学，尤其比较年长的和更年轻的人，以便在一生中尽可能多地学。"

虽然我起初认为这种说法有些道理，但无论如何思考后，问他是否认为爱哲学就是博学。

[133d]"尤其在那种情况下，完全是的。"他说。

"于是，此外，你认为爱哲学是唯一美好的或者好的③吗？"我立即问。

"它当然也是好的。"他说。

"却说你看它对爱哲学是某种特定性质的呢，还是你认为它在其他事物里也具有这样的性质呢？如同，你认为喜欢体育锻炼不只是唯一美好的，但也是好的，是吧？或者你不这样认为吗？"

但他甚至极假装无知④给了我两种说法："对这个人⑤，要我来说，无疑两者都不是。[133e]当然对你，苏格拉底啊，来说，我认可是美好的也是好的；因为我认为这是正确的。"

于是，我追问："那么，你真的也认为，在体育锻炼过程中喜欢体育锻炼非常辛苦吗？"

他说："在那种情况下，至少完全是的。正如的确在爱哲学过程中爱哲学被认为博学一样。"

我甚至建议："此外，你的确相信，除了能为他们的身体行好事的

---

① 该词（"γηράσκω"）也具有"（果实等）老了，熟透了"等词义。

② 这句属于梭伦《残篇》[18]中的诗句，柏拉图在《共和邦篇》[536d]和《拉凯斯篇》[189a5]也引用过。它们虽然意思大体相同，但用词（主要是"学习"一词，本篇中是"διδάσκω"）有别。后两篇中的"学习"一词使用的是"μανθάνω"，该词除了一般意义上的学习外，还有通过询问、实践和经验学习的含义，此外还有"弄明白，理解，认识"的意思。另外参见"名人传"（《梭伦》[2]）中类似的引用。

③ 该词（"καλός"）见前注。

④ 该副词（"ειρωνικως"）的名词（"ειρωνεία"）指（在辩论中，为了使对方陷入所设的圈套，自行达到一定的结论而使用的）假装糊涂的激将法（这是苏格拉底与人讨论问题时惯用的办法，有时他假装无知，尽量激对方多说，自己少说，以达到由对方来说出结论的目的）。另外，该词具有"口是心非（的人）；假装无知或假装糊涂的人"的含义。

⑤ 指他的情敌。

《爱慕者篇》

东西，喜欢体育锻炼的人们渴求其他的什么吗？"

"只是那行好事的东西。"他说。

"所以，通过许多辛苦，"于是我说，"能为他们的身体行好事吧？"

[**134a**]"怎么会呢？"他说，"假如一个人甚至由于小量的辛苦拥有好身体。"

甚至在我看来，在那时，那个喜欢体育锻炼的人需要立即受到激发以便通过体育术的实践经验援助我；然后我问他："但你现在为什么对我们默不作声呢，最好的人①啊，听了他所说的那些话？尤其你是相信人们通过许多辛苦享有好身体的呢，还是通过适中的②辛苦享有好身体的呢？"

"无疑，苏格拉底啊，"他说，"我相信即使他实在是头猪，像人们说的，也知道适中的辛苦使人们享有好的身体，因此，一个的确失眠的和禁食的尤其没有磨练过脖子③的以及由于思考而瘦弱的人怎么可能不知道呢？"

[**134b**]他说的那些话甚至让青少年们感到高兴，他们在嘲笑，但另一位情敌羞红了脸。

我又说："所以，哪一种呢？你从此同意既非过多亦非过少而是适度的辛苦能使人们拥有好的身体吗？你是否就这个话题与现在的我们俩坚持对抗？"

"在那种情况下，无疑，"他说，"我对他十分高兴地战斗到底，我也幸运地知道我有能力就我提出的假设进行援助，[**134c**]尽管我提出的假定比起援助仍然较微小些——因为没关系——当然我绝不需要与一般人的意见相反而喜欢与你争吵。无论如何，我认可体育锻炼不用很多而是适中就使人身体健康。"

---

① 该词（"λῷστε"）主要指愿望上的好，与多指品质或美德等方面的"好（ἀγαθός）"非同一个词。悲剧作家常把该词用作"ἀγαθός"的比较级。

② 该词（"μέτριος"）通常也被译为"中庸的，有节制的"。它是古希腊人所崇尚的美德之一，也是本篇对话的主旨之一。

③ 其意思即"摔跤"。

"但是怎么？食物是要适量还是很多呢？"我说。

他也同意要适量。

[**134d**] 此外，我也再次提议他同意，尤其其他所有涉及身体最有好处的是适度，但既不多也不少；他也同意我的要适量的说法。

"但是怎么？"我说，"关于灵魂呢？适量获益还是无节制产生益处呢？"

"适量获益。"他说。

"难道在和灵魂打交道中学问①不也是有益处的吗？"

他承认。

"于是，那些适量但非大量的学问也使人受益吧？"

他同样认为。

[**134e**] "所以，请教谁呢？假设我们想正当地询问什么性质的辛苦和食物对身体是适度的。"

无疑，我们三人都认可或是医生，或是体育教练。

"再者，如果有关像播撒适量多的种子那样的问题，我们请教谁呢？"

我们也公认那是耕种者。

"此外，有关学问在灵魂中种植和播种②，假如我们想问：像多少和什么性质的是适度的，我们正当地询问谁呢？"

[**135a**] 此后，我们遇到的已经满是难题；我也开玩笑地问他们："你们愿意询问那些青少年么？既然我们处于难题中，很可能我们是不是感到耻辱，正如荷马史诗中的求婚者们所说的：'其他的任何人无论谁不指望张开这把弓呢？'③"

的确，在我看来，因为他们对谈话一定气馁了，我试图在别的方

---

① 该词（"μάθημα"）复数形式（"μαθήματα"）尤其指数学而言。适量，中间与数学、天文学、灵魂有关。柏拉图的数论思想也是老学园派着重主张的，甚至被认为是柏拉图内传学说之一。而"适当的"，有可能意味着《蒂迈欧篇》等对话中的数论思想。

② 参见《斐德罗篇》[276b-277a]中的比喻。

③ 见荷马《奥德赛》[21.285]。《佩涅洛佩强弓择偶难倒求婚者》是《奥德赛》第21卷的名称。奥德修斯妻子佩涅洛佩的求婚者耻于没能拉开奥德修斯的弓，而极不情愿地同意扮作乞丐的奥德修斯试拉其弓。

面考虑，便问："再者，你们每个人猜想一下什么样的知识是一个哲学家——既然他不需学习所有的知识，也不需学习很多——最为应当学习的呢？"

[**135b**] 却说比较聪明的那一位①接过话题来说："那些最美好和最适宜掌握的知识是关于一个哲学家可能会获得任何最多声望的知识，再者，可能会获得最多的荣誉，假如他显得在所有技艺领域有经验，但如果不是在一切领域，至少尽可能多的一定是值得一提的领域，通过阅读、询问、实践和经验学习属于他们的那些关系到自由人学习的知识，即获得像智慧一样和别人共享的学识而非像做手艺一样的实践。"②

"你这样叙述得的确，"我说，"正就像在木匠的技术方面的事么？[**135c**] 既然你在那里用五个或六个米那③甚至就真的买个木匠，但一个最杰出的总工程师甚至花费大量的德拉克马就买不来；他们即使在全部希腊人中无疑甚至变为少数人。你说的不正是这种性质的任何事情吗？"他也听取我说的所包含的事情，像他所讲述的这种性质一样。

此外，我问他，将这两种如此独特的技艺都弄明白是否是不可能的，别提许多和重要的技艺了。"但你不同意我这样说，"他接过话来说，"苏格拉底啊，比如我所说的，哲学家就像有技艺的人一样应当准确地精通各项技艺。[**135d**] 然而对作为自由的和受过教育的人二者来说，这是合理的要求，无疑比起在场的人们，他有可能听从由为众人做工者④出众地宣告，甚至加上他的观点。他时常可能在关于技艺的言说和行事二者方面，好像看来是最有教养的和最有智慧似的。"

---

① 即爱慕者乙。

② 值得一提的是，这里所做的区别，参见后来由亚里士多德明确为"思辨或理论哲学"和"实践哲学"。

③ μνᾶ，古希腊等地的货币单位和重量单位。古希腊的（重量名），一个米那＝100 德拉克马；（钱币名）一个米那＝100 德拉克马。（重量单位）一德拉克马约合 66 克。（钱币单位）一德拉克马（银币）＝六个奥卜尔，一个奥卜尔＝八个铜币。柏拉图所处时代的一般劳动人民每天的收入约为 4 个奥卜尔或 32 个铜币。

④ 该词（"δημιουργός"）另外的含义是"制造者；执政官；世界的创造者"。在后一意义上的用法，见柏拉图在《法律篇》和《蒂迈欧篇》中的神学思想。

我甚至仍然拿不准他意欲的话题。[**135e**] 我问:"我将你说的哲学家理解为正是那样的人吗?因为在我看来,你说的那种人如同是在竞赛中针对①奔跑者或角力士②的五项全能运动员③。因为就与竞赛者的关系而言,那些人甚至真的落在他们的后面,和他们相比虽然是第二名④,但他们擅长于其他的项目是第一流的人物并战胜了他们。你大概说的是这种性质的某事,像爱哲学使他们专心致志完成那种事业一样;无疑,在关于技艺的精明方面,他们比不上第一流的人物,[**136a**] 但之后有能力胜过其他人,这样,使得爱哲学的任何人在各方面甚至成为几乎是最高级的竞赛者;你似乎给我所宣布的就是这样的一个人。"

"苏格拉底啊,"他说:"你假定的有关哲学家的情况,在把他比作五项全能运动员的时候,你给我解释得的确好!因为他真正是这样的人,既不听命于无价值的事务,也不为精确苦心经营无足轻重的事务,既然由于关心那一件事而落在其他所有人的后头,[**136b**] 恰似为众人做工的工匠们,但是适度地把握住了所有的事。"

继该回答之后,我马上热衷于想清楚地知道他欲说的,于是我向他打听,他认为好人是有助益的还是没用处的。

"一定是有助益的,苏格拉底啊。"他说。

"于是,的确,果真好人是有助益的,那么邪恶的人就是有害无用的吧?"

他认可。

"但是怎么?你相信爱哲学的人是有助益的或是没用的人?"

---

① 这里是对前置词"πρός"一词的直译,意译则是"与……较量"。
② 该词("παλαιστής")在比喻意思上指"耍花招的人,狡猾的人"。或许是双关语。
③ 该词("πένταθλος")在比喻意思上指"多面手,全能者,如精通全部哲学问题的人";贬义为"杂而不精的人"。或许是双关语。因为据拉尔修说,德谟克利特在哲学家方面就是一位全能运动员。参见《名哲本》[9.37]。五项全能运动在古希腊指赛跑、跳远、掷铁饼和标枪以及摔跤;选择项目有拳击等。其中,摔跤比赛是最重要的一项。参见[瑞士]布克哈特《希腊人和希腊文明》,王大庆译,上海人民出版社2008年版,第233页。
④ 在古希腊早期竞技比赛中,获胜者通常是唯一的,仅指第一名或冠军,不设后来的亚军和季军等获胜者名称。因此,有所谓"未得冠军便是败将"之说。

《爱慕者篇》

[**136c**] 此外，他赞同爱哲学的人是有助益的，甚至还说，他认为爱哲学的人的确是最为有助益的。

"马上且让我们考虑考虑。如果你所说的是真实的，那么那些几乎是最高级的人①怎样对我们有用呢？既然显而易见，哲学家的确相比那些在各个方面有技艺者是微不足道的。"

他赞同。

"喂，现在②，"我于是说，"如果你或者他——你非常尊重的安然无恙中的某位朋友——碰巧有病了，你意欲获得健康，可能会找到两者中的哪一个进自己家里呢？是那个几乎最高级的人［哲学家］③，还是一位医生呢？"

[**136d**] "至于我，就找双方。"他说。

"不要告诉我找来双方，"我说，"而是找来两者中的哪一个和更为较优先的一个。"

"至少没有谁可能会持异议"，他说，"免得不更为较优先叫来医生。"

"但是怎么？在船遭遇风险过程中，你更为可能会将你自己和你自己的所有物付托给掌舵手④呢还是哲学家呢？"

"至于我，更为可能会付托给掌舵手。"

[**136e**] "因此，在其他所有事例方面也如此，当任何一位工匠在场的时候，哲学家就是无用处的，是吗？"

"似乎是这样的。"⑤他说。

"所以，现在任何一位哲学家对我们是无用处的吗？因为对我们而言，工匠们时常在某处；此外，我们一致赞同，好人实实在在是有用

---

① 意即上述的第二名。

② 下面所举的几个例子也是柏拉图对话中常见的例子。另外可对比参见亚里士多德《政治学》[1278b30 – 1279a21] 中的相似论证。

③ 正文中括号及其内的文字为原文添补。下同。

④ 该词（"κυβερνήτης"）在比喻的意义上指政治上的（或城邦的）掌舵手、统治者、领袖。在柏拉图的对话作品中以及在伪作中多用这类比喻。作为双关语，这暗示本篇也是政治性质的对话。参见柏拉图在《共和邦篇》中关于"哲人王"的论述。

⑤ 该句意即：是的。

的，但邪恶的人是无用的。"

他被迫认同。

"所以在它之后是什么？我这样追问你请教是否较粗野些？"

"随你的意愿问吧。"

"实实在在是没什么，"我说，"除了我想要同意我要说的之外。无论如何像这样：[137a] 我们同意哲学是美好的，哲学家们自身也是优秀的①，此外，哲学家是好的，再者，好人是有用的，但邪恶的人没有用处；但后来我们重新同意哲学家——当假如工匠们在场的时候——是无用处的，但工匠经常存在。我们真的不是同意那些说法了吗？"

"至少完全是的。"他立即说。

"那么，我们同意，看来，至少根据你的推论，如果真的哲学是——用你说的方式——有关技艺的知识，那么哲学家们就是邪恶的人和无用的人，假如当在人们中存在有技艺的人时。"

[137b] "但不意味着如此，朋友啊，哲学家绝非是那样，虽然他关心一些技能，但不经常俯身靠忙于许多事情②生活，也不博学，但是关心其他的任何事物，因为我料想做那种事甚至是耻辱，关心技艺的那些人也将被称为庸俗的人。那么，此外，我们如下就较为清楚地知道我说的是否真实，如果你回答那个问题的话③：

[137c] 哪些人真正精通指正④马呢？总之，是那些使它们成为最

---

① 中译文赞同"B本"。"C本"接受一种删除此句的推测。见［C注6］p. 623。一些译本却接受增加此句的做法；参见"L. B. L本"（XIII. 2e partie；p. 121.）译为："nous avons accordé que la philosophie est belle, que les philosophes sont bons et que les gens de biens sont utiles, tandis que les méchants sont inutiles;"以及"S本"译为："die Philosophie wäre etwas lobenswertes und rühmliches, die Philosophen aber wären gut, und die Guten auch brauchbar,"。

② 该词（"πολυπραγμονέω"）除了有"好追问，追求知识"的意思外，也含有贬义："搞政治阴谋；爱管闲事，多事，瞎忙的"。"C本"接受一种删除此句的推测；参见［C注7］p. 624。但"V. C本"译为："et que philosopher ne soit point du tout se mêler de tous les arts.", "S本"则译为："und das gar nicht Philosophieren heißt, sich mit vielerlei Künsten abgeben."。

③ 以下的比喻用法类似于Ἀρ.中的比喻用法。

④ 该词（"κολάζω"）也含有"修剪；纠正，惩罚"的意思。这里有可能暗示哲学家也是有关"善"和"正义"的理论和行为等方面的教育者。

《爱慕者篇》

好的①人,还是其他人?"

"横竖使它们成为最好的人。"

"虽然涉及马,如此而已实在也涉及不同的每一种动物吗?"②

"肯定。"

"但是怎么?精通使狗成为较好的人不就是那些尤其真正精通指正它们的人吗?"

"是的。"

"所以,使成为较好和真正指正二者是同一种技艺吗?"

"在我看来似乎是这样的。"他马上说。

"但是怎么?正和使成为较好和真正指正二者一样,此外,认出心好的人和恶劣的人是同一种技艺吗,或者是另外的一些技艺?"

[**137d**] "是同一种技艺。"他说。

"所以,你愿意甚至认可那也涉及人吧?正和使人成为较好一样,真正指正和分辨好的人和恶劣的人二者。"

"至少完全是的。"他说。

"那么,尤其如果任何一项技艺能用一种方式做到,也能用很多种方式做到,用很多种方式做到的,也能用一种方式做到。是吧?"

"是的。"

"所以,如果任何真正指正那些众城邦中的生活上无节制和犯法之人的学问,是哪一种呢?不就是审判术③吗?"

"是的。"

"却说,叫作正义的某个事物和它是否不同呢?"

---

① [C 注 8] p. 624:"Reading beltious rather than beltistous at c1, c2, c3, c6, c9, and d1."这恰恰与"B 本"(p. 963)校对的相反。"βελτίστους(beltistous)"是"好"的比较级变格的最高级,基本意思是"最好的";"C 本"的此处用语"βελτίους(beltious)",是"好"的比较级变格,多指品质和美德方面的好,而与多指智力、勇气、体力和愿望方面的"较好"或"最好"有别。因此,在这里是将马等动物的"好"比作人的品质和美德的好。

② 从上下文语气分析,好像"B 本"的句子顺序有问题。本句和下一句应当从后面调整到此位置。[C 注 9] p. 624。为:Moving this and the preceding line (137d8 – 9), so as to make them follow c2 (a conjectural transposition)。中译文赞同"C 本"的解释。

③ 该词("δικαστική")含有精通法律"技艺"的意思。

"不是不同,无论如何和它相同。"

[**137e**]"正和真正指正一样,难道指正人的学问和认出好人和坏人的学问不是相同的吗?"

"是相同的。"

"再者,不论谁,他得知了这些学问中的一种,也就能够得知许多吧?"

"是的。"

"甚至的确,无论谁,他不识许多学问,也就不识一种学问吧?"

"肯定。"

"那么,如果他是一匹马,但不识好马和劣马,它也就不知道它自己是怎样的一种马,是吗?"

"肯定。"

"而如果他是一头牛,但不识好牛和劣牛,它也就不知道它自己是哪一类的牛吧?"

"是的。"他说。

"于是,假如他是一条狗,也是这样的吧?"

他认可。

[**138a**]"但是怎么?一旦某个人不识好人与坏人,于是,他就不识他是好的还是邪恶的,既然他也是人,是吧?"

他应允。

"再者,他不识他,是明智①还是不明智呢?"

"不明智。"

"那么,认识他自己是明智的吧?"

"肯定是。"他说。

---

① 该词("σωφρονέω")也常常译为"有节制",是古希腊美德之一。可参考赫伯特·A. 西蒙(Herbert Alexander Simon,1916—2001 年,美国管理学家和社会科学家,诺贝尔经济学奖获得者)的有限理性(Bounded Rationality)理论。他即认为,人的理性是有限的,人的精力是非常有限的,不可能全知全能。明智中最要紧的之一就是要知道人的能力和知识的有限性。哲学作为认识的一门学问,也有它特定的研究对象和范围。

《爱慕者篇》

"于是,看来,在德尔斐①庙里的图解鼓励他,锻炼明智和正义,是吗?"

"像是。"

"此外,有了明智和正义我们也就懂得真正指正,是吗?"

"是的。"

[**138b**] "所以,无疑,使我们懂得真正指正的那是正义;此外,人们分辨他自己和其他人二者的是明智,对吧?"

"像是。"他说。

"那么,正义和明智二者是那相同的东西吧?"

"似乎是这样子的。"

"甚至无疑,至少如此,假如城邦也治理得好,那就不论什么时候做错事者要受到惩罚。"

"你道出了真相。"他说。

"那么,它像是政治学②。"

他一同认为是。

"再者,每当一个人正确地治理城邦,人们不就的确称他是君主③和国王④二者吗?"

"肯定。"

"因此,他们是凭借属于国王和君主⑤二者的技艺治理城邦的吧?"

"是这样。"

"那么,这些技艺与先前说到的那些技艺是相同的吧?"

---

① Δελφοί,希腊境内的一城市,距雅典150公里,该城有阿波罗庙,庙中所发神示很著名,常作阿波罗神示的代称。

② 该词("πολιτική")暗含"技艺"的意思。

③ 该词("Τύραννος")有如下释义:主子,主宰;众神之王;王子。(不受法律或宪法限制的)独裁君主,专制君主;(借民众的力量夺取政权的)僭主(早期的僭主相当开明,但后期的僭主专横残暴);与柏拉图主要在贬义上使用该词不同(参见《共和邦篇》《法律篇》和《政治家篇》等对话),根据上下文语境,显然作者在本篇对话中是在中性甚或褒义的意义上使用该词的。因此,译为"君主"。

④ 该词("Βασιλευς")基本含义为"国王,首领,领袖";是九位执政官中的第二执政官,在荷马史诗中主要指军事首领,在王政时代的雅典,国王执政官执掌宗教仪式和司法。

⑤ "国王的"和"君主的"二词本身都暗含"技艺"的意思。

"它们似乎是相同的。"

[**138c**]"此外,不论什么时候,一个正确地管理家务的人,人们叫他什么?不就叫管家和一家之主①二者吗?"

"是的。"

"所以,那他可能会甚至依靠两者中的哪一个呢?是用正义的技艺管家呢,还是用另外的什么技艺治家呢?"

"依靠正义的技艺。"

"于是,看来,国王、君主、政治家、管家、一家之主、明智者、正义者②等,他们都是同样的。甚至它们是一种技能:国王术、君主术、政治术、主宰术和治家术③以及正义和明智。"

"是的,"他说:"是这样。"

[**138d**]"却说对一个哲学家而言,两者中的哪一个都是可耻的,无疑,不论什么时候,医生就病人谈论某些情况时,无一能够,既不能够研究所谈论的,也不能理解或一同商议谈论的或关于要做的事,甚至无论何时,任何别的一种涉及工匠的情形也是同样:再者,每当审判者或国王或别的我们刚才已经谈论过的任何一位,他对那些所谈论的既不能够研究,也不能理解要做的事而不感到羞耻吗?"

"怎么会不羞耻?苏格拉底啊,甚至他从无有能力理解这样大的事务。"

[**138e**]"所以,关于那些所说的两者中的哪一个呢?"我说,"是我们尤其要说,他需要使他成为一名全能运动员和几乎是最高级别的,(所有哲学家真的也拥有那属于他的第二名,他们中的任何一个人甚至一度就会是不中用的人呢,)④ 还是,起初,毫无疑问的是,他不把他

---

① 该词("δεσπότης")也有与"奴隶"相对的"主子"的意思,但不等同于奴隶主。
② 参见《政治家篇》[258e-259d];色诺芬《苏格拉底回忆录》[Ⅲ.4.12]的类似说法;但亚里士多德却认为这种说法是谬误的,参见其《政治学》[1252a7-17]。
③ 这几个词本身都含有"技艺"的意思。
④ 从上下文语气分析,好像"B本"的句子有问题。[C注10](p.626)为:"Accepting a conjectural deletion of kai tautes... touton; tis ei (e2-4)"。中译文按"B本"译出,不作删除,但是置于括号中。"S本"译为:"unnütz bleiben so lange noch einer von den Meistern da ist?"。"V.C本"译为:"audessous des maîtres et au second rang, c'est-à-dire toujours inutile, tant qu'il y aura des maîtres?"。

《爱慕者篇》

的家庭付托他人，或甚至从不在他必须掌握的方面居于第二名，但假如他的家庭治理得很好的话，那他就必须正确地断案惩罚吧？"

他现在对我让步同意。

"然后，甚至假如他的亲友们委托他公断，假如城邦指定他解决任何争端，或对某事进行仲裁，[**139a**] 在这些方面，伙伴啊，像不领先一样居于第二、第三位是否显然是羞耻的事呢？"

"看来是。"

"那么，对我们来说，最亲爱的朋友，追求哲学应当是非常的博学和忙于各种技艺的努力经营二者。( )①"

就在我说那些话时，一则，精明的那位对他预先宣告的话感到耻辱，不作声了；一则，那位无知者②说，是那种情况。其他人也赞许了我所说的那些话。

---

① 括号为中译文添加，因为原文似乎缺失了一句否定上述说法的话。"C 本"（p. 626）根据语境在其后添加了一句："would be very far from the truth."，可能符合原意。对该句的完整翻译另外参见"L. B. L 本"（XIII. 2e partie, p. 126）译为："Il s'en faut donc de beaucoup, excellent ami, que la philosophie se confonde avec l'érudition et qu'elle soit l'étude des sciences techniques."。"S 本"译为："Weit gefehlt also, Bester, daß das Philosophieren Vielwisserei wäre und Beschäftigung mit allerlei Künsten."。

② 即爱慕者甲。

《阿尔基比亚德斯篇（Ⅰ）》*

对话人：苏格拉底（以下简称苏）；阿尔基比亚德斯（以下简称阿）

[103a] 苏：克莱依尼亚斯①之子啊，我恐怕你会惊讶：在其他人停止爱慕你时，我成为第一个唯独没有放弃你的爱慕者②，而当别的人乱糟糟地与你交谈时，我却这么多年来甚至从没跟你说过话。再者，

---

* 原文标题是"ΑΛΚΙΒΙΑΔΗΣ"，考虑到有《阿尔基比亚德斯篇（Ⅱ）》，所以，中译文增加了"Ⅰ"。中译文根据"B本"并参考了"S本""C本"和"V.C本"以及"梁本"译出。在古代，该篇的副标题是《论人性》（περί άνθρώπου φύσεως），性质为助产术的。

① Κλεινίας（公元前485—前447年），是阿氏的父亲；他属于古代雅典强大的贵族家族阿勒克茂尼岱（Άλκμαιωνίδαι，伯里克利与阿尔基比亚德斯的母亲也均源自此家族）的一个成员。他于一次战斗中阵亡。他也是雅典著名的政治家阿克西奥库斯（Άξίοχος）的兄弟。参见同名对话伪柏拉图《阿克西奥科斯篇》。Άλκιβιάδης（公元前450—前404年）是雅典杰出的政治家、演说家和将军，苏格拉底的著名学生和忘年交朋友之一。阿氏曾因担心被雅典人判处死刑，先后叛逃到过雅典的敌人斯巴达和波斯。阿氏最终死于苏格拉底之前、伯罗奔尼撒战争结束的当年，可能被暗杀了。参见色诺芬《希腊史》（第二卷）；修昔底德《伯罗奔尼撒战争史》（第六卷）；"名人传"（《阿尔基比亚德斯》，其中的许多内容取自本篇对话）；科尔奈利乌斯·奈波斯《外族名将传》（《阿尔基比亚德斯》）。在希腊古典时代，有多位作家——例如安提司泰奈斯（Άντισθένης）、埃斯基奈斯（Αισχίνης）和欧几里德斯（Ευκλείδης）等——写了同名作品《阿尔基比亚德斯》。在柏拉图的作品中，对苏格拉底的赞扬无人能比阿氏（参见属于柏拉图最伟大的对话之一《会饮篇》）。而我们不清楚苏格拉底和柏拉图对他的评价。另外，根据本篇对话 [110a；120a2-3；123d] 等段落的内容，显然对话的时间发生在伯罗奔尼撒战争（公元前431—前404年）爆发前。

② 参见《高尔吉亚篇》[481d；482a]；《会饮篇》[213d-e]。

《阿尔基比亚德斯篇（Ⅰ）》

那由此产生的原因不是人做得到的，除了某种神灵①产生阻碍没有别的，此后你也将听到其能力。但现在既然它再也不阻止我，[103b]这样我来了；此外，它终于尤其不会阻止我是大有希望的。

却说大体上，在那期间，我为的是要有意忙于对你的那些爱慕者进行观察；既然他们已经是很重要的和高傲的，你却更加地傲慢，因此，在你面前的每一个人逃跑了。[104a]此外，我乐于细述你过分骄傲的理由②。你说你绝不比任何人差；因为对你来说，现有的东西是过多的，你好像一样都不缺少，从你的身体开始直到你的灵魂结束。首先，因为你料想自己实在真的是最美和最强有力的人——显然从各方面看出，在那点上真的实在是你没有说假话——然后，你设想你自己属于希腊最大的城邦中最朝气蓬勃的家族③，[104b]尤其从父系那方面，你有极多的和最高贵的朋友和亲属关系，凡是如果你有什么需要的，他们就会按你的吩咐做事；再者，从你母亲的那边，你有并不差绝不少的人脉。

此外，你认为你有比我把提到的那些人放在一起更强有力的克珊西珀斯的儿子伯里克利④的力量，你父亲留下他给你和你的兄弟做监护人：他不仅在这个城邦方向⑤，另外在所有希腊境内甚至在许多和大的

---

① 该词（"δαιμόνιον"）意为"神灵，神力"，是低于神（θεός）的小神，也是苏格拉底所说的"灵异"。相同的一词（"δαιμόνιος"）在荷马史诗中常作呼格，既有褒义"神佑的人，贵人"，也有贬义"神谴的人"。而在阿提卡方言中既有"我的好人！"，也有贬义"倒霉蛋！可怜人！"的意思；此外还有"天上降下来的，神奇的（事物）；神圣的，像神一样的（人）"等意思。在苏格拉底看来，它属于神的阻止力量。苏格拉底因此也被指控为"不信城邦尊奉的神"而"引进新神"。参见《申辩篇》[26b；31c-d；40a-c；41d]；《泰阿泰德篇》[151a]；《欧绪德谟篇》[272e]；《斐德罗篇》[242b-c]；色诺芬《回忆苏格拉底》[Ⅰ.1.1；Ⅰ.1.4]。Θε.[272e]。

② 亚里士多德也以阿氏为例，参见其《后分析篇》（第2卷）[97b15-20]。

③ 本篇对话此处和之后多处关于所提及的人物家世和自身才貌的叙述，参见《卡尔米德篇》[157e-158b]。

④ 克珊西庖斯（Ξάνθιππος），雅典人，伯里克利的父亲，约活动于公元前5世纪前后，公元前479年，在他执政期间，因抗击波斯入侵而闻名于世。阿氏和伯里克利有一共同的著名长辈、在雅典创建民主制度的大改革家克利斯提尼（Κλεισθένης，他也是阿氏母亲的祖父、伯里克利母亲的叔父）。

⑤ 指雅典城邦及其周围地区。

种族的外国蛮邦地区能做一切他可能喜欢做的事。

再者，我也会加上你的富足，[**104c**] 但在我看来，在此条件下，你想象心高志大是最小的理由之一。于是，通过所有那些事，你对那些个吵吵闹闹的追求者妄自尊大和优越于较差的人，你也没有忘怀那些方面：由于这缘故，现在我幸运地知道，你惊讶为什么我不打算一度放弃对你的爱情，甚至在其他人都溜脱后，甚至无论抱什么希望我都留下坚守。

阿：虽然我也有同样的心情，苏格拉底啊，但至少你不知道，你差不多给我说出了我想说的。[**104d**] 因为毫无疑问，先前，我内心有着往访问你的那些问题，你烦扰我到底意欲什么和留心什么预料呢？不论我在哪儿，你都经常走近注意：因为我对此诧异的是，到底何时、它为什么是你所关心的事，打听到这，我就尤其感到非常高兴。

苏：那么，你无疑愿意听我说，看来，热心地，如果真的，像你说的，渴望知道我有什么企图。尽管如此，我对你这位指望者和倾听者讲述。

阿：而是完全是的，那么，你说吧。

[**104e**] 苏：现在你要注意：因为毫无疑问，如果正如它开始艰难一样，这样停止也费力，我就不会感到惊讶。

阿：好朋友，讲述吧！既然我会倾听。

苏：那我就必须说。对一个爱慕者来说，无疑，同一个不向他们屈服的人打交道的确是困难的，但我还是打算必须冒险宣告①我的意图。

阿尔基比亚德斯啊，既然如果我实实在在曾经看到你此刻②越过喜欢做的事，甚至意欲指望靠那些（我刚才细述的你的优势条件）③度过一生，很久以前我就想摆脱对你的爱了，至少现在我相信自己会如此；[**105a**] 但另一方面，我现在对你本人表明确定无疑的思想不同于

---

① 该词（"φράζω"）意义比常用的"说（λέγω）"一词加强。说明苏格拉底郑重其事。本篇在多处有这样的用词。
② 该词（"νυνδή"）是"现在"（νῦν和δή都有"现在"的意思）的加强意思的字形。
③ 括号内语词系中译者据语境添加。下同。

《阿尔基比亚德斯篇（Ⅰ）》

你所想的。那时，你也可能得知我的确坚持把心思专注于你。

因为在我看来，假定某位神对你说："啊，阿尔基比亚德斯，你是愿意保持你现在拥有的过活，还是如果你不被容许获得更多的，你就立刻去死呢？"我认为你可能会宁取死亡；那么，现在你人生的真正希望到底实在是为了什么目的，我将对你宣告。你以为，假如更快地到雅典民众中间去上前演讲① [**105b**]——那实在是你心中充满指望，在极少的日子以后②——无疑通过吸引，你将向雅典人展示，但愿你比伯里克利和古往今来其他任何一个人值得尊重，而一旦证实那，你将能够成为城邦里最强有力的；再者，如果你是这里（雅典）最强大的，那你也就会成为希腊其他地区，甚至不仅在希腊，另外还在外国异邦，那些和我们一样生活在有人居住的大陆上的人中间是最伟大的。尤其如果那同一位神再度告诉你，你应该在欧洲掌权，[**105c**] 但你不得跨入亚洲，不容许在那里致力于政事；此外，我不以为你也不可能会愿意仅仅为了那些权力过活；如果你不像人们说的话那样，使你的名字和权力充满一切地方。

我认为，你除了居鲁士和薛西斯③之外，甚至视任何人为没有一个值得一提的。所以，就因你实实在在持有那种希望，我知道得很有把握，尤其不是猜想。

为你知道我所说的是真的缘故，所以很可能你会说，"却说你讲那话是什么意思？苏格拉底啊，[**105d**] [你说你要告诉我，为此你还没有放弃我的原因吗？]④"此外，的确我要讲给你，朋友啊！克莱依尼

---

① 阿氏果真后来获得将军职位，但伟大与渺小只差一步，过犹不及；在他成为雅典历史上一个著名政治人物的同时也是一个臭名昭著的人物。

② 雅典法律规定，满十八岁的青年即为成年人，锻炼两年后正式成为有公民权者，在公民大会上有发言权。阿氏"离二十岁尚远"[123d]，因此还无权发言。参见亚里士多德《雅典政制》[42]。

③ Κῦρος 是公元前6—前5世纪波斯帝国建立者。此居鲁士即大居鲁士或居鲁士大帝，是冈比西斯之子，与小居鲁士相区别。此薛西斯（Ξέρξης）即薛西斯一世（公元前485—前465年在位），是大流士一世（公元前550—前486年）之子，发动波斯人第二次入侵希腊并以失败告终的战争，波斯帝国由此转衰。

④ 据"B本"p.866校订，他把这句隔离打了括号，见保留在d1括号内的词语。

亚斯和傣伊瑙玛凯的儿子①。因为没有我的帮助，你不可能致力于实现那些奇想的任何一种②；我以为我关于你和你个人的事情具有这样大的③力量。为此，我想这实在也是从前神④不让我同你交谈的原因，我在盼望神将允许的时候。

既然就像你有能力（用它）在城邦中（展示全部有价值的希望，[105e] 再者，它们将能够立刻得到）证明一样⑤，我也如此在你面前期待能够证明我对你的任何一种价值都是最大的，而且既不是你的监护人也不是你的亲戚也非其他任何一个人，除非我能够交给你所渴求的力量，当然靠神的帮助。于是，当你年轻时，在你产生这样大的⑥希望之前，依我看来，神不允许我同你交谈，免得无益地交谈。[106a] 但现在神告诉我：因为如今你可能会听我说。

阿：的确对我来说，你，苏格拉底啊，现在重新由于准备讲说，比你说保持沉默，好像是更为古怪些；尽管至少你有时看着也很是这样的古怪。我是否真的的确企图那些事，你似乎已经判决了，除非我现在也认为是，对我而言，相信你更多些也没关系。好了！⑦ 不过现在假定我最为企图那些，凭着你的帮助，我将怎么能够拥有它们，而没有你的帮助就成就不了呢？你有要说的吗？

[106b] 苏：那么，你在问我是否可以说一些冗长的，正如你过去习惯于听到的话吗？因为这样的做法不是我的做法！但无疑我可以向

---

① Δεινομάχη，是古希腊政治家之一的曾统治雅典的麦伽克勒斯（Μεγακλῆς）的女儿，阿氏的母亲。用呼格称呼一个人是谁之子时，按照古希腊习惯，通常仅仅称其父名即可；既称其父又称其母并不常见；而仅称其母更属罕见。在这个句子里，苏氏之所以这样称呼，似乎是强调他能够给阿氏最需要的，而非阿氏的父母。参见 [梁本注5] p. 64。
② 该词（"ἅπας"）是"πᾶς""全部"的加强体。
③ 该词（"τοσοῦτο"）使指示意义更强。
④ 该词（"θεός"）指神，非苏氏自己的"灵异"。苏氏常常声称有一超自然的声音在他想做某事时出来阻止。
⑤ 据"B本"p. 866 注释和 [C注4] p. 560；省略了 d7 - e2 的一段话，即译文中括号里的语句。
⑥ 该词（"τοσοῦτο"）使指示意义更强。
⑦ 该词（"εἶεν"）是感叹词，有"好的！正是这样！就这样吧！也罢"以及表示不耐烦的词语，即"算了！"等含义。

你证明，像我认为的那样，这样那就是有可能的，如果你愿意只给我一份微不足道的帮助①。

阿：那么，如果真的实在是你说的那种不难给予的帮助，我愿意。

苏：你认为回答问题困难吗？

阿：不，我认为不难。

苏：于是，你回答我。

阿：那你就问我吧。

苏：那么，比如我打算问你的是：你有我所说的那些企图吗？

[**106c**] 阿：有，如果你喜欢的话，如此而已，我也就好知道你甚至问什么。

苏：你这就来干吧！既然你打算，如我所说的，渴望不久走到雅典人前面提出劝告；却说假设我在你就要登上讲坛时握住你，问："阿尔基比亚德斯啊，既然雅典人打算想就有关某事讨论，你必须站起来提出劝告吗？正是因为你懂得的一些事胜过他们懂得的吗？" [**106d**] 你可能会回答什么呢？

阿：大概我可能会说："我懂得的一些事胜过他们懂得的事。"

苏：那么，关于那些你碰巧知道的事，你是一个好的劝告者。

阿：怎么会不是这样②？

苏：因此，你仅仅知道的那些事或者是从他人那里学来的，或者是你自己发现的③，是吧？

阿：当然，怎样？

苏：所以，正如假定你既不愿意通过阅读等途径学，又不愿意自己力求获得，你一度能学到或发现什么吗？

阿：不能。

苏：但是怎么，你就愿意力求获得或学习你认为懂得的事情吗？

---

① 据［梁本注3］p.67。这里或许暗示预设了将有一种角色转换。现在苏氏请他帮忙，之后，阿氏该自愿侍奉他了。另外参见本篇［135d–e］。

② 意思即"当然是这样！"。

③ 参见《美诺篇》［81a–86e］。

阿：当然①不愿意。

[**106e**] 苏：于是，有些时候你认为自己不知道你现在恰巧懂得的东西吧？

阿：必然地。

苏：真的，至少我也大致知道一些你所学的东西；但如果我遗忘了什么，你就说。凭我的记忆，但愿你至少实在是学过语法和弹弦琴以及摔跤；既然你至少实在是无心思学吹奏管乐器，你懂得的就是那些了，也许你曾经可能学了什么而未被我注意到；但我的确认为，你既不可能在晚上也不可能在白天在家里自学。

阿：除了那些，我没有常到其他人那里听课。

[**107a**] 苏：所以，雅典人每当就审议有关怎么正确地书写字母的事情时，那时候你是否站起来劝告他们？

阿：不，宙斯在上，至于我，不会。

苏：那么，不论什么时候，雅典人在审议有关用七弦琴从事弹奏的事情时，你是否站起来劝告他们呢？

阿：一点也不劝告。

苏：但是他们在公民大会期间的确不习惯于就摔跤进行审议，你也不会站起来劝告他们。

阿：一定不会。

苏：所以，每当他们为了什么事情的缘故进行审议呢？也许到底至少不会是为了建筑物的缘故吧。

阿：当然②不会。

苏：因为建筑师在这方面至少能给予比你更好的劝告③。

[**107b**] 阿：是的。

苏：但不是每当为了预言术的缘故进行审议吧④？

---

① 该词（"δῆτα"）是"δή"的延长体，加强语气的词。
② 同上。
③ 参看Έρα.的观点：专家优于博学者。
④ 苏格拉底本人自认，也被他人视为一个预言家甚至男巫。参见《欧绪弗洛篇》[3c]；《美诺篇》[80b]。

《阿尔基比亚德斯篇（Ⅰ）》

阿：不会。

苏：另一方面，因为预言者对那的确会给出比你更好的劝告。

阿：是的。

苏：纵然甚至他是矮小或是高大，是美好还是丑陋，此外，是家世高贵还是卑微。

（阿：怎么会不是这样呢①？

苏：那么，对雅典人而言，每当他们为了城邦中但愿公民健康事务的缘故进行审议时，即使劝告者是穷人或是富人，没什么不同，[**107c**]他们除了力求获得医生为顾问外没有别人。）

（阿：当然会是这样！

苏：因为我认为，对于每一项事务的建议不是富有者而是熟知那事务者的本分。）②

阿：的确合理。

苏：那么，在将来某个时候你站起来，比如假设你站起来真正地提出劝告时，不论什么时候，他们会注意什么事呢？

阿：不论什么时候，他们会注意有关他们自己的事务，苏格拉底啊。

苏：你说的是关于造船的事务吗，举凡应当为他们设计某种船的事务吗？

阿：至于我，不会提出劝告，苏格拉底啊。

苏：我认为因为你不懂造船，是那个原因还是有其他的原因？

阿：没有，除了那个原因。

[**107d**] 苏：那么，你说是有关他们自己的什么样的事务呢，每当他们审议时？

阿：每当关于战争，苏格拉底啊，或关于和平或涉及城邦的其他事务。

---

① 即"当然会是这样！"。

② 根据[C注6]（p.562），猜测性地对古希腊原文以上两句[b8-10]同[b11-c2]，即以上中译文中括号里的语句进行了置换，这样语意则通顺些。"S本"和"V.C本"的译文顺序同"C本"的看法。

苏：那么，你说每当他们审议对谁应当缔造和平，和同谁进行战争以及用什么方式做这些事的时候吗？

阿：是的。

苏：但他们应当对谁实行难道不更好吗？

阿：是的。

[107e] 苏：尤其是就因任何时候应当对谁实行更好？

阿：的确完全是的。

苏：甚至时间可以像应当对谁实行那样久更好？

阿：是的。

苏：于是，假定雅典人在审议应当与谁角力，尤其和谁把臂相持，以及用什么方式做这些事时，是你还是体育教练提出劝告可能会更好呢？

阿：多半体育教练更好。

苏：所以，你有能力说体育教练可能会留心什么，当他劝告应不应当和谁，以及任何时候和以任何方式把臂相持吗？此外，我说的是这样的情况①：就是他们应当和那些更能角力者把臂相持，难道不是吗？

阿：是的。

[108a] 苏：那么，像同样水平的②更好？

阿：同样水平的更好。

苏：因此，像那时候就因为更好③？

阿：的确，完全是的。

苏：另外，无疑，像某人在某时应当按照迈步唱歌和弹弦琴咏唱吧？

阿：但愿应当。

苏：那么，因为那时候更好吗？

---

① 该词（"τοιόσδε"）使指示意义更强，多指下面的事情；属于伊奥尼亚方言。
② 该词（"τοσοῦτος"）使指示意义更强。
③ 意思或许也有，就像棋逢对手才有博弈的乐趣，也才能相互长进。

《阿尔基比亚德斯篇（Ⅰ）》

阿：是的。

苏：像同样的节奏更好？

阿：肯定。

苏：却说为什么？既然无疑你在两种意思上称呼"更好"：[**108b**] 按照咏唱弹弦琴和角力时，你称弹弦琴时弹得"更好"的是什么，正如我称角力时摔得"更好"①的为擅长体育锻炼的人一样；但你把前者叫什么？

阿：我不明白你的话。

苏：那么，你试着模仿②我。因为我大约有能力继续保持正确地回答问题，再者，什么是"正确地"③大概是合乎技艺所产生的意思，难道不是吗？

阿：是的。

苏：此外，难道该技艺不是体育④吗？

阿：当然，实实在在是这样！

[**108c**] 苏：于是，我说在摔跤中更好的就叫"擅长体育锻炼的人"。

阿：但愿你说过。

苏：那么，难道回答得不好吗？

阿：对我而言，仿佛回答得好。

苏：现在你也来——但愿也许你也可能会很好地和对话相适合——首先说，对于正确地弹弦琴和唱歌以及舞蹈而言的技艺是什么？它们整体⑤叫什么？你尚不能说吗？

阿：当然不能⑥。

---

① "更好"（"βελτίων"）一词的本义多指品质和美德方面的"更好"。苏格拉底在这里使用该词或许表示在任何技艺中表现卓越的状态。

② 在柏拉图哲学中，"模仿（μίμεομαι）"是认识事物本身——"型（ἰδέα）"——的重要方式。

③ 该词（"ὀρθῶς"）含有"正确地，真正地，真实地"的意思。

④ 该词（"γυμναστική"）暗含"技艺"的意思。

⑤ 该词（"συνάπας"）是"全部"的加强体。

⑥ 该词（"δῆτα"）是"δή"的延长体，加强语气的词。

· 59 ·

苏：那么，像这样试试：技艺诸女神是谁？

阿：你是说，苏格拉底啊，缪斯们吗？

[**108d**] 苏：至少在我这方面是这样说的。你现在要注意：由她们而来，技艺拥有的名称是什么？

阿：依我看，你说的是音乐①。

苏：但愿我说的是它。那么，什么是"正确地"是因为根据该技艺所产生的吗？正如在那里我对你说，正确地是合乎技艺的体育一样，所以，你现在也这样在这儿说什么呢？它怎样产生呢？

阿：在我看来，和谐地②成为。

苏：你回答得好。现在你来说，引入战争的更好和保持在和平中的更好二者，你管那"更好"叫作什么？[**108e**] 正如在那里，在每种情况下，你说"更好"一样，就因较音乐和对另一个，更运动员似的；现在，你试着也说一下这时的"更好"是什么。

阿：但我全然不知说什么。

苏：但这的确一定是可耻的，如果某人真的对你说并和你商量有关某类比另外一种，现在和这样多的更好的食物方面的情况，因此问："你说什么更好？阿尔基比亚德斯啊！"无疑，对此你有能力说是更卫生的，虽然你至少不假装说是医生，此外，[**109a**] 对于那些你假装说是懂得的并站起来像是似乎你知道的一样提出劝告，但假如你对所问的不能够——似乎可能的——回答，你不觉得可耻吗？或是似乎不可耻呢？

阿：的确，十分可耻。

苏：现在你考虑，也热衷于说说，全力以赴对谁应当保持在和平中"更好"和与谁应当进入战争中"更好"？

阿：我在考虑，但不能够想出说什么。

苏：甚至你不知道，一旦制造战争，我们彼此就非难战争中的遭

---

① 该词（"μουσική"）指缪斯们掌管之诸艺术，暗含"技艺（τέχνη）"之意思。可根据上下文译为狭义的"音乐"等。

② 该词（"μουσικός"）是形容词"缪斯们的"的副词，有"和谐地，高雅地，优美地"等含义。

遇，以及我们就命名它吗？

[**109b**] 阿：至少在我这方面，的确知道管那叫我们上了某种当，或遭受暴行或受剥夺。

苏：注意！我们怎么遭受那每件事的呢？你试着说为什么它们这样或者那样不同。

阿：莫非你，苏格拉底啊，在这儿说的是正义地还是非正义地遭受那每件事吗？

苏：正是①。

阿：但真的，那的确与整个和每一个都不同。

苏：的确什么？你给雅典人建议，对二者中的哪一种人进行战争呢，是向那些行非正义的还是行正义的？

[**109c**] 阿：你问的那的确是个可怕的问题；因为假设尽管某人企图要向行正义的人必须进行战争，至少他也不可能会认可。

苏：因为看来，那不合法②。

阿：当然③不合法。甚至至少看来不是高尚的④。

苏：那么，那你也会根据那些说法［正义］⑤创作你的演说词吗？

阿：必然地。

苏：所以，任何别的什么"更好"，就我刚才问的关于是否进行战争，应不应当与谁进行战争，当什么时候和不当什么时候进行战争"更好"，恰好是更"正义"吧？不是吗？

阿：似乎至少是这样的。

[**109d**] 苏：那么，朋友阿尔基比亚德斯啊！用什么方法呢？你自己还不知道不懂那两者中的哪一个呢，或你通过学习和常到教你分辨更"正义"和更"非正义"二者的教师那里上学而未被我注意到呢？

---

① 本篇对话的中心话题之一即是正义。
② 该词（"νόμιμος"）也有"符合惯例和按照习惯的，遵守法律的，法定的，合法的"等含义。
③ 该词（"δῆτα"）是"δή"的延长体，加强语气的词。
④ ［C 注 7］p. 593 将阿氏的此句归于上一句苏格拉底的言下。
⑤ ［B 注］p. 873 ［109c6］将"正义（τό δίκαιον）"用方括号与其他文字隔开，或许作为那些说法的例子之一。

· 61 ·

那人是谁？你也劝告我，好把我介绍给他，我也常到他那里去听课。

阿：你开玩笑吧，苏格拉底啊。

苏：我没有，我凭你的和我的友谊之神宙斯①发誓，我最少可能会对他发假誓；那么，你如果真的有老师，说他是谁。

[109e] 阿：但是如果我没有怎么办？难道你就不认为我可能会无论如何知道有关正义的和非正义的事吗？

苏：是的，如果你的确已发现。

阿：因而，你认为我就不会发现吗？

苏：甚至也十分可能，如果你力求获得。

阿：于是，你不认为我可能会力求获得吗？

苏：至少在我这方面，认为你可能会力求获得，如果你至少认为你不知道②。

阿：所以，我不知道事情曾是这样的吗？

苏：你说得好！所以，你能说那当你认为你不知道正义和非正义的时间吗？[110a] 喂！一年前你力求获得二者，认为不知道还是认为知道？你也真实地回答我，免得谈话变得无意义。

阿：那么，我认为我知道。

苏：但两年前和三年前甚至四年前不是这样的吧？

阿：至少在我这方面，认为是这样的。

苏：但真的，在那之前你的确是个少年。究竟是吗？

阿：是。

苏：那么③，当时真的我幸运地知道你认为你知道了。

阿：你怎么幸运地知道的呢？

[110b] 苏：当你还是个少年时，我时常听到，在老师家里或在别处，当你玩掷骰子游戏或其他的什么儿戏时，不为了正义和非正义的

---

① 宙斯有许多名号，受到崇拜的方面之一是当作友谊之神（Ζεύς φίλιος）。
② 知道不知道是知道的前提。苏格拉底即常常说他知道他不知道。不知道才有可能知道，已经知道就没有必要再知道，自满是知道的大敌。
③ 该词（"τοίνυν"）是小品词"τοι"的加强体。

· 62 ·

《阿尔基比亚德斯篇（Ⅰ）》

缘故提出如此疑问，却很大声而勇敢地①对恰好在场的少年们说，他是这样卑鄙的和不正当的，甚至像非正义的人；或者我说得不真实吗？

阿：另外我很可能做什么呢？苏格拉底啊，当有人对我不公正时。

苏：你现在说，如果你恰巧当时不知或者受到不公正或者没有受到不公正，你应该怎么办吗？

[110c] 阿：凭宙斯发誓，但至少在我这方面，不认为不知，另外，我确实受到不公正对待。

苏：那么，看来，尽管是少年，你认为已经深知正义和非正义了。

阿：至少在我这方面，的确也深知。

苏：你在什么时期获得（的确也深知正义和非正义）的呢？但愿一定不是在你认为你的确知道时获得的。

阿：当然②不是。

苏：因而，你认为何时是无知的呢？你探知一下；因为你找不出那个时期。

阿：宙斯在上，苏格拉底啊，我的确真的绝不能够说出。

[110d] 苏：那么，无疑，你不是通过发现它俩（正义和非正义）而知道（它俩）的。

阿：当然显然不是。

苏：但你真的刚才说，你的确甚至没有通过阅读等学习③途径知道；如果既不靠发现又不凭学习获得，那你是怎么并从何处知道的呢？

阿：那么，我大概没有给你正确地回答而说发现它而知道的。

苏：但它怎么发生的呢？

阿：我认为我尤其也像其他人那样是学到的。

苏：我们重新来到此同一个命题。从谁那里获得的？你也指示④我。

---

① 该词（"θαρραλέως"）的贬义是"胆大包天""放肆"等。
② 该词（"δῆτα"）是"δή"的延长体，加强语气的词。
③ 该词（"μανθάνω"）有"通过阅读（或询问，实践，经验）学习"以及"看出，弄明白，理解，认识，知道"等含义。
④ 该词（"φράζω"）意义比常用的"说（λέγω）"一词意思加强。

[**110e**] 阿：从大众那儿。

苏：至少求助于有价值的教师而不到普通民众①中间去询问。

阿：但是怎么？他们不是真的没有能力教吧？

苏：真的不能，至少不能教下跳棋②，也不能……然而我认为它们比起正义来更无关重要。但是怎么？你不认为如此吗？

阿：我认为如此。

苏：那么，他们一则不能教更无关重要的东西，一则能够教更有价值的吗？

阿：至少在我这方面认为是的；但他们无论如何能够时常教一些比下跳棋更有价值的。

苏：那是怎么样的？

[**111a**] 阿：至少在我这方面，例如，尤其向那些人学讲正确的希腊语，我也不可能说出我自己的老师，但是我到你说的那些没有价值的老师中间去询问。

苏：那么，尊敬的朋友啊③，无疑，普通民众在那方面是好教师，尤其涉及教育，那人们就可以正当地赞美他们。

阿：到底为什么呢？

苏：就因他们具有关于应当属于好教师的方面。

阿：你说的那方面是什么？

---

① 该词（"πολλοί"）的含义是"大多数人，大众，民众，普通人"，他们是民主派的主体，表示苏格拉底对他们的不信任。苏格拉底即是大众的牺牲品。柏拉图对大众也无好感，视无法无天的民主制度为多数人的暴政。虽然他俩也不乏民主派的朋友和亲戚。如苏格拉底自幼的朋友凯勒丰即是一位优秀的民主派，柏拉图的继父也是民主派等。

② 该词（"πεττευτικά"）是阿提卡方言。这种跳棋是一种两人掷骰子决定跳几格的跳棋。下跳棋的棋子用石子做成，作椭圆形；下跳棋的棋盘两边各有横线和纵线 5 条，中间一条横线是共有的；全盘共有 32 个方格。有希腊谚语说："命运拿人间事来赌博，有升有降（τύχη ἄνω καὶ κάτω τὰ ἀνθρώπεια πεττεύει）。"柏拉图在其作品中也多次用此作比喻。参见《法律篇》[739a]；《政治家篇》[292e；299d－e]；《高尔吉亚篇》[450d]；《共和邦篇》[487b－c]；以及 Ἱπ. [229e]、Ἐρυ. [395b] 等对话中的用法。

③ 该词（"γενναῖε"）的本义既有"高贵的，高尚的"，也有"良种的（牲畜）；优良的（物品）"等含义，因此，苏格拉底使用这一呼语，可视作暗含一种讽刺，寓示阿氏的虚伪。因为阿氏常常以高贵的血统为荣，而鄙视大众；在这里却"不耻下问"起来。

《阿尔基比亚德斯篇（Ⅰ）》

苏：你不知道那些打算教的人不论是谁，他首先必须自己知道吗？[111b]难道不是？

阿：究竟怎么不是这样①？

苏：所以，那些知道的人们互相要协调一致并且不能不和吧？

阿：是的。

苏：但如果他们就可能不和，你说他们知道那些事情吗？

阿：当然不知道。

苏：所以，他们怎么可能会是那些事情的老师呢？

阿：没有任何人会是。

苏：却说为什么？在你看来，普通民众会争吵石头或木头是什么吗？尤其假如你问任何人，那么他们会不相一致吗？[111c]每当他们想拿到石头或木头也冲向那些东西时？同样地②，任何事情也像它们一样；但愿大概你说那是你为什么懂得说正确的希腊语，是不是？

阿：是的。

苏：因此，无疑，涉及那些事情，恰似我们说的，属于私人的事情，他们相互地协调一致和与他们自己协调一致，但是，诸城邦真的对那些彼此另外宣称的属于公共的事情也不持异议吗？

阿：但愿没有。

苏：那么，可能地，在那些事上至少他们也就是好教师。

[111d]阿：是的。

苏：因此，如果我们真的想使某人知道有关它们的情形，我们就正确地把他打发到普通民众那里受教吗？

阿：的确，完全是的。

苏：但是怎么？如果我们想知道，不仅人或马是什么样的，而且还有他们哪些善跑和不善跑，那么，普通民众还会有能力能教那吗？

阿：当然不能。

苏：但你有足够确实的证明：他们非但不是懂得那些事情的良师，

---

① 这种回答表示肯定，即"当然是这样！"。
② 该词（"ὡσαύτως"）是"ὥς"的加强体，以进一步加强意义。

· 65 ·

[**111e**] 因为关于它们，他们自己也不是协调一致，是吗？

阿：至少对我而言，是。

苏：但是怎么？如果我们想知道，不只人是什么样的，而且他们的不健康或健康是什么性质的，那么普通民众还会有能力能教给我们吗？

阿：当然不能。

苏：那么，如果你看出他们不和，你会有那些人是恶劣的老师的足够确实的证明吗？

阿：至少对我而言，有。

苏：但是这就怎么？现在，在你看来，[**112a**] 关于正义或非正义的人或事，普通民众他们自己相一致或彼此相一致吗？

阿：我凭宙斯起誓，最小相一致，苏格拉底啊。

苏：但是怎么？关于它们，他们最为不和吗？

阿：的确完全最为不和。

苏：那么，我认为你的确尚未看到甚或听过，人们关于健康或不健康的事会这样极为不和，好像由于那些事而作战并相互厮杀。

阿：当然尚未看到或听过。

苏：但关于正义和非正义，至于我知道，[**112b**] 假如你也没看过，至少从许多其他人，尤其自荷马那里听过：但愿你听过，像《奥德赛》和《伊利亚特》。

阿：毫无疑问一定听过，苏格拉底啊。

苏：那么，那些诗作是关于正义和非正义二者争执的吧？

阿：是的。

苏：甚至由于那一争执，阿凯俄斯人[①]和外国的特洛伊人[②]二者发

---

① Ἀχαιός，也译为亚该亚人，在荷马史诗中泛指希腊人。据史学界推论，在民族大迁移过程中，他们是最早进入希腊中部和南部的部落，强盛于公元前13世纪—前12世纪，属于"中期希腊文化时期"。

② Τροία，或称Ἴλιος，是一个历史和传说（以及考古学）上的著名的城市，位于安纳托利亚半岛即现在土耳其西北部，最出名的记载是荷马史诗描述的特洛伊战争。

生了战争，也产生了各种死亡，像在珀涅罗珀①的求婚者和奥德修斯②之间发生的。

[**112c**] 阿：你说了实话。

苏：此外，我也认为，死在塔那哥拉③的那些雅典人和拉栖第梦人④以及保伊奥提亚人⑤，尤其此后在科罗尼亚⑥，你的父亲［克莱依尼亚斯］也死去，甚至不是关于另外的一种争执而是为了正义和非正义的缘故制造了这些死亡和战争；究竟是吗？

阿：你说了实话。

苏：所以，我们说，他们懂得那些如此不和的事情吗，[**112d**] 既然他们对立到相互对彼此做最严重的事？

阿：至少他们似乎不懂。

苏：因此，难道你没向你自己认可无知的这样的一些老师询问吗？

阿：好像询问了。

苏：所以，你在这样的事情上不知所措，尤其显然既不是你学来的也不是你本人发现的，没有一个来自它们，那你大约如何知道了正义和非正义的呢？

阿：据你所说，很可能真的不知道。

[**112e**] 苏：瞧，阿尔基比亚德斯啊，你又一次像那样没有说好那种事吧？

阿：你说什么？

---

① 在荷马的《奥德赛》中，Πηνελόπη 是奥德修斯的忠实的妻子，在丈夫远征 20 年期间，她拒绝了无数求婚者，一直等到丈夫的归来。

② Ὀδυσσεύς，传说是希腊西部伊萨凯岛（Ἰθάκη）的国王，曾率领其部族参加特洛伊战争，他也是荷马的《奥德赛》的主角。

③ Τάναγρα 是希腊保伊奥提亚（Βοιωτία）地区一城市。

④ Λακεδαίμων，即斯巴达人。拉栖第梦是拉孔尼刻的首府，指代斯巴达。

⑤ Βοιωτία，保伊奥提亚，希腊中部一地区，它最大的城市是 Θῆβαι（忒拜，或译底比斯），该地区因有丰盛的牧牛草场而得名。有谚语说："像个保伊奥提亚人"，指笨头笨脑、不机灵的人。

⑥ Κορώνεια，是保伊奥提亚的一个城市。以雅典为首的提洛同盟和保伊奥提亚联盟在公元前 447 年爆发了一场战争。阿氏的父亲即战死于此战役。据说苏格拉底也参加了其中的一场鏖战。荷马在《伊利亚特》中也提到居住在该地的居民曾经参加了特洛伊战争。

苏：就因你说我讲那些事情。

阿：但是怎么？你没说我绝不知道正义和非正义吧？

苏：当然我没说。

阿：那么是我说的吗？

苏：是的。

阿：怎么会？

苏：如下你会看到的。如果我问你一和二两者中的哪一个更大，你会说是二吧？

阿：至少在我这方面，会。

苏：大多少？

阿：大一。

苏：却说我们两人中的哪一个说二是比一更大的一呢？

阿：我。

苏：那么，无疑我在问，你在答吧？

阿：是的。

[113a] 苏：于是，关于那些事情①难道②显然是我这个提问者说的，还是你这个回答者说的？

阿：是我说的。

苏：但是怎么？如果我于是问"苏格拉底"的字母是什么样的③，你现在说，我们两人中的哪一个是告诉者？

阿：是我。

苏：马上前进！根据谈话，你说：每当问题和回答二者产生时，哪一个是告诉者，是提问者还是回答者？

阿：至少在我看来，似乎是回答者，苏格拉底啊。

[113b] 苏：因此，刚才实实在在我永远是提问者吧？

---

① 主要指"正义和不正义"的事情。参见"V. C 本"注释。

② 值得指出的是，该词（"μῶν"）是多利斯方言。作为疑问副词，答案一般是否定的，意思是"当然不是（我苏格拉底说的）"；或许可以作为旁证之一，此篇非主要用阿提卡方言写作的柏拉图原作。下同。

③ 参见［梁本注1］p. 99。

阿：是的。

苏：但你是回答者吧？

阿：的确，完全是的。

苏：却说怎么？我们两人中的哪一个讲了所说的？

阿：无疑，显然，苏格拉底啊，在我们意见一致之后是我。

苏：那么，我们所说的是克莱依尼亚斯高贵的儿子阿尔基比亚德斯不懂正义和非正义，但他自认为懂得，他绝不知道有关的事情，甚至打算去公民大会劝告雅典人，不是这样吗？

[113c] 阿：似乎是这样的。

苏：那么，这恰巧是欧里庇得斯①的话，阿尔基比亚德斯啊："这里有可能你是从你那不是从我这听来的"②，甚至我没有说那些事，除了你说的，但你随便地责怪我。尽管你当然也说得好。因为你头脑中，最亲爱的朋友啊③，有不留心学习就教你所不懂的狂热的企图。

[113d] 阿：我实实在在认为，苏格拉底啊，雅典人或其他的希腊人不常审议是更正义还是更非正义；因为无疑，他们认为这样的事是显而易见的，所以，他们对它们听之任之而考虑两者中的哪一种有益行事。因为我认为正义和有益二者不是同一的，但是很多人获益实在是不公正地做了很大的错事，尽管我认为其他人的确行正义却没有好处④。

苏：却说为什么？如果就因一方面，正义真的恰巧是最为不相同的，另一方面，有好处的事情是另一样的，[113e] 为何你重新认为不知道对人们有好处的那些事，并且凭借什么不知道它们的呢？

---

① Ευριπίδης（约公元前480—前406年），出身于阿提卡一个贵族家庭，与埃斯库罗斯和索福克勒斯并称为希腊三大悲剧大师，他一生共创作了九十多部作品，保留至今的有十八部，其中著名的例如有《美狄亚》和《特洛伊妇女》等。他的作品同情弱者，提倡和平、民主以及平等。欧里庇得斯还与苏格拉底为友并向他学习。

② 参见欧里庇得斯《希波吕托斯》[350-353] 中菲德拉对乳母说："这是你说的，可不是我说的。"译文参见《欧里庇得斯悲剧·中》，张竹明译，凤凰出版传媒集团、译林出版社2007年版，第557页。

③ 注意本篇对话多次这样称呼，以表示亲密关系。

④ 参见《共和邦篇》[343b-344d]。

阿：究竟什么在妨碍呢，苏格拉底啊？若不是这样，则你重新问我，从无论谁学来的，或自己怎样获得的。

苏：你竟然那样地行事，如果你没说对任何事，但恰巧能证明它绝非像先前说的，于是你认为需要新的什么证明听到的和另外的事，这样先前说的像是磨损了的并且你也就不再穿的旧衣服①，若不是这样，则要有人给你纯洁和无瑕疵以及可靠的证明②。［114a］但我决不放弃向前猛冲急于要问你的话题，你从何处学到再度懂得的有好处之事的，尤其无论谁，你的教师是谁？像所有先前问过的那些事，我就针对一个问题来问。的确，显然好像还是要来到那件事中，你也不知怎么证明你知道那些有益的事，既不由于通过发现也不因为靠学习。但既然你过着奢侈的生活③，也就不再高兴品尝同一话题，我真的高兴不理会那，你或者知道或者不知道对雅典人有益的事；［114b］但有益之事和正义二者是同一的还是不相同的？你为什么不证明呢？如果你愿意，一则，就像我问你一样问我；一则，你本人也亲自对话题详细叙述。

阿：但我不知道是否我就能做得到，苏格拉底啊，对你详细叙述。

苏：那么，好朋友，你就把我当成公民大会和民众；在那里，毫无疑问你应当好言好语说服④每个人，但愿是吧？

阿：是的。

苏：因此，如果可能知道有关事的同一个人，［114c］真的能够针对单独的人——说服也就能够说服许多同胞，就像语法教师关于字母那样，如何真的能够说服一个一个的人，也就能够说服许多人。

---

① 本篇作者的用词往往暗含讥讽、挖苦的含义。在这里也可略见一斑。因为阿氏衣着奢靡华贵而且常常奇装异服。

② 该词（"τεκμήριον"）在逻辑上指"可靠科学的证明"，与"或然的证明"相对。参见 Op. ［414e］中该词的释义。

③ 该词（"τρυφάω"）也有"过逸乐的生活，娇生惯养"的意思。其名词和形容词则有"骄傲，高傲，傲慢奢侈，娇气，放荡；柔弱的，寻欢作乐，放荡的"等含义。这些特征也与阿氏的习性相同。

④ 值得指出的是，该词（"πείθω"）也有贬义"哄骗，诓哄；贿赂，收买；怂恿，挑动"等含义。这些含义恰恰也与雅典后期式微的民主制度——也是柏拉图在其许多对话作品中尤其是《共和邦篇》（例如492b－c）中批评的——相同。

《阿尔基比亚德斯篇（Ⅰ）》

阿：是的。

苏：于是，关于算术，能说服单个儿人的同一个人难道不能说服成群的人吗？

阿：能。

苏：于是，懂算术的那个人是擅长计算的人。

阿：的确，完全是的。

苏：所以，还是这些事，似乎如果你能说服许多人，不也就能说服个别的人吗？

阿：合情合理。

苏：但显然，这些你能说服人的事是你知道的事。

阿：是的。

苏：却说任何别的什么，在这样大的①聚会中的演说家②和仅仅在民众中的演说家非常不同，[114d]因为这些事，一则，涉及说服整个群集的人；一则，说服涉及一个一个的人，是吗？

阿：可能是③。

苏：那就前进！显然，既然同一个人能说服很多人和个别人，你用我做练习④，也着手展示，比如正义有时不是利益。

阿：你是一个放纵者⑤，苏格拉底啊！

苏：此刻，由于在放纵的影响下，我确实打算说使你相信而你不愿意使我相信的相反的一些事。

阿：立即说。

苏：你仅仅回答提问。

[114e] 阿：不，除了你本人，没人说。

---

① 该词（"τοσοῦτος"）使指示意义更强。
② 在雅典，该词（"ῥήτωρ"）尤指在公民大会上发表演说的政治家。
③ 该词（"κινδυνεύω"）也有"冒险，做大胆的事；有危险，处于危险之中"等含义。说明阿氏对苏格拉底的推论拿不准。
④ 该词（"ἐμμελετάω"）也有"授课"含义。
⑤ 该词（"ὑβριστής"）也有"侮辱者，侮慢者；难以控制的（人），未经驯服的，凶猛的（野兽）"等含义，和"有节制"相对。阿氏这样说苏格拉底，说明他对苏格拉底的提议有些恼羞成怒。

苏：但是怎么？就因你不愿意最为说服吗？

阿：当然，一定愿意。

苏：那么，如果你说"这事意味着如此"，你就最为相信了，是吧？

阿：至少对我而言，看来是。

苏：于是回答：尤其如果你本人不愿意听取你自己正义的也是有益的，那么至少你就不要听从其他的话。

阿：我真的不会听从，但我必须回答：因为我也认为绝没有害。

[115a] 苏：但愿你是个预言者。你也告诉我：认为有些正义是有益的，有些不是，是吗？

阿：是的。

苏：但是怎么？其中有些本身是高尚的，有些不是？

阿：你怎么问那？

苏：你迄今认为是否有任何人，一方面为恶，一方面行义呢？

阿：没有，对我而言。

苏：那么，所有正义的都是美好的吗？

阿：是的。

苏：但此外美好的是什么？它们全都是善的，还是一则是善的，一则不是？

阿：至少在我这方面认为，苏格拉底啊，有些美好的是邪恶的。

苏：有些邪恶的也是善的吗？

阿：是的。

[115b] 苏：于是，你说的是如下这些事吗，例如许多人在交战中搭救战友或亲戚时受伤被抓和死去，但那些应该搭救而没有搭救的人却是健全地离开了？

阿：无疑，真的完全是的。

苏：因此，根据争取救活的企图，一则，你称这样的搭救为美好的；一则，那是有勇气的，难道不是吗？

阿：是的。

苏：但根据那些死亡和创伤二者，你的确称其为邪恶①；究竟是不是？

阿：是的。

[115c] 苏：于是，一则，勇气是一种情况；一则，死亡是另外一种情况吗？

阿：的确，完全是的。

苏：所以，按照那情况，为搭救战友，美好的不也是邪恶②的吗？

阿：似乎不是这样。

苏：于是③，你就要注意，至少，是否为搭救战友是美好的，也是善的，也就像当时一样。因为涉及勇气，你认可搭救是美好的；于是你考虑那事本身：勇气，是善还是恶？此外，你如此考虑：让你选择你可能会选择两者中的哪一个？是善的还是恶的？

阿：善的。

[115d] 苏：那么，是最为极大的善。

（阿：是的。）④

苏：甚至最小期待可能会被剥夺这样的事情？

阿：但愿当然是这样！

苏：谈到有关勇气的情形，你当然是这样！在多大条件下，你就赞同它被剥夺掉呢？

阿：我甚至就不期待活了，若我是怯懦的。

苏：于是，在你看来，怯懦是到极点的恶吗？

阿：至少对我来说。

苏：与死亡同等地恶，看来。

阿：我相信。

---

① 该词（"κάκη"）也有"怯懦"含义。
② 这种"恶"显然是指对搭救者本人是有害（受伤被抓和死去）的而言。该词（"κακός"）与"好的"相对，也有"有害的，不幸的；损害"等含义。
③ 该词（"τοίνυν"）是小品词"τοι"的加强体。
④ "B 本"使用了尖括号〈阿：是的〉。[C 注 10] p.572 则认为上一句中的"最为"应该是本句中阿氏的话，而拒绝补充"是的"。

苏：因此，对死亡和怯懦二者来说，最相反的是生命和勇气，是吗？

阿：是的。

[**115e**] 苏：一则，也可能尤其是你最为意欲的；一则，是最小意欲的吧？

阿：是的。

苏：毕竟就因一则，你视为是最善的①，一则，是最恶的吗？

（阿：的确完全是的。

苏：因此，你认为勇气是在最善之中，而死亡是在最恶之中。②）

阿：至少在我这方面，认为是的。

苏：那么，在交战期间对朋友的搭救真的是美好的，勇气属于善行之事，你管它叫作美好的吗？

阿：的确，我宣布。

苏：但无论如何，死亡属于恶行之事，你管它叫作恶的吧？

阿：是的。

苏：因此，你像这样公正地称呼每种情况吗？如果它真的造成了恶事的结局，你就称其为恶的，[**116a**] 造成了善果也就叫作善的吧？

阿：对我而言，看来是。

苏：所以，美好的的确也是善的，但卑劣的是恶的吧？

阿：是的。

苏：那么，一则，你把在交战期间对朋友的搭救说成是美好的；一则是恶的；你绝没有区别地说，如果，一方面，称其是善的；另一方面，称它是恶的③。

阿：在我看来，你说得正确，苏格拉底啊。

苏：但没有美好的，就美善所能达到的程度而言，是可耻的；也没有卑劣的，就卑劣所能达到的程度来说，是善的④。

---

① 该词（"ἄριστος"）多指智力和勇气方面的好或善。
② 以上两句问答，"B本"用了尖括号。
③ 意即它们是一回事。
④ 参见《大希庇亚篇》[290d] 有类似的说法。另外参见 Δι. [374d]。

· 74 ·

[116b] 阿：似乎没有这样的。

苏：此外，此刻你也这样考虑。无论谁做事美好，他不也做得好吗？

阿：是的。

苏：于是，那些做得好的人不就是幸福的①吗？

阿：但愿当然是这样！

苏：他们幸福而繁荣难道不是凭借他们拥有一些好的事物②吗？

阿：必然。

苏：再者，他们已拥有那些是靠走运和做得美好吗？

阿：是的。

苏：于是，做得好是善的吗？

阿：当然会是这样！

苏：因此，美好是幸运③吗？

阿：是的。

[116c] 苏：于是，它对我们再次显示了美好的和善的二者是相同的。

阿：似乎是这样的。

苏：至少从那一讨论得出，就因我们可能会发现某事是美好的，我们也就发现它是善的。

阿：必然地。

苏：但是怎么？那些善的是有益还是无益？

阿：有益。

苏：却说你忆起我们怎么同意有关行正义之事的吗？

阿：我认为我们至少同意，那些行正义之事的人必然地是做美好之事的人。

苏：因此，我们至少同意那些做了美好之事的人，必然地是做了善

---

① 该词（"εὐδαίμων"）也有"幸运的，繁荣的，昌盛的"等含义。以下中译文根据语境选词不同。

② 参见《会饮篇》[205a]和《欧绪德谟篇》[280d]。

③ 该词（"εὐπραγία"）也有"顺利，成功"等含义。

事的人吧？

阿：是的。

［116d］苏：再者，那些善事是有益的吧？

阿：是的。

苏：那么，那些正义的事，阿尔基比亚德斯啊，就是有益的事吧？

阿：像是。

苏：却说怎么？关于那些事情，你不是告诉者，此外，我不是提问者吗？

阿：似乎是这样的，据我看来。

苏：所以，如果任何认为懂得正义和非正义的人站起来或者劝告雅典人，或者劝告佩巴里修斯①人，却说正义的有时是有害的②，他除了可能会被你讥笑还有别的吗？［116e］既然真的恰巧你也说正义的和有益的二者是相同的。

阿：但我凭诸神起誓，苏格拉底啊，至于我，不但不懂我说的，而且看来，我完完全全是荒诞不经地：因为在我看来，对于你的提问时而回答两者中的这一种，时而回答另一种。

苏：那么，朋友啊！你不知那是某种不幸吗？

阿：的确完全不知。

苏：所以，你就预知，如果有人问你有两只眼睛还是三只眼睛，甚至两只手还是四只手，或者其他这样的什么，你可能会时而回答两者中的一种，时而回答另一种，或者永远回答同一种答案吗？

［117a］阿：至于我，真的迄今为自己的回答而担心，但我认为当然回答的是同一种答案。

苏：那么，就因为你知道吗？那是原因吗？

阿：至少在我这方面认为。

苏：所以，关于一些事，如果你勉强给予相反的回答，显然你就

---

① Πεπάρηθος，是希腊东部一地区帖萨利（Θεσσαλία）海岸边的一个小岛，是爱琴海东部一个小而偏僻微不足道的地方。

② 参见阿氏在本篇［113d］说的话。

不知道那些事。

阿：至少好像是。

苏：因此，关于像正义和非正义、美好和卑鄙、恶和善、有益和无益，你说感到困惑①，是吗？那么，由于你不懂它们，因为这些缘故不知所措，不是显而易见吗？

[117b] 阿：至少对我而言，是这样。

苏：那么，的确只是如此吗？也意味着：一旦有人不知道某事，因为它的缘故被迫在内心感到困惑吗？

阿：当然会是这样！

苏：无论谁吗？你知道登上天庭②的任何方式吗？

阿：至于我，凭宙斯起誓，不知道。

苏：莫非它也让你对那些事的看法感到困惑？

阿：当然不会。

苏：你知道那原因，还是我将宣告？

阿：你宣告。

苏：就因，朋友啊，你认为你不懂得它，你不认为知道它。

[117c] 阿：你怎么又一次说起那③？

苏：你也一同注意。关于那些你所不懂但你得知不懂的事，你感到困惑吗？就像涉及预备菜肴一样，你多半知道你不知道吧？

阿：的确，完全是的。

苏：所以，关于那些事，你自己认为是对应当用怎样的方式预备菜肴而不知所措呢，还是交托给懂得它的人？

阿：交托给懂得它的人而已。

苏：但是怎么，如果你靠船航行，那么，你可能会认为是应当指挥舵柄向内舷或向外舷，[117d] 像因为不知道，就会感到困惑呢，还

---

① 该词（"πλανάω"）有"偏离航路，引向错误，飘荡"等含义。比喻意思是"感到困惑，不知所措"。

② 该词（"οὐρανός"）有"天，天顶，苍穹，天空"和特指"众神所居住的天上，天界"等含义。

③ 注意本篇对话阿氏多次这样发问，表示困惑或不耐烦。

· 77 ·

是可能就托付给掌舵人而保持安静呢？

阿：托付给掌舵人。

苏：于是，无论如何，如果你知道你不知道，你就不会对不知道的那些事感到困惑，是吗？

阿：看来不会。

苏：却说，你明白在那些作为中的错误也是由于那无知、不知道以为知道的那些东西引起的吗？

阿：你怎么又说起那？

苏：在将来某个时候也许我们企图做某事，不论什么时候我们以为知道要做的事吧？

阿：是的。

[117e] 苏：但每当人们的确意识到不知道如何做时，他们移交给别人做吧？

阿：当然会是这样！

苏：因此，那些认为他们不知道如何做事的人由于把涉及要做的事托付给其他人而在生活中就不会失误，是吧？

阿：是的。

苏：却说犯错误的是哪些人呢？当然不是那些的确知道如何做的人。

阿：当然不是。

苏：但由于既不是那些知道的人，又非那些不知道的人和不知道他们不知道的人，[118a] 还剩下来的是不是其他那些不知道但以为知道的人呢？

阿：不是前者，而是那些剩下来的其他人。

苏：无知之过的本身正是引起恶事的原因，也是丢脸的愚蠢吧？

阿：是的。

苏：因此，每当涉及最重大的事时，那时候它是最邪恶的和最卑劣的，是吧？

阿：的确是非常邪恶和最卑劣的。

《阿尔基比亚德斯篇（Ⅰ）》

苏：却说怎么？你有能力说说比正义、美好、善和有益①更重大的事吗？

阿：当然不能。

苏：难道你没说，你对那些方面感到困惑吗？

阿：我说过。

苏：但如果你感到困惑，那么，显而易见，从早先我们说的，你不仅不知道那些最重大的事，[118b]另一方面，你也认为你知道不知道它们。

阿：可能是！

苏：于是，哎呀，阿尔基比亚德斯啊，到底你遭受到什么样的不幸！我实实在在怕命名它，但同样地要说，既然唯独是我们在一起。因为你和最严重的无知结合在一起，最亲爱的朋友，比如，上述你的话也指责了你自己；为此，你甚至在受教育之前就急于要朝向政事。但不是唯独你遭遇那种处境，另外，在城邦中许多人也处于这样的情况，[118c]除少数人外，其中或许至少也有你的监护人伯里克利。

阿：至少据人们说，苏格拉底啊，他不是自动地成为有知识的，他另外也和许多有学问的人交往，像皮托克莱伊俫斯和阿那克萨戈拉②；甚至现在多大年纪的他由于为那同一知识的缘故依旧与达蒙③住在一起。

苏：所以，怎么？迄今，你见过任何真的不能使其他人就像他自己精通不论什么技艺一样精通某行技艺的人吗？就像教你字母的人，他自己精通某行技艺，也可以使你和任何他愿意教的人精通某行技艺，究竟是吗？

---

① 这些方面也正是苏格拉底或柏拉图一生关注的主题。
② 在公元前5世纪，他们都在雅典任教。开奥斯（Κέως，或Κέος，该词是一个伊奥尼亚方言，是爱琴海西南部之一岛）的皮托克莱伊俫斯（Πυθοκλείδες）和雅典的达蒙（Δάμων，约公元前500—前415年）是音乐家和哲学家，被认为是伯里克利的老师和顾问。
③ 据对话写作时间推算，伯里克利当时已经约60岁，他与达蒙关系密切，甚至同吃同住。而据柏拉图《拉凯斯篇》[180d]中说，达蒙在各方面都极有造诣，是青年人非常好的伴侣。

阿：是的。

[**118d**] 苏：因此，你也将能够使其他人知道你从那人所知道的，是吧？

阿：是的。

苏：此外，像弦琴手和体育教练也正同样，是吗？

阿：的确完全是的。

苏：我们一定就有了良好的确实的证明：某些人精通不论什么，因此懂得那事情，一旦他们也能够显示使其他人懂得他们精通的。

阿：至于对我来说，看来是。

苏：所以，怎么？你能说伯里克利使谁精通某行技艺，从他的儿子们开始吗①？

[**118e**] 阿：但是怎么？如果②伯里克利的两个儿子真是变成了傻子，苏格拉底啊？

苏：那么，你说你的亲兄弟克莱依尼亚斯。

阿：但是怎么？你就会重新说克莱依尼亚斯那个疯子吗？

苏：那么，既然克莱依尼亚斯真的是疯子，此外伯里克利的两个儿子成了傻子，对你而言，我们必须归咎于谁呢，为此，就因伯里克利让你处于如此境地的吗？

阿：我认为我有没把心思转向他的责任。

[**119a**] 苏：但是，你说其他的雅典人或异邦人、奴隶③或自由民，无论谁归功于通过和伯里克利交往变得更有才智了④吗？就像我有能力告诉你，伊扫洛科斯的儿子皮托多洛斯和卡利亚道斯之子卡利亚

---

① 以下从伯里克利的两个儿子等例子说明，美德不可教，技艺之类的事情还是可以教的。见《美诺篇》[94b]和《普罗泰戈拉篇》[319e–320a]；以及伪柏拉图《论美德》。

② 这种条件句表示不可能。

③ 该词（"δοῦλος"）尤指生而为奴者，与"战俘被卖为奴者（ἀνδρoπoδoν）"相对。

④ 值得注意的是，虽然苏格拉底和伯里克利是好朋友，但无疑他也对其儿子和受监护者的教育负责，参见《高尔吉亚篇》[515d–516d]，从他对其孩子的教育到没能改善他的民众，或许暗喻（易于使人联想到）他也不擅长治理城邦。事实上正是在他当政时期，雅典的民主制度由盛转衰了。柏拉图对此也颇有责言。参见《共和邦篇》；另外参见伪柏拉图《论美德》。

《阿尔基比亚德斯篇（Ⅰ）》

斯通过和芝诺交往和每人付了芝诺①一百米那成了有才智的和著名的人。

阿：但宙斯在上！我没能力说。

苏：也罢！却说关于你自己你有什么打算？你是继续像现在这样子，还是把什么当作你所关心的事？

[119b] 阿：让我们共同审议，苏格拉底啊。我真的明白你说的，我也同意：因为在我看来，除了少数人之外，办理城邦政事的人们都是未受教育者。

苏：那么，这到底为什么？

阿：如果他们真的在什么地方受过教育，那么，企图与他们竞争的人就该通过各种方式学习和去练习，比如就竞赛者来说；但现在由于像那些外行都有能力动身朝向政治，为什么我应当练习和有学习的麻烦呢？② [119c] 因为我清楚地知道我具有的极著名的天性③，的确将完全胜过那些人。

苏：哎呀！最好的人④，你居然说出了这样的话！说真的，你的这种外表⑤和属于你的其他东西不值一文！

阿：哪一种最为不值一文？由于什么缘故你说起那，苏格拉底啊？

苏：我真的为你和我自己对你的爱感觉到不快。

阿：到底为什么？

苏：要是你认为应该针对这里的人们竞争。

阿：然而针对什么人竞争呢？

---

① 皮托多洛斯（Πυθόδωρος）和卡里亚斯（Καλλίας）都是雅典杰出的政治家和将军，活动时间约在公元前5世纪。爱利亚的芝诺（Ζήνων ὁ Ἐλεάτης，约公元前490—前430年）是南意大利的希腊哲学家；是爱利亚学派哲学家巴门尼德（Παρμενίδης）的追随者。参见《巴门尼德篇》[126e-128e]。

② 寓含对现实政治现状的揭露和讽刺。像假哲学家一样，假政治家也是柏拉图重点批判的对象。参见《政治家篇》。

③ 该词（"φύσις"）也有"出身，家世"的含义。

④ 该词（"ἄριστος"）也有"最勇敢的，最优秀的，最有道德的，最贤良的，最有用的；（出身或地位）最高贵的"等含义。

⑤ 该词（"ἰδέα"）也有"观念"，以及特指柏拉图哲学的"理念、型"的含义。

[119d] 苏：一个自认为高尚①的人询问那事至少也是值得的。

阿：你说什么？我不该针对那些人竞争吗？

苏：另外，而且假如你心中思量打算驾三层桨战船②进行海战，在善于掌舵方面，你就会满意于是同船伙伴中最好的，一方面，或者认为那会是必需的；另一方面，你就可能会把目光转而专注于你的那些真正的竞争者，而不是像现在那样转向你的并肩战斗者吧？你应当一定远远胜过那些好像不指望与你竞争的人，[119e] 但被你小看的他们与你一起朝向有关战争的各种事情，如果你实在是打算显示什么美好的品质和对于你自己也对你的城邦都有价值的"赛事"③的话。

阿：但无疑，那实在是我的确打算的。

苏：喜欢做就对你十分有价值，如果你比士兵更好④，另外，不把目光转而专注于和你竞争的指挥官，如果在某时，你通过练习和考虑反对他们并且变得比他们更好。

[120a] 阿：但你说的那是些什么指挥官，苏格拉底啊？

苏：你不知道我们的城邦在任何时候将要被拉栖第梦人和波斯大帝⑤逼成敌人⑥吗？

阿：你说得正确。

苏：那么，如果你真的专心成为这个城邦⑦的指挥官⑧，那么，说

---

① 该词（"μεγαλόφρων"）也有贬义"高傲的"的含义。

② 当时古希腊的三层桨座战船（τριήρης）是指最初被腓尼基人所使用，后来被古希腊大量使用的大型战船。其制造技术，就是那些引人入胜的人类古代智慧之一。

③ 该词（"ἔργον"）是个多义词，有"工作，战斗的事，竞赛，行动，作业，利益"等含义。这里是根据语境的意译。

④ 该词（"βελτίων"）多指品德和美德方面的"更好"。

⑤ 按照对话的时间，前者是指斯巴达人将要与雅典人开始爆发以雅典为首的提洛同盟与以斯巴达为首的伯罗奔尼撒联盟之间的伯罗奔尼撒战争。苏格拉底和阿氏多次并肩参加了这场战争。参见《会饮篇》[221a—c]。后者可能是指波斯第二十七王朝（公元前525—前404年）的波斯君主薛西斯二世（公元前425—前423年）和大流士二世（公元前423—前404年）。在伯罗奔尼撒战争期间，斯巴达与波斯一度结盟。雅典不得不与它们二者作战。作者在此句中暗示苏格拉底对未来的伯罗奔尼撒战争有先见之明。

⑥ 此短语意译即"交战"的意思。

⑦ 即雅典。

⑧ 阿氏后来在伯罗奔尼撒战争期间被雅典人选为将军。

《阿尔基比亚德斯篇（Ⅰ）》

出视你的竞争者为针对拉栖第梦人的和波斯人的国王可能会是正确的，是吧？

阿：你可能说得对。

苏：但你不应当，好朋友，把目光转而专注于麦狄亚斯那个打鹌鹑游戏者①和其他那样的人——[120b] 那些人着手办理城邦的政事，依旧奴隶②般的，女性们可能会说③，在灵魂中留有头发④，处在粗俗之下也尚未抛弃，他们更仿效外国人交谈，将阿谀逢迎⑤但不是统治城邦——对于那些人，我说的就是那些人，你应当渴望你自己马上忽略他们，尤其既不学像他们让你为将至的这样大的竞赛一样去学，也不练习像他们让你为将至的这样大的竞赛一样去练习，[120c] 这样也为你自己预备好充分的装备⑥参与政治⑦。

阿：苏格拉底啊，在我看来，你真的说得对，但我料想，拉栖第梦人的将军和波斯的国王甚至一定没有与其他人不同。

苏：但，最优秀的人啊，考虑一下你那个料想含有什么样的意思。

阿：考虑什么样的？

苏：首先，你认为你自己真的可能会更为在意哪一种呢，[120d] 是害怕他们并且认为他们是可怖的吗，还是不？

阿：显而易见，我在意如果认为他们是可怖的。

苏：难道⑧你真的认为你在意什么会损害你自己吗？

阿：一点也不在意，甚至我会得到大的好处。

---

① 麦狄亚斯（Μειδίας）是一位雅典政治家，除了很会打鹌鹑游戏外没什么出名的事迹，常在喜剧中被嘲笑。他本人出身底层阶级，曾经盗用公款。参见［梁本注3］p. 128。此例说明，像踢球高手高俅之流无能政客的作为除了斗鸡走狗乏善可陈。

② 该词（"ἀνδραποδον"）与生为奴隶的家奴（δοῦλος）不同，尤指战争中被俘后为奴的人。

③ 关于女性发音问题，参见［梁本注4］p. 128。

④ 关于长发说法，参见［梁本注4］p. 128。

⑤ 关于该词（"κολακεύω"）的解释，参见［梁本注1］p. 129。另外参见《政治家篇》[293c-294e; 297a-d; 303c]；《高尔吉亚篇》[518e-519d; 525d]；《共和邦篇》[565e-569c]。

⑥ 该词（"παρασκευή"）也泛指"能力，力量，资源，财力"。

⑦ 该句直译为"走向办理城邦的政事"。

⑧ 该词（"μῶν"）属于多利斯方言。

苏：因此，你的那一料想本身真的非常有害。

阿：你说得正确。

苏：于是其次，就因你从可能是①的角度考虑，它也是不真实的。

阿：怎么会呢？

苏：是生于高贵种族的天性很可能更好，[**120e**] 还是生于不高贵种族的很可能更好？②

阿：显而易见，是生于高贵种族的。

苏：那么，那些天生就很好的人，如果也受到很好的教养，这样就会成为有关美德方面完善的人③，是吧？

阿：必然这样。

苏：于是我们考虑，将我们的家族与那些人的家族摆在一起对照，首先，那些拉栖第梦人和波斯人国王的家族是否真的看来更寒微？或者难道我们不知道，一方面，拉栖第梦人的国王是赫拉克勒斯④的后裔，另一方面，波斯人的国王是阿契美尼斯⑤的后裔，此外，赫拉克勒斯家族和阿契美尼斯家族复原到宙斯之子湃勒塞斯⑥吗？

[**121a**] 阿：我们的家族的确，苏格拉底啊，复原到埃律萨凯斯⑦，但埃律萨凯斯的家族复原到宙斯。⑧

---

① 关于该词（"εἰκός"）的用法，参见［梁本注2］p. 130。
② 参见《共和邦篇》[485a]。
③ 参见《共和邦篇》[487a；491d－492a]。
④ Ἡρακλῆς，宙斯的儿子，在希腊神话中被认为是最伟大的希腊英雄。
⑤ 波斯人阿契美尼斯（Ἀχαιμένης，约在公元前705—前675年进行统治）创建了波斯的阿契美尼斯王朝，该王朝一直统治波斯，直到被亚历山大大帝征服。波斯人的祖先被认为是宙斯之子湃勒塞斯（Πέρσης），他是希腊神话中的著名英雄，他的名字和波斯的希腊名字Πέρσης相同，参见希罗多德《历史》[7.61；7.150]。
⑥ 这是强调斯巴达和波斯来自宙斯的血统的纯正性。参见《泰阿泰德篇》[174e－175b]。
⑦ Εὐρυσάκης，希腊神话中的人物，据传说，埃律萨凯斯是宙斯之子埃阿科斯（Αἰακός）的曾孙。在希腊神话中，埃阿科斯出生在离雅典西南27公里处、以他的母亲命名的埃伊纳岛（Αἴγινα）（柏拉图即出生在该岛）并成为该岛的第一位国王。
⑧ 以下大段独白是本对话的最长一段话，也是苏格拉底推出核心论题的关键所在，同样是本对话的点睛之处，因为其涉及内容和论题，还成为历代学者争论本篇作者归属的机要段落。参见［梁本注5］pp. 130－131。这里的身世溯源意思是说，就像圣经所记叙的亚当耕地夏娃织布时期，谁是贵族谁是平民？人类最终都可复原至上帝由泥土所造。

《阿尔基比亚德斯篇（Ⅰ）》

苏：真的，我们的家族，出身高贵的阿尔基比亚德斯啊，复原到代达罗斯①，但代达罗斯复原到宙斯之子赫菲斯托斯②；另一方面，从他们开始，那些人的后代国王们真的是从国王到宙斯为止，他们一则是阿尔戈斯的③和拉栖第梦的国王；一则时常是波斯的国王，但他们也常常是亚细亚人的国王，甚至就像现在；但我们自己和我们的父亲们都是平民。[**121b**] 再者，如果你也必须把你的先祖们和萨拉米斯④——埃律萨凯斯的家乡，比其还老的埃伊纳⑤——埃律萨凯斯的先祖埃阿科斯⑥的故土，证明给薛西斯⑦之子阿尔塔薛西斯⑧，你就料想会招致多少嘲笑，是吗？但你没有注意，就庄重⑨和其他教养而言，我们家族比那些波斯人的差。或者你没有觉察到拉栖第梦的国王们拥有如此重要的一些东西，他们的属于国家的女人们受督察官们⑩的监护，结果是涉及权力免得某位国王自从赫拉克勒斯以来出生自其他人的家族吗⑪？[**121c**] 但波斯国王更超过别人，以致没有一个人猜疑国王会出生自其他家族而非出自国王本人的家族：为此，国王的妻子却出于

---

① Δαίδαλος，是希腊神话中的巧匠。

② 苏格拉底的父亲是一个雕塑家，雕塑家公认代达罗斯（Δαίδαλος）为保护人和传说中的祖先。火神赫菲斯托斯（Ἥφαιστος）是奥林匹斯诸神中的工匠，专管制造兵器、用具等。

③ Ἄργος，伯罗奔尼撒半岛东北的古代名城；也泛指伯罗奔尼撒全境，或泛指全希腊。

④ Σαλαμίς是一个位于雅典西部16公里处的海岛，在古希腊时期是一个城邦。

⑤ Αἴγινα，参见前注Πέρσης。

⑥ Αἰακός，参见前注Πέρσης。

⑦ Ξέρξης，波斯国王薛西斯一世（公元前约519—前465年），公元前485—前465年在位。他的母亲阿托莎是大流士的王后，也是波斯开国之王居鲁士的女儿。他是波斯第四代国王。他率大军入侵希腊，洗劫了雅典，但在公元前480年萨拉米斯海战中被打败。这场海战的失败宣告希波战争以好大喜功的薛西斯一世彻底失败而告终。后死于宫廷政变。薛西斯二世（公元前424年在位）是阿尔塔薛西斯一世的皇太子和继承人。

⑧ Ἀρταξέρξης，即阿尔塔薛西斯一世，波斯第五任国王，曾于公元前464—前424年统治波斯。

⑨ 该词（"ὄγκος"）本义为"大堆，大块，[哲学术语]分子，原子"；比喻义为"重大，庄重"；也有"自大，骄傲，夸大"的贬义。

⑩ 该词（"ἔφορος"）也有"监督人，监护人，（军队的）将领"等含义。斯巴达的督察官共有五位，他们甚至能监督国王们。

⑪ 参见"名人传"（《阿尔基比亚德斯》[23]），阿氏在斯巴达时曾经与斯巴达王后通奸且有一子，因此，其子就属于阿氏的血统，只不过不被承认没能继承王位。

敬畏不被看守。但一当最年长的孩子出生时，绝非王权，首先，一则，国王控制的全体臣民庆祝节日，假如王子中的他掌权，随即在其他时间，国王生日的那天，整个亚细亚举行燔祭和庆祝节日①；一则，当我们的孩子出生时，[**121d**] 按喜剧诗人的话说②："甚至热烈的邻居没有一点儿感觉"。阿尔基比亚德斯啊！

此后，(波斯) 王子成长，不是被价值不大的女人抚养，而是被那些在他们看来在国王身边就可能是最有用的宦官们养育：除了他们，真的没有别人全神贯注于照拂这个婴儿，照料孩子塑造和挺直身体，尤其是怎样促成他将来尽可能美；况且他们是在大的尊重之中做那些事。[**121e**] 但一经孩子们已经是七岁大，他们常到乘战车出去作战的士兵那里去和到他们的老师那里去听课，他们也开始去狩猎。但他们已经十四岁时，人们把那些控制那孩子的人叫"王家的保傅"③；但他们像是从成年人中选出的波斯的最优秀的四个人物，即最智慧的人、最正义的人、最节制的人和最勇敢的人④。[**122a**] 他们中那位最智慧的人，一则，教他昊饶玛塞之子琐罗亚斯德巫术⑤——但那是对神的敬奉——一则，他也教那些属于国王的知识；而那位最正义的人教他一生永远为人真诚；再者，那位最节制的人教他绝不受制于任何一种欢乐，以便他习惯于是自由的和如此是国王而已，他首先是在他掌握中的统治者，但别给他自己做奴隶；此外，那位最勇敢的人教他处于无

---

① 参见希罗多德《历史》[Ⅰ.132 – 133]。

② 此句出自雅典喜剧诗人柏拉图（Πλάτων Κωμικός），他生活于公元前460—前389年，与喜剧家阿里斯托芬同时代。他的戏剧没有完整流传下来，参见其《残片》[204；227]。

③ "保傅（παιδαγωγός）"通常由家奴担任，负责接送学童上学并且照料和训练学童。该词也泛称教师。在《吕西斯篇》[208c – d] 有对"保傅"的描述。

④ 而"智慧"等也即古希腊人推崇的最主要的四种美德。参见《斐多篇》[69b]；《会饮篇》[196 c – e]；《共和邦篇》[441c – 442d]；《法律篇》[631c – e；965d] 等。这里将本来希腊人崇尚的美德教育归于波斯人，或许也有讽刺的含义。

⑤ 即拜火教，古波斯僧人的一种巫教。琐罗亚斯德（Ζωροάστρης）也译查拉图斯特拉，是波斯宗教琐罗亚斯德的创立者。昊饶玛塞（ώρομάζος，在阿维斯陀语中，该词字面意思是"光和智慧"）并非查拉图斯特拉的父亲，而是查氏主张的善恶二元论中代表光明的善神（亚里士多德等人都知道他，参见"名哲本"[1.8]）。另外参见【梁本注6】p.135。尼采写有著名的《查拉图斯特拉如是说》中的主人公查拉图斯特拉即琐罗亚斯德。拉斐尔的名画《雅典学院》里也有琐罗亚斯德的画像。

《阿尔基比亚德斯篇（Ⅰ）》

畏和受欢迎的状态，说真的，因为不论什么时候畏惧是受奴役的。

但给你，阿尔基比亚德斯啊，[**122b**] 伯里克利从他的家奴中任命由于年老不中用的色雷斯人①饶琵诺斯②为"保傅"。此外，我也可以给你细说你的竞争者其他方面的教养和管教，它若不是许多力气活儿，同时也能表明这些和跟随着的另外的那些事情是一样的；但对于你的出身，阿尔基比亚德斯啊，教养和管教，或其他不论哪个雅典人的，说真的，讲的故事没有一个人关注，如果有人但愿凑巧是你的某个爱慕者。但如果你重新乐于向波斯人的财富注视，[**122c**] 他们过着奢侈的生活，拖着外套③衣着，涂抹着香膏，有一大群服侍的随从，以及其他波斯人的豪华，你就会对你自己的条件感到羞愧，因为你感觉到它们有那样大的不足；此外，如果你再度想要将目光转而专注于拉栖第梦人的节制和守秩序的行为二者、刚毅④、随和、宽厚⑤、有纪律、勇气、坚忍、勤勉、爱争论以及爱荣誉⑥，在这样的情形下你就可能会视你自己在一切方面为孩子。

[**122d**] 再者，如果你重新注意什么，尤其财富方面，这样地认为有点什么的话，我们绝非不好意思说那，无论如何你是否感觉到。既然如果你真的愿意向拉栖第梦人的财富注视，你就可能会得知，我们这儿的远比不上在那地方的：因为他们真的拥有像他们自己的和墨西涅⑦的一样广袤的土地，我们没有一种可与之争论的：既不能在土地的广度和优良方面，而且也不能与他们拥有的奴隶⑧，

---

① Θράκη，是欧洲东南部一个历史和地理上的地区。这个名字来自居住在欧洲东南部的古印欧人色雷斯人（Θρᾷκες）。

② Ζώπυρος，生活于公元前5世纪，或许曾经是色雷斯的一个著名相面术士，可能给阿氏当过家庭教师。

③ 该词（"ἱμάτιον"）是指裹在身上的一块长方形毛织物。

④ 但该词（"εὐχέρεια"）也有"不顾一切，鲁莽"的贬义。

⑤ 但该词（"μεγαλοφροσύνη"）除了有"高尚，宽厚"褒义外，也有"高傲"的贬义。

⑥ 但该词（"φιλοτιμία"）除了有"好胜，雄心，慷慨"褒义外，也有"夸耀，自负，顽固，固执"的贬义。

⑦ Μεσσήνη，位于伯罗奔尼撒半岛西南的地区之一，是斯巴达的殖民地。即今天希腊的麦西尼亚州。

⑧ 该词（"ἀνδράποδον"）尤指战争中被俘后被卖为奴的人。

还有农奴①相提并论，无疑，的确既不能比拥有的马匹，也不能够比另外那样多遍及墨西涅放牧的牛羊。但那一切真的由它去吧！［122e］此外，全希腊掌握的金币和银钱没有拉栖第梦人私人掌握的那样多：因为迄今很多世代从全希腊进入他们那儿了，此外也从异邦输入好多，但一点也不从中出去，［123a］除了完完全全地根据伊索寓言②，狐狸对狮子所讲的没有别的，像钱币进入拉栖第梦的踪迹实实在在走到那地方明显可见，但并没有看见有任何一枚将会逃走的迹象③。应当很清楚地看见，既然在那里拥有的金银是希腊最丰富的，那位国王本人的金银尤其是最丰富的；因为从这样的情形中对于国王来说，拿到的最大也最多④。拉栖第梦人给国王上税，属于国王的贡款也更是不少。

［123b］一方面，与希腊其他城邦比起来，像拉栖第梦那样的财富也真的巨大；另一方面，说真的，绝不可与波斯人和他们的国王比。我一度听一位出海朝向波斯国王去的值得信任的人说过，他经过一片十分广大而有用的地域，近乎一天的路程，它被当地人叫作王后的腰带；但有另一块地又叫作她的面纱，［123c］另外也有许多的优良且好的地域被挑选出来当作王后的装饰，那些地域的每一块也从王后的每一种装饰而来获得名称。那么，依我看，如果任何人对当今国王的母亲、此外也是薛西斯遗孀的阿麦斯特丽如⑤说，黛伊瑙玛凯的儿子⑥有意与你的儿子对峙，她⑦所拥有的装饰——但愿很多——大约值50米

---

① Εἵλως，斯巴达人的国有农奴，主要从事农业生产。参见顾准《希腊城邦制度》。在希腊城邦中，斯巴达尤其是开奥斯（Χίος）拥有的奴隶最多。参见修昔底德《伯罗奔尼撒战争史》［8.40］。

② Αἴσωπος（公元前620—前564年），古希腊寓言家。《伊索寓言》是源自古希腊的一系列寓言。相传由伊索创作，再由后人结集成书，约有三百五十七篇，大部分为动物寓言，是古希腊文学的重要组成部分。

③ 这是自《伊索寓言》中讲的一则故事《老狮子与狐狸》改编而成的一句话。

④ 按照《伊索寓言》中（参见第二卷中的故事《狮子、驴子与狐狸》）所叙述的来说，即"狮子的一份。"

⑤ 即薛西斯一世（公元前486—前465年在位）的妻子Ἄμηστρις，当今国王即阿尔塔薛西斯一世（公元前464—前424年在位）。参见希罗多德《历史》［7.114］。

⑥ 阿氏的母亲黛伊瑙玛凯（Δεινομάχη）是雅典著名政治改革家克莱依司泰奈斯（Κλεισθένης）的孙女。

⑦ 即黛伊瑙玛凯。

《阿尔基比亚德斯篇(Ⅰ)》

那，此外，她的儿子本人在埃尔卡①的田产甚至不到65亩②；她③就会诧异，对无论谁来说，一度相信阿尔基比亚德斯这厮有意与阿尔塔薛西斯争斗，[**123d**] 甚至我料想她就会说："无论别的哪一个人是不会相信这家伙企图这样做，除非用心和才智；因为在希腊人之中唯独那些事情是值得一提的。"既然如果她的确闻说，阿尔基比亚德斯这家伙现在企图，起初离20岁尚远④，然后完全未受教育⑤，但在那些之外还有，他的爱慕者告诉他，首先应当学习和经管自己以及只不过这样锻炼去与国王争斗⑥，[**123e**] 他不愿，却说尽管如此已有的足够了，我料想她可能会吃惊并问："对任何人来说，他怎么会真的把事情托付给这个小年轻⑦呢？"所以，假设我们告诉她，因为他貌美、高大、血统高贵和有财富以及灵性，将目光转而专注于如上有关在他们家里的这一切，她就可能会视我们，阿尔基比亚德斯啊，为发狂了。此外，而且我想，假如是拉姆琵稻⑧，一则，是莱奥特齐达斯的女儿；[**124a**] 一则，是阿希达穆斯⑨的妻子；再者，是亚基斯⑩的母亲，他们⑪都是国王⑫，她转而向他们家里现有的东西注视就会尤其感到吃惊，如果你想靠你拥有的如此恶劣地教育与她的儿子争斗。然而如果关于我们的事情，敌人的女人们考虑得比我们更好，她们需要企图做的事居然比

---

① Ἐρχία位于阿提卡，自雅典往东约9—15公里处。

② 一"πλέθρον"，长度为100希腊尺，面积为10000平方希腊尺。1希腊尺约合30.7厘米。该句可直译为"300万平方希腊尺"。阿提卡一亩为874平方米。因此，阿氏的地产不足26公顷（即现代的65英亩）。参见[C注19] p.580。

③ 即阿麦斯特丽娣妠。

④ 根据以下五行的用词来看，大概阿氏其时16—17岁的样子。

⑤ 该词（"ἀπαίδευτος"）也指"愚蠢的，粗鲁的"。

⑥ 值得注意的是，本篇对话的作者立足于雅典民主制度对抗斯巴达和波斯的君主制度前提之上。

⑦ 该词（"μειράκιον"）指14—21岁的青少年。30岁左右的壮年男子若被称为"μειράκιον"则含有嘲讽的意思。

⑧ Λαμπιδώ是斯巴达王莱奥特齐达斯（Λεωτυχίδας，公元前545—前469年）的女儿，参见希罗多德《历史》[6.71]。

⑨ Ἀρχίδαμος，是斯巴达国王，大约于公元前476—前427年在位。

⑩ Ἄγις，即亚基斯二世，斯巴达国王，于公元前427—前401年在位。

⑪ 指她们各自的父亲、丈夫、儿子。

⑫ 即斯巴达国王们。

我们企图做关于我们自己的事做得更好的话，你不认为是可耻的吗？另一方面，我的好人啊，相信我和在德尔斐①中的记录："认识你自己"，[**124b**]对我们而言，就因那些人是对手，却不是你料想的那些；我们真的就可能甚至没有其他一项占优势，如果我们不真的就非常凭借用心和技能做事②。你如果在这些方面不如人，你产生的名声在希腊人和异邦人中也就不如人。据我看来，在别处没有任何别的一个人像你那样渴望所渴望的名声。

阿：却说我应当把什么当作自己用心的呢？苏格拉底啊，你能教导③我吗？因为你所说的所有的话似乎毋宁是正确的。

苏：可以！另一方面，但愿我们共同商量用无论什么方式才会成为最好④的人。[**124c**]因为我所讲的，比如需要受教育，毫无疑问，一则，不仅是对你说的；一则，它也是为我说的。总之，我真的没有任何和你不同的，除了一件事。⑤

阿：一件什么事？

苏：我的监护人比你的监护人伯里克利更好和更有才智⑥。

阿：他是谁，苏格拉底啊？

苏：神，阿尔基比亚德斯啊，就是那个神⑦祂不允许我在这天之前与你谈论，我信赖他，甚至我说，通过我比通过其他不中用的人让你

---

① Δελφοί，位于希腊福基斯（Φωκίς）境内的一城市，该城有阿波罗庙，是一处重要的"泛希腊圣地"，即所有古希腊城邦共同的圣地。这里主要供奉着"德尔斐的阿波罗"，庙中所发神示很著名，著名的德尔斐神谕就在这里颁布，似乎常作阿波罗神示的代称。据说阿波罗神庙的入口上刻着"认识你自己"的格言。

② 意思即，否则后果如同中国的江湖比武，若无真功夫，则往往非死即伤。

③ 关于该词（"ἐξηγέομαι"）的分析，参见"梁本"（L本，译按 p. 142 脚注 3）。

④ 该词（"βέλτιστοι"）多指品德和美德方面的好，是"ἀγαθός"的最高级，其基本词义是："好的，高尚的，高贵的，勇敢的；能干的；善良的，有用的。"具有这些性质后才能成为真正的"贵人，贵族"，从而才真正是幸福的人。

⑤ 本对话的几段最长的独白至此结束，得出的结论是：无知者无畏。知己知彼才能百战不殆。自知者明智。身外之物不足信赖。关注自己与认识你自己是相通的。

⑥ 作为古希腊人尊崇的一种美德，该词（"σοφός"）基本词义是："精通某行技艺的，聪明能干的，骨有才智的，精明的。有知识的，有学问的；[贬义]有鬼聪明的，机灵的；深奥的；巧妙地设想出来的（事物），巧妙的（话，意见）"等。

⑦ 对苏格拉底的"灵异"的分析，参见[梁本注 1]（p. 143）。

《阿尔基比亚德斯篇（Ⅰ）》

更显耀。

［**124d**］阿：你在取笑我，苏格拉底啊。

苏：大概吧！我说的当然正确，就因我们需要关注自我①，比所有人真的更甚，况且咱俩的确极需。

阿：我真的说，你讲的不假。

苏：无疑②，我说的的确不假。

阿：所以，我们就会做什么呢？

苏：不躲避甚至不必变软弱③，伴侣④啊！

阿：很明显，的确不会，苏格拉底啊！

苏：既然不会，那么，我们共同地必须思考。尤其你告诉我：［**124e**］因为我们实实在在是说策划变得尽可能好⑤，究竟是吗？

阿：是的。

苏：是说哪一种美德呢？

阿：显而易见，就是那些人，他们在好人这种美德方面。

苏：好在什么方面呢？

阿：显然是那些做事方面的。

苏：做什么样的事呢？那么，是关于马的事务方面的吗？

阿：当然不是。

苏：因为关于那方面我们就会朝向那些善于骑马的人走去吗？

阿：是的。

苏：另外你是说航海术吗？

阿：不是。

苏：因为我们就会朝向精通航海的人请教。

---

① 该词（"ἐπιμέλεια"）也有"用心，关心，关怀，注意，经管（事务）"的意思。"C本"译为"self-cultivation（自我修养）"；"V.C本"译为"fait de soin（关怀）"；"S本"译为"sorgfä-ltigen Ausbildung bedürfen（需要精心的培养）"；施莱尔马赫译为"Mühe anwenden müssen（必须劳神）"；"梁本"译为"用心"。

② "无疑（μήν）"是上句"真的（μέν）"的加强语气的小品词。

③ 该词（"μαλθακιστέον"）参见《法律篇》的讨论，软弱是道德上的恶。

④ 关于该词（"ἑταῖρος"）的分析，参见［梁本注3］p. 143。

⑤ 该词（"ἄριστος"）多指智力和勇气方面的好。

阿：是的。

苏：那么做什么样的事呢？是些什么人做那些事呢？

阿：就是那些雅典的美且善①的人，他们做那些事。

[125a] 苏：但你说的美且善的人是那些明智的②人还是没头脑的人？

阿：是那些明智的人。

苏：那么，每一个人做事是明智的，那他在做事方面就是好的，是吗？

阿：是的。

苏：但没头脑的人做事就是拙劣的？

阿：当然会是这样！

苏：那么，涉及靴子手艺，鞋匠的确是明智的吧？

阿：至少完全是的。

苏：那么，关于那些事他是好的吧？

阿：是好的。

苏：但是怎么，涉及衣服手艺，那鞋匠不是没头脑的吗？

阿：是的。

[125b] 苏：所以涉及那方面，他就是坏的吧？

阿：是的。

苏：于是，至少通过那推论，这同一个人即是好的和坏的二者。

阿：似乎是这样的。

苏：所以，你是说好人也是坏人吗？

阿：当然不是。

苏：但是你到底说哪些人是好人呢？

阿：至于我，说的是那些在城邦中能统治的人。

苏：至少总不是能管辖马匹的人吧？

---

① 该词组（"Καλοί κἀγαθοί"）表达的意思在古希腊被视为一个人所能够达到的一种修养境界，是雅典人的最高追求之一。根据语境的不同，此外可以译为"美且善""高尚和良好""勇敢且正直"等。

② 该词（"φρόνιμος"）具有"冷静的，有思想的，神志清醒的，谨慎的"等含义。

《阿尔基比亚德斯篇（Ⅰ）》

阿：当然不是。

苏：那么，是能统治人的人吧？

阿：是的。

苏：所以，当人们患病时吗？

阿：不。

苏：那么，在航行时？

阿：我说，不是。

苏：那么，在收庄稼时？

阿：不是。

[125c] 苏：那么，是在人们不做事时，还是做什么事时？

阿：我说，做什么事时。

苏：做什么呢？你试试本领，尤其向我阐明它。

阿：那么，当他们自己结合到一起和彼此利用时，正如我们在一些城邦中过活时这样做①。

苏：那么，你是说，统治那些利用人的人吧？

阿：是的。

苏：所以，是统治向利用桨手的人下命令的人吗？

阿：当然不是。

苏：因为那的确是驾船技术所立下的功劳吧？

阿：是的。

苏：那么，你说的是统治吹奏管乐器的那些人，[125d] 即那些指挥咏唱和利用歌舞队的舞蹈者的人吗？

阿：当然不是。

苏：那至少是歌舞队教练的技艺优良吧？

阿：至少完全是的。

苏：但你怎么会说能够统治利用人的人呢？

阿：至少在我这方面，我说的是统治城邦中那些共同参与公民的

---

① 即构成城邦社会，尤其是指政治社会化。见《共和邦篇》（第二卷 [369a]以下）关于社会是如何产生的论述。

生活①和相互联合的人们。

苏：却说它是什么样的技艺呢？如果我现在再次问你，什么样的技艺使人们懂得如何统治那些共同参与海上航行者呢？

阿：驾船技术。

[125e] 苏：此外，是什么样的技艺使他们懂得统治，例如刚才说过的，那些共同参与咏唱的人呢？

阿：正和你刚才说过的一样，是歌舞队教练的技艺。

苏：但是怎么，你称懂得统治那些共同参与公民生活的技艺是什么呢？

阿：至少在我这方面，我称之为深思熟虑②的技艺，苏格拉底啊。

苏：但是怎么，难道你认为掌舵人的技艺欠考虑吗？

阿：当然不是。

苏：那么，是深思熟虑的吧？

[126a] 阿：至少对我来说，他想要保全航海者。

苏：你说得好。但是怎么，你说的深思熟虑，是何故呢？

阿：为了更好地③治理和保全城邦。

苏：但当城邦是更好地治理和保全时，在场④或是缺席⑤的是什么呢？假如你问我："当身体更好地治理和保全时，在场或是离开的是什么？"我就可能会回答，一则，是健康的在场；一则，是疾病的缺席。难道你不也会如此认为吗？

[126b] 阿：我会如此认为的。

---

① 该词（"πολιτεία"）有"公民权，公民的生活，公民身份，全体公民；政府，行政；国家体制，政治制度，政体；国家，共和国"等含义。它也是《共和邦篇》的篇目或副标题。

② 参见《共和邦篇》[428b–d]；以及亚里士多德《尼各马科伦理学》[1142b28–34]关于该词（εὐβουλία）的解释。

③ 该词（"ἀμείνων"）主要指"智力和勇气方面的好"。

④ 该词（"παραγίγνομαι"）也可以译为"来临"。以下"在场"或是"缺席"的说法类似于柏拉图关于不朽的灵魂是否"在场"决定人或生物生死的论述。参见柏拉图《斐多篇》等对话。

⑤ 该词（"ἀπογίγνομαι"）也可以译为"离开"。

《阿尔基比亚德斯篇(Ⅰ)》

苏：尤其如果你再问我："此外，什么的在场会使我们的眼睛①有更好的治理和保全呢？"我同样地就可能会说，一则，是能看见的在场；一则，是失明的缺席。再者，耳朵也，一则，是聋的缺席；一则，是听觉的在场，当它发生在变得更好②和更好的③照料时。

阿：正确。

苏：但是怎么？在城邦变得更好也照管和治理得更好时，在场或缺席的实实在在是什么呢？

[**126c**] 阿：对我来说，看来，真的，苏格拉底啊，每当一则，他们相互产生的友谊在场；一则，憎恨和起内讧缺席时。

苏：于是，你说的友谊真的是和谐④，还是彼此不和呢？

阿：是和谐。

苏：却说至于数目⑤，由于什么技艺能让各城邦有一致的意见呢？

阿：由于算术。

苏：但是怎么，同邦人呢？难道不是同一技艺吗？

阿：是的。

苏：那么，它也与每个人自己有一致的意见吧？

阿：是的。

苏：再者，因为什么样的技艺在涉及一拃宽⑥和一肘尺长⑦两者中的哪一个更长时，每个人自身与他自己有一致意见的呢？[**126d**] 难道

---

① 该词（"ὄψις"）直译为"视力"。柏拉图哲学术语"ἰδέα（理念）"一词的词根即来自"ἰδέ（看）"。而看见的前提是要有光。参见《共和邦篇》[353b-c]；《拉凯斯篇》[190a]。也如《旧约·创世纪》中说，上帝创造世界的第一件事物是光，西方"启蒙运动"的"启蒙（lumières）"的字面意思也是"光"。

② 该词（"βελτίων"）多指品质和美德方面的好。

③ 该词（"ἀμείνων"）多指智力和勇气方面的好。

④ 该词（"ὁμόνοια"）也有"意见（感想）一致，和睦，和谐"等含义。参见《共和邦篇》[351d-352a；431d-432b]；另外参见亚里士多德《大伦理学》[1212a14-17]关于平等的关系。

⑤ 数论也是柏拉图哲学和柏拉图老学园研究的重要内容。

⑥ 该词（"σπιθαμή"）指手掌张开时拇指尖到小指尖之间的宽度（一拃宽=15.33厘米）。

⑦ 该词（"πῆχυς"）指从肘尖到中指尖的长度。

不是测量术吗？

阿：当然是！

苏：于是，同邦人彼此和各城邦彼此也有一致的意见吧？

阿：是的。

苏：但是怎么？关于重量不也是同样？

阿：我承认。

苏：但你所说的意见一致，它实在是什么和有关什么的方面呢，像什么样的技艺提供它呢？① 那么，也正和一个城邦一样，它和同邦人之间，同邦人对他自己和对其他人二者都是意见一致吗？

阿：看起来，至少毫无疑问。

苏：却说是什么？不要疲于回答，[126e]那么，热心告诉我。

阿：我真的认为，我说的友谊和感想一致正如父亲和母亲对他们可爱的儿子意见一致，兄弟和兄弟，妻子和丈夫的意见一致。

苏：你真的认为，阿尔基比亚德斯啊，涉及纺羊毛的方面，丈夫和妻子能够意见一致吗，当前者不懂而后者懂得纺羊毛时？

阿：当然不能。

苏：但的确没有必要；因为那的确是女人的课业②。

阿：是的。

[127a] 苏：但是怎么？一个不懂得步兵战术③的女人可能会与她的丈夫意见一致吗？

阿：当然不会。

苏：你或许又可能会说，因为那的确是男人的学问。

阿：至少在这方面，我会说的。

苏：于是，按照你的推论，一则，有些是女人的学问；一则，有些是男人的学问。

阿：当然，实在是这样！

---

① 参见《共和邦篇》[333e-334a；351d]；《小希庇亚篇》[375d-376c]；《高尔吉亚篇》[462b]。

② 该词（"μάθημα"）也有"知识"的含义。

③ 该词（"ὁπλιτική"）暗含"技艺"的意思，也指使用长矛大盾的武艺。

· 96 ·

《阿尔基比亚德斯篇（Ⅰ）》

苏：于是，在那些事务中，至少对于男人们来说，就不会和女人们意见一致。

阿：不会。

苏：所以，甚至没有友谊，如果真的友谊是意见一致的话。

阿：似乎是这样的。

苏：那么，女人们在做她们的那些事务时，就不会被男人们爱。

[**127b**] 阿：看来不会。

苏：所以，甚至男人们也不会被女人们爱，当他们在做他们的那些事务时。

阿：不会。

苏：那么，各城邦甚至不能被很好地治理，当每个人做他们的那些事务时。

阿：至少在我这方面，我认为是的，苏格拉底啊。

苏：你说什么？友谊不在场，可我们宣称各城邦被很好地治理时产生于友谊在场，难道不真的是这样吗？

阿：但在我看来，友谊也这样地出现在他们之中，就当每个人干他们的那些事务时①。

[**127c**] 苏：至少你刚才没有这样认为；但你现在怎么又说呢？是否，一则，知道那些事务的人们能够对那些事务产生意见一致；一则，不知道那些事务的人们不能够产生意见一致呢？

阿：不可能做到意见一致的。

苏：但他们是行正义的事，还是为不义之事，每当他们各自做自己的事时？②

阿：是行正义的事，当然会是这样！

苏：所以，同一城邦的公民们在城邦中行正义之事时，友谊不会在他们之间彼此产生吗？

阿：我重新认为会必然地产生，苏格拉底啊。

---

① 参见《卡尔米德篇》[161e]。
② 参见《共和邦篇》[433 a–b]；《卡尔米德篇》[161a]；《蒂迈欧篇》[72a]。

· 97 ·

[127d] 苏：却说你谈到有关我们应当是有才智和深思熟虑的友谊或意见一致，以便我们成为好人的情形到底是什么呢？因为我不能知道，既不知道它是什么，也不知道在哪一些人之间应当具有。因为从你的谈话得出，显然，有时它是在一些人中间存在，有时不存在。

阿：那么，我凭众神发誓，苏格拉底啊，我自己不知道我所说的，但是也有可能，我自己过去不知不觉就意味着是可耻的。

苏：但你应当斗志昂扬，如果你真的处于五十岁①，在你既然已经感觉到了它时，[127e] 对你而言，就难以照拂②你自己了。但是现在，你有年轻人的血气，那是你在这期间应当感觉它的年纪。

阿：却说我已经感觉到它了，我应该怎么做呢，苏格拉底啊？

苏：回答我的问话吧，阿尔基比亚德斯啊；尽管做那种事，神就可能会愿意，如果我们应当相信什么，尤其信服我的神托的话，你和我二位将会有能力做得更好③。

阿：我们的确将会有能力将它们做得更好，如果全靠我回答问题的话。

苏：现在来回答，关心他自己是什么——免得时常不知不觉地没有关心我们自己，[128a] 却以为在关心我们自己——那么，一个人何时关心他自己呢？每当他关心他的事情时，那时候真是也关心他自己吗？

阿：对我来说，看来确实是。

苏：但是怎么？一个人常常关心他的双脚吗？难道每当他关心那些事时，就是关心属于他的脚的事情吗？

阿：我不理解。

苏：再者，你把属于一只手的东西称为什么呢？无论什么东西，

---

① 中国也有类似的俗话，甚至说："人过三十不学艺。"孔子说："五十而知天命"，但他五十岁学《周易》以至"韦编三绝"。梭伦和孔子一样倒是提倡终身学习，活到老学到老。但是有关五十岁承担政治事务的说法参见《共和邦篇》[540a]、《法律篇》[755a；765d；802b；829c；946a；951a；953c]；亚里士多德《政治学》[1335b32-35]。

② 该词（"ἐπιμελέομαι"）有"注意，在意，关心，经管，经营，照拂，关照"等含义。用心，认识自己是一个意思。参见《申辩篇》[36c-d]。

③ 该词（"βελτίων"）多指品质和美德方面的好。

《阿尔基比亚德斯篇（Ⅰ）》

例如指环，你可能会说，比起属于指环的手更属于人的其他部分吗？

阿：当然不会！

苏：那么，用那种方式说，靴子也只属于脚吧？

阿：是的。

〈苏：相似地，衣裳和其他属于人的躯体的床褥也属于人的躯体吧？

[128b] 阿：是的〉①。

苏：于是，却说每当我们关心靴子时，那时候在关心脚吗？

阿：我不十分懂，苏格拉底啊。

苏：但是怎么？阿尔基比亚德斯啊，你说对任何事物的某一种正确地关心吗？

阿：至于在我这方面是的。

苏：那么，每当有人的确将什么事做得更好时，那时候你说，他是正确地关心它吗？

阿：是的。

苏：却说什么技艺使靴子更好？

阿：做鞋技艺。

苏：于是，通过做鞋技艺，我们关心了靴子吗？

[128c] 阿：是的。

苏：莫非我们也通过做鞋技艺关心脚？或是通过做鞋技艺那件事让双脚更好呢？

阿：通过后者。

苏：但使双脚更好的技艺不也正和使全身其他部分更好一样吗？

阿：对我来说，看来是。

苏：难道那不是体育②吗？

阿：一定是。

苏：所以，我们，一则，通过体育关心脚；一则，通过做鞋技艺

---

① 这两句，"B本"加了尖括号。
② 该词（"γυμναστική"）含"技艺"的意思。

· 99 ·

关心属于脚的事情，是吗？

阿：的确，完全是的。

苏：我们，一则，也通过体育关心双手；一则，通过雕刻戒指的技艺关心属于手的事情吗？

阿：是的。

苏：一方面，我们也通过体育关心身体；[128d]另一方面，通过织布的技术和其他技艺关心属于身体的事情吗？

阿：毫无疑义。

苏：那么，一则，我们通过不同的技艺关心每一事物本身；一则，用另一种技艺关心属于它的事情。

阿：似乎是这样的。

苏：于是，每当关心你自己的事情时，没有关心你自己。

阿：一点也没有。

苏：因为，看来，某个人关心自己和关心属于自己事情的技艺可能不是同一技艺。

阿：似乎不是同一的。

苏：马上说出，我们一度可能通过什么样的技艺关心自己呢？

阿：我不能说出。

[128e]苏：但我们对此至少意见非常一致：该技艺不会是使得属于我们的任何事物和无论做什么事情更好，却是使我们本人更好，是吗？

阿：你说得正确。

苏：所以，如果我们不知道鞋是什么，那么，他一度可能会了解使鞋子更好的任何一种技艺吗？

阿：不可能了解。

苏：如果不识戒指，我们甚至也不可能了解使戒指更好的某一技艺，是吧？

阿：正确。

苏：但是怎么？如果我们从前不识我们自己是什么，那么，他可能会知道使他自己更好的某种技能吗？

[129a]阿：不可能。

《阿尔基比亚德斯篇（Ⅰ）》

苏：却说达到认识自己实在是容易的，像任何人随随便便进入在琵韬的神庙①里获得那铭文②一样，还是有点儿困难的和不是所有人能够达到的呢？

阿：对我来说，真的，苏格拉底啊，一则，看来，时常所有人能够达到；一则，我也常常觉得那是极困难的事。

苏：但是，阿尔基比亚德斯啊，或者容易或者不容易，我们的确仍旧处于像这样的状态：一方面，如果认识了我们自己，大概就知道了关心③我们自己；另一方面，如果不认识我们自己，则就不知道关心我们自己。

阿：是那么回事。

[**129b**] **苏**：你现在说，我们用什么方式就会达到认识自己本身④的目的呢？因为，一则，这样我们就可以很快地发现我们到底是什么；一则，如果在那方面仍然是在无知之中，我们也许不可能做到认识自己本身。

阿：你说得对。

苏：所以，注意！我以宙斯的名义。你现在与谁交谈呢？除与我交谈还有什么人吗？

阿：没有，我是与你交谈。

苏：那么，我也与你交谈吧？

阿：是的。

苏：苏格拉底正是那位交谈者吧？

阿：的确，完全是的。

苏：但阿尔基比亚德斯是那位听者吧？

---

① Πυθώ，即阿波罗的圣地德尔斐（Δελφοί）的古名。
② 即"认识你自己（γνῶθι σεαυτόν.）"的铭文。
③ 该词（"ἐπιμέλεια"）有"注意，用心，关心，经管，关怀"等含义。参见《申辩篇》[29e - 30b]。
④ 该短句"αὐτό ταὐτό"即"αὐτό τὰ αὐτό"的融接形式，意思即有关事物自身的本质属性，在柏拉图作品中是核心词，通常指"理念"或"相""型"。参见《斐多篇》[74c]；《巴门尼德篇》[131d]；《会饮篇》[211d] 等。另见亚里士多德在其《尼各马科伦理学》[1161b28 - 33；1166a32 - b] 中的具体应用。

阿：是的。

苏：那么，苏格拉底是用话语交谈吧？

[**129c**] 阿：为什么不是呢？

苏：再者，你也许称交谈和使用话语是同一回事。

阿：的确，完全是的。

苏：但难道被使用者和使用它的人不是不同的吗？

阿：你说什么？

苏：就是那个皮匠他也许使用切片和割刀以及其他的工具切割。

阿：是的。

苏：那么，一则，切割和被使用者是不同的；一则，使用切割者是不同的，是吗？

阿：到底怎么不是这样？

苏：所以，的确，像弦琴手使用弦琴弹琴和弦琴手本人可能会是不同的一样，如此而已吧？

阿：是的。

[**129d**] 苏：于是，我要问，看来是否使用者和被使用者时常是不相同的呢？

阿：看来是不相同。

苏：所以，我们怎么说皮匠呢？他唯独使用工具切割呢，还是也用手切割？

阿：也用手。

苏：就是也用双手吧？

阿：是的。

苏：他在切皮革做鞋时也使用双眼吧？

阿：是的。

苏：但我们也认可使用者和被用者是不相同的吧？

阿：是的。

苏：于是，皮匠和弦琴手与在干其本行时的手和眼 [**129e**] 是不相同的吧？

阿：似乎是这样的。

苏：那么，人也会使用他的整个身体吧？

阿：的确，完全是的。

苏：但使用者和被用者二者是不相同的吧？

阿：是的。

苏：所以，人和他自己的身体是不相同的吧？

阿：像是。

苏：却说到底人是什么？

阿：我不知怎么说。

苏：你的确真的有能力说，就因人至少是使用身体者。

阿：是的。

[130a] 苏：却说除了灵魂还有其他的什么使用它吗？

阿：没有其他，除了灵魂。

苏：所以，灵魂统治身体吧①？

阿：是的。

苏：而且我甚至认为，没有一个人会不同地设想这点。

阿：设想什么？

苏：人至少是这三种事物的某一种。

阿：哪一种？

苏：灵魂或是身体或是两者的复合体，整个地是那些事物。

阿：当然是！

苏：另一方面，无疑，我们认可统治身体的它，的确是人，是吧？

[130b] 阿：无疑，我们认可这点。

苏：实实在在正是身体自身统治其本身吗？

阿：一点也不。

苏：因为我们说过，身体是被统治的。

阿：是的。

---

① 参见《共和邦篇》[611b–612a]、《斐多篇》[94b]、《斐莱布篇》[35d]，另外参见 Κλ. [408a]。新柏拉图主义哲学奠基人普罗提诺在其《九章集》中也多次引用了这一说法。

苏：我们所要力求获得的的确绝不可能就是它。

阿：看来不是。

苏：那么，就是两者的复合体统治身体，而且那就是人吧？

阿：很可能是的。

苏：结合在一起的两者中，甚至完全是最小可能。因为如果两者中的一个没有共同统治，那么，也许两者的复合体就无法统治。

阿：正确。

[**130c**] 苏：此外，由于既非身体，又不是身体和灵魂两者的复合体，剩下来的，我认为，或者人什么也不是，或者如果真的人是什么，得出的结论是，除了灵魂，人绝没有别的什么①。

阿：完全如此。②

苏：却说你尚需灵魂是人的什么更确切无疑的论证吗？

阿：宙斯在上！但对我来说，看来论证得足够了。

苏：再者，如果论证的确是不精确的但也是适中的，那么，对我们来说就足够了；因为那时我们无疑会得知精确的论证，[**130d**] 既然我们凭借许多的思索发现了我们如今忽视的东西。

阿：那是什么？

苏：无论如何，只不过是我们刚才这样询问的，我们首先必须思索的是其自身：但现在我们宁要考虑的是每一个的自我是什么而不是其自身是什么。对我们来说，很可能这也足够了：也许因为我们自己说不出一种比灵魂更有权威性的什么来。

阿：当然不能说出。

苏：那么，你如此顺利地承认，我和你互相使用语言在进行灵魂与灵魂的交谈，对吗？③

---

① 即人的本质属性是灵魂。

② 该短句（"κομιδῇ μέν οὖν,"）用作答语，或译为"正是"。关于柏拉图常常用这个短语的分析，参见［梁本注1］p. 162。

③ 新柏拉图主义哲学奠基人普罗提诺在其《九章集》第一卷第一章"什么是生命物，什么是人"等章节中关于躯体和灵魂的复合体、灵魂把肉体作为工具等的观念来自 Ἀλα΄.［129e–130d］的观点。这一观念不仅影响了晚期柏拉图主义和斯多亚学派以及诺斯替主义，甚至成为它们鲜明的身体—灵魂二元论的一个重要源泉。

《阿尔基比亚德斯篇（Ⅰ）》

[**130e**] 阿：完全是的。

苏：那正是像我稍早前所说的：通过使用语言，苏格拉底与阿尔基比亚德斯交谈，看来，不是对着你的脸，而是对着阿尔基比亚德斯说出了那些语言；此外是灵魂对着灵魂交谈。①

阿：至于对我来说，看来是。

苏：于是，使人知道那认识他自己的命令激励我们要认识灵魂。

[**131a**] 阿：像是。

苏：所以，任何认识什么是属于身体的那些人②，他只知道属于他自己的那些东西但不知道他自己。

阿：是这样。

苏：于是，医生中没有一个认识他自己，且按就他们是医生而言；甚至没有认识他自己的体育教练，且按就他们是体育教练来说。③

阿：看来没有。

苏：那么，许多耕种者和工匠缺乏认识他们自己。因为他们甚至不知道属于他们自己的那些事物。看来，至少就他们拥有的那些技艺而言，却依旧知道一些属于他们自己的更远的事物；[**131b**] 因为他们只知道通过技艺照料的和属于他们自己身体的那些东西。

阿：你说得正确。

苏：于是，如果明智④是认识他自己，那么，他们凭技艺没有一个属于那些明智的人。

阿：在我看来，没有。

---

① 关于灵魂的地位，参见《法律篇》[697b]；《斐德罗篇》[241c]；另见亚里士多德《优台谟伦理学》[1214a5-6]。

② 据 [C注22] p.589，猜测在本句 a2 τῶν 之前是 ἄττα 并且省去 τι。

③ 参见《克里托篇》[47b-c]、《高尔吉亚篇》[464a-465c；504a]、《普罗泰戈拉篇》[313d]。

④ 该词（"σωφροσύνη"）有"头脑健全，清醒，明智，克制，谦虚，谨慎"等含义。参见《卡尔米德篇》[164d-c]；《蒂迈欧篇》[72a]；《智者篇》[230d]；《共和邦篇》[430e-431a]；《高尔吉亚篇》[491d-e]；《法律篇》[626e]。可参考赫伯特·A. 西蒙的有限理性理论。

苏：那些技艺本身仿佛像是下贱的手艺①，因为那些缘故，甚至不属于高尚的人学习的事情。

阿：那是当然。

苏：因此，反过来，每一个人都照料他的身体，照料属于他自己的一些东西，但不照料他自己，是吗？

阿：也许是。

苏：再者，甚至每一个人都照料他的一些使用之物②，既不照料他自己也不照料属于他自己的东西，[131c] 却还照料属于他自己的更远的东西，是吗？

阿：对我来说，看来是。

苏：所以，商人依旧没有做属于他自己的事。

阿：正确。

苏：那么，如果某人成为阿尔基比亚德斯躯体的爱慕者，他不是爱恋阿尔基比亚德斯却爱那属于阿尔基比亚德斯的某个事物。

阿：你说得正确。

苏：但爱你的任何人他爱你的灵魂吗③？

阿：从谈论中似乎必然是这样的。

苏：所以，无疑，爱你躯体的人，自从你青春之花的极盛期④终止以后，就都已经逃远了吧？

阿：似乎是这样的。

[131d] 苏：但爱恋你灵魂的人不会离去，直到你的灵魂可能进入更好的状态⑤。

阿：的确很可能。

---

① 该词（"βαναυσία"）尤指金匠、银匠、铜匠等艺人或匠人阶层的手艺。比喻义为"下贱，庸俗"。

② 该词（"χρῆμα"）在使用之物的意义上尤指"钱财"之物。

③ 这两段 [131c-d] 类似的表达，参见《卡尔米德篇》 [154d-e]；《会饮篇》[183e]；《斐德罗篇》[232e-233a]。

④ 此句为意译，直译取其一义——"青春"或"花朵"或"极盛期"——即可。因为该词（"ἄνθος"）即包含这几种意思。

⑤ 苏格拉底式的教育目的之一是使学生变得更好。

《阿尔基比亚德斯篇（Ⅰ）》

苏：因此，我是不会远离你的人，除了你的躯体之花终止耐久，其他人已离开而外。

阿：的确，你在行好事，苏格拉底啊！尤其你绝不要离开我。

苏：那么，你要热衷于①是尽可能最美好的。

阿：但我会热衷的。

[**131e**] 苏：由于你的情况的确只是如此而已：既没有出现，看来，也不会有克莱依尼亚斯之子阿尔基比亚德斯的爱慕者，除了独一无二者，无论如何是可爱的②索夫饶尼斯科斯和珐依娜莱苔③之子苏格拉底而外。

阿：正确。

苏：难道你没有差不多④说过，你先来往访我，因为你较早就来过我这，打算探知唯独我所以自始至终没有离你而去的原因吗？⑤

阿：但愿我打算如此。

苏：那么，那原因，就因我是你唯一的爱慕者，但其他人是你的所有物的爱慕者；此外，你的所有物终止了最佳季节，但你开始兴旺。[**132a**] 尤其现在，若非你被雅典的民众⑥败坏和变得更卑劣⑦，我至少决不离开你⑧。因为那实在是我最害怕的，在我们看来，你还没有受

---

① 该词（"προθυμέομαι"）是中动态现在时的命令式。相对于通常柏拉图多用的希求式，这种用法是罕见的。

② 该词（"ἀγαπητός"，有"被爱的，珍爱的，可爱的，心爱的"等含义）效仿《奥德赛》[Ⅱ.365]的诗句。"心爱的孩子"，"可爱的保姆"。[C 注 23] p.590。

③ Σωφρονίσκος 和 Φαιναρέτη 是苏格拉底的父母。据说苏格拉底的父亲是雕刻匠，母亲是接生婆。不过，苏格拉底雕刻人的美德和给精神接生。参见《欧绪弗洛篇》[11c]；《泰阿泰德篇》[149a]以下。

④ 该词（"σμικρόν"）是伊奥尼亚和古阿提卡方言。

⑤ 参见本篇前文[104c-d]。

⑥ 该词（"δῆμος"）通常译为"民众，平民，人民，公民（尤指雅典有公民权的人）"，也有"民主政体"的含义，但考虑到柏拉图对"民主政体"的厌恶，因此，可以理解为双关语。

⑦ 该词（"αἰσχρός"）也有"丑陋的，卑鄙的，可耻的，恶劣的"的含义，因此，可以理解为双关语。见本篇对话末尾的呼应。

⑧ 苏氏接下来的意思是，如果阿氏变得更卑劣，则他当然会与他一刀两断。此句也暗示：阿氏后来变得卑劣与苏氏无关。这也就驳斥了以后对阿氏的诉状之一：败坏青年。

到爱民者①的败坏②；因为有许多雅典人，尤其好人已经遭受到败坏③。既然面貌好看④是属于厄瑞克透斯⑤的豪迈的民众的⑥；但你应当观看其赤裸的外表。所以，你要留意⑦我说的小心谨慎。

阿：什么样的小心谨慎？

[**132b**] 苏：首先锻炼⑧，我的好人，你尤其应当学习走向城邦事务⑨的知识⑩，但不要在学习之前走向，以便在你走向之前拥有解毒药⑪，你也就绝不至于遭受危险。

阿：在我看来，你似乎是说得很好，苏格拉底啊；但我企图要你详述一下，我们将会用不论哪一种方式关心属于我们自己的事情。

苏：是的，一则，迄于以前我们达到了这样大的一致，一则，我

---

① 该词（"δημεραστής"）似乎是该篇作者自造的词，它是"δημού（民众的）"和"εραστής（爱慕者）"的复合词，很少见用于古希腊其他作者的作品中。不过，参见考柴努斯（Cassius Dio Cocceianus, 150—235年，古罗马政治家与历史学家）在其《罗马史》（*Historiae Romanae*, ed. Earnest Cary, Herbert Baldwin Foster, William Heinemann, Harvard University Press, London; New York, 1914）第37卷第22章中也使用了该词。"希汉词典"和 *Greek Word Study Tool* 以及 *A Greek-English lexicon* 的释义为"人民之友"和"a friend of the people"；"C本""V. C本""S本"和"梁本"分别译为："a love of the common people""la faveur populaire comme""Volksgunst"和"大家贪恋的人"；施莱尔马赫译为："Volksliebhaber"。而在阿斯特（AST）的 *LEXICON PLATONICUM*（1） [p. 451] 中和帕索（FRANZ PASSOW）的 *HAND-WORTERBUCH DER GRIECHISCHEN SPRACHE* 中的释义为"populiamans"（"爱民者"）。

② 这里强调的是社会环境对人的品性有重要的影响。参见亚里士多德《政治学》[1295 a40 - b1]。

③ 以上表述很明显意味着，如果阿氏遭到败坏，祸首将最有可能是雅典民众而不是苏格拉底本人。这也说明该篇对话的作者是在为苏格拉底辩护。

④ 该词（"εὐπρόσωπος"）也有"外表装得好看的，假装的"等含义，因此，可以理解为有讽刺的意味。见下句，透过现象看本质。

⑤ Ἐρεχθεύς，为雅典人起的一个绰号。在希腊神话中，厄瑞克透斯是雅典国王，是雅典城邦的创始人，也是雅典英雄。参见荷马的《伊利亚特》[Ⅱ. 547 - 548]。

⑥ 新柏拉图主义哲学奠基人普罗诺在其《九章集》第四卷第四章中引用了此句。

⑦ 该词（"εὐλαβοῦ"）是中动态现在时的命令式。

⑧ 该词（"γυμνάζω"）本指"裸体锻炼"，泛指"锻炼"，尤指"进行摔跤锻炼，进行体育锻炼"；在希腊这种形式通常是裸体进行的。苏格拉底这里用的锻炼一词指为将来的政治竞争做准备。

⑨ 即从事政治的知识。

⑩ 正如《论语》中所说的"学，然后知不足，学而优则仕"。

⑪ "解毒药（ἀλεξιφάρμακον）"一词是比喻，类似的说法参见《政治家篇》[279c; 280e]；《共和邦》[608a]；《卡尔米德篇》[157b - d]；《法律篇》[957d]。

《阿尔基比亚德斯篇（Ⅰ）》

们害怕免得我们不知不觉就有闪失而关心了属于那另外的什么却不是属于我们的东西。

阿：正是那样。

［132c］苏：而且，继其之后，就因我们要关心灵魂甚至必须到那里面去看看。①

阿：显而易见。

苏：但对身体和其余的财物的关心必须交给其他人。②

阿：当然是！

苏：却说我们会用什么方式最明白清楚地认识那（灵魂）呢？既然我们认识了那，看来，我们也就将认识我们自己。那么，我们不就理解我们不久提到的从众神那里得到的说得极好的德尔斐的题词③了吗？

阿：你说什么，有什么打算呢，苏格拉底啊？

［132d］苏：我将向你解释，总之，我猜想那题词是向我们所吩咐和劝告的。或者是因为甚至在许多地方没有它的例证，但唯独合乎视觉的例证④。

阿：你怎能说出那种话？

苏：你尤其注意。如果那题词劝告我们的眼睛正如劝告人这样说"看你自己"，我们可能会接受怎样一种劝告呢？不正是向那看去，眼睛准是直到看时才看到自己吗？

阿：显而易见。

苏：于是，让我们思考：直到一看见那件事时，［132e］我们就看见我们自己二者的东西是什么？

阿：实实在在是明显可见的，苏格拉底啊，事情是这样的：直到

---

① 正如《大学》中所谓"正心、诚意……而已"。关心有次序和重点，例如先要正心、诚意。诚意即毋自欺也。
② 参见《申辩篇》[30a–b；36c]。
③ 即"认识你自己"。参见本篇[129a]。
④ 关于眼睛和灵魂的比喻，参见［梁本注3］p.169。

· 109 ·

看镜子①和此类照看物时。

苏：你说得正确。那么，尤其在我们看这样的东西的眼睛里是可能的，是吗？

阿：的确，完全是的。

苏：所以，你明白，在一个人注视进入眼睛中显现出面对着他的眼睛的面容时，就像他能在镜子里看见他的眼睛一样，[133a] 我们于是也称面容为玩偶②，是某个面容的影像，是吗？

阿：你说得正确。

苏：那么，眼睛观看眼睛，也就是在眼睛中注视那个东西它本身的，尤其看的最好的部分，眼睛如此就会看到它自己了。

阿：似乎是这样的。

苏：但如果向人另外的地方或是任何现有的东西看，除向这恰巧相似眼睛的那个东西看之外，就看不到它自己。

[133b] 阿：你说得对。

苏：于是，如果眼睛打算看见它自己，它就要向那眼睛本身看，甚至向属于眼睛的东西，即向在眼睛的功能③恰好产生的那个区域中看；再者，这也许是"视力"。

阿：是这样。

苏：那么，的确，朋友阿尔基比亚德斯啊！像灵魂如果打算认识自己，它就要向灵魂自己看，必然地向那产生了灵魂的美德和智慧的地方本身看，和向那恰好是相似灵魂的其他区域看④，是吧？

阿：对我而言，看来是，苏格拉底啊。

---

① 如同古代中国，镜子（Κάτοπτρον）在古希腊也是用磨光的金属制成的。

② 该词（"κόρη"）除了有"瞳孔，瞳人"之义，也有"女孩，儿童玩的玩偶"等含义。用此类比，以下要说明的是"同类相知"的道理。

③ 该词（"ἀρετή"）通常译为"美德"，但也有"某事（动）物或人的特有的品性、功能优良，（为某人立下的）功劳"等含义。关于该词演变的详细释义参见"汪陈本"（第2卷）第167—171页；HANS JOACHIM KRÄMER, *Arete bei Platon and Aristoteles-Zum Wesen and zur Geschichte der platonischen Ontologie*, HEIDELBERG 1959, CARL WINTER · UNIVERSITATS-VERLAG。另外参见"C本"p. 980 注8。

④ 参见《共和邦篇》[508d]。

《阿尔基比亚德斯篇（Ⅰ）》

[**133c**] 苏：所以，我们有能力说，比那关于产生知道和明智二者的灵魂更神圣的吗①？

阿：我们不可能。

苏：于是，在那像是神本身的区域中，和向那看的任何人，以及认识所有神明者，神②和明智③二者的人，他也就会最为认识他自己④，如此而已。

阿：似乎是这样的。

〈苏：于是，的确，在那里就像镜子比在眼睛中的镜子更清楚、更洁净和更光亮，神也比在我们的灵魂中最好的⑤部分更洁净和更光亮，如此而已，是吧？

阿：的确看来是，苏格拉底啊。

苏：所以，我们就可能会使用那面最美好的镜子向神和人的灵魂的美德看，这样，我们也就尤其可能看见和认识我们自己。

阿：是的。〉⑥

苏：但我们同意认识自己是明智⑦，是吗？

阿：的确，完全是的。

苏：那么，的确，我们不认识我们自己，我们就绝非明智，我们可能知道属于我们自己的那些恶和善的事情吗？

阿：那怎么可能会知道呢，苏格拉底啊？

---

① 关于灵魂中的理智是像神一样神圣的说法，参见［梁本注4］p.171。
② ［C注29］，p.592：校对"神"为"视力"；施莱尔马赫和"V.C本"的校对等同"B本"。但"S本"仍然译为"Gott（神）"。
③ 关于理智像神的说法，参见《共和邦篇》［589d］、《蒂迈欧篇》［90a］、《法律篇》［894e－898c］。
④ 这是对如何认识自己的回答。第欧根尼·拉尔修在其《名哲言行录》［3.63］中说，柏拉图认为哲学是对神的智慧的追求。
⑤ 该词（"βέλτιστος"）多指品质和美德方面的好。
⑥ 此尖括号内的这几句对话（133C 8－17），"B本"保留；［C注30］（p.592）认为它们似乎是稍后由新柏拉图学者添加的内容，从而在正文中省略未译；"V.C本"和"S本"以及施莱尔马赫本等同"C本"。参见［梁本注2］（p.172）的评论。
⑦ 该词（"σωφροσύνη"）作为希腊四美德之一，有"头脑健全，清醒，明智，克制，谦虚，谨慎"等含义。而《道德经》中也说："自知者明。"

[**133d**] 苏：因为同样地，对你而言，似乎是这样的，不认识阿尔基比亚德斯，不可能做到认识那些属于阿尔基比亚德斯的东西。

阿：当然不可能做到，我凭宙斯起誓。

苏：于是，我们甚至不会知道那些属于我们的东西，如果不认识我们自己的话，是吧？

阿：怎么会呢？

苏：所以，再者，除非认识属于我们的，否则绝不会认识那些属于我们所属的东西，是吧？

阿：显然不会。

苏：那么，我们刚才①认可同意的一些事物就不完全正确，即他们真的不认识他们自己，但认识属于他们自己的，此外，其他人认识属于他们所有的那些东西。因为我们观察到，看来，那些全部是属于一个人的事情和一种技艺，[**133e**] 认识自己，认识属于他自己的，认识他自己属于的东西。

阿：可能是！

苏：再者，任何人他不知道属于自己的，同样地也就自然不可能知道属于其他人的。

阿：当然。

苏：那么，他如果不知道属于其他人的，也就不知道属于城邦的东西。

阿：必然。

苏：于是，他这样的人就不可能成为政治家。

阿：当然不可能。

苏：无疑，他甚至不可能成为精通家庭管理者。

[**134a**] 阿：当然不可能。

苏：的确，他甚至不知道行事。

阿：当然不知道。

苏：再者，假如他不知道行事，难道他不会犯错吗？

---

① 参见本篇 [131 a-c]。

《阿尔基比亚德斯篇(Ⅰ)》

阿：的确，完全会的。

苏：此外，既然他会犯错误，难道他不知道将对属于自己的和对属于公共的做坏事吗？

阿：当然会是这样！

苏：但做坏事的他难道不就是可怜的人吗？

阿：的确，非常可怜。

苏：此外，受其害的人们怎样呢？

阿：不可能不可怜。

苏：于是，对任何人来说，幸运是不可能的，除非他是明智的和善的。

[134b] 阿：不可能。

苏：那么，属于人中的恶人是可怜的人吗？

阿：的确，非常可怜。

苏：于是，甚至变富有也不会摆脱可怜，除非他学会克制自己。

阿：似乎是这样的。

苏：所以，各城邦需要的不是城墙、三层桨战船，也不是船坞，阿尔基比亚德斯啊，如果它们打算繁荣昌盛，需要的不是人口数量，也不是面积巨大，除了美德。①

阿：当然不需要。

苏：如果你要正确和顺利地办理城邦的政事，[134c] 那么，你就必须把美德给予同邦人。

阿：当然会是这样！

苏：但哪一个人就能够给他没有的什么吗？

阿：那怎么可能？

苏：所以，你和其他打算不仅管理和关心属于自己私人的而且属于公共的、另外城邦的和属于城邦诸事务的人，应该首先获得美德。②

---

① 类似的提法，参见《高尔吉亚篇》[517c；519a–c]。
② 关于个人和城邦正义的关系以及比喻，参见《共和邦篇》[368e] 以下等节。这里强调的是管理城邦的和属于城邦的事物，就像管理个人和个人事一样，要先获得美德。

阿：你说得正确。

苏：那么，但你不是首先就自己考虑应该为自己预备好权力来做你自己的事，也不是为城邦做事，除了应该首先获得正义和节制而外。

阿：似乎是这样的。

[134d] 苏：既然如果真的正义和明智地行事，你和城邦将为神所喜爱地行事。①

阿：的确是合情合理的。

苏：的确就像是那个我们先前说的东西，你就会望着②神明和光辉行事。

阿：似乎是这样的。

苏：另一方面，无疑，你们的确看着那儿，你们将观看到并认识你们自己和你们的善。

阿：是的。

苏：那么，你们将正确地和顺利地行事，是吧？

阿：是的。

[134e] 苏：此外，如果你们实实在在这样做，我乐意担保你们无疑可称为幸福③。

阿：既然如果你担保，我就确定无疑。

苏：但如果你的确非正义地行事，向着不信神的和黑暗的什么观看，如此则大有可能，你的行事同样是不信神的和黑暗的，因为你们不识你们自己。

阿：看来大有可能。

苏：因为，朋友阿尔基比亚德斯啊，对于真的意欲拥有做事的权力，但非聪明谨慎者而言，什么很可能就会落到个人或甚至城邦身上呢？例如，如果他有病，打算行使拥有属于他的省得有任何人指责他

---

① 以下 [134d1-e7] 的内容，"B 本"未作省略和说明。"C 本"认为它们似乎是稍后由新柏拉图学者添加的内容而接受推测在正文中删除，但在注释中保留（见 p.594 注释 32）；不过，"S（包括施莱尔马赫）本"和"V.C 本"如同"B 本"。

② 该词（"ὁράω"）也有（从心中）"看出，辨认，识别"等含义。

③ 参见《高尔吉亚篇》[507a-e]；《卡尔米德篇》[172a]。

《阿尔基比亚德斯篇（Ⅰ）》

的僭主之权力，[**135a**] 但并无有关医疗的头脑，临到他头上的又会是什么呢？于是不就，说真的很可能，损坏身体吗？

阿：你说得正确。

苏：但是怎么？如果某人在船上①拥有他设想的行事的权力，但被剥夺了驾船技术的头脑和美德，你观察临到他和同船的伙伴头上的又会是什么呢？

阿：至少在我这方面观察，他们的确就可能会全部丧命。

苏：于是，同样地，如果在城邦和所有的统治权以及当局中缺乏美德的话，那么，[**135b**] 不走运的事就会跟在后头吧？

阿：必然。

苏：那么，最好的②阿尔基比亚德斯啊，既不需要为自己也不需要为城邦准备僭主的统治，如果你们打算昌盛的话，除美德外。

阿：你说得对。

苏：但一个人的确在拥有美德之前，被更好③的人统治胜过对大人不只对孩子的统治。

阿：似乎是这样的。

苏：那么，更好④者的确也是更优秀者，是吗？

阿：是的。

苏：再者，难道更优秀者不是更合适者？

[**135c**] 阿：当然会是这样！

苏：所以，坏人适合做奴隶，既然这样更好⑤。

阿：是的。

---

① 该词（"νηί"）属于伊奥尼亚方言，是"ναῦς（船）"的与格，单数；阿提卡方言则为"νηΐ"。

② 该词（"ἄριστος"）有"最好的，最勇敢的，最高贵（出身或地位）的；[阿提卡方言]最优秀的，最有道德的，最贤良的；最有用"等含义；就"好"而言，该词多指智力和勇气方面的好。

③ 该词（"βελτίων"）多指品质和美德方面的好。

④ 该词（"ἀμείνων"）多指智力和勇气方面的好。

⑤ 参见《共和邦篇》[590c-d]；另外参见亚里士多德《政治学》[1253b1-1255b40]。

苏：那么，卑劣是合乎奴隶身份的。

阿：似乎是这样的。

苏：但美德是与自由人①的身份相配的。

阿：是的。

苏：于是，伴友啊，难道我们不应当避免合乎奴隶身份吗？

阿：的确最为应当，苏格拉底啊。

苏：但现在你感觉状态怎么样，是与自由人的身份相配还是不相配呢？

阿：在我看来，感觉的确是非常②。

苏：却说，你知道怎样逃脱那有关你现在的情形吗？就不至于我们针对一个美观的③人称呼它。

[**135d**] 阿：至少在我这方面，知道。

苏：用什么方法？

阿：假如你愿意，苏格拉底啊。

苏：你说得不美，阿尔基比亚德斯啊。

阿：那么，我应当怎样说呢？

苏：应当说假如神愿意。

阿：我就说。在那些事情之外我也一定说这，我们或者是交换形态，苏格拉底啊，一则，我换成你的；一则，你变成我的；因为自从这天以后你决不会不管教④我，但你将受我侍候。

[**135e**] 苏：好朋友⑤啊，那么，我的爱将决不和鹳鸟的爱⑥不同，

---

① 该词（"ἐλευθεροπρεπής"）也有"高尚的"的含义。

② 阿氏的这种回答表现出的感觉实在是复杂，或许是悲也是喜，喜的是认识到了他自己无知的真实情况，悲的是愿意承认还是不愿意承认他的并不自由的无知奴隶状态等。

③ 该词（"καλός"）含义见前注。

④ 该词（"παιδαγωγέω"）除了一般意义上的教育之外，主要有对学童的管教含义；在作被动用法时，也有侍奉的含义。参见 *Greek Word Study Tool* 中的释义。

⑤ 该词（"γενναῖος"）作呼格时，有"好朋友，尊敬的朋友"之意。但该词本意为"高贵的，高尚的；良种的（牲畜）；优良的（物品）"等，可见或许苏格拉底的话含有讽刺之意。

⑥ 类似的比喻见《共和邦篇》[573e]；也像中国成语"反哺衔食"，唐代徐坚撰的《初学记·鸟赋》（卷三十·鸟部）："雏既壮而能飞兮，乃衔食而反哺。"比喻子女报答父母恩情。

《阿尔基比亚德斯篇（Ⅰ）》

如果在你身边造窝孵化长了翅膀的爱之后，由于那，反过来受到侍奉①。

阿：但事实如此，今后，我自己的确也将开始关心正义。

苏：我有可能愿意②相信你也坚持不懈；但我为我和你二人的力量③而发抖惧怕④，不是有点儿不相信你的天性⑤，而是我看出⑥城邦的力量占了上风。

---

① 关于苏格拉底对阿氏的爱和别样的关心终于换回了阿氏的爱和服侍的分析，参见［梁本注3］，p.178。

② 该词（"βουλοίμην"）句式是典型的希求式。它的基本功能是表达某种愿望；也表示命令和可能性以及委婉语气。它也是柏拉图最常用的句式。

③ 该词（"ῥώμη"）有"体力，力气；［泛指］（民族、军队等的）力量，兵力，军队"等含义。参见《美奈克塞瑙斯篇》［241b；243b - c］、《蒂迈欧篇》［25b］。

④ 根据阿氏后来的表现，以及对苏格拉底的审判，这一担心成为事实。

⑤ 该词（"φύσις"）也有"家世""本质"等意。

⑥ 该词（"ὁράω"）也有（主要从心中）"看出，辨认，识别"等含义。因此，暗含"预言"之意思。

《阿尔基比亚德斯篇（Ⅱ）》[*]

对话人：苏格拉底（以下简称苏）；阿尔基比亚德斯（以下简称阿）

[138a] 苏：阿尔基比亚德斯[①]啊，难道你的确不是将去向神祷告吗[②]？

阿：当然是，苏格拉底啊！

苏：因此，你甚至显得忧郁并望着地，好似考虑什么事。

阿：一个人甚至会考虑什么呢，苏格拉底啊？

苏：最重大的考虑，阿尔基比亚德斯啊，依我看来。因为你，凭宙斯说，[138b] 难道不认为碰巧人们为他们个人和为属于公共的事情而祈求众神，有时，那些祈求中的一些被答应了，有时，一些祈求没有被答应，尤其，一则，对他们中的有些人可能答应了；一则，对他们中的有些人可能没有答应[③]吗？

阿：那是当然。

---

[*] 原文标题是 "ΑΛΚΙΒΙΑΔΗΣ ΔΕΥΤΕΡΟΣ"，中译文根据 "B 本" 并参考了 "C 本" "S 本" "J 本" "V. C 本" 和 "梁本" 译出。在古代，该篇的副标题是 "论祷告（περί εύχής）"，助产术类。

① Ἀλκιβιάδης，参见《阿尔基比亚德斯篇（Ⅰ）》的注释。另外，根据本篇对话 [143e；148d] 等段落的内容，排除 [141d] 段落与史实矛盾的内容，对话发生的虚拟时间可能发生在伯罗奔尼撒战争（公元前431—前404年）的初期，伯里克利去世之前（公元前429年）。

② 这篇对话的场景虚拟为：阿氏拿着献祭的花环正前往神庙的途中。参见本篇对话 [141a；148a]。而阿氏所祷告的则很有可能是希望获得极大的权力。

③ 也即，神是否答应人们之祈求是因人因事而异的。

《阿尔基比亚德斯篇（Ⅱ）》

苏：因此，在你看来，的确，此外，还需要很多的预思，免得神不知不觉就答应了他大的灾难；再者，在他看来是好事，但众神碰巧是在他们答应任何人获得所祈求的那状态中呢？譬如据说就像俄狄浦斯①［**138c**］祈求神赐给他的儿子们用铜或其他金属制造的兵器分配祖先传下来的遗产；对他来说，当不幸临近时有可能祈求神赐给他除去任何一种祸害，另外，他在现有的祈求之外还有诅咒②；由于那个缘故，那些祈求实现了，但从那些祈求而来也有许多相当可怕的后果，为什么必须逐一叙述它们呢？

阿：但你真的，苏格拉底啊，讲的是一个发狂了的人；因为在你看来，某人若是头脑健全会敢于那样祈求吗？

苏：那么，在你看来，疯狂者与头脑清醒者相反吗？

阿：当然。

［**138d**］苏：再者，在你看来，某些人仿佛是没头脑的人，而有些人仿佛是明智的人，是吗？

阿：当然是。

苏：你这就来吧！我们察看有些人一度是这样的，就因既然有些人真的，它已经被认可，是没头脑的人和明智的人，以及另外一些人是疯子。

阿：既然它已被承认。

苏：更有些人是头脑健全者吧？

阿：他们是。

苏：那么，就没有其他的人，尤其生病的人吗？

［**139a**］阿：的确，当然有。

苏：难道他们是同一类的人吗？

---

① 苏格拉底引述了一个荷马史诗风格的作品《底比斯人》（残篇）中的故事，讲的是不幸的希腊神话中的底比斯的俄狄浦斯王（Οἰδίπους Τύραννος）和他的家人遭受的不幸，俄狄甫斯的祷告被应允了，他的儿子杀了彼此。俄狄浦斯故事也是索福克勒斯的俄狄浦斯悲剧国王的主体；另外，埃斯库罗斯的《七将攻忒拜（或译底比斯）》和欧里庇得斯的《腓尼基妇女》中也有类似的内容。参见［梁本注1］p.180。

② 参见《法律篇》［931b-c］。

阿：当然不是。

苏：那么，人们也遇到那些属于既非此亦非彼的别的一些人吗？

阿：当然没有。

苏：因为必然地是一个人或者有病，或者没病。

阿：至少对我来说，看来是的。

苏：但是怎么？甚至关于审慎和没头脑的情形，你意味着它们正是同一类判断力吗？

阿：你怎么说呢？

苏：在你看来，是否可能或者是明智的，或者是没头脑的，或者某个事物是在这两类之间的第三种情况，它使得一个人〔**139b**〕既非明智的亦非没头脑的呢？

阿：当然没有。

苏：于是，人们必然是遇到它们两者中的一种情况。

阿：至少对我来说，看来是的。

苏。难道你不记得，你曾承认疯狂是与明智相反的吗？

阿：至少在我这方面，记得。

苏：那么，你也承认绝没有在两者之间的第三种情况，它使得一个人既非明智的亦非没头脑的吧？

阿：既然我曾承认。

苏：而且对一种事物来说，甚至有两种相反的情况吗？

阿：绝不会有。

〔**139c**〕苏：于是，没头脑的和疯狂的有可能是同一种情况。

阿：似乎是这样的①。

苏：因而，阿尔基比亚德斯啊，我们就会正确地认为，就会说所有没头脑者都发了狂：例如你的同龄人，如果有些人碰巧是没头脑者，好像是，此外比较年长的也有一些是没头脑者。以宙斯的名义，你说，你难道不认为在城邦中，一则，少数人是明智的；一则，多数人实实在在是没头脑的，于是，你称后者是疯子吗？

---

① 该词（"φαίνεται"）作为回答语，意即：是的。

阿：至少在我这方面，称。

苏：因此，你以为我们和这样多的疯子一同过自由民的生活心神会愉快吗？[139d]不会互撞甚至跌倒吗？似乎疯子们也习惯于被干掉，从前就受过罚，是吗？但你要注意，我的好人，那种情况不意味着如此。

阿：那其实意味着怎样呢，苏格拉底啊？但愿也许不意味着如此，正如我曾预料的。

苏：从我的角度，也不如此设想。然而，我们必须对此事以某种方式考虑。

阿：你说，到底怎样考虑？

苏：我马上就讲给你。我们的确假定有些人是病人，是不是？

阿：当然。

[139e] 苏：那么，你真的以为病人必然地是患足痛风，或者发烧，或者眼睛发炎，或者在你看来就绝不会遭受患有那些病症的其他一种病吗？因为的确有许多种疾病，并且它们不是唯一的。

阿：至少对我来说，似乎是。

苏：于是，照你看来，所有的眼睛发炎也是一种疾病①吗？

阿：是的。

苏：那么，难道所有的疾病也只是眼睛发炎吗？

阿：至少对我来说，不一定；当然，我真的没办法怎么讲。

[140a] 苏：但假如你至少专注于我，那我们一同成对地观察，将发现所碰到的。

阿：那我专注于你，苏格拉底啊，尽我全力。

苏：难道我们没有真的已同意，所有的眼睛发炎是一种疾病：不一定每一种疾病是眼睛发炎吗？

阿：同意。

苏：而我认为也同意得正确。发烧者的确全都患了病，不一定所有的病人都发了烧，但没有都患足痛风，甚至也没有患眼睛发炎。

---

① 该词（"νόσος"）也有"疯狂，祸害"的含义。

[140b] 我料想：疾病却一则是所有这样的症状，一则，我们就召唤来医生们，他们认为对它们的治疗是不同的。对所有的疾病来说，真的不是：既不是同样的症状，也不是以同样的方式致使，却是依其各自的力量造成的；但疾病一定是其全部结果。正如我们认为有些人是工匠，或者难道你不这样认为？

阿：当然。

苏：难道你不认为我们应当说鞋匠、木匠、雕刻家和其他人数众多的工匠们依其各自的能力制造什么吗？此外，他们的确有能力分别得到应得的一份，而他们全都是工匠，[140c] 但无论如何，他们当然不是木匠，也不是鞋匠，也不是雕刻家，他们全部是工匠。

阿：当然不是。

苏：那么，没头脑者真的也能被如此区分，一方面，我们尤其将其中没头脑最多的一部分人称为疯子；另一方面，将其中较少没头脑的少部分人称为笨蛋和呆子①。但人们想用最有利的解释的名称，他们就被命名为：一则，宽厚的，一则，心地单纯的②，此外，用其他的名称为无邪的、无经验的或者木讷的人；[140d] 再者，如果寻求，你也将设想出许多另外的名称。但那些人全都是没头脑的人。此外，他们之间是不同的，就像对我们来说，显然可见，一种技艺和另外一种技艺以及一种疾病和其他疾病不同一样；你怎么认为的？

阿：在我看来，真是如此。

苏：那么，我们言归正传。因为我们在谈话伊始必须思考那些人是没头脑的和明智的，他们到底是些什么性质的人。既然我们已经同意他们是些什么性质的人；究竟同意还是不同意？

阿：是的，已经同意。

[140e] 苏：那么，难道你不认为，那些明智的人是任何一些就知道他们应当做什么和说什么的人吗？

---

① 该词（"ἐμβρόντητος"）本义为"遭了雷击的，吓呆的"。
② 但该词（"νόσος"）也有"既有心地单纯的，善良的"含义，也有"头脑简单的，愚蠢的"贬义。

《阿尔基比亚德斯篇（Ⅱ）》

阿：至少在我这方面认为。

苏：而没头脑的人是两者中的哪一些人呢？难道不就是一些既不知道他们应当做什么也不知道他们应当说什么的人吗？

阿：是那样的人。

苏：于是，那些对其应当所说所为一无所知的任何人也将对他们不应当言和行不知不觉，是吗？

阿：是的，似乎是这样的。

苏：我当然说过，阿尔基比亚德斯啊，俄狄浦斯也是那些人中的一个；[141a] 但现在你将仍然会发现许多那种人不是在怒气中一心想祈求什么，就像俄狄浦斯，而是求神赐给他们有害的什么，却认为是什么好事①。那个人，一则，不求神赐给他有害的什么，也不认为是什么好事；一则，遭遇相反的处境。一方面，因为我料想你一旦，假如神现形——你恰巧前行去祈求神——询问你，在你祈求不论什么之前，若是帮助你成为雅典城邦的僭主；另一方面，如果你认为那微不足道，神也授予你全希腊的僭主；[141b] 但如果当神看出你仍然不满足，则也授予你整个欧罗巴②的僭主，神也给你答应那，不只答应那，另外，当天还按你的意愿让所有人将感觉到克莱依尼亚斯的儿子阿尔基比亚德斯是僭主；那么，我预料你本人就会变得极欢喜而一命呜呼③，作为获得了最大好果的人。

阿：我真的认为，苏格拉底啊，其他不论谁，如果真的这样的事落到他身上。

[141c] **苏**：但对你来说，的确，一定就不会变得打算宁要全希腊和非希腊的领土以及僭主的统治而不要你的性命。

阿：至少在我这方面认为不会。怎能就会做这种事呢，真的绝

---

① 也即有些人宁可祈求恶果，也即不是为他本人，而是为别人祈求的，就此而言，他是满意的。

② Εὐρώπη，地名，即欧罗巴或欧洲；源自一位同名女性人物，在希腊神话中，她是腓尼基公主，欧洲大陆的名称取自她的名字。

③ 该词（"ἄπειμι"）的字面意思是"离去"或"不在"；结合下文的意思，这里从"S本"作引申意义。不过"V.C本"和"J本"皆作"离开"（委婉意即"死亡"）解释。"梁本"没有译出。

· 123 ·

不①，我将拿它们作什么意图用呢？②

苏：但是怎么，如果你打算一心想做邪恶的和有害的事情呢？也不会这样打算吗？

阿：当然不会。

苏：因此你瞧，像那样并不安全，既不碰运气地期待赐给物，也不自己求神赐予某物，如果的确有人［**141d**］凭着那些祈求之故很可能遭受伤害或者完全丧了命。但我们就有能力列举好多的事例，像僭主的统治一样，僭主们渴求好处和在位者积极为他们做那事，如同在做什么好事，因为僭主的统治之缘故，他们被耍阴谋者夺了性命。但我认为，你至少对有些新近发生的事件并非是一无所知的，那个宠爱少年的人、马其顿的独裁君主阿尔凯劳斯③，被他所爱的人绝不④比他更较小渴望那绝对权力，被他所爱的人就杀了⑤爱慕者阿尔凯劳斯，致使他自己将成为独裁者和幸福的人；［**141e**］可他据有王位三天或者四天就又被另外耍阴谋的某人杀死。你真的也看出我们同胞中的一些人——因为我们不是听别人说起那些人，而是我们自己当时在场看见了——［**142a**］像迄今渴求将军职务那样的人也获得了它，一则，有些人甚至现在依旧是这个城邦的被放逐的人；一则，有些人丧了命。此外，他们中的那些似乎做得最好的⑥人由于在那将军的职务期间的许多艰险和害怕返回了，但在回到他们自己的城邦里以后，在靠告密进行敲诈勒索者的重重包围下感到甚至不小于在打仗下度日的艰险和害怕，那么，他们中的有些人比起当将军更祈求未担任过将军。［**142b**］

---

① 这里值得指出的是用了一个［晚期希腊语］用词"μηθέν"。或许可以作为一个伪作的旁证。下同。

② 在Ἀλα′.里，苏氏说阿氏的权力欲很大，如果不能够权倾世界，后者甚至就不想活了［105a‑c］，但这里阿氏却认为：多大的统治权也不比生命更重要。参见［梁本注1］p. 186。

③ Ἀρχέλαος，是马其顿国王（公元前413—前399年在位）。有关他的事迹，参见《高尔吉亚篇》［470d‑471d］；修昔底德《伯罗奔尼撒战争史》［2.10］；另外参见亚里士多德《政治学》［1311b7‑19］。

④ 同前注，这里用了一个［晚期希腊语］用词"μηθέν"。

⑤ 此事也即发生在苏格拉底去世的公元前399年，而阿氏早在公元前404年即已去世。因此，起码本篇对话的时代有误。

⑥ 该词（"ἄριστος"）主要指智力勇气方面的最好。

《阿尔基比亚德斯篇(Ⅱ)》

要是的确,一方面,那些危险和艰辛能够获益,意味着就会有点道理;另一方面,如今甚至极为相反。

再者,有关孩子的情形你也将发现同一方式。迄今有些人祈求生儿养女,但当生养了他们时,后者置前者于最大的灾难和悲哀之中。一则,因为有些人的孩子永远彻头彻尾的恶劣,使他们一生在痛苦中度日;一则,有些人的孩子真的教养得好,[142c]但厄运袭击了他们,被夺走了生命,他们正和前者一样被置于也绝不较小的不幸之中,甚至他们就会更为宁愿生不出来而不是生养孩子。

但是,尽管对他们来说,有如此那些和另外许多相似的极清楚的事例,无论谁都会发现罕有:或者曾放弃到手的所赐,或者打算将停止通过祈祷就会获得求神赐给的某物。但大多数人就会既不放手赐予的绝对权力,也不会放手赐予的将军职务,甚至不会放手赐予的其他许多东西,[142d]它们比起益处更为损害到手的东西;另一方面,他们甚至就会求神赐给,如果对任何人来说,所祈求的东西没有到手的话。可不久以后,他们有时放弃所到手的,就会求神赐给他们以前所祈求的无论什么东西。

所以,一方面,我不知所措,人们愚蠢地责怪众神是多么不对①,他们声称在他们看来不幸是出自众神;另一方面,他们也或因自己的轻率,或因自己的没头脑,而我们应当说他们"逾越厄运的界线,替自己招致了悲痛"②。[142e]总之,也许是,阿尔基比亚德斯啊,那人是某位明智的诗歌创造者③,在我看来,他一心想为一些愚蠢的朋友创作,尤其看到他们做和所求的事似乎不太好,但在那些人看来好像是较好的东西,就为他们所有人共同地创作了一句祈祷文;但无论如何宣告如下——

[143a]"众神首领宙斯,尤其对我们祈求的和无所祈求的,请赐

---

① 参见《共和邦篇》[617e;619c]。
② 参见《奥德赛》[Ⅰ.32—35;21.286]。句中的用词"μόρος"指"注定的命运,厄运";而"ὑπέρ μόρος"的意思则是自作孽自受,这种罪不在命运注定的范围之内。
③ 该词("ποιητής")特指情节的创作者。

予我们据说真是好的；但也请对我们所祈求的将避免不幸的。"①

一则，我觉得这位诗人②的确说得美好和安全；一则，如果关于这事，你在头脑中有某种想法，那就不要保持沉默。

阿：苏格拉底啊，针对那些美好的说法是难以反驳的；此外，我的确明白那件事，对人们来说，像那样的不幸的原因是无知之过，因为，看来，我们不知不觉［**143b**］因为那个缘故也使我们自己采取行动，甚至的确为我们自己祈求了最深重的不幸。却说好像是没有一个人就会相信，而是的确人人就会认为有能力为他自己祈得最好的而非最坏的东西。因为那是多么真实的一句求神降罚于某人的咒语，而非就如同是一句为某人的祈祷。

苏：可同样地，最亲爱的朋友，碰巧有一个比我和你聪明的那么个人就会宣告，我们这样随意地指责无知，［**143c**］就说得不对，如果我们不提出无知是属于什么性质的，尤其它们也对有些人一定是美好的，正如对那些人一定是有害一样。

阿：你说什么？无知比起了解真的意味着不管怎样，无论做某事于任何人更好吗？

苏：至少在我这方面，看来是的；在你看来不是吗？

阿：一定不是，宙斯在上。

苏：我可真的甚至一点没有发现你的那件事，你就想要干掉你自己的母亲，就像据说奥瑞司泰斯和阿勒克迈昂以及在其他的那些人看来实实在在如果任何一些人［**143d**］凑巧所做的那些事那样③。

---

① ［J本注］：这些诗句的作者可能与毕达哥拉斯（Πυθαγόρας）有关。［C注3］p. 601，这句格言诗（经过修饰）出自一本文集（*Palatine Anthology*［x.108］），即《帕拉廷诗选》，参见本译文集《警句》的注释；关于哲人祈祷之事，参见［梁本注4］p. 186。

② 该词（"ποιητής"）加阳性定冠词"ὁ"则特指荷马。或许苏格拉底将这句诗归于荷马所作。

③ Ὀρέστης和Ἀλκμαίων是两则传说中著名的弑母报父仇的主人公。Ὀρέστης是阿伽门农（Ἀγαμέμνων）国王的儿子，在他母亲及其情夫杀了他的父亲后，他杀了他们两人。参见《奥德赛》［15.248］；欧里庇得斯的同名戏剧《奥瑞司泰斯》。Ἀλκμαίων，是希腊传说中的阿尔戈斯（Ἄργος）国王和先知阿穆菲阿拉奥斯（Ἀμφιάραος）的儿子，他遵照父嘱杀死了自己的母亲。

《阿尔基比亚德斯篇(Ⅱ)》

阿：我以宙斯的名义恳求你住嘴①！苏格拉底啊。

苏：你真的，阿尔基比亚德斯啊，但愿对你来说你就不会想要干那些事，不应当命令住嘴，而是更多地说，如果某人说了些相反的话，既然在你看来是如此极可怖的事，好像甚至没有这样无意地必须提出。但在你看来，奥瑞司泰斯就会，如果他碰巧是明智的并熟知对他做了最好的事，下决心做完那样的一件事吗？

阿：一定不会。

[**143e**] 苏：别的人的确甚至不会，我料想没有一个。

阿：当然不会。

苏：因而有害的，看来，是对何为最好②的无知。

阿：至少对我来说，看来是。

苏：难道不也对奥瑞斯泰斯之流甚至对别的每一个人而言吗？

阿：我同意。

苏：那么，我们对此再进行思考：假定你立刻起了，因为你料想那是比较好的，打算杀害你自己的监护人和朋友伯里克利③的念头，你握有匕首，[**144a**] 来到他门口，问他是否在家里，你杀他这个人，而非别的一个人；但他们说，他在家里——我也并没说你就会想要干那样的某件事；而是如果，我预想，你将认为，甚至在不知何为最好的情况下，就像你也许决不④阻止一度设想有如此念头，既然它甚至一度被料想最坏的事是最好的⑤，难道你就不相信吗？

---

① 该词（"εὐφημέω"）也有"用好兆头的话"的含义；但考虑到用的是命令句，因此，本人如此译出，而不同于其他译本。

② 该词（"βέλτιστος"）多指品质和美德方面的好。下同。

③ 阿氏的父亲在公元前446年的一次战争中丧生时，阿氏才四岁，他的父亲将其两个儿子托付给公元前5世纪中最有影响力的雅典政治家，也是他的远亲的伯里克利照顾而成为他们的监护人。参见Ἀλα'. [104b] 等有关注释。

④ 同前注，这里用了一个 [晚期希腊语] 用词 "μηθέν"。

⑤ "最好"是伦理的善和必然性。对最好的无知通常总是有害的。相反，无知在纯粹偶然的情况下或许也是有益的，无论它是否同对最好的无知相联系。因为在后一种情况下可得到的好处不是源自对最好的无知，而是源于对偶然的无知。对"最好"的无知导致何种结果，最明显的例子由《小希庇亚篇》举出，在该篇中可以说失算恰好完全是故意的，也即不考虑"最好"。

· 127 ·

阿：完全相信。

苏：所以，假定你走进房屋也不识看见的伯里克利本人，[144b]，并且认为他是另外的某人，难道你还会下决心杀死他吗？

阿：宙斯在上，绝不会，在我看来就不会。

苏：因为你一定不愿意杀死碰上的这个人而是他那个人。究竟是不是？

阿：是。

苏：那么，尽管你多次着手，但总是不识伯里克利，当你打算结果他时，那你就会从未对他攻击。

阿：一定不会。

苏：但是怎么？你现在认为奥瑞斯泰斯一度就会对他的母亲攻击吗，如果他的确同样地不识的话？

[144c] 阿：至少在我这方面认为不会。

苏：因为那人一定不但不企图杀死碰上的妇女，也不企图杀死任何一个人的母亲，而只是打算杀死他自己的母亲。

阿：是的。

苏：所以，对抱有如此态度和含有这样想法的人们来说，这样的无知的确是较好些。

阿：似乎是这样的①。

苏：于是，你瞧，在某些情况下对一些事情的无知对一些人而言，也意味着好而非坏，正如刚才你认为的，难道不是？

阿：看来是。

[144d] 苏：那么，此外，继之，如果你愿意考虑这事情，也许在你看来就会是荒诞不经的②。

阿：那是什么③？苏格拉底啊。

苏：考虑这：简略说来，有可能甚至其他知识的所有物，假如任

---

① 意即：是的。

② [J本注]：文本在这里是不确定的。因此，下一句译为"那是什么？"而非"最为什么？"。"S本""C本"和"V.C本"同。

③ 原文如此，问话显得有些突兀。见上一注。

《阿尔基比亚德斯篇(Ⅱ)》

何人不成为拥有关于最好的知识者，一则，不常有助益；一则，意味着损害更大。你要像这样考虑。难道你不认为是必需的吗？每当我们确实不论打算做还是打算说什么，我们认为应当首先知道或者那是他知道的，每当我们打算有意［**144e**］就会说或者做时。

阿：至少对我来说，看来是。

苏：因此，譬如说演说家①们确实不论懂得劝告还是认为任何时候懂得给我们提建议，一方面，他们有些为战争与和平；另一方面，一些为城墙的建筑或者甚至为海港的设计；但简而言之②，像那样，从前对于其他城邦或者涉及他本人的城邦他都提出建议，［**145a**］一切都出自演说家们的建议。

阿：你说得正确。

苏：此外，你尤其要向那些事留心③。

阿：我就能留心。

苏：你一定知道，将有些人称为明智的而有些人是没头脑吧？

阿：至少在我这方面，知道。

苏：那么，你就不认为，一则，许多人是没头脑的；一则，少数人是明智的吗？

阿：我是这样认为。

苏：难道由于什么缘故，你不将目光转而专注于双方吗④？

---

① 在雅典，尤指在公民大会上发表演说的政治家；该词（"ῥήτωρ"）也指审判官和修辞学家。

② 其字面意思是"用一句话"。

③ 对于此句的翻译，［J本注］：此句"if I can（make it clear to you）.（Some words appear to have dropped out here.） You would distinguish the wise from the foolish？""V. C本"略同，译为："Vois un peu si, pour ce qui suit, je viendrai à bout de ma démonstration. Ne dis-tu pas qu'il y a des hommes sensés et d'autres qui ne le sont pas？""S本"译为："Sieh nun auch das Folgende, das sich daraus ergibt. Du nennst doch einige vernünftig, andere unvernünftig？"但"C本"与"B本"一致。

④ 对于此句的翻译，"C本"译为："In each case you make use of a criterion？""J本"译为："And you use both the terms, 'wise' and 'foolish' in reference to something？""V. C本"译为："N'est-ce pas pour quelque motif que tu les appelles sensés et insensés？""S本"译为："Doch in Bezug auf irgend etwas, nennst du beide so？"

阿：是的，专注于双方。

[**145b**] 苏：所以，你从来不把一个懂得劝告，却不知道两者中哪一个更好，或当什么时候劝告更好的这样的人称为明智的吧？

阿：一定不会。

苏：但不，我的确认为，把精通战争本身可又不懂何时交战或像这样交战多久更好的任何人称为明智的。对不对？

阿：对的。

苏：那么，你就不把一个懂得杀害某人，也不把抢夺他人财物和将人驱逐出城邦①，却又不知道何时和对不论谁这样做更好的人称为明智的吧？

阿：当然不会。

[**145c**] 苏：于是，不论谁精通这样的任何事，假如一则，他具有关于最好的知识②；一则，这知识也正和有助益的知识一定是同一回事一样。究竟是不是？

阿：是一回事。

苏：此外，我们的确会宣称这样的一个人为明智的建议者，而且他也足够给城邦和给他自己提建议了；但我们把不能这样做的人宣称为其反面。你对此如何认为的？

阿：在我看来真是这样。

苏：但是怎么？如果有人精通乘马驰骋或开弓射箭，或者通晓拳击、摔跤，[**145d**] 或者其他某类竞赛，或者其他任何诸如此类的技艺，就他知道涉及技艺本身的一切成为最好的而言，你就会称他为什么？难道不称他为涉及马术方面的善于骑马者吗？

阿：至少在我这方面这样称呼。

苏：再者，我的确认为，有关拳击术，就称他为擅长拳击的人，此外，涉及吹笛术方面，就称之为吹笛能手，对那些其他逐一谈到的事情也一定如此；是不是以某种其他方式称呼呢？

---

① 该句字面意思是：使某人从家乡逃跑。
② 该句字面意思是：最好的知识紧随他。

《阿尔基比亚德斯篇(Ⅱ)》

阿：没有，除了这样称呼。

苏：所以，在你看来，精通有关那些任何事的人也就是明智的人，是令人信服的么？[145e] 还是认为还缺少强有力的令人信服的什么？

阿：一定缺少，我凭宙斯起誓。

苏：因此，你预料这样一种政体——它全然由这些人组成：能干的弓箭手[1]和吹笛家，也更有竞赛者和其他巧手；再者，在他们之内还掺混有我们先前提到的懂得战争和杀戮本身的人；此外，来自那些人中的还有擅长演说的、有政治家风度的吹鼓手[2]，但他们全都不具有也不精通关于最好的知识，对他们的每一个人而言，不知道在何时和对谁 [146a] 使用他们的本领更好[3]——会是什么样的呢？

阿：是邪恶的某种政体，至少在我这方面预料，苏格拉底啊。

苏：我料想，你至少就会肯定，一旦你注视到他们中的每一个人雄心勃勃热衷于竞争并且将各自的政体[4]视为最重要而为其分得应得的一份；"以便他为他自己获得最好的[5]。"[6] 但我说的是涉及其技艺本身成为最好的[7]；再者，对城邦和他本人来说，有关何为最好方面，他多半犯了错，因为我预料，无头脑的他相信似乎是的见识[8]。[146b] 此

---

[1] 在雅典，弓箭手或警察（τοξότης）通常是由做奴隶的西徐亚人（Σκύθης）充当的。西徐亚（Σκυθία），地名，泛指黑海以北的地带，在古代，那是游牧人放牧的地方。

[2] 该字面意思是由内在宾语构成的词组 Φυσάω φύσημα，该词组的动词（Φυσάω）和名词（φύσημα）的本义是"吹气；喷出；气息；吼叫，狂吹"，比喻意义是"欺骗"。这里作引申义，具有讽刺的意思。

[3] 这里说的"较好（βελτίων）"多指品质和美德方面的好。

[4] 该词（"πολιτεία"）有"公民的生活，公民权，政府，行政；政体，国家，共和国，国家体制，政治制度"等含义。《共和邦篇》的篇目即是该词。

[5] 这里说的"最好（κράτιστος）"多指体力方面的好，或指"最强大的"。

[6] [C注6]（p.604），苏格拉底援引了欧里庇得斯《安提厄普》[残篇183] 中的几行。参见，由德国古典学者和评论家 Johann August Nauck（1822—1892年）编著的 *Euripides, Tragedies and Fragments*（1854, 3rd ed., 1871），参见《高尔吉亚篇》的 [484e；485e-486b]，只不过是卡里克勒所引欧里庇得斯的话而对苏格拉底所说而已。另外参见 [梁本注2]，p.191。

[7] 该词（"βέλτιστος"）主要指品质和美德方面的"最好"。

[8] 该词（"δόξα"）有"想法，意见，期望，判断，看法，（哲学）见解，一般的见识，幻想，声望，荣誉，名声，光荣，荣华"等含义。在柏拉图看来，就"见识"而言，它是介于理性和意见之间的认识。参见《共和邦篇》[511d-e]。

外，由于有这样的一些事情，难道我们不真的认为这样的一个政体充满了秩序混乱和无法无天吗？

阿：一定真的认为，我凭宙斯起誓！

苏：那么，你就不认为，在我们看来非做不可的是：首先，我们应当精通或者预先准备好熟知它，即就是我们想做或者说的那件事情吗？

阿：看来是。

苏：而且，假如一方面，有人要做他所懂的或想象所懂的事；另一方面，如果他将有助益的知识与所懂的事联结起来①，我们尤其认为他也将有能力［**146c**］对城邦和对他本人有好处，难道不是？

阿：究竟怎么会不是这样呢②？

苏：然而，假如，我的确预想，由此发生了相反的事，将既不会对城邦，也不会对他本人有好处，是吧？

阿：当然不会有益处。

苏：但是怎么？而在你看来，你此刻仍是同样地设想，或者以某种其他方式对此设想？

阿：没有其他，除了这样设想。

苏：所以，难道你没有说过，一则，你将大多数人称作无头脑的；一则，称少数人是明智的？

阿：至少在我这方面说过。

苏：因此，我们重申在有关何为最好方面大多数人犯了错，因为我的确认为，无头脑的他们通常相信似乎是的见识。

［**146d**］阿：但愿我们重申。

苏：所以，对大多数人而言，既不懂得什么也绝不认为他们懂得什么③是有好处的：如果真的，一方面，他们的确就会将更为想做他们知道的或者认为知道的那些事；另一方面，他们的所作所为造成的损

---

① 该词（"παρέπηται"）字面意思是"紧陪伴"。

② 意思即"当然是这样！"。

③ 在"懂得"的情况下，这里仅指懂得专业知识，而不是指懂得有关最好的知识。正如 Ap. 的作者认为的：技艺可教育，品德不可教育。

害更多于所得到的好处。

阿：你说得最为正确。

苏：所以你瞧，至少当我肯定，也许是，[**146e**] 如果任何人的确不已经拥有关于对其他知识的所有物最好的知识①，一则，不常对拥有者有助益；一则，对拥有者的损害甚于拥有它的益处，对此，我宣告的难道不显然是正确的吗？

阿：即使我当时不认可，那么，此刻在我看来，你说的似乎是正确的，苏格拉底啊。

苏：于是，对每个城邦和每一心灵来说，如果它打算正确地存活也应当执着于那有关什么是最好的知识，完完全全就像一个生病的人求助于医生或者一个打算航行安全的人仰仗于某个舵手。[**147a**] 因为没有那最好的知识②的佑助，到这样的程度，幸运，或者有关财物的获取，或者身体的力气，或者像其他诸如此类任何东西的顺风刮得越强劲，由之产生的错误就会越大③。再者，一个人真的已拥有被称为博学的和精通多种技艺的知识，但丧失了那种知识④，却被其他的每一种知识引领，对他来说，难道不理应将在大风暴中遭受灾难吗？恰似，我料想，没有舵手的他在沧海中度日，[**147b**] 延伸生命的时间不长久。那么，在我看来，这位诗人的诗作也与那人的情形是相符合的，他在某处说出指责某人话："说真的，一方面，他毕竟曾精通过⑤许多事；另一方面，他承认，他全都恶劣地⑥曾

---

① 该词（"ἐπιστήμη"）有"智慧，学问，科学知识和经验"等含义。下同。该词"最好（βέλτιστος）"主要是指品质和美德的"最好"。

② 即知道什么是最好。最好是指品质和美德的最好。

③ 犹如南辕北辙，朝着错误的方向跑得越快，则离开正确的目的地越远。对高智商或有才干者来说，他若干犯罪的勾当，则对社会造成的危害也就越大。

④ 参见《共和邦篇》（505b 等）关于"善即知识"的主张。在柏拉图看来，善的理念是最高和最好的知识。

⑤ 该词（"ἐπίσταμαι"）也有"深知、确信"的含义。

⑥ 该词（"κακώς"）是形容词"κακός"的副词，是一个典型的多义词，形容词的基本词义是"坏的"。苏格拉底在以下即是从不同词性含义的角度，即以形容词替代副词解释他所引的话的，尽管他是"曲解"词义以适应他的新解。

精通过它们。"①

阿：像这位诗人的诗作到底为什么一度符合那人的情形呢，苏格拉底啊？因为真的对我来说，他说过的那话与我们的主题甚至毫不相关。

苏：与我们的主题非常相关；但这位诗人却也有点儿像几乎其他全部诗人一样在说谜语，我最亲爱的朋友。因为诗的艺术天然地全都是谜语似的，也不会得到一个人认识的；[**147c**] 因为在这样天然的情形之外，还有，每当诗的艺术抓住一个嫉妒的和不打算给我们展示却尽可能最为掩盖他的才智②的人，人们就显然异乎寻常地难以知道他们每一个人心中一度想的那事情是什么。因为你的确一定不会设想，最非凡③和最有才智的诗人荷马不识比如"恶劣地精通"是不可能的④——因为荷马那个人宣告玛尔吉泰斯"说真的，一方面，他毕竟曾精通过许多事；[**147d**] 另一方面，他承认，他全都恶劣地曾精通过它"——但我设想，他在说隐语，一则，用"恶劣地"描绘⑤"坏的"；一则，用"曾精通过"表现"精通"⑥；所以，一方面，在诗的

---

① 这首以主人公玛尔吉泰斯（Μαργίτης）命名的没有完整保存下来的诗，是一首戏拟史诗风格的滑稽诗的篇名，在古代，人们将之不正确地归于荷马名下（亚里士多德《诗学》[1448b30-37]），但并不是荷马所作；该诗中的主人公（Μαργίτης 是个疯子）。该词（Μαργίτης）即有"疯子、傻子"的含义。多知而不精，如同鼫鼠五技而穷。参见［梁本注2］p. 192。

② 该词（"Σοφία"）贬义为"机灵，狡诈"。

③ 这里用的"θεῖος"的形容词最高级（θειότατον）显然是充分肯定了荷马，与《共和邦篇》中对荷马的非难不同。"θεῖος"具有"神的，来自神的，神指定的，出于神意的；敬神的，属于神的，神圣的；神一样的，超过常人的（英雄），高出常人的；杰出的，极好的"等含义。

④ 求知动机不同则会导致行为的不同。知识或真理本身没有善恶之分，但用者有别。所以，对恶者而言，所知越多，危害越大。所谓"知识越多越反动"的说法亦然。

⑤ 该词（"παράγω"）本身有"引入岔路，引入歧途；引诱；使弄错，欺骗；使转向，使歪曲"等含义，或许是双关语。

⑥ 为有助于对苏格拉底区别其意思的说法的理解，这里有必要指出：苏格拉底在这里用的两个动词"ἠπίστατο"和"ἐπίστασθαι"是同一个动词"ἐπίσταμαι"，只不过是时态的不同，前者是未完成时，后者是现在时。未完成时在希腊语中表示过去正在进行或重复进行的行为，常用来描述事件的过程，有时兼有试图之意。此外，该词+不定式，意思是懂得（如何做），能够（做）+宾语，意思是懂得（某事），精通（某事）；以及该词还有"确信，深知"等含义。

格律之外产生推断；另一方面，那诗行的确是意欲："说真的，一则，玛尔吉泰斯曾精通过许多事；一则，对他来说全都精通那些是有害的。"所以，显然是，如果真的对他来讲，知道①很多是一种不幸，那家伙②曾恰巧是个卑劣的人③，我们的确必须相信我们预先宣布的推论。

[147e] 阿：但真的，在我看来，似乎是我们必须相信，苏格拉底啊！我的确就会难以相信其他任何一些推论，甚至不相信那些推论。

苏：看来是，你也至少正确。

阿：而且对我来说，看来是要重新思考。

苏：那么，来！以宙斯的名义——你一定看出这是多么大的和什么样的难题，但你似乎也和我共同分担了那难题；毫无疑问，你的确来回摇摇摆摆，无论如何，甚至不停改变看法；另一方面，就因在你看来最为应当的推论，甚至你也忘记了，重新不再同样地认为它了——[148a] 因此，现在，如果现形的神的确再次出现在你面前，而你恰巧在前往神庙的路上，在你向神祈求之前，问你，对你来说是否也将满足在起初时，他所宣告的那些已产生的不论哪一项，或者从神的角度也容许你祈祷，你预想就会一度是从那些赐予拿取的物中获得什么，还是获得你自己祈祷产生的适当的什么呢？

阿：但我凭众神发誓！我真的就绝没有④能力给你说，苏格拉底啊，只不过这样：（若贸然回答，）⑤ 那么，在我看来，就有点儿像玛尔吉泰斯⑥了，[148b] 因此，要尤其真正地多加防备，一方面，免得有人不知不觉就给他祈求了一些坏的；另一方面，似乎是些好的什么，

---

① 该词"εἰδέναι"是"οἶδα"的完成时，有"精通、熟知、熟练"等含义。完成时在希腊语中虽然表示现在已经完成的行为和行为的结果，但有些动词的实际意义也相当于现在时。因此，虽然用法不同，意思是与"ἐπίσταμαι"的现在时一样的。

② 不定代词"τις"在这里表示轻视。

③ 该形容词"φαῦλος"和形容词"κακός"的含义有些相同；形容词名词化有"庸俗的人，愚昧的人"等含义。

④ 同前注，这里用了一个［晚期希腊语］用词"μηθέν"。

⑤ 括号内的话是译者按照上下文意思填补的。

⑥ 该词（"μάργος"）的字面意思有"疯狂的，狂怒的，狂暴的，贪婪的，贪吃的，淫荡的"等含义，但如前注或对话内容来看，阿氏很可能用的是"Μαργίτης"的谐音。与该词同词根的动词、名词和形容词都有"疯狂的"等意思。

然后，短期内掩住，也正如你所说的①，撤销②，就会收回先前祈祷所祈求的无论什么东西。

苏：所以，难道诗人③不比我们得知更多的事吗？在谈话的最初期间，我也引用了④他的诗⑤，他激励避免可悲的祈求。

阿：至少对我而言，似乎是。

苏：于是，一则，阿尔基比亚德斯啊，拉栖第梦人⑥也仰慕那位诗人，[**148c**] 或者他们自己也这样思考，每一回为私人和公共事务祈祷，誓愿也几乎相等，为了良善目的，他们恳求众神给他们自己赐予美好之事物；一则，没有一个人会听到那些人中的谁祈求更多的什么。由于那个缘故，直到过去的时间⑦，他们没有较差于任何幸运的人；但甚至就是落到他们身上的好像不总是幸运的，无论如何，过错不因为那些人祈求的缘故，[**148d**] 但那是为了众神的缘故，有如我预想的，像赐予任何人会碰巧所祈求的无论什么东西，甚至与之相反的什么东西。

此外，我尤其想给你详细叙述另外的一件事，那是从前我自一些[年老]人听取的。在雅典人和拉栖第梦人恰巧发生争执期间，因为在任何时候，我们的城邦在陆路和海路的战役都遭到失败⑧而从来不曾

---

① 参见本篇对话 [142d]。

② 该词 "παλινῳδέω" 也有 "作翻案诗（指诗人以新作代替旧作，另表见解，自己翻自己思想的案）" 的含义。或许阿氏在这里有双关语的意思。指苏格拉底对上述伪荷马诗的解释也是另作新意。

③ 当诗人 "ποιητής" 一词加阳性单数定冠词 "ὁ" 时，特指荷马。

④ 这里用了一个 [晚期希腊语] 用词 "ἐπιμιμνήσκομαι"（有 "提到，引用" 的含义）。该词当释义为 "忆及、想到" 则非晚期希腊语。

⑤ 参见本篇对话 [143d]。

⑥ Λακεδαιμόνιος，即斯巴达人。

⑦ 这里的用词是：τό παρήκω τοῦ χρόνου（字面上是 "时间的过去"）。通常的词组是 ὁ παρήκων χρόνος（字面上是 "过去的时间或以前"），即 "迄今为止"；见词典释义。以下转引自 [梁本注 3] p. 194：这种希腊语表达很明显不是柏拉图用语。例如，亚里士多德在《物理学》第 4 卷 [13.5] 中即使用了 "ὁ παρήκων χρόνος"，表示 "以前"。不过，译者参考的几个译本均未对此评注。参见 "苗本"（第二卷《物理学》第 125 页）的译文："它连接着过去和将来的时间。" 而柏拉图的用法有待查实。

⑧ 该词（"υστυχέω"）字面意思是 "不幸，倒霉"。

《阿尔基比亚德斯篇（Ⅱ）》

有能力占上风；所以，雅典人对战事感到不快，又对任何事不知所措，为了除祸，他们需要从目前的状况里找到某种避免灾难的方法。[148e] 通过审议，在他们看来，最好是派人向那位阿蒙神①求问神谕；在那些事情之外更求问这些事情，[尤其] 比起他们雅典人自己，到底众神为什么就赐予拉栖第梦人胜利，"一方面"，信使说，"我们比其他的希腊人带去最多和最吉祥的献祭品，我们用奉献物装饰了他们的庙宇，其他的人没有一个如此做过，我们每一年都会为众神举办最昂贵和最庄严的宗教游行，[149a] 全体希腊人甚至没有也像我们花费一样多的钱财；另一方面，拉栖第梦人"，信使说，"他们从来没有关心过那样的事，却如此对众神抱忽视的态度，甚至每一回宰杀残废的牺牲向神求问，其他的一切虽然不少于我们，但他们在尊重众神方面比起我们来更不足，而已拥有的钱财甚至不比我们的城邦较少。"他们在询问了那些事情之后，尤其求问神谕，对于摆脱目前的坏状况，他们必须做什么，一则，大祭司却绝没有②回答③问题，[149b] ——因为显然神不允许——一则，他召唤信使吩咐："阿蒙神对雅典人宣告了这些话：'对他而言，他就会更宁愿拉栖第梦人吉利的话④而不愿希腊人的所有献祭品。'"说了这样的话，再也没说别的。所以，在我看来，的确，除了拉栖第梦人的祈祷之外，神对"吉利的话"没有说别的任何事；因为它非常不同于其他希腊人的祈祷。[149c] 因为，一方面，其他的希腊人真的向众神献了有包金的犄角的牺牲公牛；另一方面，其他人拿供品给予了众神，就会祈求到神赐给的偶然临到那些人头上的任何事，祈求到好运和祈求到厄运；当众神真的听到他们说不敬神的话就不接受这些昂贵的宗教性的游行者⑤和献祭品。那么，在我

---

① Ἄμμων，一个埃及的主神，希腊人视为宙斯。参见 [梁本注1] p. 195。
② 同前注，这里用了一个 [晚期希腊语] 用词 "μηθέν"。
③ 这里用 "Ἀποκριθῆναι" 代替一般的 "αποκρινασθαι" 用来表示 "回答"，表明作者生活在晚于柏拉图的时代。转引自 [梁本注3] p. 195。该词原型是 "ἀποκρίνω"，有 "选出，挑选；分开，区分；答复，回答问题，辩护" 等含义，只不过 "Ἀποκριθῆναι" 是该动词不定过去式的被动态；"αποκρινασθαι" 是该动词不定过去式的中动态。
④ 该词 ("εὐφημία") 也含有 "[宗教仪式] 肃静；崇拜，颂扬" 的意思。
⑤ 该词 ("πομπάς") 为多利斯方言。

看来，这就需要更多的防备并且考虑必须对神说什么和不必说什么。

此外，在荷马的史诗中①，对于那些事，你也可发现另外近似的说法。[149d] 因为他叙述到扎营的特洛伊人："举行了参加信奉永生的仪式百牛祭②；此外，神坛上焚烧的牺牲的香气从原野被风带进众神居住的美妙的天庭"；"有福的众神却对之没有分得任何东西，甚至不愿接受；因为在他们看来，献给神的③伊利昂城④和普里阿摩斯⑤以及 [149e] 他的用好的梣木制成的长矛武装起来的⑥兵民十分招惹仇恨。"

那么，对他们来说，虚假地举行燔祭和花费礼物绝不是有用的，当他们已被众神所憎恶时。因为我料想不是这样的，众神居然如同卑鄙的放高利贷者⑦被礼物引入歧途；另外我们说话也愚蠢，认为因那事⑧胜过拉栖第梦人。因为那甚至会是相当可怕的，如果众神朝我们的礼物和献祭品注视却不将目光转而专注于我们的心灵，有人会碰巧从事合乎神的法律所准许的事情和正义的行为。[150a] 我认为，比起有关那些个人和城邦每年有能力举行昂贵的宗教游行和献祭品，的确更

---

① 即《伊利亚特》，参看 [ⅷ.548－552]，但是除了"神坛上焚烧的牺牲的香气从原野被风带进众神所居住的天庭"一句与原文相同外，其他有出入。从而，伪造的引文成为本篇对话也被认为是伪作的证据之一。

② 百牛祭（"ἑκατόυβη"）是一种盛大的祭典，所献牺牲未必是牛，也不一定献一百头。在古希腊，百牛祭是献给众神的牺牲，例如被提供给阿波罗神和雅典娜神以及赫拉神，是一种特殊的宗教仪式。

③ 该词（"ἱρή"）属于伊奥里亚方言。

④ Ἴλιος或Ἴλιον或Τροία即特洛伊城，或译伊利昂城。位于现在的土耳其安纳托利亚西北。在古代是一个重要的城邦，它的著名的历史和传说是由荷马描写的《伊利亚特》，特洛伊战争便以此城市为中心。

⑤ 在希腊神话中，Πρίαμος是在特洛伊战争期间的特洛伊国王，被"希腊第一勇士"阿喀琉斯（Ἀχιλλεύς）的儿子涅俄普托勒摩斯（Νεοπτόλεμος 或称 Πύρρος）杀死在特洛伊城中心的宙斯祭坛上。

⑥ 该词（"ἐυμμελίης"）属于伊奥里亚方言。欧洲的梣木相当于中国的白蜡树，其木材坚硬，耐腐朽，质量高，坚固耐用。

⑦ 该词"τοκιστής"在"S本"为"Wucherer（放高利贷者或重利盘剥者）"；"B本"仍然是"高利贷者"或"放债人（τοκιστίς）"；"J本"也是"usurers（高利贷者）"。"C本"为"moneylender（放债人）"。"V.C本"为"usurier（高利贷者）"；"梁本"为"借贷者"。在 LEXICON PLATONICUM （3）和 A Greek-English lexicon 中的释义分别为"fenerator（高利贷者或债权人）"和"money-lender; usurer"。

⑧ 即奢侈的游行和昂贵的献祭品。

《阿尔基比亚德斯篇（Ⅱ）》

加甚至没有阻止，一则，时常涉及众神；一则，不断涉及人的犯罪；但众神，为不受贿赂的缘故，藐视所有那些游行和礼物，神和众神的代言人如此吩咐。① 无论如何，也许是在众神和有头脑的人们面前，正义和审慎尤其异常地受到尊重；[150b] 然而，没有审慎和正义的人[除了] 懂得对众神和对人们应当如何言和行②。我也想打听到你一度对那些事的心意。

阿：对我而言，真的，苏格拉底啊，看来是，除了正如你的和神的说法以外毫无其他看法；因为我对神投反对票，甚至就会是不合理的。

苏：难道你不记得你说处于大的为难境地，[150c] 免得你自己不知不觉祈求到一些坏事，但仿佛是些好事吗？

阿：至少对我来说，记得。

苏：因此，你看，对你来说，如此去向神祈祷并非无危险，甚至会碰巧这样，神听见你说不敬神的话就绝不③接受你的这件献祭品，再者，甚至此外你偶然地又得到④其他的某事。因而，在我看来，真的最好是保持安静；因为真的由于宽厚⑤——在轻率中，甚至把这叫作最美好的字眼⑥——我料想你就不愿使用拉栖第梦人的祈祷。[150d] 于是，非做不可的是等待，直到有人会弄明白应当对众神和对人们抱怎样的态度之时。

阿：那么，这一时间何时到来呢，苏格拉底啊，尤其教育者是哪一个人呢？因为在我看来，知道那人是谁，我就会很喜悦。

苏：正是对你关心的这个人⑦。但在我看来，正如荷马叙述过雅典娜⑧

---

① 参见《共和邦篇》[364b-c]；《法律篇》[905d]。
② 参见《高尔吉亚篇》[507a-b]。
③ 这里用了一个 [晚期希腊语] 用词 "οὐθέν"。
④ 该词（"ἀπολαύω"）既有 "得到利益或好处" 的意思，也有 [反语] "得到……的坏处" 的含义。
⑤ 该词（"μεγαλοψυχία"）除了有 "高尚，宽厚，慷慨" 的含义，也有贬义："傲慢"。
⑥ 参见本篇对话 [140c]。
⑦ 或指苏格拉底本人。
⑧ Ἀθηνᾶ，在古希腊的宗教和神话中，雅典娜是主神宙斯之女，希腊奥林匹斯十二主神之一，是战神与智慧女神，也是雅典的守护神。

为狄俄墨得斯①从他双眼中取掉迷雾②,"以便他不但好认出永生的神而且也好认识凡人。③"

[150e] 这样,这位教导者也必须首先为你除去心灵中的昏暗,如今迷雾碰巧在场,此后,在那时,通过他们提议,你大概不但能够认出邪恶而且也能够认识善良。因为现在真的,在我看来,你似乎就不能够认出它们。

阿:那他就取掉,或者他打算取掉的迷雾或者其他任何东西;以致我已经预备好就绝不④会逃避由那位教导者下达的命令,不论那人到底是谁,如果我真的已变得更好⑤。

[151a] 苏:然而,那个人也对你怀有那样大的令人惊异的⑥热心。

阿:那么,依我看,最好是也将献祭品推迟到将来某个时候。

苏:对你来说,看来也的确是对的;因为那比起冒这样极大的危险来要安全些。

阿:可是,怎么样,苏格拉底啊?正是如此,无论如何,这儿的花冠⑦,既然你似乎已经顺利地劝告了我,我想将它给你戴上⑧;[151b] 但在将来某个时候,我们也将向众神奉献花冠和所有另外的按照习惯承认的祭品,不论什么时候,当我得知那一天到达之时。可是

---

① Διομήδης,是古希腊神话中的英雄,阿尔戈斯(Ἄργος)的君主;参加了希腊联军对特洛伊的战争,在荷马的《伊利亚特》中是仅次于阿喀琉斯(Ἀχιλλεύς)的英雄。曾于该战争中受到雅典娜帮助而多次击败特洛伊人并获得重大胜利。

② 该词("ἀχλύς")有"昏暗,朦胧"的含义;比喻"愁苦,愁惨"。在荷马史诗中特指当人死亡或昏厥时眼前出现的迷雾。

③ 参见《伊利亚特》[V. 127 – 128]。

④ 同前注,这里用了一个[晚期希腊语]用词"μηθέν"。

⑤ 该词("βελτίων")多指品质和美德方面的好。

⑥ 该词("θαυμαστός")既有[褒义]"可钦佩的",也有[贬义]"奇怪的,离奇的"含义。因此,或许有双关语意思。

⑦ 该词("στέφανος")(尤指)胜利者戴的花环或花冠奖品。也指(赐给公民的)荣誉金冠,或代表官职的花冠。况且通常花冠并不是用于祭神的。因此,阿氏的花冠似乎不是为神而是专门为苏格拉底准备的。

⑧ 这里的花冠本来是打算献给神的却献给了(暗示当作神的)苏格拉底。参见《会饮篇》[213e],阿尔基比亚德斯也为苏格拉底头上戴上了以表示胜利的发带(ταινία)。

《阿尔基比亚德斯篇(Ⅱ)》

如果众神愿意,不长时间就将会到来。

苏: 那么,我也收下那礼物,此外,我也会愉快地看见我自己从你的手中收下的其他任何物品。再者,也恰似欧里庇得斯在他的剧作中描写过,克瑞昂①看见戴上了一些花冠的特瑞西亚斯②并且听到由于他的技艺缘故而作为自敌人最早的虏获品③送给了他,

他说:"我将光荣地获胜的〈你的〉花冠认作预兆;

既然我们处于浪涛之中,正如你看见的④;"

所以,此外,我也认为出于你的那看法是兆头⑤。[**151c**]但在我看来,并不是处于比克瑞昂较小的浪涛之中,甚至我就会打算成为你的爱慕者中的一位光荣的获胜者。

---

① Κρέων,在希腊神话中和在俄狄甫斯的传说中,他是一个最为人熟知的底比斯(忒拜)的一个传奇的统治者。其事迹参见索福克勒斯的《俄狄甫斯王》和《安提戈涅》以及欧里庇得斯的《腓尼基妇女》等作品。

② Τειρεσίας,古希腊神话中的人物之一,是一位生活于底比斯的盲人先知。其事迹反映于荷马史诗《奥德赛》中。在埃斯库罗斯的《七将攻忒拜》和索福克勒斯的《俄狄浦斯王》和《安提戈涅》以及欧里庇得斯的《腓尼基妇女》等悲剧中也有体现。

③ 该词("ἀπαρχή")也有"新鲜的供品"的含义。由于泰瑞西亚斯也是一位盲先知,因此,或许有双关语意思。参见张竹明译(《欧里庇得斯悲剧·中》,凤凰出版传媒集团、译林出版社 2007 年版)的欧里庇得斯的《腓尼基妇女》[857]。原文意思是,泰瑞西亚斯因为预言雅典人将胜利,而从雅典人打败敌人的掳获物中挑出来的奖品,张竹明将其译为一顶金冠(第 386 页)。

④ 这里引述的第二句与原文有较大出入。参见欧里庇得斯《腓尼基妇女》[858-859]。《腓尼基妇女》(Φοίνισσαι)是由欧里庇得斯于公元前 411 年创作的悲剧,故事基于埃斯库罗斯的《七将攻忒拜》。

⑤ 指上述阿氏的话"我想将给你戴上(花冠)"。在古希腊,有从鸟的飞翔和鸣声看兆头的习俗。因此,"οἰωνός(预兆)"也有"独自生活的鸟,飞禽;食肉鸟,猛禽(如鹰、鹫等);显示预兆的猛禽(如鹰、鹫等,与普通鸟不同)"等含义。

《阿克西奥科斯篇》*

对话人：苏格拉底（以下简称苏）；克莱依尼亚斯（以下简称克）；阿克西奥科斯（以下简称阿）

[364a] 苏：（我外出到快犬体育场①里去，正在通过伊利索斯②河时，听到有人悲唤之声响彻云霄："苏格拉底！苏格拉底！"当我转向周围看喊声来自何处时，我看到阿克西奥科斯③的儿子克莱依尼亚斯和音乐家达蒙④

---

* 原文标题是"ΑΞΙΟΧΟΣ"，中译文根据"B本"并参考了"C本""V.C本""S本"以及"L.B.L本"译出。该篇是由苏格拉底转述的对话，穿插着的一些情景描写，译者将其置于圆括弧之内。此外，根据本篇对话 [368d-e] 等段落的内容，对话发生的虚拟时间可能发生在伯罗奔尼撒战争（公元前431—前404年）即将结束的时期。该篇作者或许也有通过描写苏格拉底劝慰临死而感到害怕的阿克西奥科斯的言行暗示雅典虽然将以战败收场但也将获得新生的意思。

① Κυνόσαργες，是一个刚好位于古代雅典城墙外、伊利索斯（Ἰλισός）河南岸的公共体育场，专供于非纯血统的雅典公民使用。它的确切位置是未知的，但现在人们通常认为大概位于雅典南郊。希腊神话中，它也是著名的供奉赫拉克勒斯（Ἡρακλῆς）以及他的母亲阿勒克麦莱（Ἀλκμήνη）、妻子青春女神赫柏（Ἥβη）和助手依奥拉奥斯（Ἰόλαος，一个底比斯的英雄）的神庙。苏格拉底的学生、犬儒学派安提司泰奈斯（Ἀντισθένης）在此建立了一所学校，有人认为犬儒学派的名称就来源于此。在柏拉图的对话中，苏格拉底往往以犬的名义发誓。

② Ἰλισός，古代雅典南部城墙外的一条河流，其周围环境在古代被认为是田园诗般的，受到苏格拉底青睐，是他时常散步和教学的处所。参见《克里底亚篇》[112a]；《斐德罗篇》[229a]。该河现在基本上引入地下流经城区。

③ Ἀξίοχος，雅典政治家，是著名的阿尔基比亚德斯（Ἀλκιβιάδης）的叔伯，年龄大于苏格拉底。克莱依尼亚斯（Κλεινίας）和卡尔米德（Χαρμίδης）两人分别出现在《欧绪德谟篇》和《卡尔米德篇》等篇中。

④ 或指雅典的达蒙（Δάμων，约公元前500—前415年）是希腊音乐家和哲学家；据说曾经是伯里克利的老师和顾问，与苏格拉底也是熟人。柏拉图《拉凯斯篇》[180d] 中说，达蒙在音乐等各种事务方面都极有造诣，青年人值得与他共度时光。但如果是此人，由于他在公元前415年即去世，则与本篇对话 [368d-e] 提及的事件发生的时间相矛盾。

《阿克西奥科斯篇》

以及格劳孔①的儿子卡尔米德一同跑向卡利尔莱②；他们中的后俩人中，前者是克莱依尼亚斯涉及音乐的老师；后者则是克莱依尼亚斯的同伴中的爱慕者好像也是情人。[**364b**] 所以，我立刻放弃出行去迎着他们，我们尽可能容易地会合到一起。此外，克莱依尼亚斯泪流如注，"苏格拉底"，他说，"人们经常对你的智慧大讲特讲，现在到了证明它的紧要关头；因为我的父亲从某个时辰突然③没了气力并处在达到生命的终结之中，他是痛苦的并忍受着死亡，尽管他在寿数之前大加嘲笑吓唬人的死亡并和蔼地开玩笑。[**364c**] 所以，按你惯常的做法来安慰他，以致他可能不哀叹直到定命，况且我和其余的人在一起就可以对父亲尽孝心。"）但是你向我提出的合理的要求没有一个会落空，克莱依尼亚斯啊，何况是就虔敬的人来说的恳求。所以，我们马上赶路；既然是这样的情况，需要迅速。

克：仅仅看到你，苏格拉底啊，他将会康复；真的，对他来说，症候恢复健康已经发生过多次。

苏：[**364d**]（但当我们沿城墙更迅速地走④向伊陶尼亚斯⑤门时

---

① Γλαύκων，是柏拉图的外祖父。参见《卡尔米德篇》[154b]。柏拉图的一个兄弟也叫格劳孔。参见《共和邦篇》[327a]。另外，此篇中的卡尔米德（Χαρμίδης）也出现在《卡尔米德篇》中。卡尔米德是公元前5世纪雅典的一位政治家，柏拉图的叔伯，雅典三十人僭主之一，公元前403年在一次同敌对者民主派成员的战斗中被杀。参见《卡尔米德篇》；《普罗泰戈拉篇》[315a]；《会饮篇》[222b]；另外见色诺芬的《会饮篇》[1-9]和《回忆苏格拉底》[3.6.1；3.7]以及《希腊史》[2.4.19]；等等。

② Καλλιρρόη，地名，在雅典附近。Ἰόλαος河床上有一个叫Καλλιρρόη（意思是"美丽的花"）的泉水，因此也可称为春泉。在希腊神话中也有叫Καλλιρρόη的女性，例如河神的一个女儿。有一种植物与其同名，叫"美丽的花"。

③ "突然（αἰφνίδιος）"一词，[C注3] p.1726，接受推测删除；而"B本""V.C本""L.B.L本"和"S本"保留。中译文也保留。

④ 该词（"ἤειμεν=εἶμι"）是第三人称复数形式，而且非古典作家使用，散文作家似乎更喜欢用"ἤεσαν"。参见 Herbert Weir Smyth, *A Greek Grammar for Colleges*, AMERICAN BOOK COMPANY, 1920, chapter 775, p.212。

⑤ Ἰτωνίας，是希腊女神雅典娜（Ἀθῆνα）的广受崇拜的称号。这个名字是从位于Φθιώτιδα（希腊中部区域之一）南部的小镇Ἴτων派生的。这个名字可以追溯到远古时代。它是最有名的阿喀琉斯的家乡。另据传说，雅典娜是从Ἰτωνίας的一个国王或祭司那里收到Ἰτωνίας的称号。

· 143 ·

[365a]——因为阿克西奥科斯住在靠近亚马孙①界碑的门口——我们察觉阿克西奥科斯一方面已经聚集了他的触觉并且身体强壮；另一方面是虚弱的心灵，十分缺乏安慰；再者，他常常起身，边走边叹息，同时哭哭啼啼的，甚至更糟的是在用手拍打。但是我观察着他，对他说:)"阿克西奥科斯，为什么那样？你以前夸耀的事和使美德的赞词保持不变以及在你掌握中的不可改变的勇气②在什么地方？因为你好似一个没出息的竞赛者，在体育锻炼中显然是优良的，在竞赛中却落在后头了。[365b]从各方面考虑家世，你这样大的年纪也是听从道理的一个人，假如并不是另一样的人，而是雅典人，难道你不思考——那也是大家已经从所有人那里听到的众口一词的话——生命是某个在外地逗留的家伙，人们应当宽厚地欢欣鼓舞地度日，甚至近乎唱凯旋歌离去回到定命的家里吗？再者，如此怯懦地抓住它尤其难以割舍，至于明智的年纪难道不知属于幼稚的习惯吗？"③

[365c]阿：因此，是确实的，苏格拉底啊，在我看来，你说的显然是对的；但我不知怎样，对我来说，和它相反，变得相当可怕。一方面，当人们逐渐咽气时，那些强有力的和卓越的④道理不被人们注意到并受到轻蔑；另一方面，忍耐某种恐惧的感觉，错综复杂地向四周刺伤心灵，假如我将被夺走这日光⑤和一些好东西⑥，无论当我倒毙在哪里也看不见⑦和听不见，变腐烂，改换进入蛆虫和禽兽之中时⑧。

[365d]苏：因为你，阿克西奥科斯啊，可能没有考虑到，几乎没有注意把无感觉和感觉两者混连在一起了，尤其对你自己来说，行和言也是相反的。你没有思考，又悲叹无感觉，又为了肉体的腐坏和愉

---

① Ἀμαζών，地名，大概位于古代雅典城南郊。
② 该词（"θάρσος"）也有贬义"胆大包天，莽撞，冒失"的含义。
③ 与苏格拉底临死前的表现有天壤之别。参见《克里托篇》[43b]和《斐多篇》。
④ 该词（"περισσός"）也有贬义"过于造作的话，多余的，过分聪明，过分精明，无用的"等含义。
⑤ 该词（"φάος"）本义是"日光"，"被夺走日光"意即去世。该词也比喻"光荣，荣耀，胜利，幸福，欢乐"等。
⑥ 该词（"ἀγαθός"）也有"高尚的，财富，幸福"等含义。
⑦ 该词（"ἀιδής"）的名词即"Ἅιδης（哈得斯，冥土的主神）"。
⑧ 这里表达的显然是轮回思想。

快的丧失缘故而痛苦,仿佛因为死亡进入另一样的活着中,但是没有改变进入全部的、和你诞生之前的同一种无知觉中。所以,好似在德拉孔或克利西尼①执政期间绝没有伤害于你——因为他②根本不存在,就不会与你有关——[365e] 如此,随你死之后甚至没有伤害于你的情形发生:因为你将不存在,他就不会与你有关。由于那个缘故,驱散所有这样的胡说,思考那事情,混合的物质一旦被分开并使灵魂安顿在一个合乎事物本来性质的③地方,留下的肉体,尘土一样的和无理性的东西不是人。因为我们真的是灵魂④,不朽的生物被禁闭在一个会死的⑤监狱⑥里。[366a] 但是造化⑦从不幸方面给这人加上了一副躯体⑧,一则,愉快是肤浅的⑨和飞逝的⑩以及掺和到充满苦痛的里面去;一则,感到的痛苦是纯粹的和经久的以及没有愉快份儿的;但疾病和感觉器官的发炎,更有内在的怯懦,通过它们,被迫的,因为通过皮肤的毛细管传播,灵魂一同悲痛而渴望居住在天上的和同种族的以太⑪,也渴望,伸出双臂祈求到那儿生活居住和参加舞蹈⑫。那么,[366b] 自活着解脱是从某种坏的状况转变进入好的状况。

---

① Δράκων,约生活于公元前7世纪上半叶,是古希腊政治家,雅典第一个立法者,他的继任者即雅典城邦的第一任执政官梭伦(Σόλων)。Κλεισθένης,旧译克利斯提尼,大约生于公元前570年,古代雅典政治家、改革家,确立了民主制度,创建了著名的陶片放逐法(于公元前487年首次实施,大约在公元前417年之后废弃)。参见亚里士多德《雅典政制》[20;21;22]以及"名人传"(《尼基亚斯》[11])。

② 该句所用系词是第三格单数"ἦς"和"ἦν",因此,"他"即不是现在的你而是所谓的"你",或者你的"前身"。

③ 该词("οἰκεῖος")也有"自己家的,适合的"等含义。也即灵魂或事物该去或该居住的地方。

④ 该词("ψυχή")是个典型的多义词。而其[喻义]"蝴蝶,蛾"本身有转生或不朽的寓意。

⑤ 该词("θνητός")的名词即"θνητοί",意思是"凡人""人类"。

⑥ 该词("φρούριον")本意为"要塞",也指"监狱"。

⑦ 该词("φύσις")是个典型的多义词,有"自然,原动力"等含义。

⑧ 该词("σκῆνος")本意为"帐篷,棚子";比喻作为灵魂的寄居处的躯壳、躯体。

⑨ 该词("ἀμυχιαῖα")直译为"非最深处的,缺乏深度的"。

⑩ 该词("πτηνός")直译为"有翅膀的,会飞走的";比喻"转瞬即逝的"。

⑪ 该词("αἰθήρ")也指"(众神居住的)苍天,灵魂的神圣的成分"。

⑫ 该词("χορεία")也指"行星的循环运行"。或象征永恒。

阿: 的确,苏格拉底啊,如果你相信活着是一种坏状况,你怎么逗留在它之内呢?况且你是思想家①,尤其从智力的角度优越于我们大多数人吗②?

苏: 阿克西奥科斯③,但你没有真正地为我作证,此外你相信,如同雅典的大群人④,我是一个状况的调查者⑤,是精通事务状况的。再者,我祈求能够知道那些凡俗的事情;到目前为止,我知道一件不寻常的⑥事情。[**366c**] 但何况我所说的,出自精明的普罗狄科⑦的回响声,一方面,有些人打算花半个德拉克马⑧购买,另一方面,有些人花两个德拉克马购买,再者,有些人花四个德拉克马购买。因为此人不免费教人⑨,但从他的角度看来,通过一切风俗说起埃琵卡尔珺斯⑩的话:"他的一只手毫无疑问就会洗另外一只手",给某件东西也拿到某件东西。无论如何,像新近,他在希庖尼科斯⑪

---

① 该词("φροντιστής")泛指"哲学家"。该词的形容词("φροντιστικός")有"冥思的、思考的和思辨的"的含义;尤其是与喜剧家阿里斯托芬《云》剧中说苏格拉底开设的思想所("φροντιστήριον")一词是同一词根。所以使用该词具有讽刺的意味。

② 参见《申辩篇》[18b]。

③ 值得指出的是,这里的呼格是直呼其名字,而没有用常常前置的感叹词"ὦ(啊)",这在伪作或柏拉图的对话中很少见。本段末尾用法相同。

④ 这里的用词("πληθύς")也有讽刺的含义,在柏拉图的眼中,群众是无知的群氓,正是凭借人数多(所谓多数人的暴政)而将真理的化身苏格拉底判处了死刑。

⑤ 在柏拉图的对话中,该词("ζητητικός")的意思是"调查,探求,研究,检查,探索,寻觅"。参见《美诺篇》[81e];另见亚里士多德《政治学》[1265a12]。该词也是给怀疑者起的名称。参见 Greek Word Study Tool 中的释义。

⑥ 该词("περιττῶν")是一个晚期阿提卡方言。参见亚里士多德《政治学》[1265a12]。他在评价柏拉图的对话作品时说:"的确,一则,苏格拉底的所有表现思想的话含有不寻常的、巧妙的、革新的和探求的意思;一则……"

⑦ 生于Κέως(爱琴海上的一个希腊岛屿)的Πρόδικος(约公元前465—约前395年)是希腊的一个哲学家和第一代智者中的一员;他作为Κέως的使节来到雅典,并成为众所周知的一个演说家和一个教师。比起其他智者,柏拉图给予他较多的尊重,在他的几篇对话中,苏格拉底显得是普罗狄科的朋友;参见《申辩篇》[19c];《普罗泰戈拉篇》[315d-316a;337a;339e-342a];《大希庇亚篇》[282c]等。

⑧ δραχμή,其释义参见前注"米那"的释义。

⑨ 参见《克拉底鲁篇》[384b];《大希庇亚篇》[282c-e]。

⑩ Ἐπίχαρμος,见 Δι. [374a]"诗人"注。

⑪ Ἱππόνικος,曾任雅典军事指挥官,在公元前424年的一次战役中被杀。同年,他的女儿Ἱππαρέτη嫁给了阿尔基比亚德斯。

《阿克西奥科斯篇》

的儿子卡利亚斯①家里做了这样大的一次展示，他明白说出反对活着的话，至少在我这方面，好像真的在片刻间将勾销生命，自从那件事以来，我的灵魂甚至宁愿死，阿克西奥科斯。

阿：但他说的是些什么话呢？

[366d] 苏：我将向你宣告我所记得的那些话。因为他说，什么年纪的部分是没有了痛苦的呢？难道不是首先真的通过诞生，孩提的啼哭由于痛苦开始活着了吗？确实，从来没有痛苦被落下，除了由于匮乏，或寒冷，或炎热，或创伤引起痛苦没有别的，一则，他尚未能说他遭受痛苦的所在；一则，啼哭也是他有能力发出清晰的那难使他满意的一种音调；再者，他吃尽许多苦头后，一旦到达七岁大，[366e] 保傅②和语法教师以及体育教练立在一旁做独裁君主③；此外，当他长大，裁判、几何学家、战术家，更为一大堆专制主子；再者，他一经登记为青年进入埃菲保司④，其中有指挥官和更恶劣的恐怖，然后是吕克昂体育场⑤、[367a] 阿卡俸米亚体育场⑥、体育训练

---

① Καλλίας 是一个富裕的雅典人，因他对哲学家的资助而知名。见《申辩篇》[20 a]。在柏拉图的《普罗泰戈拉篇》[314c] 和色诺芬的《会饮篇》里提到的事即发生在他的家里。

② 该词（"παιδαγωγός"）泛指教师。在雅典，通常由家庭奴隶担任，负责照料和训练学童以及接送学童上下学。

③ 该词（"τυραννεύω"）意即"受残暴管制，做僭主（指借民众的力量夺得政权的专制君主，这是古希腊推翻贵族统治的运动中的产物）"。

④ 该词（"ἔφηβος"）本义为"已成青年的"，名词指"雅典满十八岁的（成年人）"或"年轻人，青年们"；也指"公元前4世纪后期建立的一所雅典军事学校的成员，或希腊城邦培训这个年龄段的年轻人的官方机构"。在雅典，满十八岁的青年即为成年人，锻炼两年后正式成为有公民权者，在公民大会上有发言权。在波斯是十六岁或十七岁。参见亚里士多德《雅典政制》[42]。

⑤ Λύκειον，雅典三大体育场之一，在古典时期的雅典（公元前508—前322年），它也是一处公共集会的地方，它位于雅典东郊城墙外，附近有吕克昂阿波罗的神庙，固以得名。亚里士多德曾在这里租屋讲学，形成逍遥学派。吕克昂也是阿波罗的称号之一。

⑥ Ἀκαδήμεια，古雅典时期位于雅典西北郊城墙外的一个体育场，它属于安葬英雄的外陶匠区。柏拉图在该体育场里办学讲学，形成柏拉图学派。柏拉图学园建于大约公元前385年，除了由于罗马统帅苏拉攻打雅典而短时期迁入城内外，持续900余年，直到公元529年，东罗马帝国皇帝查士丁尼下令查封为止。

司理①、短棍②和无数的不幸；青少年的所有苦工也处在训导者③和为挑选年轻人的战神山④议事会监管之下。

但是，一经他们从那些当中解脱出来，焦虑立刻出现。他们也开始盘算某种生活的进路，对跟着前来的艰苦的生活来说，甚至最初的苦头似乎是给儿童和孩提的游戏，多么真实恐怖的现象：既然是兵役和创伤以及连续不断的作战。［**367b**］然后不知不觉进入老年，直到个个汇集到本性会死和致命。而且假如有人不更迅速地如同还债⑤而活着，造化像放小高利贷的人懂得如何接受抵押品，一则，看某物；一则，听某事，但时常同时看和听。而且假如你保持某物，他让你半身不遂，毁损你，让你残废⑥。其他人精力充沛达到非常年老，但从神志角度，老年人也是再度变小儿。何况⑦众神尤其精通人们的境遇，［**367c**］甚至就会把那些事当成最要紧的，更迅速地让人们摆脱活着。无论如何，琵韬⑧寺庙的修建者阿伽迈戴斯和特

---

① 体育训练的司理（γυμνασιαρχία）是（古希腊的体育、竞技和学校的）监理官或古雅典的体育官。雅典规定，体育训练司理的职务由富人担任，他主管体育学校，出钱请教练。但这一职位是在柏拉图去世之后才设置的，因此作为强有力的证据之一，此篇对话非柏拉图所写。另外参见亚里士多德《政治学》［1322b - 1323a］；《雅典政制》［60］。体育训练的司理"具有很大的权力。他们的管理机构允许他们把智者、修辞学家和哲学家驱逐到健身房之外，如果他们确信他们所教授的信条在青年人中产生了某种很坏的影响的话"。引自 ［瑞士］布克哈特《希腊人和希腊文明》，王大庆译，上海人民出版社 2008 年版，第 233 页。另外参见亚里士多德《政治学》［1322b - 1323a］；《雅典政制》［60］。

② 即以棍棒体罚。

③ 雅典学校中管理年轻人的训导员（σωφρονιστής）共十人。

④ Ἄρειος πᾶγος，位于雅典卫城西北边，该处有古议事会和古法庭。战神山议事会（Βουλή）职能之一是监管教育。

⑤ 该词（"χρέος"）也指"人最后必须偿还的债务"，即指"死亡"。

⑥ 该词（"παρήρθρωσεν"）在"希汉词典"、*Greek Word Study Tool*、*LEXICON PLATONICUM* 和 *HANDWORTERBUCH DER GRIECHISCHEN SPRACHE* 以及 *A Greek-English lexicon* 中都没有被收录，可能是该篇作者自创的复合词（παρήρθρωσεν = παρα+ ἀρθρόω），字面意思是"（俗称的）身体散架"，引申为"肢体不全或某器官功能丧失"。"C本"、"V.C本"和"L.B.L本"分别译为"crippled"、"estropie"和"disloque"；意思基本上都是"残废"。但是"S本"没有译出含有该词的此句。

⑦ 根据"V.C本"；另外根据［C注9］［p. 1738］："καί τοῦτο"应为"δία τοῦτο（"因为这个缘故"）"；但"B本"校对为"καί τοῦτο"，中译文从"B本"。

⑧ Πυθώ，即阿波罗的圣地"德尔斐"（Δελφοί）的古名，庙中所发神示很著名。

《阿克西奥科斯篇》

瑙珐尼奥斯①献祭后，求神给他们价值最好的东西，但入睡②后不再醒来；也有阿尔戈斯③的赫拉神④［庙］⑤的女祭司的儿子们，他们的母亲对他们的某种孝心同样地求赫拉神赐给他们一些奖品⑥，因为一对牲口拉的车落在后面，他们自己走到轭下面去担当把她带过去进入神庙，继他们的母亲祈祷⑦之后的当夜⑧，他们离开了⑨。[**367d**] 详细叙述诗歌创造者⑩的作品就会是长时间的，他们唱有关生命情形的预言之歌的言语更神妙，如此悲叹活着；但我仅仅提及最著名的一位⑪，他宣告：

"既然众神如此给可怜的会死的凡人纺命线，人们悲伤地活着⑫"，尤其：

[**367e**] "〈因为〉⑬大地上所有呼吸⑭和爬行者中真的一度没有任

---

① Ἀγαμήδης 和 Τροφώνιος，在希腊神话中，他们是两兄弟，据说是阿波罗和宙斯的儿子，作为建筑师，特别擅长建筑寺庙和宫殿。他们建造了在德尔斐的阿波罗神庙，建寺后，他们祈求神赐予他们对于人来说最好的报酬；神谕告诉两兄弟，六天做他们希望的任何事情，在第七天，他们最大的愿望将被满足。他们照做了，却死在第七天。西方谚语"神所爱的人早逝"即来自这个故事。

② 该词（"ἀνίστημι"）本义是"使醒来，使起来，使复活"，"不再醒来"即"长眠，死去"。

③ Ἄργος，伯罗奔尼撒半岛东北的古代名城；也泛指伯罗奔尼撒全境，或泛指全希腊。

④ Ἥρα，在希腊神话和宗教中，她是主神宙斯的姐姐和妻子。她主要是专司妇女和婚姻的女神。[C注11][p.1738]、"S本""V. C本"以及"L. B. L本"都省略了Ἥρα，中译文从"B本"。

⑤ "庙"一字系中译者据文意添加。

⑥ 该词（"γέρας"）也有"对死者所表示的最后礼仪（包括埋葬、筑坟、立碑等）"的含义。

⑦ 该词（"εὐχή"）本身除了"希望，誓愿"，也有"求神降罚，诅咒"的含义。

⑧ 该词（"νύξ"）也有"下界，冥界，[喻]死亡"的含义。

⑨ 该词（"μεταλλάσσω"）本义是"改变，变化，更换"等，引申义为"离开生命，死去"。显然，其故事取自希罗多德《历史》[1.31]。另外参见"名人传"（《梭伦》[27.5]）。

⑩ 该词（"ποιητής"）特指"情节的诗歌创作者、诗人"。

⑪ 该词（"ποιητής"）前面加阳性冠词"ὁ"，特指荷马。

⑫ 这是阿喀琉斯对赫克托尔的父亲普里阿摩斯到他的营帐去赎取赫克托尔的尸体时所说的话。参见荷马《伊利亚特》[24.525]。

⑬ "B本"如此。

⑭ 该词（"ἐπιπνέω"）字面意思是"向（某人）吹气；使复活"，喻义为"扇动"，引申为"呼吸"。

何事物比人更悲惨①。"

［368a］但他是怎么说安菲阿拉奥斯②的呢？

"持盾的宙斯和阿波罗用各种各样的友好衷心地爱他③：

但他甚至没有到达年老的门槛④。"

但他下命令——"哀悼诞生，他进入那样大的不幸⑤中。"

在你看来，那似乎是什么意思⑥呢？但我停止引证，免得违反诺言，拖长时间和提到另外的事。但什么样的人一心从事他们选择的或者不抱怨和将不恼怒命中已注定给予的职业呢？［368b］我们详述精通某一技艺的人和匠人阶层的⑦职业，整天⑧卖劳力糊口，好不容易才给他们弄到生活必需品，哀叹他们的生活和充满悲痛的所有无眠之夜并且为他们的状况而哭悼吗？另外，我们述说精于航海者，他们通过这样大的艰险运送也既不是，如彼亚斯⑨显示的，在死亡中也不是在活中吗？既然在地上生活的⑩人——仿佛两栖的⑪动物——将他抛进沧海，

---

① 这是宙斯在阿喀琉斯的战友被赫克托尔杀死后看见阿喀琉斯的驭马流泪悲悼驭者时的自言自语。参见荷马《伊利亚特》［17.446-447］。

② Ἀμφιάραος，在希腊神话中，他是一位先知，也是攻打忒拜的七勇士之一，死在忒拜。另见古希腊剧作家埃斯库罗斯的悲剧作品《七将攻忒拜》和欧里庇得斯的悲剧作品《腓尼基妇女》。

③ Ζεύς，宙斯是希腊神话中希腊诸神之长，人和神之父，天空之神，雷电之神；有各种称号，如"ἱκετήσιος（保护乞援人的宙斯）"；"αἰγίοχος（持盾的宙斯）"即是其一。Ἀπόλλων是宙斯的儿子，即太阳神；也有各种称号。

④ 参见荷马《奥德赛》［15.245-246］。

⑤ 欧里庇得斯（Εὐριπίδης）已经遗失的悲剧《克莱司芳泰斯》（Κρεσφόντης）中的话。在希腊神话中，Κρεσφόντης是希腊最伟大的英雄赫拉克勒斯（Ἡρακλῆς）的玄孙，墨西涅（Μεσσήνη）的王。

⑥ 以下多用问句。

⑦ 在古代雅典自由民中，通常认为艺人或有关手艺人的、或匠人阶层的工作是下贱的、庸俗的。

⑧ 该句字面意思是"从夜间出来到夜间里面去"。而该词"νύξ（夜间）"也有"下界，冥界，[喻]死亡"的含义。可视为双关语。

⑨ Βίας，希腊神话中的人物，希腊联军的一位勇士。参见荷马《伊利亚特》［13.691］。

⑩ 该词（"ἐπίγειος"）作为形容词，通常形容生活在地上的鸟，但这里用作人的定语，或许具有讽刺的意味。

⑪ 该词（"ἀμφίβιος"）即指有两种生活方式的；也有在两个世界居留的（灵魂）的含义。可视为双关语。

《阿克西奥科斯篇》

[**368c**] 全然是在运气①的条件下。那么,耕种是讨人喜欢的②职业吗?显而易见:但真的不是,如同人们说的,一个伤口,永远找得到愁惨境遇的遁词吗?耕种者们痛哭,一则,此刻③干旱④;一则,现在阴雨连绵;此外,现在作物枯萎⑤;再者,此刻作物生锈病了;但是,现在不合时宜的炎热或霜冻,是吧?

那么,极受尊敬的⑥政体——既然我一再忽略——通过挺进多远将变得可怕呢,一则,他拥有权力的欢喜像发炎的肿块和身体发炎处的脉跳一样颤抖;[**368d**] 一则,选举失利引起的痛苦也比无数的死亡更坏,是吗?和群氓⑦相比,究竟有谁能够走运活着⑧,如果他被民众喝彩⑨和鼓掌⑩,如民众的玩物遭抛弃⑪,被嘘下台,被处罚、死亡,会受怜悯⑫吗?那么,既然毫无疑问,政治家阿克西奥科斯,米太亚德怎样死的?再者,塞米司托克勒是如何死的?此外,埃菲阿勒泰斯⑬是怎

---

① 该词("τύχη")[泛指]"命运",既有"厄运,不幸"的意思,也有"成功,幸运"的含义。可视为双关语。

② 该词("γλυκύς")本义为"香甜的",也有贬义"愚蠢的"的含义。

③ 此句及之后4句连用了5个"νυνὶ(此刻或现在)"一词以及4个"δὲ(一则或再者,但是)"一词。在阿提卡方言中,"νυνὶ"是加强意思的字形。

④ 该词("αὐχμός")的形容词也有"穷困的"的含义。

⑤ 该词("ἐπίκαυσις")字面意思是"被太阳烧焦或烤热",引申为"庄稼因太阳暴晒而枯萎"。

⑥ 该词("πολυτίμητος")有"极受尊敬的(神明);极值钱的,极贵重的(东西)"等含义。以下对政治的叙述用词具有讽刺意味。

⑦ 该词("ὄχλος")有"乱糟糟的一群人,暴民"等含义,和"守法的公民,人民,公民(δημός)"相对。

⑧ 暗示当时政治生活的险恶。尤其见《共和邦篇》中柏拉图对已经变质了的民主政体的指责。

⑨ 该词("ποππύζω")也有"发嘘声"的含义,可以引申为"喝倒彩"。

⑩ 该词("κροτέω")也有"敲打"的含义,可以引申为"抨击"。

⑪ 该词("ἐκβάλλω")也有"撵下台,嘘下台,驱逐(出境),流放"等含义。

⑫ [C注14] p. 1768省略了"ἐλεέω(怜悯或表同情)"一词;"B本"和"V. C本"保留。中译文也保留。

⑬ 以上三人是公元前6—前5世纪之交雅典民主派领袖,结局都不好。Μιλτιάδης(公元前约550—前489年),最广为人知的是他作为将军在马拉松战役中成功击败了波斯入侵的杰出贡献,最后被判刑,死于狱中,Θεμιστοκλῆς,见前注。Ἐφιάλτης,出生年不详,第一次出现在历史记录上是在公元前465年作为将军指挥了在爱琴海上一支雅典人的舰队。民主派领袖,以"激进民主"而著称,他负责改革了雅典保守的刑事与民事案件上诉最高法院(Ἄρειος Πάγος)制度等。公元前461年,他被暗杀后,雅典的政治领导权传给了他的副手伯里克利。

么死的呢？

还有，不久前十位将军①怎么死的，就因我真的没有鼓动提议吗②？因为在我看来，似乎参与给发疯的公民③领头是不严肃的；但次日，[**368e**] 泰拉迈莱斯和卡利凯卢斯④之流偷偷派遣进去的人贿赂雅典公民大会的主席⑤举手判决那些未经审判的人死刑⑥。[**369a**] 真的，无论如何，你和埃伊里珀淘莱瑁斯⑦是三万人的公民大会上唯独支援他们、为他们辩护的人。

阿：是的，苏格拉底啊！尤其自从那件事以来，至少在我这方面对政坛足够理解了，并且在我看来，似乎是绝没有比政治制度更残忍的。但显然，对所有人来说，都已经是身处此事之中。既然真的，你如此喋喋不休，好似离得远的观众，但进入最后判决的我们知道得更精确。因为民众，朋友苏格拉底啊！是一种忘恩负义的、难以取悦的、残暴的、恶意的、粗鲁的东西，以便从乌合之众和强暴的胡说八道的人出来一起凑份子⑧。[**369b**] 但对使某人成为自己朋党的那人来说甚为可怜。

苏：既然的确，阿克西奥科斯，你认为最像自由人那样行动的知

---

① οἱ Στρατηγοί，雅典的十位将军受审的情况，参见"王本"[（第一卷），第21页脚注②]。另见《申辩篇》[32b-c]。

② 在该事件上，在爱琴海的海军指挥官被非法集体起诉，苏格拉底时任大会执行主席团的成员，只有他反对那样做。参见上一注释；另外参见《高尔吉亚篇》[473e-474a]；色诺芬《回忆苏格拉底》[1.1.18]。

③ 该词（"δῆμος"）意思是"民众""平民"，在雅典民主政体中尤指有公民权的人。

④ Θηραμένης，雅典政治家，一个温和的寡头派成员（活动的全盛时期在伯罗奔尼撒战争的最后十年）；Καλλίξενος，也是雅典政治家，他们曾在公元前406年积极主张对爱琴海的海军指挥官进行审判。参见以上两注。

⑤ Πρόεδρος，本义是"坐首位的，坐前排的"，名词为"（雅典公民大会的）主席；雅典议事会的九位执行主席（另一位是首席主席）"。雅典议事会由500人组成，每35天由50人值班，其中一人为首席主席。

⑥ 这种做法不合雅典当时的法律。参见前注。

⑦ Εὐρυπτόλεμος，是古雅典强大的贵族家族阿勒克茂尼岱（Ἀλκμαιωνίδαι）的成员之一。参见"名人传"（《西蒙》）。伯里克利与阿尔基比亚德斯的母亲均源自此家族。

⑧ 该词（"συνεράνιζω"）的词干"ἐρανίζω"也有"乞讨，征集（捐献物），资助，捐献"的含义。或许用双关语暗示当时的民众已经可以被收买。对十将军以及苏格拉底的审判可以为证。

《阿克西奥科斯篇》

识比其余的更远离想望，我们思考剩下的事业心是什么呢？难道不能逃避吗？但是我也一度听到普罗狄科的宣告，死，既不有关那些活者的情形，也与那些离开生命者无关。①

阿：你说什么？苏格拉底啊！

苏：因为有关生者的情形，一方面，死不存在；另一方面，死者不存在。[**369c**] 那么，死，既不有关现在的你——因为你没有死去——也不，如果你出了什么事，将有关你：因为你不将存在。所以，苦恼是无意义的②，既不为了现在存在的阿克西奥科斯的缘故，也不由于将来存在的阿克西奥科斯的缘故而哭悼，也正像如果你为了某个斯库拉③或者那么个马人④而哭悼，有关你，它们现在既不存在，也不继你死之后将来存在。因为对现实存在来说，令人畏惧的东西是：对绝不现实存在的东西来说，怎么会现在存在呢？

[**369d**] 阿：你既从现在流行的聊天中有意选择那些巧妙的话，又由此对青少年遮饰胡说；但被剥夺活着的幸福使我悲哀，即使你刚才所赞许的比那些话更令人信服，苏格拉底啊。因为我的心灵领会不了你所说的离了题的吉祥话，甚至不能感知那些同色⑤的东西；此外，一方面，它也为华丽的风格做成言辞的装饰物；另一方面，缺少真话。但我的痛苦没有被你的妙方阻止；[**369e**] 再者，用唯独能够达到我的心灵的话才使我满足。

苏：因为你，阿克西奥科斯啊，把两物连起来思考，你用坏的感觉取代了美好的剥夺，完全忘记了你将会死。[**370a**] 因为用坏的有相反感情的东西剥夺了好东西而使人痛苦，但是不存在的人甚至不能领

---

① 本段话以及以下的话 [另外参见本篇365d－366c] 虽然托名普罗狄科，但从"名哲本"第十卷 [10.124－127] 中所记载的来看，与伊壁鸠鲁属于治疗哲学的主张非常类似。

② 该词（"μάταιος"）还有"无头脑的，蠢的，无聊的，傻的，狂妄的，不敬神的"的含义。

③ 在希腊神话中，Σκύλλα 是西西里海峡旁石洞中居住的一个妖怪，她有六个头，十二只脚，一次能吞食六个水手。参见荷马《奥德赛》[12.119]。

④ 在希腊神话中，Κένταυρος 是个人首马身的怪物：马人，或人马，也即它的头部，两手臂和上半身是人类，下半身和四条腿是马的身体。

⑤ 该词（"ὁμόχροια"）是隐喻，意即千篇一律的话。

会被剥夺了好东西。所以，痛苦真的怎么就会在这个条件下产生让人不认识使人痛苦的事情呢？既然，阿克西奥科斯啊，你还没有开始感到按某种方式，根据无知，提出假定①，你就不会一度畏惧死。但现在，你改变了你自己的看法，因为你恐惧灵魂被剥夺，但你把剥夺加在灵魂身上，一则，你也害怕没有知觉；一则，你认为你感知可据有将不存在的感觉。[370b] 在其之外，有关灵魂永生也有许多美好的思想。

因为至少会死的生物就不会已经着手这样高尚的事，有如一方面，它轻视猛兽非常大的体力；另一方面，它将越过海洋，建造城市，拥立政府，向天庭仰视，并瞭望星辰的旋转，以及太阳和月亮二者的轨迹，它们的升起和下沉，日食和月食及其迅速恢复，[370c] 双子座春秋昼夜平分的二分点和冬夏二至点，昴星团②的寒冬，夏天的风和暴雨的整个过程，强风闪电，波涛横扫③，根据永恒确立宇宙的各种情况④，确实对于灵魂来说，以往如果不是通过神的某种感召，就没有能力理解和认识如此多、这样大的事物。

那么，你没有进入死亡而是改换进入不朽，阿克西奥科斯啊，非但没有夺走好的状态，反而是更纯粹的享受，[370d] 对会死的身体来说，甚至没有掺混欢乐而是完全纯粹的悲痛。因为你独自从这个牢房里⑤出来返回那儿⑥，并且到那里是全然不费力的，不哀叹的和不朽的，再者，也有某个安详的人过着更无用的非劳苦的生活，靠沉着安静很好地度过一生，向四周细察自然，爱哲学的人不是朝向乱糟糟的穷氓和剧场，而是对着繁多的真相。⑦

---

① 即指前述的死人也有一些感觉的假定。
② 该词（"Πλειάδες"）也称七姐妹星团、七簇星。金牛座是众神之神宙斯的化身。金牛座中最有名的天体，就是"两星团加一星云"的昴星团。值得一提的是，柏拉图的星象即属于金牛座。
③ 即指龙卷风。
④ 即指历法。
⑤ 即指囚禁灵魂的肉体。
⑥ 即灵魂的本来所在。
⑦ 这些说法与《共和邦篇》中关于哲学和哲学家的论述是一致的。另外参见《泰阿泰德篇》[173e – 174a]。

《阿克西奥科斯篇》

阿：你用此说法将我引到相反的立场上。因为它使我再也没有可能恐惧死亡，[370e] 而是我已经甚至向往它了——我也就好模仿某个非凡的①演说家说——我从前也讨论天体②，尤其现在述说着永恒的和神圣的轨道，我从虚弱无力出来集聚了我自己并且已经变成为一个新人。

[371a] 苏：此外，你若也愿意另一种说法，这是由高博里亚斯③，一位波斯先知向我宣告的：他说，和他同名的他的祖父在薛西斯④渡海期间为了安全被派遣到提洛⑤把守该岛——两个神⑥即诞生在该岛——他从某些青铜的书写板⑦——奥琵丝和海卡埃尔盖⑧二人从最北边之地⑨获得——里深知，灵魂自身体解脱之后走进隐秘不可测知的地域，向下在地下的寓所，在地府，冥王⑩的宫殿不比宙斯的差，

---

① 该词（"περιττός"）属于晚期阿提卡方言，既有"卓越的，超过一般的，不寻常的"等含义，也含有贬义："奇怪的，过多的，过度的，过分的，无用的；过于造作的（话）"。

② 与该词（"μετεωρολόγεω"）词干相同的其他词有"悬在空中的，升在空中的；[喻]（被空虚的希望）鼓励，打起精神；胡说天上事的骗子"等含义。暗含讽刺的意思。

③ Γοβρύας，属于某些古波斯贵族之一的 Μάγος 族的一个常见的名字，这里的 Γοβρύας 很可能是色诺芬在其《居鲁士的教育》中提及的一位将军。"Μάγος"一词含有"古波斯专门给人详梦的先知，释梦的智者僧侣；巫师，魔术师，会法术的人，江湖骗子"等意思。参见《共和邦篇》[572e]；关于道听途说的事例见《会饮篇》和 Άλβ′. 等对话作品。以下所讲的"地狱"故事可比较《共和邦篇》第十卷 [614b] 以下至对话结束关于一个复活勇士埃洛士（Ἠρός）所讲的故事。波斯王大流士杀 Μάγος 人的事见希罗多德《历史》[3.79]。

④ Ξέρξης，见前注。

⑤ Δῆλος，岛名，由于突然出现而得名，在希腊神话中，是奥林匹斯十二主神之一的孪生姐弟阿耳忒弥斯（Ἄρτεμις）和阿波罗（Ἀπόλλων）的诞生地，在公元前 5 世纪，著名的提洛同盟的总部即设立于此。该词作为形容词，即有"明显可见的，确切无疑的"的含义。

⑥ 即孪生姐弟阿耳忒弥斯（Ἄρτεμις）和阿波罗（Ἀπόλλων）。

⑦ 该词（"δέλτος"）泛指"书写板"，也指记在写字板上的法典、书信或诗作等文字内容。古代用于写字的"书写板"的材料通常是木板，这里是"青铜的书写板"，可见记载的内容一定非常重要。

⑧ 在希腊宗教和神话中，Ὦπις 和 Ἑκαέργη 是北风神的女儿，北极姑娘之一，她们给提洛岛（Δῆλος）带去第一粒种子和对女神阿耳忒弥斯的崇拜。

⑨ Ὑπερβόρεοι，意译为极北之地，北方乐土，是一个传说中的国度。在北风之外的或在最北边的词义之外，有 [专名] 住在最北边的虔诚幸福的居民；与运气组合则有超常的幸运，莫大的幸运的含义。据说，极北族人享有千年的寿命，生活非常幸福。

⑩ Πλούτων，是古代神话中的阴间（下界或冥土）的主神；Ἀίδης（哈得斯或冥王）是其别号之一，意思是"财富的赐予者"，因为最初的财富谷物是从地下长出来的。

155

[**371b**] 因为，大地①居住在宇宙的中央，围绕中心轴旋转的苍穹是球形，它的一半由天上的诸神获得；另一半由在下界的诸神获得。前者是一些诸神兄弟；后者是诸神兄弟们的一些孩子；再者，进入冥王宫殿进路的前门由铁②门闩③和铁钥匙④设防⑤；此外，打开门时，无论如何，先是阿克龙河⑥，随后是哀河⑦，[**371c**] 那些人需要将被摆渡运过河领向弥诺斯和称为真相平原的拉达曼提斯⑧。冥官在这里坐下来审判到达的每个人，当他⑨定居在他的身体期间他过着什么样的生活，一生从事什么样的事业。而撒谎是不可能的。

却说对像那些在活着期间无疑受到善良的守护神助以一臂之力的人来说，迁入属于虔诚者居住的地方。在那里，慷慨的四季长满多产的全部果实，从泉源中涌出洁净的水在流泻，一切种类的草地盛开着各式各色有春天的鲜艳的花草，有爱智慧者们的讨论，[**371d**] 诗歌创造者们⑩的剧场，大圆圈舞⑪，乐曲，曲调优美的酒会⑫和天然提供的

---

① "γῆ" 包括陆地和海，与 "οὐρανός（天）"相对。

② 远古时期的铁出产自黑海北岸和东岸。在荷马史诗中作为奖品，是贵重金属；铁在古代也作为坚硬、刚毅、顽强的象征。

③ 该词（"κλεῖθρον"）也有 "门杠或门闩" 的含义。

④ Κλείς，值得一提的是，柏拉图的原名即是与该词相同意思的 "Κλῆς"（" = κλείς"），意思是 "（开门的）钥匙"或 "门闩"。或许该篇作者在这里暗示着什么。特洛伊国王的女儿、太阳神阿波罗的女祭司、疯疯癫癫的状态下代阿波罗发布预言的卡珊德拉即有一把 "神圣的钥匙"。参见欧里庇得斯《特洛伊妇女》[256]。

⑤ 此处前后的描写参见荷马《伊利亚特》[8.14 – 8.18]。

⑥ Ἀχέρων，是冥河之一，即黄泉。

⑦ Κωκυτός，是冥土河流之一。该词本义为 "呼号、哭喊、哀悼"。

⑧ 在希腊宗教和神话中，Μίνως 和 Ῥαδάμανθυς 都是宙斯和欧罗巴之子，前者是克里特岛国王，古希腊的弥诺斯文明就是以他的名字命名。后者在弥诺斯统治克里特以前，是克里特之王，后来他被弥诺斯赶出克里特岛。相传赫拉达曼提斯死后做了冥界的判官，专门惩罚罪人。弥诺斯和他的兄弟赫拉达曼提斯一样，死后也做了冥界的判官。参见《高尔吉亚篇》[523e – 526d] 中关于他们事迹的类似的描述。另外参见亚里士多德《政治学》[1271b36 – 40]。

⑨ 即指 "灵魂"。

⑩ 该词（"ποιητής"）在指诗歌创造者时，特指 "情节的创作者、诗人"，若加阳性冠词 "ὁ"，则特指荷马。

⑪ 该词组（"χορός κυκλικός"）指在表演酒神颂歌时，由五十人合跳的舞蹈。

⑫ 古希腊人在餐后才开酒会，酒会上进行谈话或哲学讨论。在史诗和悲剧中，该词（"συμποσία"）指 "会饮、聚饮或宴酒"；参见柏拉图和色诺芬各自写的《会饮篇》。

《阿克西奥科斯篇》

宴会，纯粹的、不引起痛苦的和喜悦的生活，因为既无可能过度严寒也没有可能过度炎热，而是沐浴在散发着温和的空气、掺和着柔和的阳光下生活。那儿，给参加宗教秘仪的人以某种荣誉座位：在那里，他们完成虔敬的敬神的宗教仪式。

却说在受到的尊重中你怎么没有为首的份儿，你是众神的后代吗？[**371e**] 尤其有关赫拉克勒斯①和狄俄尼索斯②在下往③哈德斯④的冥土那儿之前的传说⑤是这样的，他们就参加了宗教秘仪⑥，也被得墨忒耳女神⑦召唤起到那地方旅行的勇气⑧。

但对那些四处行走、为非作歹的人来说，穿过冥土下面的深坑⑨被复仇女神⑩带往幽冥⑪和深渊，在那里，有一块属于不敬神者的地方：

---

① 在希腊神话中，Ἡρακλῆς是宙斯和凡女阿勒克麦奈（Ἀλκμήνη）的儿子，为希腊最伟大的英雄。

② Διόνυσος，是希腊宗教和神话中的酒神、葡萄园的主神、戏剧的保护神。传说中他是宙斯与凡女塞墨勒（Σεμέλη）之子，又有说是宙斯与冥界之王后女神珀耳塞福奈（Περσεφόνη）之子。古希腊人对酒神的祭祀是秘密宗教仪式之一，而专属酒神的狄俄尼索斯狂欢仪式是最秘密的宗教仪式。参见尼采《悲剧的诞生》。

③ 该词（"κάτειμι"）也有"从流放中回国、回家"的含义。双关语，指灵魂自肉体中出来回到应去的地方。

④ Ἅιδης，在古希腊神话中，哈得斯是冥土的主神，该词也即指阴间。

⑤ 该词（"λόγος"）在指"传说或故事"时，与神话和正史相对。

⑥ 该词（"μυέω"）指"参加宗教秘仪或入秘教"；也比喻"使得到（科学艺术等的）秘诀"。可视为双关语。

⑦ Δημήτηρ，是希腊神话中司掌农业、谷物和母性之爱的地母神，还被尊奉为立法女神或正义女神，也是奥林匹斯十二主神之一。埃莱屿西斯（Δημήτηρ）是希腊阿提卡西部的城市，是农神Δημήτηρ（得墨忒耳）的圣地和得墨忒耳秘教的发祥地。存在于埃莱屿西斯的得墨忒耳秘教是希腊最重要的秘教，那些入其秘教者被许诺死后在阴间享有幸福的生活。埃莱屿西斯也是被誉为古希腊最伟大的悲剧作家之一的埃斯库罗斯的故乡。

⑧ 该词（"θάρσος"）也有贬义："胆大包天，莽撞，冒失"，是双关语。

⑨ 该词（"Τάρταρος"）指"冥土下面的深坑"，在希腊神话中，Τάρταρος是"地狱"的代名词，提坦巨神族（τιτᾶνες）曾被囚禁在这坑里。它是人死后灵魂的归所，用冥河与人间世界连通。坑与冥土的距离等于地与天的距离，该词在晚期希腊语中泛指冥界，亡灵受刑的地方。

⑩ Ἐρινύες，复仇神，是希腊神话中的三个复仇女神。她们的名字是Τισιφόνη，意为"向凶手复仇"；Ἀληκτώ，意为"永无止境"；Μέγαιρα，意为"嫉妒"。

⑪ 该词（"Ἔρεβος"）在希腊神话中指位于阳世与冥土之间的过渡地段或状态。类似佛教所谓的"中阴"。

达那奥斯的子孙①无尽头的取水，坦塔洛斯②的口渴，提堤奥斯③的内脏永久被吞噬和产生，西西福斯④的岩石永无止境的苦难，其劳苦的终点就是艰辛的重新开始。

[**372a**] 在那儿，他们也将被食肉兽全舔光，由惩罚女神们⑤用火炬持续烘烤并用任何一种虐待折磨，他们因永恒的惩罚而苦恼。

那些故事我真的是听自高博里亚斯的，但你就会决定，阿克西奥科斯。既然我被那故事向反方向拉，我仅仅知道这点：所有的灵魂全都是不朽的，再者，当它从这地方⑥迁移出来时也是不引起痛苦的。那么，或者是在下界的死者，或者是尘世的人，你都应当是走运的，阿克西奥科斯，如果你虔诚地⑦生活。⑧

阿：我羞于对你说什么，苏格拉底啊，因为到目前为止，我还畏惧死亡，那么从此，甚至我已乞求它了。这样，我也被这故事，也被天上的观点，说服了，我尤其已经不把活着放在心上了，为我迁入更好的寓所的缘故。但此刻我将平静地独自考虑你所说的话。不过午后，你来我家做客，苏格拉底啊！

---

① 在希腊神话中，Δαναίδαι是阿耳戈斯（Άργος）王达那奥斯（Δαναός）治下的人民，在荷马诗中泛指希腊人。

② 在希腊神话中，Τάντᾰλος是宙斯的儿子，著名的Πελοπίδας家族的祖先，他因为泄露神的秘密，在冥土受罚，站在河水中，头上悬着树上的果子，但永远吃不到。

③ Τιτυός，希腊神话中的巨人，是宙斯和凡人少女厄拉娜（Ἐλάρα）所生；而荷马在《奥德赛》中则说他的母亲是最古老的创世神之一的地神该亚（Γαίη）。他被阿耳忒弥斯和阿波罗姐弟俩杀死。

④ 在希腊神话中，Σίσῡφος是科林斯（Κόρινθος）原来的古城Ἐφύρα的建立者和国王，后因犯欺诈罪，被天神惩罚，在冥土受苦，他永远推一块大石头上山，快到山顶石头复又滚下。尤其参见缪塞的小说《西西福斯的神话》的阐释。

⑤ 该词（"Ποίνη"）本义为"惩罚，报偿，赔偿，报复"等，拟人为"复仇女神"。

⑥ 该词（"χωρίον"）本义为"地区"，这里可以引申为"尘世或身体"之意思。

⑦ 该词（"εὐσεβής"）也有"敬神的，孝敬父母的，行为正当的"等含义。

⑧ 以上就像是在描述"天堂"和"地狱"的情景，对话中的苏格拉底俨然是一个基督教传教士的口气。类似的描述参见《斐多篇》[107c–108d；113d–114d]。

《阿克西奥科斯篇》

苏：我将依你所说的做，但我也回到快犬体育场里去，当时在散步①中，我被从那里召唤②到这儿。

---

① 该词（"περίπατος"）有"走来走去：散步，散步的长廊；在长廊中散步时的讲课，讨论；散步学派（特指亚里士多德学派）"等含义；也泛指"哲学讨论"。也可视为双关语，暗示苏格拉底的"聊天"——进行他的"说教"。

② 该词（"μετεκληθήν"）在"希汉词典"、LEXICON PLATONICUM 和 HANDWORTER-BUCH DER GRIECHISCHEN SPRACHE 以及 Greek Word Study Tool 中都没有被收录。它可能是该篇的作者自造的一个"μετά + καλέω"的复合词，"μετά"是前置词，有"表示改变位置、条件、主意"等许多词义；"καλέω"除了"呼唤，召回，招来"之义，还有"请到家里来，邀请；呼唤众神，向众神呼吁，祈求；［法律用语］传讯，传（某人）出庭"等含义。因此，也不乏双关语义。说明苏格拉底不是不请自来，或不速之客，甚或是将他当作"神"请来拯救阿克西奥科斯。"C 本""V. C 本"和"L. B. L 本"分别译为"summoned""appelé"和"appelé"；基本意思都是"召唤"；但"S 本"的"abberufen"有"召回"甚至"［婉转语和文雅语］去世"的意思。

《傣邬道科斯篇》*

对话人①：苏格拉底；傣邬道科斯；无名同伴甲和乙等数人

第一部分

[380a] **苏格拉底**：然而你恳求我，傣邬道科斯②啊，给你们聚会审议的事提出劝告③；但我想询问你们为什么有可能集会和期望要给你们什么劝告以及为什么你们每人打算投票。一方面，若非正确地和有见识地给你们聚会审议的事提出劝告，那么，给你们聚会审议的事提出的劝告怎么会不是滑稽可笑的呢？[380b] 另一方面，假如给这样的事提出的劝告真的是正确的和有见识的，但离开知识④给这样的事提出的劝告没有一个是正确的和有见识的，这怎么会不是荒诞不经的呢？

---

* 原文标题是"ΔΗΜΟΔΟΚΟΣ"，中译文根据"B 本"并参考了"C 本""S 本"和"L. B. L 本"译出。

① 该篇没有明确命名对话人，但应被视为是以苏格拉底为主并由他转述的对话，其他对话人是由中译者根据内容添加的。中译文按照对话的内容将其分为四部分。参见 [C 注 1] p. 1699。

② Δημόδοκος，傣邬道科斯是一个历史人物，一个苏格拉底同时代的年纪较大的人。他可能是一位政治家，因《申辩篇》[33e] 和 Θε. 而知名，在这两篇对话中，他是塞亚革斯的父亲。此外，值得一提的是，"Δημόδοκος"的词干"Δημό"有"民众"的含义。而"Δημός"有"民众，平民；人民，公民（尤指雅典有公民权的人）；民主政体"等含义。因此，猜测地说，也有可能是作者有意采用的人名，暗示对话与有关民主参与的主题一致。

③ 该词（"βουλευσόμενοι"）的原形动词（"βουλεύω"，即通常指词典中的第一人称单数现在时）和名词（"συμβουλή"）均有"建议，劝告；商量，商议，讨论，审议"等含义。因此，中译文以下视上下文语境而译为"劝告"或"审议"。

④ 该词（"ἐπιστήμη"）也有"智慧，经验，学问"等含义。

《傣崩道科斯篇》

再者，如果某人若离开知识给这样的事提出正确的劝告，也就必然不懂得给有关这样的事提出某些正确的劝告，是吧？此外，假如某些人懂得给你们聚会审议的事提出劝告，[380c] 你们也不必然地真懂得有关这样的事的劝告，或者不懂得有关这样的事的劝告，或者，一则，你们中的有些人懂得它们；一则，你们中的有些人不懂得它们，是吗？于是，假如你们全都懂，为什么你们还需要聚会审议呢？既然你们每个人很精通劝告。但是此外，假如你们全都不懂得，你们怎样就有能力审议呢？或者，你们的确就不懂得审议的事情，那对你们来说，这集会有什么益处呢？

此外，一方面，如果你们中的有些人懂得审议；[380d] 另一方面，你们中的有些人不懂得审议，但后者假如需要劝告，那么，假如有理性的①人给不懂的人提出劝告是可能的，他一定也是有能力给〈你们〉中〈不〉懂得的人提出劝告的②。或者，若是那些人全都不懂审议呢？那么，你们应该终止听取他们的劝告是适宜的。但你们现在不做那事，却打算听取许多的劝告。你们当然不认为企图给你们审议的事提供建议的人懂得你们审议的事。

因为，如果你们假设给你们审议的事提供建议的人们懂得你们审议的事，那么，你们就会满足于只听取他们中的一个人的建议。[381a] 因而，你们聚会听取不知道，比如，做什么是适宜的人的劝告，怎么会不是荒诞不经的呢？有关你们的集会，我甚至对之不知所措③。

至于你们期望的给你们提建议的善意，那是没办法提的，原因如下：

假设，他们真的没有给有关他们商议的同一事项提出同一种建议，那么，如果他们没有提出由提出正确建议的人提出建议的话，他们所有人所建议的怎么会是优秀的？[381b] 或者他们热衷忙于为不懂得的

---

① 该词（"ἔμφρων"）也有"有头脑的，有思想的，精明的"等含义。
② 据 [C 注 2] p.1700，此句中有两处需要校正，增加"不"和改与格的"你们"为属格的"你们"。中译者接受此说，并将其置于尖括号中。
③ 该词（"ἄπορος"）也有"没办法的，难对付的"等含义。

事项提建议的善意怎么会不是荒谬的呢？因为他们是有见识的，决不会宁愿选择给予不正确的建议。但另一方面，如果他们给出同一种建议，为什么大家应当都给予他们劝告呢？既然他们中的一个人有能力给予那些相同的①建议。的确，这样热衷于做事，甚至就没有产生有益的结果，怎么会不是可笑的呢？

因而，既不至少是这样，不懂提建议的热心就不会是可笑的，[**381c**] 有头脑的人也就不会是这样热衷于提建议了，他们也知道他们中的任何一个人会给予那情况同一种建议的，当他的确适合于提建议时。那么，那种期望给予你们建议的好意怎么会不是可笑的〈呢〉，当我发现做不到时〈？〉。②

再者，关于你们为什么能够打算投票的事，我最为不知所措。你们究竟如何断定两者中的哪一个是知道给予你们建议的人呢？不过他们中提意见的人不会多于一个，也不那样对同一个问题给予不同的意见；那么，你们为那些人投票真是不应当。

[**381d**]〈或者〉你们在断定不懂的和免得需要给予建议的人吗？〈另外〉，你们不许可劝告与这样的人，比如发了疯的人，有关系吧③？但是，如果你们断定的既不是有见识的也不是无经验的人，那么，你们在断定哪些人呢？

此外，最初，如果真的你们是有能力断定这样一些事情的人，为什么完全需要他人给你们建议呢？但另一方面，如果你们不是有能力断定这样一些事情的人，对你们来说，投票甚至有可能是什么呢？怎么会不是荒谬的呢？一则，你们聚会商议，[**381e**] 由于需要建议和你们自己没有能力建议；一则，你们聚会认为应该投票，因为你们是有能力断定的。

---

① 据［C注3］p.1700，此句中有一处需要订正，改"τὰ αὐτὰ"为"ταῦτα"，即"那些相同的"为"那些"。中译者认为区别不大。

② 据［C注4］p.1701，此句中有一处需要订正，在c4将问号更换为逗号。因此，可以删除尖括号中的"呢"和问号。

③ 据［C注5］p.1701，此两句中有两处需要校正，将原文d1中的ἀλλὰ［另外］和在d2中的ἤ［或者］加以置换。

《埃昂道科斯篇》

一方面，因为就个人而言，你们当然不知道；另一方面，聚会使你们成为明智的。此外，一则，你们个人私下里不知所措；一则，回到同一聚会，你们不再不知所措，却变得有能力决定某种性质的事是应当做的，而且你们没有向某个人学习，你们自己甚至没有发现，这是所有事情中最令人惊异的。因为有关那些事，假设你们甚至不能决定应当做的，[382a] 你们将绝没有能力断定给你们正确建议的任何人。

再者，但至少不是你们中的这同一个审议者，而是一个说他将教你们〈和决定〉① 你们应该做哪些事的建议者，尤其他也断定不给你们坏的建议的那些人，假如他在短期内如此做，尽管你们是这样的众多。

此外，这显然就绝不差于先前令人惊异的假设。但如果既没有集会也没有使你们有能力做断定的建议者，在你们看来，投票的用途是什么呢？

或者，你们的集会与你们的投票 [382b] 和你们的投票与给你们建议的建议者的热衷怎么会不抵触呢？一方面，因为你们集会是由于你们没有能力，但是需要建议者；另一方面，你们投票是由于你们不需要建议者，但也能够断定和提出建议。一则，对你们而言，建议者的热心是由于他们是懂得提建议的人；一则，从你们的投票来看，是由于给予建议者是不懂得提建议的人。

假如，[382c] 在你们投了票之后，有人问你们，尤其是在他给你们有关一些你们就会投票的建议之后，你们两者中的哪一个知道将是由于这缘故，你们打算采取你们投票决定的行动，我不认为你就会说你们知道。

但是怎么，如果你们就是由于这缘故打算采取行动的，你们知道这将对你们有利吗？但我认为你们不会。给你们建议者也不会说你们知道。再者，如果② 有人对你们说，你们认为人们中的谁知道这些事情

---

① 据 [C 注6] p.1701，此句中，在 [382a 3] 的"διδάξειν（教）"后添加"καὶ συνορᾶν（和决定）"。

② 据 [C 注7] p.1702，此两句中有两处需要校正，在原文 c6 "δὲ" 为 "δ' εἰ"，并在 c7 用逗号代替问号。译者接受后一说，将其置于尖括号中。

的什么事〈,〉我认为你们甚至不会应允人们知道那。

所以,不论什么时候,像有关你们提出建议的这样的事项,对你们来说,不是明显可见的,[**382d**] 有关这样的事项的投票者和建议者二者都是不懂的人。你们也可能假定,人们偶然发生不信任并常常将会改变他们自己对有关所建议的和所投的票的想法。但这样的事情不适合于落到好人身上。因为他们也知道有关他们所提建议的事项是什么样的,并且知道对他们所劝说的那些事项本身因为建议的缘故是可信赖的,以及他们还既不对自己,也不对他们劝说的事项本身改变想法。

[**382e**] 所以,至少在我这方面,我认为给具有头脑的人提有关这样事项的建议是值得的,但不是有关你恳求我提建议的事项。因为一方面,出于前者的建议结果可能成功;另一方面,从后者而来的闲谈会落空。

第二部分

此外,某人告诫他自己的同伴时,我在场。由于他①相信告发者没有听取被告发者却仅仅听取告发者,因而,他②说他指责③那人时,他在做可怕的事,他自己既没有在场,[**383a**] 也没有听取曾经在场的朋友们的话,他信赖他们告诉他的话是公平合理的;而且他甚至没有听取双方的话,就这样轻率地相信了告发者。

但事先赞扬或责备也理应听取被告,正如也听取原告。如果不听取原告和被告双方,任何人怎么就会顺利地断案判决或能够按照某一方式审问人们呢?因为通过把各种推论放在一起互相比较,[**383b**] 就像比较紫色④和黄金,是为了更好地判断。或者由于某人的缘故或者时

---

① 指同伴。
② 指某人。
③ 据 [C 注 10](p.1702),在原文 e9 "καταγιγνώσκων(指责)" 很可能是 "προκαταγιγνώσκων(预先判定)" 一词。
④ 该词("πορφύρα")本义是"紫骨螺",也指由紫骨螺的骨上取来的紫色染料,这种紫色的颜色比较发亮。

《 忒 阿 革 斯 篇 》

间容许原告和被告双方，或者审判者们以同样方式发誓聆听双方，若非立法者曾认为审判就会更公正和由审判者们判决得更好，是吗？

但在我看来，你甚至仿佛没有听过被常说的那一句俗话。

"什么样的俗话？"他问。

[**383c**] 你绝不断案判决，在你听说了那两个故事之前①。那它就不会真的如此传播，若不是说得妙，和说得如此适宜。

"所以，我劝告你"，他说，"今后，别如此轻率地指责或赞美人们②。"

于是，他的同伴说，在他自己看来，显然可见这是荒诞不经的。如果，一方面，不能判断一个劝告者说的是真话还是假话；另一方面，有能力判断两个劝告者说的是真话还是假话。一则，如果也不能从讲真话的某人知道；[**383d**] 一则，同一事项能够被那同一个人和其他撒谎的人一起教给；并且如果，一方面，一个正确地告诉和讲真话的人不能表明他所说的那些事；另一方面，两个人，两者中的一个说假话和不正确地说，能表明正确地说话的人所不能表明的那些事。

"但我不知所措"，他说，"尤其那件事：他们一度怎样表明的。是因为保持沉默还是宣告？如果真的因为他们不说出来表明了，它就应当是非此非彼的③，至少绝不要听取两边的话；再者，如果他们两边都说出来表明了，[**383e**] 但双方没有按照某一方式讲述——因为要求两者中的每一个轮流讲述——他们双方怎么能同时表明呢？"

---

① 此句引自赫西俄德《残篇》[338]（R. Merkelbach and M. L. West.）。参见［C 注 12］p.1702. 此句也可意译为：在你听说了两造之辞后，再断案判决。或：你若没有听说那两个故事，就绝不要断案判决。

② 原 文（τοῦ λοιποῦ μὴ προπετῶς οὕτως τοὺς ἀνθρώπους μήτε μέμφεσθαι μητ᾿ ἐπαινεῖν.）如此，似有误，多了"μήτε……μήτε……"（"既不……也不……"）或者多了否定词"μή"。或者，按照古希腊语语法，不译出"μή"（但这只限于"恐怕，担心"等动词或用在具有否定含义的动词之后，"μή"不是否定，可不译出，或只表示加强语气），则可译为："今后，既不如此轻率地指责人们也不如此轻率地赞美人们。""C 本"（p.1703）的译文为："in the future not to blame or praise men so rashly."，可能正确。类似地，"L. B. L 本"和"S 本"的译文分别为："de ne plus blâmer ou louer les hommes aussi témérairement."和"daß du in Zukunft nicht so rasch weder mit deinem Tadel noch mit deinem Lobe anderenr Leute bei der Hand bist."。

③ 该词（"οὐδέτερος"）有"处于中间状态：非此非彼的，或两者都不是的"等含义，意即可以对之不置可否。

· 165 ·

"如果他们双方能同时表明，他们也一度能够同时讲说。但不被允许。那么最后，如果他们真的能通过讲述表明，那他们每个人都能通过讲述表明；而且甚至当他们每个人讲说时，那时候，他们中的每个人也都能表明。因此，一方面，第一个人先说；另一方面，第二个人后说；甚至，一则，第一个人先表明；第二个人后表明。"

"然而，如果真的两者中的每一个依次表明了同一事，为什么仍需听后一说者的表明呢？既然该事项已经被先说的第一个人表明了。"[384a]"此外，那件事"，他说，"果真双方都表明了，他们中的另一个怎么不会也表明呢？既然他们中的另一个没有表明，这双方怎么就能表明呢？但如果他们每一个表明了，显然，第一个先说的人①也是第一个先表明的人；那么，唯独听取他的建议之后怎么就不能判定事情呢？②"

总之，我在听取他们的对话后不知所措，也不能断定；因为真的，在场的其他人说，第一个人说的是真话。[384b]所以，有关那些事，如果你有能力就让我理解点什么，如果你打算得知两者中谁说的是真的，是当一个人说时你判断他说什么，或是还需要反驳者的话；或者听取双方的话不是非做不可的。你怎么认为的？

第三部分

不久前，有人非难③某一人，就因后者不乐意借给他银钱，甚至不相信他。一方面，受非难的那个人也为自己申辩；另一方面，在场的某个人问非难者，[384c]不信任他甚至不给他借钱的那一个是真的犯了错；"还是你"，他说，"没有犯错，在没有说服他给你借钱方面？"

"但我究竟犯了什么错？"他说。

---

① 据［C注13］p.1703，在 a 4 "说"（ἐρεῖ）之前应该增加一个主格的阳性关系代词"ὅς"。

② 据［C注14］p.1703，原文的句号似乎应该替换为问号。

③ 该词（"ἐγκαλέω"）除了有"指责、非难以及收回债款"等意思外，也有"起诉、控告"等含义。可视为双关语。

《傣昴道科斯篇》

"但二者中的哪一个",他说,"在你看来是犯了错呢?是没有成功得到他想要的人,还是成功得到他想要的人?"

"是前者。"他说。

"那么",他说,"一则,你没有成功,因为你想要借钱,是吧?一则,他不想借钱,为此,他没有失败,是吗?"

"是的",他说,"但我犯了什么错,假如那个人不给我借钱的话?"

"就因如果,一则,你向他乞求",他说,"没必要乞求的东西,你认为你怎么不会犯错呢?一则,不给的那人做得正确。[384d]再者,如果你向他乞求你需要乞求的东西,为此,未能得到它,你怎么不会必然地犯错呢?"

"很可能",他说。"但那人怎么不会犯错呢?如果他不信任我的话?"

"的确",他说,"如果你与他交往①,以致与你有关系,难道你不就不会犯错了吗?"

"真的,绝不会犯错。"

"毕竟此刻,你没有与他交往以致与你有关系。"

"我显然没有。"他说。

"所以,如果你没有跟他结成朋友而与你有关系,他不相信你,你怎么就会正当地责怪那个人呢?"

[384e]"我不知怎么说。"

"甚至你不能说对坏的密友们是不必留心的吗?"

"尤其是",他说,"那的确。"

"无论如何,不要结交那些与你没有关系的人们",他说,"他们似乎恶待你,是吗?"

"至少对我来说,是的。"他说。

"所以,他做错了什么呢,如果由于恶待,他与你没有关系的话?"

"似乎绝没有错。"他说。

---

① 该词("προσομίλεω")也有"做伴,从事于(某事),交谈,(尤其是含有色情的)交欢"等含义,可视为双关语。

167

"却说，为什么人们一度这样彼此非难"，他说，"尤其，一方面，在人们看来，非难人们不相信他们，就因他们未被说服①；另一方面，就因没有说服，无论如何，他们甚至不责怪他们自己呢？"

[385a] 在场的别的某人也说："不论什么时候，因为任何一个人善待和援助他，后来，他遇见那人，向他要求以同样的方式待他而不得，在这样的情形下，他怎么就不可能责怪那人呢？"

"难道你不"，他说，"要求他以同样的方式对待，真地或者他能够美好地对待，或者他不能够美好地对待吗？假如他真的不能，他怎么就会要求他美好地对待，要求不能做到美好地对待他的呢？但如果他能，他怎么可能不劝说这样的人呢？或者说这样话的人们能用什么方法美好地说吗？"

[385b] "是的，我凭宙斯起誓，无疑"，他说，"他应该非难那种行为，为了今后那人更好地对待他，其他的朋友也听取他的非难。"

"但更好地对待"，他说，"你认为那些人是在听取正确地说和要求时，还是在听取犯错误时？"

"正确地说时。"他说。

"但在你看来，似乎他们没有提出正确的要求吗？"

"是的。"他说。

"所以，当听到指责的这样的一些话，他们怎么会更好地对待呢？"

"绝不会。"他说。

"所以，由于这缘故，谁将能这样指责呢？"

[385c] 他说："就会可能找不到能这样的指责者。"

第四部分

某人责骂一个心地单纯的②人，就因他甚至迅即信任偶然遇见对他

---

① 该词（"πείθω"）有"相信，信赖；祈求（天神息怒），贿赂，收买，怂恿，挑动，驱使"等含义，也具有贬义："哄骗，诓哄"。可视为双关语。

② 该词（"εὐήθεια"）有"善良，朴实"的含义，也有贬义："头脑简单，愚蠢"。可视为双关语。

《傣帕道科斯篇》

讲述的任何人。

一方面，信任给你讲述的同胞和亲友是很可能的；另一方面，相信你自己先前既没见过也没听说过的这样的一些人，相信那些人也并非无知，就因大多数的人是骗子①和卑劣者，这一点不是愚蠢的迹象。

[**385d**] 在场的某个人也说："但是，我原料想你也就会相信遇见的敏捷地感觉到了许多事情的人，比起迟缓地这么做的人，是更为合适的②。"

"我的确相信。"前者说。

他问："却说你为什么指责他呢，如果他也迅即就相信遇见的讲真话的人们的话？但假如他在更长的时间内也没有信任偶然遇见的那些人和受到指责③，你就断不更为非难他，是吗？"

"至少在我这方面，就会的。"他说。

"正是由于他的确是迟缓地相信和不信任偶然遇见的任何人吗？"

[**385e**] "宙斯在上！④"他说。

"我预料你当然不是认为"，他说，"由于这个缘故，指责一个人是合适的，却是由于他信任说不可信之事者的缘故。"

"至少在我这方面，是真的。"他说。

"却说两者中的哪一个？"他说，"是一方面，你不认为指责他是合适的，是由于他迟缓地信任人和不信任偶然遇见的任何人；还是另一方面，指责他是合适的，是由于他迅即地相信人和相信偶然遇见者呢？"

"至少在我这方面，都不是。"他说。

"于是，为什么"，他问，"你指责他呢？"

---

① 该词（"ἀλαζών"）本义为"流浪者"。比喻义为"骗子"。
② 参见《卡尔米德篇》[160a]。
③ 据[C注16]（p.1705）的校正，在原文 d 7 的"ἠτιᾶτο（责怪）"为"被骗（ἠπατᾶτο）"。"L.B.L本"（XIII.3.p.52）和"S本"（III.p.822）没有对此说明，直接按照已经校对的原文"ἠπατᾶτο"译为"se laisse tromper"和"sich täuschen ließe"。意思均为"受骗"。
④ 原文如此，可有两种意思，或肯定（当然是），或否定（绝不是）。参见"C本"p.1705，它译为否定的意思："当然不是。"

169

"就因他犯错，在考虑此事之前就迅即地相信那些偶然遇见者。"

[**386a**] "但如果他在考虑此事之前缓慢地信任他们，他就不会犯错了吗？"

"宙斯在上！"他说，"但他也会甚至一样①如此地犯错。另外，我认为他不应相信那些偶然遇见者。"

"但如果你认为他不应信任那些偶然遇见者"，他说，"那么，这怎么和迅即地相信不相识者有关呢？你却认为他应该首先考虑他们是否说实话。"

"至少在我这方面，是这样认为的。"他说。

"果真他们是亲友和熟人"，他说，"就无须考虑他们是否说真话。"

"我真的会说，他需要。"他回答。

他说："因为很可能那些人中的有些人也说不可信的事。"

"的确是。"他回答说。

"却说，为什么"，[**386b**] 他说，"相信你的亲友和熟人，比相信那些偶然遇见者更为合理呢？"

"我没有能力说。"他回答。

"但是怎么？如果你②应该比相信那些偶然遇见者更为信任你的亲友，难道你不也应该觉得他们比那些偶然遇见者更为值得信赖吗③？"他说。

"怎么会不是这样？④"他说。

---

① 该词（"ἥσσων"）[阿提卡方言为"ἥττων"] 的字面意思是"较差的，要差些"，前面加否定词，则可理解为至少是一样的。参见 *Greek Word Study Tool* 中对 ἥσσων 的释义 Ⅲ。另外参见亚里士多德《政治学》[1307a14]，以及《天象学》[340b7] 关于该词用于比较的用法。

② 据 [C 注 17] p. 1706 的校正，删除在原文 b2 即"你"之后的否定词 οὐ，是可取的。

③ 据 [C 注 18] p. 1706 的校正，在原文 b3-4，将 οὐκ ἀπίστους 置换为 οὐ καὶ πιστούς。根据语境是可取的。如此，则相反于原文的意思："难道你不应该觉得他们比那些偶然遇见者更为不值得信任吗？"类似地，"L. B. L 本"和"S 本"的译文分别为："n'est-ce pas qu'il faut les juger aussi plus dignes de foi que ces derniers?" 和 "muß man da nicht jene auch für zuverlässiger halten als diese?"

④ 该句式表示肯定，意思即"当然会是这样！"

《傣郭道科斯篇》

"于是，假如，一则，他们是亲友；一则，他们是一些不相识者，你怎么会不认为他们比他们自己①是更为值得信赖的呢？你当然不应该认为亲友本身和不相识者也同样地是值得信任的，照你说的。"

"你说的，我不同意。"他回答。

"此外，同样地"，他说，"一方面，有些人也相信由他们所说的话，另一方面，一些人也将其视为不可信的，而他们中的非此非彼者将犯错误。"

"尤其荒诞不经。"他说。

"真的吗？"他说，"如果亲友们和那些偶然遇见者还是说同样的事，他们所说的怎么就会不同样地是可信的或者不可信的呢？"

[**386c**] "必然是这样。"他说。

"那么，你甚至就不应该同样地信任那些说这些事的人吗，当他们说它们时？"

"这是合理的②。"他说。③

回头说，当他们讲述那些事情时，我不知所措，到底我应该和不该信任的是哪些人，尤其是我应该相信值得信赖的人和知道有关他们所说的是什么的人呢，还是那些亲友和熟人呢？关于那些事，却说你是怎样认为的呢？

---

① 据［C 注 19］p. 1706 的校正，在原文 b 6 将肯定代词（自己）单数的与格 αὐτῷ 置换为肯定代词复数的属格 αὐτῶν。如此，则"他们"是指"亲友"，"他们自己"是指"不相识者"。

② 该词（"πιθανός"）有"使人信服的，有说服力的，能说会道的（演说家），可信的，合理的（传闻），得人心的，能使人信服的"等含义，也有贬义："似是而非的，花言巧语的，貌似有理的"。有双关语味道，因为该词更倾向于贬义。若完全肯定"可信的，合理的"等意思，则用"πιστικός"一词。

③ 以上转述的话至此结束。下面一段是总结的话。

《埃律克夏斯篇》[*]

对话人①：苏格拉底（以下简称苏）；埃拉西司特拉托斯（以下简称埃拉）；埃律克夏斯（以下简称埃律）；克里提亚斯（以下简称克）

[**392a**] 苏：(我和斯泰依瑞埃依司区②的埃律克夏斯③碰巧在解放者宙斯④的柱廊⑤间漫步；后来，克里提亚斯⑥和埃拉西司特拉托斯之子⑦菲亚克斯⑧的侄子埃拉西司特拉托斯⑨往访我们——再者，埃拉西

---

[*] 原文标题是"ΕΡΥΞΙΑΣ"，中译文根据"B本"并参考了"L. B. L 本""C 本""S 本"和"J 本"译出。

① 该篇是以苏格拉底为主并由他转述的对话，文中的对话人和括号是由中译者根据内容添加的；在伪柏拉图作品中，本篇对话的人物也是相对最多的一篇对话。

② Στειριεύς 区在雅典城北部。参见 Ἱπ. [229a]。

③ Ἐρυξίας，生平不详，在对话中是克里底亚的朋友和亲戚。参见本篇 [396d]。

④ 宙斯的称号有许多种，"解放者"（Ἐλευθέριος，也有"像自由人那样发言的，像自由人那样行动的；慷慨的；高尚的"等含义）是宙斯的称号之一。Θε. 有同样的对话地点。

⑤ 该词（"στοά"）本义是"柱廊，走廊，回廊；[雅典]的谷仓，粮库"，也指"画廊派"或"斯多亚派"。

⑥ Κριτίας（公元前 460—前 403 年），是古代雅典政治人物和作者。三十僭主的主要成员，写有《西西弗斯》片段。他与苏格拉底友善，也是柏拉图的表兄（柏拉图母亲的大表姐的儿子），但据"名哲本"[3.1] 中记载，他是柏拉图的叔伯。他在一次与反对三十僭主者的战斗中被杀。参见《克里底亚篇》《普罗泰戈拉篇》和《卡尔米德篇》以及《蒂迈欧篇》等中的描写。

⑦ Ἐρασίστρατος，指老埃拉西司特拉陶斯，是小埃拉西司特拉陶斯的祖父。

⑧ Φαίαξ，是雅典的一位演说家、政治家。

⑨ Ἐρασίστρατος，斐亚克斯（Φαίαξ）的侄子。小埃拉西司特拉托斯，可能与克里底亚一样，属于三十僭主之一。在古代，本篇对话又名《埃拉西司特拉托斯篇》。参见"名哲本"[3.62]。

《埃津克夏斯篇》

司特拉托斯恰巧其时新近从西西里岛①及其附近地方来——当他接近我时，他就说："你好！苏格拉底啊。")［**392b**］"是的，你也好。当然啦！你有从西西里岛而来的什么美好的事情告诉我们的吗？"

埃拉："当然有，但你们愿意先让我们坐下吗？因为我昨天从迈加拉②疲于行走③。"

苏：是的，当然，如果在你看来。

埃拉：却说你们首先想听那地方的什么情况？是有关他们那些人在干什么，还是他们怎样针对我们的城邦忙于做什么吗？因为我认为那些人对我们感情用事，反正像是马蜂。因为尤其假使有人一点一点地激怒他们，让他们生气，他们就变成没人敢攻打的人，直到有人渴望将他们全体赶出巢的时候。叙拉古人④真的尤其如此。若任何人不依靠很强有力的行动到那地方制造远征，在那地方的城邦就不可能一度在我们的控制之下⑤。但是通过那些小的激怒他们就会更为生气，［**392c**］这样以致他们就会是最险恶的敌人。尽管如此，但他们甚至现在向我们打发使节⑥，真的，依我看来，他们有点儿打算哄骗我们的城邦。

（［**392d**］在我们交谈期间，叙拉古的使节们恰好从我们旁边过去。所以，埃拉西司特拉托斯指向其中之一说：）

这人一定，苏格拉底啊，是西西里岛和意大利⑦最富有的。怎么不

---

① Σικελία，西西里岛是地中海上最大的岛屿；约公元前750年，希腊人开始在西西里岛生活，建立了许多重要的定居点，其中最重要的殖民地是叙拉古。西西里岛现今是意大利的一个自治区。

② Μέγαρα，在古代是一个位于阿提卡西部（或雅典以西34公里）的城市。

③ 比较《卡尔米德篇》开头的类似描写。

④ Συράκουσαι，是位于西西里岛的一个城邦，公元前734年或公元前733年由希腊在西西里岛的定居者所建立。参见前注。

⑤ 根据此段话，本篇的谈话时间大概发生在公元前415年雅典海军在阿尔基比亚德斯和尼基亚斯等人领导下远征叙拉古之前。

⑥ Πρεσβεύς，通常由长老或元老组成。

⑦ Ἰταλία，公元前17世纪和公元前11世纪之间，希腊的迈锡尼人开始同居住在意大利的人接触，并且在公元前8世纪和公元前7世纪，希腊殖民者开始在西西里岛和意大利半岛南部沿岸建立殖民地，意大利半岛南部的部分地区则被称为大希腊（Μεγάλη Ἑλλάς）。

是这样呢？他的确有土地，也是这样充足，他既然富有，只要这个家伙愿意，就有非常广大的耕地。因此，它也真的的确地地道道不像是在希腊之内的其他耕地。另外，涉及财富，他更是已达到不寻常：奴隶①、马匹、黄金和白银。

苏：（但当我看见他正着手好似唠叨有关那人的财产时，我问他，）[393a]但是怎么？埃拉西司特拉托斯啊，那人在西西里岛之内看来是什么样的？

埃拉：是这样，他在西西里和意大利所有人中也似乎像他是最富有的一样是最邪恶的人，好像如此而已。如果你想问谁被认作西西里任何人中最邪恶的和最富有的人，人人都可能会说：除了那人没有别人。

苏：（但我以为埃拉西司特拉托斯重视的并非属于小事，看来确是有关最重要的事，即关于美德和财富的事，[393b]于是我问他）就财物来说你会认为谁更富，是获得一塔兰同②银币的人，还是拥有价值两塔兰同耕地的人？

埃拉：我真的认为，拥有耕地的人。

苏：于是，根据同一个道理，如果他也拥有比像异乡客人一样还更有价值的财物：衣裳或床褥或另外的东西，这人就会更富有。（埃拉西司特拉托斯尤其同意③。）但若有人给你挑选那两者，你可能会愿意选两者中的哪一种？

[393c]埃拉：我可能就会真的愿意选最有价值的。

苏：你认为在两方面的哪一方面可能会更富有呢？

埃拉：选最有价值的，如此而已。

苏：所以，在我们看来，此刻真的好像是任何赢得最有价值东西

---

① 该词（"ἀνδράποδον"）尤指战争中被俘后卖为奴的人，喻义可怜的人，和生而为奴者相对。

② Τάλαντον，作为重量单位，一塔兰同在阿提卡是21.261公斤；作为币制单位，一塔兰同钱币是一塔兰同重的银子，合60个米那。

③ 该词（"σύμφημι"）字面意思是"和（某人）联合""把（两物）连起来，捆在一起"。

《埃津克夏斯篇》

的人最富有。

埃拉：是的。

苏：那么，健康的人就比患病的人更富有，如果真的健康比病人的财物是更有价值的财富。所以，［**393d**］比起赢得大王①财物的生病，每一个人的确会更为尊崇获得少量银钱的健康。显然，人们认为健康更有价值，他们当然不会一度有意选择，如果不更领先关心财产。

埃拉：当然不会。

苏：因此，如果有什么东西比健康更有价值，获得那的人会是最富有的人。

埃拉：是的。

苏：但假设此刻马上有人往访我们，问：［**393e**］苏格拉底、埃律克夏斯和埃拉西司特拉托斯啊，你们能告诉我，对人来说，什么会是更有价值的财富吗？的确就是成为其拥有者的最优秀的人策划那，即用怎样的方式将可能最好地完成他自己的和他朋友的事务吗？我们可能说那是什么吗？

埃拉：真的，在我看来，苏格拉底啊，对人来说，繁荣昌盛②是最有价值的财富。

苏：的确不像是一个坏的回答。但我们的确将最繁荣昌盛的任何人视作最为走运的人，是吗？

埃拉：至少在我看来，他们似乎是。

苏：那么，那些人就可能会是做事最优秀的人，也极少犯恰好那么大的③有关他们自己的和有关其他人的错误，但他们做事最为成功④，是吗？

---

① "βασιλεύς τοῦ μεγάλου" 在当时通常指波斯国王而言。参见［C 注 2］p. 1720；［L. 法注 2］p. 93：在希腊，波斯王的财富是众所周知的。参见色诺芬《会饮篇》［3 - 13；4 - 11］；"C 本" "J 本" "S 本" 和 "L. B. L 本" 分别译为："the Great King" "the King of Persia" "Großkönigs" 和 "grand roi"。

② 该词（"εὐδαιμονία"）有 "幸运，繁荣、昌盛" 的含义。在古希腊人眼中，繁荣，昌盛是与幸运、好运密不可分的，拥有它们可称幸福的人。

③ 意即：不像一些人犯很大的错误，亦不像一些人犯极小的错误。

④ 该词（"κατορθόω"）也有 "兴盛" 的含义。

埃拉：的确，当然是的。

苏：因此，他们懂得邪恶和善，像应当做和不应当做一样，[394a] 那些人就会最正确地做事和极少犯错误，是吗？

埃拉：我尤其同意。

苏：那么，此刻，在我们看来似乎是这样的：最明智的、做事最优秀的、最繁荣昌盛的和最富有的是同一些人，如果真的智慧显然就是最有价值的财富，是吗？

埃拉：是的。

（埃律克夏斯接过来说）

埃律：但是，苏格拉底啊，对人而言，它会有什么益处，如果他真的比涅斯托耳①聪明，[394b] 但恰巧没有有关生活的必需品：食物、饮品和衣服以及其他这种性质的什么？智慧能有什么益处②？或者他但愿是最富有的人，至少没什么阻止他做乞丐，如果的确毫无生活必需品的供给，是吗？

苏：（的确，看来埃律克夏斯说得也非常中肯，我马上应答）但是，两者中的哪一个？智慧的所有者真的就会遭遇那处境，如果他变得缺乏那些必需品；但如果某人拥有珀瑜吕提翁③的房子，[394c] 甚至房子充满了金币和银币，他就会什么都不缺吗？

埃律：另一方面，真的没有什么阻止那人能够随即立刻用卖掉那些财产以代替它们的那些东西，就是得到那些尤其是涉及生活所需的东西，或者他也能够采取卖掉通货以代替给自己提供那些无论什么东西，尤其供给他当下全部的所需。

苏：的确，如果他们获得，比起涅斯托耳的智慧来，有些人更要

---

① Νέστωρ，是荷马史诗中的人物。在希腊神话中，是希腊攻打特洛伊联军中一位很有智慧的长者。参见荷马《伊利亚特》[1.248；2.370；4.293]；《奥德赛》[3.157, 343]。

② 参见古希腊第一位哲人泰勒斯（Θαλῆς）因为预见橄榄将丰收就预租了许多油榨房而发了大财的故事，说明如果哲学家或有智慧的人想赚钱的话，他可以比别人赚得更多，不过他不屑为之，而有更重要的事情要做和更乐于追求的东西去追求。

③ Πουλυτίων，位于雅典东北部潘泰里考恩山山区（见下一注释）。该山森林覆盖率约60%或70%，可以被其西南部的雅典看到，而且有许多住房依山而建，按照现在的说法，是黄金地段。参见"名人传"中的《尼基亚斯》和《阿尔基比亚德斯》。

《埃津克夏斯篇》

求给他们得到这样的房屋。[394d] 如果他们的确是这样的人，诸如把涅斯托耳的智慧和由其产生的东西看得更重，他尤其能够出售，如果真的他需要和意欲出售得到它及其什么产品，或者他获得的宽大房子真的是有用的和必需的。在一个人看来，对生活而言，住在这样的房子里比住在一个狭小而寒微的房子里毋宁是有很大的不同。[394e] 但涉及最重大的事情，他获得缺乏的智慧却具有不重要的价值和渺小的不同，那他是处在明智中还是处在无知中呢？

或者人们，一则，小看了智慧，也不购买它；一则，有许多人需要和意欲购买在珀瑜吕提翁房子中的柏木和潘泰里考山的石料①，是吗？难道不是吗？如果一个人的确是有才智的掌舵人②但不是为了技艺的缘故精通某行技艺的医生，或者是能够很好地和顺利地掌握任何其他这类技艺的人，涉及财产的一切，无论谁，没有一个人不可能会更重视最大的财富；再者，能够策划得很好的人尤其他自己策划有关他和其他人的事，就会尽可能好地做。于是，难道他就将不能够出售这种策划的技艺吗，如果真的他的确愿意做那事情时？

[395a]（但埃律克夏斯接过来说，尤其斜着眼睛看，仿佛在某事上受了委屈）

埃律：苏格拉底啊，如果需要你说真话，你究竟会宣称你比希庖尼科斯之子卡利亚更富有吗？③ 的确，尽管你将同意涉及最重大的事你不可能会更无知，除你以外就没有更明智的人；你也绝不因为这个缘

---

① 潘泰里考（Πεντελικόν）是希腊阿提卡地区的一个山脉，具体位于雅典东北部和马拉松西南部之间。自古以来，潘泰里考山一直以其优质大理石著称。大理石主要用于雅典卫城和古雅典其他建筑物的建设。潘泰里考大理石具有完美无瑕的白色，均匀、淡淡的黄色，这也使得它在阳光下闪耀着柔和的金光色调。著名的雅典娜神庙即由潘泰里考山的大理石建成。而 "Λίθος（石料，石头）" 一词，也比喻为 "蠢笨的人，石头脑瓜的人"；有谚语："煮石头（λίθον ἕψειν）"，指 "白费事，徒劳"。

② "Κυβερνήτης" 一词在比喻的意义上可视为双关语。这暗示本篇也是政治性质的对话。参见柏拉图在《共和邦篇》中关于 "哲人王" 的论述。

③ Καλλίας，是希庖尼科斯（Ἱππόνικος，雅典军事指挥官，他的一个女儿即阿尔基比亚德斯的妻子）之子，出身于雅典的贵族，是一个政治人物、外交官、伯里克利的支持者，也是雅典最富有的人之一，因他花在诡辩家身上的奢侈消费而著称。见《申辩篇》[20a]；《普罗泰戈拉篇》中的谈话即发生在他的家中。

故更为富有。

苏：但愿很可能，你认为，埃律克夏斯啊，此刻所谈论的话题真的是游戏，既然这样，它就的确不意味着真实，［**395b**］就像跳棋①之中的棋子，如果任何人挪动，就能够相互戏弄，这样使对方屈服，好似他们因此不能对抗。所以，同样地，关于富有，你也真的认为绝没有任何事物更为含有如此的意思；再者，有关这种性质的一些话题，绝没有任何事物比虚假更为真实，即如果一个人宣告会胜过反驳者，比如，在我们看来，最明智的人也是最富有的人，况且，他一定说它们是虚假的而他的反驳者们在讲真相。［**395c**］真的，同样也绝没有令人惊异的，相似地，就像两个人谈到有关字母的情形，一个宣称苏格拉底以希腊字母 Σ 开始，但另一个伪称它始于第一个希腊字母 A，伪称始于字母 A 话的后者就可能胜过宣称以字母 Σ 开始的前者。

（但埃律克夏斯朝向当时在场的周围的人环视了一下，笑着同时又受窘红了脸，就如同在早先叙述时他不在场一样，说，）

埃律：我真的认为，苏格拉底啊，［**395d**］我们的推论不需要是这样，既不能够说服在场的任何一个，也没有人能够从这些推论获益。在我们看来，到底人们中有头脑的人是谁会一度被说服最明智的人是最富有的人呢？但既然论及富有的情形，我们更为需要谈论从哪里富有是善和从哪里富有是恶，富有本身是什么，是什么性质的，是好事还是坏事。

苏：因此，剩下的讨论我们真得实实在在当心；［**395e**］但你应当也提出规劝。那么，既然你真的提出准则，为什么你本人不企图说，在你看来，富有是好事还是坏事呢？如果早先我们的一些推论对你来说的确没有说及那。

埃律：那么在我看来，富有真的是好事。（但当埃律克夏斯还要说什么时，克里提亚斯打岔，问：）

克：你到底告诉我，埃律克夏斯啊，你认为富有是好事吗？

埃律：至少在我这方面是，我凭宙斯起誓。否则，我会发疯：甚

---

① 该词（"πεττεία"）是阿提卡方言，即"πεσσεία"。

至我料想每一个人的确会同意那。

克：正是如此，我也相信会获得每一个人同意我，富有对有些人是坏事。[396a] 就不会真的，如果真的它是好事，对我们中的有些人好像是坏事。

苏：毫无疑问，其实对你们俩自身来说，如果真的因为恰巧为了那事的缘故争吵，那么谈到有关骑术的情形，你们中的哪一个说得更正确，他就可能会用怎样的方式最善于骑马，假设我本人碰巧是善于骑马的，我本人就试图说服你们停止争执。因为如果我在场，不能够阻止你们争吵有关像那样的事情，我就会感到羞耻。或者涉及不论另外任何的事，如果你们并不打算为某事争吵，[396b] 如果你们不同意那，毋宁是避免成为敌人而非避免成为朋友；但现在，既然你们碰巧，此外也是必然地，还将要求在整个一生期间争执有关这种性质的事，尤其巨大的不和是必须关心那事情作为是有益的还是无益的，甚至在希腊人看来，那些事不是微不足道的，却是最为重大的——无论如何，那是父亲们对他们自己的儿子们规劝的为首事。[396c] 一旦他们任何一个已经到达成年有头脑时，据他们看来，将最快地考虑从哪里会有大量财富。假如你真的拥有点儿财富，你就是有价值的，若不是这样，则是无足轻重的人——所以，如果它如此受重视；但另一方面，我提出，有关那个这样重大的事情，你们不和，你们再度在那些事之外又更争执关于变富有的事，不是争执两者中的哪一个是黑的还是白的，甚至没有争执两者中的哪一个是轻或是重，除争执两者中的哪一个是恶的还是善的而外，如果为恶和善而争执，就会尽可能多地尤其置于敌意中，[396d] 况且你俩又一定是最友好的朋友和亲属——所以我，就我所能达到的程度，我不容许我们自己因为它们而争吵；但如果我本人真的能够知道怎么做就将指示你们，制止不和；但由于此刻我本人碰巧真的不能够做，再者，你们两者中的每个人认为做得到让对方认可，[396e] 我预备好，就我能力所及协助，就能够知道怎么使你们将承认那变富有的事。因此，你，克里提亚斯啊，着手使我们同意，就像你应允的。

克：但我真的，就像我准备的，就会高兴地问那位埃律克夏斯，在他看来，是否有非正义的人和正义的人。

埃律：有，我凭宙斯发誓，极为当然。

克：但是怎么，非正义在你看来是恶的还是善的呢？

埃律：恶的，至少在我看来。

克：再者，你会认为，有人如果在银钱的条件下诱奸邻居的妻子们，会是正义的还是非正义的呢？尤其当那些行为也是城邦和法律禁止时？

埃律：看来会是恶的行为，至少从我的角度。

克：因此，如果某人碰巧真的有大量财富，尤其是一个非正义的人和任何一个愿意非正义的人能够浪费银钱，那么，就会犯错误；[**397a**] 但如果对那人来说，的确不是富足的，没有能力浪费，甚至他就不能达到所策划浪费的目的，如同就不会甚至没有犯错。为此，甚至对这人来说，如果真的急于要策划达到目的，再者，当他策划邪恶的事情时，没有大量财富就会更为有好处。此外，我再问你，你会说患病是坏或是好呢？

埃律：是坏的，至少在我这方面。

克：但是怎么？在你看来，有些人似乎是不能自制的[1]人，是吗？

[**397b**] **埃律**：是的，至少在我看来。

克：因此，有关健康的事，对那无节制的人来说，如果离开肉食和酒以及人们认为的其他可口的饮食更好些，但他因为不能自制而不能做到，对那无节制的人来说，比起许多的充裕更为合适，不能从哪里想方设法拥有那些会更好，难道不是吗？因为这样对他而言，甚至如果他极愿意也没有，他就没有资力犯错误[2]。

（却说看来是，克里提亚斯辩论得这样好且出色，好像埃律克夏斯若不是给当时在场的人们带来耻辱，[**397c**] 没什么阻挡他起身打克里提亚斯；他认为这样重大的某种东西已被夺走，既然对他而言，变得

---

[1] 在希腊人看来，一个不能自制的人是一个虚弱的、无力量的人；也是任性的、过度的、狂暴的和信奉绝对自由的人，而这属于病态的性质。

[2] 参见 Ἀλβ′.中关于无知则无法犯错的类似说法。

显而易见，他先前有关富有的观点看来是不正确的。但我一直细查如此承受的埃律克夏斯，也畏惧有人走得更远发生辱骂和争执，于是，我说到了那话题:)

苏：前天，在吕克昂，一位智者①，凯奥斯的普罗狄科②的演说，[**397d**] 在莅临的人们看来只是空谈而已，好像到场的人中没有一个能够被他说的真话说服。尤其是发生了非常出人意料的一件事，一位青少年到来，他口齿也流利，坐在普罗狄科近旁，讥笑和嘲弄甚至讹诈他，要他找出他所讲的根据；比起普罗狄科来，他在听讲者面前一定也更加受欢迎。

埃拉：那么真的，你就能够给我们述说那场谈论吧？

[**397e**] 苏：当然，的确是真的，假如我就回忆。但愿无论如何它意味着像这样，照我认为的。

（该年轻人问普罗狄科，你究竟用什么方法认为富有是坏的和以怎样的方式认为富有是好的。普罗狄科马上回答说，就像你此刻认为的，富有对美且善的人们来说是好的，因为那些人知道应该怎样使用钱财，对他们来说，钱财真的是好的，但对邪恶的和无知的人们而言，钱财是恶的。再者，他说，所有其他的事情也意味着如此；使用者是什么性质的人，他们就是什么样的人。对他们自身来说，这样的状况也是必然的。此外，他说，在我看来，阿尔基洛科斯③的诗作所描写的也是美好的："人们甚至就这样变聪明，如同他们遇上的事情。"④

---

① 该词（"σοφός"）本义是："有技能的人，大师，能人，巧匠（指诗人和音乐家）；[泛] 哲人，哲学家"，复数形式指古希腊的七位哲人。在公元前 5 世纪中叶以后的雅典，具有贬义，指"智者，修辞学教师，诡辩家，骗子"。参见《普罗泰戈拉篇》[315d；316a]，等。

② 关于普罗狄科其人，见前注。就本篇对话中的叙述看来，好像作者很是让普罗狄科显得狼狈难堪，不仅体育训练的司理命令他从体育学校离开，甚至将被从体育学校扔出去，如果他再发表他的那些"高见"的话 [399a–b]。此外，人们还将他视为是一个智者和一个浪游的骗子 [399c]。

③ Ἀρχίλοχος（约公元前 680—前 645 年），是公元前 7 世纪早期抑扬格和悼亡诗的作家，也是古希腊最早的抒情诗人，在挽歌体、抑扬格等作品中均采用音步，他将自己的私事作为题材。他的作品多见于后世作家的引述以及一些草纸残篇。

④ 据 [C 注5] p.1724，该行诗句引用自埃德蒙兹（J. M. Edmonds）编辑的《挽歌和抑扬格》第 2 卷，残篇 [70]。

[398a]那么,现在,那位青少年说,如果有人使我聪明能干,因为那本领是好人们精通某行技艺的才智,他也同时必然地对我做另外的好事,他真的并不努力经营有关那些事本身,但就因正是他使我用智慧代替无知;正如某人此时使我成为语法家,他也同时必然地对我做另外有关语法的好事,即使有人使我成为乐师,就像不论什么时候他让我好,[398b]他也同时必然地对我做另外有关音乐①的好事。

普罗狄科的确一定不赞成那些说法,但他真的同意了那个年轻人。

此外,在你看来,那年轻人说,就像造房子是某人的劳作,这样是行好事,还是必然地,如同无论什么事情起初就已经是,或者坏,或者好,它们是这样继续的吗?

——但在我看来,普罗狄科怀疑他们的讨论注定要前行,极灵巧的②,[398c]显然是免得当着所有在场的人的面受到那年轻人的驳斥——因为他真的认为,他俩单独的遭遇和当着所有在场的人的面的处境绝没有不同,——他说,行好事是人的活儿。

那年轻人说,但在你看来,美德是能够教会的还是天赋的?

普罗狄科说,是能够教会的,至少对我而言。

那么,那年轻人说,在你看来,如果有人认为他向诸神祈求就会变成语法家或乐师,或者必然地通过从其他人学习获得两者中的一种知识,或者他自己获得知识成为其拥有者,他就会是愚笨的,是吗?

[398d]普罗狄科尤其承认。

因此,那年轻人说,你,普罗狄科啊,每当向诸神祈求走运和对你好的事情,那时候除了祈求变成美好且善良外绝没有另外的什么,如果真的,的确,一方面,对美且善的人们来说,景况凑巧也是好的;另一方面,对邪恶的人们来说,景况凑巧也是恶劣的。所以,如果美德真的碰巧能够被教会,那么,你好像除了祈祷被教会你不懂得的东西外就绝不会有另外的什么。——于是,我对普罗狄科说,在我看来,

---

① 该词("μουσική")泛指音乐、诗歌等诸艺术。
② 该词("πανοῦργος")也有"专干坏事的,为非作歹的,全干坏事的,狡诈的"含义。可以视为双关语。

《埃津克夏斯篇》

不要热心做无关重要的事情,如果碰巧做错了那,[398e] 如果料想一求众神使我们成为什么也就会从众神赐给什么;尤其如果你匆忙走入雅典卫城,向众神祷告,乞求从众神那里给予你好的东西,你一定不知道他们是否能够给予你恰好乞求的那些东西,但只要你经常去对着某个语法教师的门恳求赐予你语法知识而用不着努力做别的事,你就能得到无论什么语法知识甚至能立即做一个语法教师做的工作。

在我说那些话时,普罗狄科开始对那年轻人进行攻击,以保卫自己和证明他的那些看法恰似你此刻做的,[399a] 显然如果他向众神祷告是枉然,那他就感到不快。后来,体育训练的司理①往访并命令他从体育学校离开,因为他对青少年采用问答式论辩术②是不合适的,也就是说它是恶劣的。

由于那缘故,我马上给你细说此事,你就可以注视人们用怎样的方式理解爱哲学。真的,如果普罗狄科当场叙述那些事,在场的人们就会认为他发疯了,[399b] 他好像甚至将被从体育学校扔出去。但此刻,你③认为如此采用问答式论辩术极妙,好像你不只说服在场的人们,另一方面,也将获得反对者的赞成;显而易见,正如在法庭里,如果两个人恰好在场为同一个证据作证,一个看来是善且好的人,另一个是邪恶的人,由于是邪恶者的证词,审判者们绝不会相信任何话,甚至会起到相反的作用;但如果看来是善且好的人说那些话,那些话也就似乎是极真实的。[399c] 所以,同样地,关于你和普罗狄科,在场的人们也遭遇这样的某种处境,一方面,他们将他④视为是一个智者和一个浪游的骗子;另一方面,把你当作有政治家风度的和价值很高的大人物⑤。因此,他们认为不应当考虑那推论本身,却应当思考叙述的人们会是什么性质的。)

---

① Γυμνασίαρχος(亦作"Γυμνασιάρχης")的释义,参见 Ἀξ. [367a]。
② 该词("διαλέγω")也有"交谈,劝说;采用方言;谈论,辩论"等含义。在哲学上指"采用问答式论辩术"。
③ 指克里提亚斯。
④ 指普罗狄科。
⑤ 中译者接受[C 注6](p.1725)对该句原文的校对。

埃拉：但一定，苏格拉底啊，尽管你在说笑话，至少在我看来，克里提亚斯似乎说得中肯。

苏：但宙斯在上！再者，不管怎样，我甚至不会是这样的①。但为什么不是这样的，就因你俩辩论得很好且很顺利，[**399d**] 难道不也完成讨论的其余部分吗？但我认为你们有剩下思索②的某个问题，因为看来是，至少那种看法被你们所承认，一方面，富有对有些人是好的；另一方面，对有些人是坏的，现在留待思索的是富有自身是什么。因为如果你们不首先知道那，你们甚至就不能相互同意两者中的哪一个是好或是坏。[**399e**] 现在，我也预备好和你们一起按我能力所及观察：所以，碰巧有宣称富有是好的那位料想者用怎样的方式向我们解释有关那事的情形。

埃拉：但我真的，苏格拉底啊，说及富有，没有比他人更不寻常的什么，拥有许多钱财，那就是富有③；再者，我想那位克里提亚斯也不认为富有是另外的某种东西。

苏：我现在仍然认为尤其应该思索的是，钱财是什么性质的，如此而已，免得稍后你俩为了那事的缘故重新闹不和。譬如说，因为那些迦太基人④使用这类性质的钱币；[**400a**] 它被用少量的皮革绑紧，最大是一个斯塔泰尔⑤那样大：但就因它被绑在里头，若非那样行事的人们，就无人知晓；随即人们共同使用那封好的钱币，拥有这样的钱币最多的人，无论如何，看来是拥有钱财最多的人，也是最富有的人。但如果在我们身边有拥有这样的钱币最多的人，甚至不会比如果他从

---

① 即没有说笑话。

② 该词（"σκέψις"）在哲学上也指"（怀疑论者的）怀疑"。可以视为双关语。

③ 比较亚里士多德的《政治学》（关于财产的论述，例如第一卷第四章、第二卷第五章等）和《尼各马科伦理学》（例如 [1120a；1164a-1165b] 等）中相应的观点。

④ Καρχηδών，公元前 8 世纪，腓尼基人在北非海岸建立迦太基城（位于今突尼斯），古迦太基曾与古希腊争夺地中海霸权，后又与古罗马争夺霸权。最后在三次布匿战争中均被罗马共和国打败，并于公元前 146 年灭亡。

⑤ 该词（"στατήρ"）在作为一种钱币的意义上使用时：在雅典城邦，就银币而言，一个斯塔泰尔值四个德拉克马；就金币来说，一个斯塔泰尔值 20 德拉克马。就重量而言，一个斯塔泰尔合 0.373 公斤。从历史上来看，最早的金币是吕底亚国王 Κροῖσος（公元前 560—前 547 年在位）铸造的。

《埃津克夏斯篇》

山上拥有许多小石子更为富有。但在斯巴达①，人们共同使用用天平称出的铁②，[**400b**] 那些当然是一些不中用的东西；拥有许多这样重量铁的人也被认为是富有的人，但在别处属于没什么价值的所有物。此外，在埃塞俄比亚③，人们使用经过雕刻的石头，一个斯巴达人会把它们当成没有用的东西。再者，在那些游牧的西徐亚人④中，如果某人拥有珀瑜吕提翁的房子，他不会被认为比我们身边拥有吕卡柏托斯山⑤的人更富有。[**400c**] 所以，显然那些东西的每一种至少就不是财产，如果拥有者并没有由于那种财产更富有。但是，正如我说的，那些东西的每一种，一则，对有些人来说，现实上是财富并且拥有那些东西的人是富人；一则，对有些人来说，既不是财富，也没有由于那种财产更富有，就像美、善和丑恶，对所有人来说，甚至没有同一看法，这些人这样看，那些人却那样看。如果我们实实在在想要调查为什么一度，一则，在西徐亚人看来，房子不是财产；[**400d**] 一则，在我们看来，房子是财产。或者，为什么皮革在迦太基人看来是财产，对我们而言则不是。或者在斯巴达人眼中，铁是财产，但我们认为不是。又譬如说，在雅典，如果某人在市场中已拥有我们绝不需要的重达一千塔兰同的那些石头，就由于那，他就会被认为是更富有的人吗？

[**400e**] 埃拉：至少在我看来，似乎不会。

苏：但如果他拥有一千塔兰同重量的发光的石头⑥，我们就会说他

---

① Λακεδαίμων，即斯巴达。
② 远古时期的铁产自黑海北岸和东岸；铁在荷马史诗中作为奖品，是贵重金属。
③ 埃塞俄比亚是一个古老的国家，公元前975年已出现国家。其古希腊语名字 Αἰθιοπία 在荷马史诗《伊利亚特》和《奥德赛》中分别出现了两次和三次 [1.22 – 23；4.84]。希罗多德专门将该词用于南埃及所有的地域，包括现代的苏丹和埃塞俄比亚国家领土，并且认为该地人是原住民，腓尼基人和希腊人等是后来才迁居该地。参见希罗多德《历史》[3.114]；[4.197] 等。
④ Σκυθία，作为地名，泛指黑海以北的地带，古代是游牧人放牧的地方。作为"西徐亚的人"(Σκύθης) 一词比喻为"粗鲁的人"。雅典的警察通常即由西徐亚奴隶充当。
⑤ Λυκαβηττός，山名，在雅典城边，也是雅典城的最高点，山体属白垩纪石灰岩，面积不大，海拔277米。
⑥ 这种石头 (λίθος) 主要指 Πάρος (巴里安大理石)，它是一种发光的细粒度的半透明纯白色的和完全无瑕的大理石，在希腊古典时代就在位于爱琴海中部的巴里安岛屿开采。一些古希腊雕塑最伟大的杰作——如胜利女神——即是由巴里安大理石雕刻而成。

很富有吧？

埃拉：的确，当然是的。

苏：那么，会不会由于那，就因对我们来说，一则，是有助益的；一则，是无用的呢？

埃拉：是的。

苏：因为在西徐亚人中，由于那缘故，对他们来说房子不是财富，就因在他们看来，房子没有一项用途；比起带毛的羊皮大衣①来，一个西徐亚人不会看重最美的房子，就因为对他来说，羊皮大衣是有助益的；房子是无用的。再者，从我们的角度，我们认为迦太基人的钱币不是财富；就因我们不会从它获得我们需要的，正如我们用银钱获得，因此对我们来说，它可能是不中用的。

埃拉：真的，看来是。

苏：于是，一则，获得对我们来说像有助益一样的那些东西是钱财；而一则，不中用的那些东西不是钱财。

（埃律克夏斯接过话来说）。

[**401a**] **埃律**：怎么会是真的呢，苏格拉底啊？难道是就因我们彼此利用交谈和欺骗②以及其他许多的事物吗？对我们来说，那些会不会就是钱财呢？而且它们的确显然是有助益的。

苏③：在我们看来，好像是有助益的事物一度不是钱财。所以，既然真的钱财必然地是有助益的事物，那么有助益的事物将很可能是钱财，那几乎有点儿被所有人认可；但，既然的确不是一切有助益的东西都是钱财，那有助益的东西到底是什么样的呢？④ 马上论及，如果我

---

① Σισύρα，这种皮袄白天作大衣御寒，夜间可作被盖。

② 该句中"欺骗"一词，[C 注 11] p. 1727，将该词"βλάπτω"校对为"βλέπω"（looking）。"J 本"按照原文译为"violence (?) [暴力（损害或蒙蔽）]"，但标示以问号。虽然"L. B. L 本"译为"nuire（伤害，损害）"，但是在该页（p. 104）脚注 2 注明该词有问题。"S 本"则译为"Redeschwalls"（"滔滔不绝"）。"βλάπτω"有"使分心，使走入邪路，蒙蔽，欺骗，伤害，损害，破坏，阻止，妨碍"等含义。而"βλέπω"有"看，瞧；显得，好像；留心，当心"等含义。中译文按照"B 本"译出。

③ 根据上下文语气和意思，可能此处是由苏格拉底接过话来说。"J 本"持此看法，而[C 注 17] p. 1727 认为是从 [401a7] 开始接过话来说的。见下一注。

④ "C 本"认为是从此处 [401a7] 开始接过话来说的。

们重新允许如下，[401b]那么，我们会发现我们力求获得的某物，我们怎么会利用钱财的，甚至由于什么缘故设计出获取钱财的，就像药物治愈关于疾病的事呢？因为这样，它很可能对我们来说变得明显。这显然是有说服力的，像钱财一样，那些药物也是有助益的。此外，我们叫作钱财的是某种有助益类的东西，留待我们思索的是：为了什么用途的缘故使用钱财是有助益的？同样地，因为所有的东西真的是有助益的，[401c]我们根据劳作，恰好像那样满足需要，的确就像，一则，所有具有性命的东西都是生物；一则，我们称生物中的一种为人。如果现在有人问我们，对我们来说，如果我们绝不需要医术也不需要其工具，那么，远离的东西会是什么，我们可能就会说，如果疾病从身体中终止甚至完全不产生，或者一产生就立即终止。于是，看来，医术是精通关于那有助益的事，关于摆脱疾病的一种知识。[401d]如果有人再问我们，对我们来说，如果绝不需要钱财，会摆脱的东西是什么，那么我们会有能力说吗？如果我们不能，且让我们重新思索如下：假设一个人能够没有食物和饮料活着，也不饥饿甚至不口渴，他会渴望或需要那些本身或银钱或另外的任何东西以便设法获得那些吗？

埃律：至少在我看来，不会。

苏：因此，另外也涉及同一个方面：如果我们不需要现在我们缺乏对身体照料的事物，像有时炎热和寒冷，[401e]以及其他像你需要的事物一样，身体出现此外还缺少的事物，对我们来说，所谓的钱财就会是无益的。如果的确完全没有一个人由于无人需要此刻在我们看来我们意欲钱财的那些缘故，以便我们抵达任何时候我们会需要渴望的事物和满足身体的需要。因此，如果关于那事，有关需要身体的照料的事情，钱财的拥有实在是有助益的，如果在我们看来，那种需要确实已经从中途得到了，我们甚至就不需要钱财，或许甚至就可以完全没有钱财。

埃律：似乎是这样的。

苏：那么，对我们来说，似乎是这样的：看来，有关那些有助益的情况中的那种事物是钱财。

（埃律克夏斯赞成那些真的是钱财，该小小的推论至少仍然使他非常心神迷乱。）

但是怎么，如下的这些事情呢？[402a] 有关同一业务的事情，有时是有益的，有时是无益的，我们说同一件事情能够会是两者中的哪一种呢？

埃律：至少在我这方面，就不会说，但如果我们需要那有关同一业务的某个事物，在我看来，它也就是有益的；但如果不需要，就是无益的。

苏：因此，如果我们不用火就能够制作青铜雕像，有关那种业务的事情，我们的确就不需要火；再者，如果我们不需要，它甚至对我们来说就没有益处。同一个推论也涉及其他的情形。

[402b] **埃律**：似乎是这样的。

苏：因此，我们能够不用像那一样的事物产生某个东西，就绝不需要那样的事物，有关那事甚至在我们看来，至少似乎是没有益处的。

埃律：当然没有益处。

苏：因此，如果我们一度出现能够不用白银和黄金以及其他这样的东西，有关身体的事情我们不使用它们，正如我们不使用食物和饮料、衣服和床褥以及房屋，消除了身体的不足，既然也不再需要，甚至在我们看来，有关那白银和黄金以及另外这样的东西至少它似乎就会是没有益处的，[402c] 如果真的，在某时，没有那些东西它也能够发生①。

埃律：当然没有益处。

苏：于是，在我们看来，甚至那些东西显得就不是钱财，如果它们并没有益处；但使我们能够设法获得对我们有益的那些东西就会是钱财。

埃律：苏格拉底啊，我不能被这说服，比如对我们来说，黄金和白银以及其他这样的东西毕竟不是钱财。因为我真的非常信服那说法，比如对我们来说，无用的东西甚至不是钱财，就因像在这样的东西之

---

① 直译如此。也即满足身体的需要。

《埃津克夏斯篇》

外还有最有用的东西①；[**402d**] 如果我们真的用那些东西提供生活必需品，那的确真的不，例如，那些东西在我们看来，对生活恰巧不是有用的。

苏：你这就干吧！我们怎样说这样的事呢？有教缪斯们掌管艺术或者字母或者其他某种知识的某些人，他们凭那些知识为他们自己提供生活必需品，凭那些知识获得酬金，有吗？

埃律：但愿有。

[**402e**] 苏：所以，那些人凭那种知识获得生活必需品，就像我们凭黄金和白银。

埃律：我承认。

苏：那么，如果他们真的凭那种知识提供了生活必需品，有关生活的事情使用了它们，假如它对于生活是有用的。的确由于那缘故，我们说过银钱是有用的，就因我们能够用它提供对身体必需的东西。

埃律：是这样，我说过②。

苏：所以，果真那些知识由于属于有用的，在我们看来，由于同一原因，那些知识好像是钱财。再者，显然拥有那些知识者也是较富有的人。但不久前③，我们如此艰难地承认该推论：假如那些有智慧的人是最富有的人④。但从现在起，那也就会达成有说服力的结论：[**403a**] 有时，较有学识之人是比较富有的人。但愿随即有人问我们：

---

① 该句希腊原文（καί ὅτι των χρησιμωτάτων ἐστί πρὸς τοῦτο χρήματα τὰ χρήσιμα）似乎有误，[C 注 13] p. 1729 校正：用"τούτοις（用那样的）"替换"τοῦτο（那）"，以及用"τὰ χρήματα（使用之物）"替换"χρήματα τὰ χρήσιμα（有用的东西）"。中译文依据 [C 注] 校正。否则，话不通。"L. B. L 本"（p. 107）也做了同样校正，译为："Oui, je crois tout à fait que ce qui est inutile n'est pas richesse et que les richesses comptent parmi les biens les plus utiles pour cela [c'est-à-dire pour satisfaire aux nécessités du corps]"（[L. 法注 1] p. 107，参看 [402 b7 - 8] 以及 [402d3]）；"J 本"按照原文径直译为"that things which are useless to us are not wealth, and that the money which is useful for this purpose is of the greatest use;"（Ⅱ. p. 571）。"S 本"译为"daß aber das Vermögen dazu für uns unter allem Brauchbaren das Brauchbarste"（Ⅲ. p. 846）。

② 字面意思是："他说过。"译者按照对话体转换而已。下同。

③ 参见 [394a - 395d]。

④ 与柏拉图笔下的苏格拉底的看法相同。参见《斐德罗篇》[279c]。关于有知识的人或智者很能赚钱的叙述，参见《大希庇亚篇》[282b - 284c] 等。

· 189 ·

"我们认为一匹马对所有人有用，你会认可吗？或者，一则，对精通应当如何使用马者就会是有益的；一则，对不懂应当如何使用马者就不会是有益的，是吗？"

埃律：我认可。

苏：因此，我认可，按照同一推论，药物甚至不是对每一个人都有益，但对任何恰好知道应当这样使用它的人是有益的，是吗？①

埃律：我认可。

苏：那么，其他所有的事情也全都是相似的吗？

[**403b**] **埃律**：像是。

苏：于是，黄金和白银以及其他似乎是钱财的东西唯独对那恰好知道如何使用它们的人会是有益的，是吗？

埃律：是这样。

苏：那么，较早②，它看来是，美且善③的人知道在哪里和应该怎样使用那些事物的每一件，是吗？

埃律：我肯定。

苏：那么，对美且善的人们来说，那些东西也唯独对他们会有益，如果他们真的精通应该怎样使用它们。但如果唯独对他们会有益，那些东西好像就唯独对他们来说是钱财。然而，看来，[**403c**] 此外，对拥有马但不懂骑术的人来说，马恰好是不中用的。如果有人使他懂得关于马的知识，那么，也就立刻让他更富有些。的确，如果真的，对他来说，这使得先前碰巧是不中用的东西成了有用的；教给这人某种知识，就立刻会使他富有。

埃律：似乎是这样的。

苏：但我仍旧认为，我也会代表克里提亚斯庄严宣誓：那些推论

---

① 这里所说的大概是指，某种东西是否是财富或有用，以人、事情、地点、时间为转移，简言之，都是相对的，一切价值也都是约定俗成和按需要的大小而定的。

② 参见本篇对话 [397e]。

③ 该词组（"Καλοί κἀγαθοί"）表达的意思在古希腊被视为一个人所能够达到的一种修养境界，是雅典人的最高追求之一。根据语境的不同，此外可以译为"美且善""高尚和良好""勇敢且正直"等。

中没有一个会说服他。

克：是，我凭宙斯起誓：真的，如果我相信那些，我就会发疯。[403d] 但你为什么不完成那个推论，比如，设想黄金和白银以及其他诸如此类的东西不是钱财呢？因为我全然听从并惊服①你碰巧现在实实在在详细叙述的那些推论。

苏：（于是我说）对我来说，你，克里提亚斯啊，假设如此高兴听从我的推论，就像听咏唱荷马诗句的史诗朗诵者的诗句，因为在你看来，那些推论中没有一种是真实的。但仍旧干吧，我们会怎样叙述这样的事情呢？[403e] 那么，无论如何，有关建造房子的事，你会认为对精通建筑的人们来说，某些东西是有用的吧？

克：至少对我来说，看来是。

苏：所以，涉及建筑物，我们说，他们利用的那些东西——石、砖和木料以及假如诸如此类的另外一些东西——就会是有用的呢，还是他们建造房子本身的工具，他们利用这些工具提供的那些东西，木料和石材，尤其反过来，提供那些材料的工具也就会是有用的呢？

克：至少对我来说，有关那建筑的事，看来那些全都是有用的。

苏：那么，就其他的劳作而言，有关属于其产品的每一件东西都是有用的，我们利用的不只是它们，另一方面我们也用工具提供那些材料，没有它们，我们的产品也就产生不了，是吗？

克：当然，的确是这样。

苏：因此，反过来，用产品完成那些事情，尤其假如那些产品中的任何东西在较高处，[404a] 再次用那些产品做工具完成那些事并且又向上送材料，有如直到无限的某事，那些完成的大部分事必然地对于他们的产品显然是有用的，是吗？

克：也的确是这样，没什么能阻止那些事。

苏：但是怎么？如果对一个人来说，有食物、饮料和衣服以及其他的东西，他打算对身体利用它们，他会还缺乏黄金或白银或其他的

---

① 该词（"ἄγαμαι"）有"惊奇，惊服，赞美，忌妒，气愤"等含义。或许有讽刺的意味，也可视作双关语。

什么东西，用它们给自己提供那些他实实在在现有的东西吗？

克：看来不会，至少对我而言。

苏：那么，在我们看来，[**404b**] 有关身体的需要，有些时候一个人会显得不需要任何一种吗？

克：真的不需要。

苏：因此，如果那些东西对那劳作显得没用，难道它什么时候不会需要重新显得有用吗？它既然作为我们的假设基质，有关同一劳作的东西，不能时而有用时而无用。

克：至少是这样，对你和我来说，同一原则会产生；既然如果有关那事一度成为有益的那些东西，在某时就不会重新变成无用的；[**404c**] 但现在有关一些恶事的劳作，再者，有益的①。

苏：②

克：至少在我这方面会认可。

苏：某种恶行的确能够对某件好的劳作有益吗？

克：对我来说，似乎不是这样的。

苏：但我们会假定那些行为是好的，是一个人凭借美德做了它们吗？

克：我相信。

苏：的确可能，像通过谈话一样，教一个人弄明白那些事情的某件事吗，如果他完全被剥夺听其他任何人的谈话？③

---

① 此句［404c1-2行］原文如此，可能排版印刷时有缺漏。中译者根据上下文意思所加内容为："有些劳作虽然是恶劣的，但对作恶者是有益处的；有些劳作虽然是良好的，但对为善者是没有益处的。"参见［C注17］(p.1731) 认为："Some words seem to have been lost in the transmission of the text. Possibly Critics claims that for doing certain things, certain items are always useful; then Socrates asks if some items can be useful for doing wicked things, others for doing good things."；"J本"译为："I say that in order to accomplish some results bad things are needed, and good for others." (Ⅱ. p.573)；"L. B. L本"译为"Je dirais plutôt que tantôt elles aident à accomplir des œuvres mauvaises, tantôt, des œuvres bonnes."；并且参见［L. 法注1］(pp. 110-111)。"S本"译为 "Folgt aber nicht jetzt, daß es das zur Förderung manches schlechten sowie manches guten Begingnens sei?" (Ⅲ. p.849)。

② 此句［404c］3? 行原文如此，可能排版印刷时有缺漏。见［C注17］p.1731 以及上一注解。

③ 见［C注18］p.1731 的注释校对为，删去原文 c8 中的"ἤ"和之前的逗号。

克：不，宙斯在上，对我来说，看来不可能。

苏：在我们看来，似乎那听对美德就会是有益的，[**404d**]关于学习的事，如果我们真的通过听和利用听，美德的确是能够教会的，是吗？

克：似乎是这样的。

苏：那么，果真医术能够消除或减轻病，对我们来说，医术有时也就显然对美德是有益的一种知识，如果一个人真的凭着医术给自己提供了听，是吗？

克：真的没什么阻挡。

苏：再假如我们凭钱财得到医术，从我们的角度，钱财也就显然对美德是有益的一种东西，是吗？

[**404e**]**克**：真的，那的确是有益的。

苏：因此，反过来，以同样的方式，我们也通过医术给自己弄到了钱财，是吗？

克：那是一定。

苏：那么，你就不认为，一个人由于恶劣和可耻的行为会给他弄到银钱，凭此东西，他拥有了他不能听来的医术知识吗？再者，他会对美德或其他任何这样的事情利用那同一行为，是吗？

克：至少对我来说，看来完全是的。

苏：那么，邪恶的行为就不可能会对美德有益吧？

克：当然不会。

苏：毕竟这不是令人信服的，通过它们，我们对每件事会设法获得益处，那些行为对它们也是有益的；因为有时邪恶的行为似乎会对好事有点儿益处。[**405a**]况且就那事而言，这就会变得更明显。因为如果真的那些行为对事是有益的，没有它们，有益之事就不会产生，如果那些行为没有早就存在。喂！你会怎么认为这样的一些事呢？无知对知识，或者疾病对于健康，或者邪恶对美德能够是有益的吗？

克：至少在我这方面，不可能这样认为。

苏：的确如此，我们认为那是不可能做到的，对任何人来说，如果没有无知早就开始存在，就不会产生知识；对任何人来说，如果没有生病早就开始存在，就不会产生健康；对任何人来说，甚至如果没有邪恶早就开始存在，就不会产生美德。

[405b] 克：但愿是这样，据我想来。

苏：它随即就似乎不是令人信服的，没有像那一样早就开始存在的情形就不能产生之后的结果，那些情形对那结果也是有益的。既然在我们看来就会显然是：无知对知识有益，疾病对健康也有益，甚至邪恶对美德也是有益的。①

（克里提亚斯也对其中的一些推论——如果那些事全都不是钱财——极为不相信。但是我考虑，要说服他正如俗话，就会煮石头②，于是我说：）[405c] 那么，让我们放弃那些推论，既然我们真的不能同意那些事和钱财是有益的还是无益的。但涉及那件事，我们会怎么说呢？我们会认为，一个尽可能多和大地需要一心从事于身体和饮食的人更快乐和更好③，还是尽可能少和小地需要一心从事于身体和饮食的人更快乐和更好呢？实实在在最为可能像这样思考那事情，如果任何人考虑将他自己和那人比较，两者中的哪一种属于较好状态，[405d] 是不论什么时候碰巧生病还是不论什么时候碰巧健康。

克：那的确是不需要多加思考的某件事。

苏：既然对每个人来说都容易看出，健康的状态比患病的状态更好。但是怎么？我们在两方面的哪一方面得到更多的和更为各种各样的需求，是每当我们患病还是每当我们健康时呢？

克：每当我们生病时。

苏：所以，每当我们自己碰巧被置于生病的最不妙的情况中，[405e] 我们有时过度的和最多的是在渴望和祈求身体中关于愉快的事，是吗？

---

① 或许以上论证是在说明，就对立统一的观点而言，失败是成功之母，吃一堑长一智，善和恶等事物或现象相互影响、相互作用共同推动事物的发展。例如，赫拉克利特就曾经提出"相反者相成：对立的统一"的主张；一切事物不断运动变化，一切皆流；对立双方是相互依存、相互统一、相互转化、相互作用的。

② "λίθον ἕψειν" 是一句古希腊谚语，意思是做劳而无功、徒劳之事。

③ 该词（"βελτίων"）多指品质和美德方面的好。

克：是这样。

苏：因此，根据同一推论，每当他极少需要这样的东西，他本人显然是被置于健康的最好的状态中。重新这样看，像有两个人，假如其中一人碰巧有过度的和许多的渴望和祈求，另外一人碰巧有少量的和有节制的渴望和祈求，是吗？像如下：有些人碰巧像是赌徒一样的人，再者，有些人碰巧像是酗酒者一样的人，但另外一些碰巧像是贪吃者一样的人，——因为那些全都是除了渴望绝没有不一样的。

克：的确，非常像。

苏：但所有的渴望除了匮乏某些东西外绝没有其他。所以，遭遇最多渴望的那些人是处在更恶劣的状态中，比起那些遭遇绝无或极少有这样渴望的人。

[406a] **克**：那是当然，至少在我这方面，我也认为这样的状态是极恶劣的：越是这样的也就越是恶劣。

苏：因此，看来是，从我们的角度，那些东西对那渴求不会有益的，如果我们碰巧也不需要那些东西，是吗？

克：我说是的。

苏：于是，令人信服的，对我们来说，有关那渴求，如果我们真的需要那些东西，那些东西对身体缺乏的照料也就一定是有益的，是吗？

克：至少对我来说，看来是。

苏：那么，无论对谁来说，有关那渴求，他碰巧有最大多数的益处，他也就显然是有关于那东西的最大多数的需要，如果他真的需要所有那些有益处的东西的话。

克：至少对我来说，看来似乎是这样的。

苏：于是，它似乎是有说服力的，至少根据那一推论，像对碰巧拥有许多财富的人们来说，他们也需要许多对身体照料的必需品；因为钱财显然对那渴求是有益处的。如同在我们看来，最富有的人显然是就会必然地被置于最恶劣的情况，如果他们真的也需要最多的这样的东西的话。

《克莱托丰篇》*

对话人：苏格拉底（以下简称苏）；克莱托丰（以下简称克）

[**406a**] 苏：刚才有人给我们详细陈述，阿里斯通尼瑁斯的儿子克莱托丰和吕西亚斯①在讨论中采用问答式论辩术，一则，非难了苏格拉底的讨论；一则，过分称赞了色拉叙马霍斯②的交谈③。

克：不论谁，苏格拉底呀，他都没有向你正确回忆过去我向吕西亚斯所说的对你的谈论。至于我，一则，因为没有赞扬你；一则，也赞扬你了。再者，既然你确切无疑，一方面，抱怨我；另一方面，假装一点也不放在心上。我本人给你详细陈述它们就会受欢迎的，尤其因为仅我们俩恰好在场，你就可以认为我情况很糟，比你较差。好像

---

* 原文标题是"ΚΛΕΙΤΟΦΩΝ"，中译文根据"B本"并参考了"C本""V.C本"以及"S本"译出。在古代，该篇的副标题是"论规劝"（προτρεπτικός），伦理性的。

① Ἀριστώνυμος，雅典人，是本篇对话的主角克莱托丰（Κλειτόφων）的父亲。参见《共和邦篇》[328b]。Κλειτόφων（约生活于公元前5世纪中叶—前5世纪末或公元前4世纪早期）小于苏格拉底。他的早期生活鲜为人知。亚里士多德在《雅典政制》[29]和[34]提到的克莱托丰也许是作为公元前411年建立四百人寡头政体的支持者之一的克氏。如果是这样，那么，他就是古雅典的一个寡头政治家和知识分子。作为一个次要角色和苏格拉底对手的色拉叙马霍斯的支持者，他也出现在《共和邦篇》[328b；340a−c]中，他有简短的发言："执行统治者的命令是正义。所谓更强者的利益，是更强者认为对他自己有益的事，对较弱者而言是必须做的事。"[340a−c]。吕西亚斯（Λυσίας，公元前445—前380年）是雅典一位著名的演说家和希腊历史学家。参见《共和邦篇》[328b]；《斐德罗篇》[227a；266c]。

② Θρασύμαχος（约公元前459—前400年）是雅典的一位修辞学教师和著名的智者。他的性格和观点在《共和邦篇》[336b以下]得到刻画和表达。他的正义观和探究方法与苏格拉底截然相反。另外，他也出现在《斐德罗篇》[266c]中。

③ 该词（"συνουσία"）也有"（门下弟子对老师的）过从，就教，听课"的含义。

《克莱托丰篇》

你有必要对我显得粗暴似的,那就但愿或许你听到的话不正确;但如果你准许①我直言无隐,我就最感满意地期待并乐于叙述。

[**407a**] 苏:无论如何,你的确想要帮助我,我若不答应,实在是可耻的;因为确切无疑,当我得知自己的较差和较好何在,一方面,我将竭力保持和追求后者;另一方面,我将以全力避免前者。

克:你就听吧!因为我,苏格拉底啊,和你交谈,时常惊服所听到的,甚至我认为,当你指责人们时,比别人讲的都美好,恰似置于悲剧的设计②之上的一位神,你谴责③说:

[**407b**] "你们通向何处,凡人们④?你们不知你们正在做的没有一项是应当做的吗?⑤ 无疑,对你们说来,你们全部的热心是为了占有钱财,但你们⑥,对儿子们来说,宁可懂得怎样正当地使用传给他们的钱财,也不给他们寻找到一些懂得正义的教师,如果正义真的可以学到的话⑦——此外,假如通过实践和锻炼获得,任何人充分地有训练和勤学的话——的确,你们甚至尚没有如此照料你们自己。但你们注意到,[**407c**] 你们自己和你们的孩子已在文章⑧和艺术甚至体育⑨方面

---

① 该词("δίδωμι")也有"(神)赐予,法律上的准许和答应祈求"的意思。而后一词"直言无隐(παρρησία)"也有言论自由的含义。或许作者在用词上暗含讥讽的意味。这也符合本篇的格调。

② 该词("μηχανή")意即舞台。本义为"(起重的)机械,器械";也指一种戏剧机器,一种有一个滑轮连接的起重机,它通常固定在舞台后,通过它,所演的神或英雄等场景由此可以降低或升高或表现在空中。参见柏拉图在《克拉底鲁篇》[425d]、亚里士多德在《政治学》[1454b]以及"名人传"(《塞米司托克勒》[10.1])中的用法。

③ 此词("ὑμνέω")有"歌颂,赞美,吟咏"的含义,但用于诗歌中时含贬义。

④ 该词("μηχανή")属元音融合,是伊奥尼亚方言。在古希腊人看来,"凡人"即通常译为各语种的"人"或"人类",是非永生或有死的人,而有别于永生的神和半神半人的英雄。

⑤ 在原文中此句是逗号,根据语义推测,应当是问号。

⑥ 中译者接受"C本"在"你们,"之后根据语境增加的"既不思考"这两词,见[C注5] p.966。"V. C本"译为:"sans vous inquiéter";"S本"译为:"vernachlässigt und nicht darum kümmert"。施莱尔马赫译为:"unbekümmert bleibt"。

⑦ 参见《美诺篇》[70a];《欧绪德谟篇》[282b]。

⑧ 该词("γράμμα")的基本意思是"字母""音符"等,在用作复数"γράμματα"时,有"文章,语法"等含义。

⑨ 该词("γυμναστικός")意思是"擅长体育锻炼的"。以上三词(γράμματα, γυμναστικήν, μουσικήν)本身都暗含"技艺"的意思。

充分地学习，于是就认为已完全树立了教养孩子的美德；其次，关于钱财，你们绝没有变得较为差少，你们怎么不小看现今的教育，但没有寻觅消除你们那些粗俗的任何人呢？的确，也是由于走调①和漫不经心，但不是因为在向七弦琴有合乎节奏的音步过程中的没有节奏②，像同胞对同胞甚至城邦与城邦的没有节奏和不和谐产生了反目，［**407d**］直到酿成并遭受战争③。

此外，你们说，非正义者当然是自愿成为非正义的，不由于缺乏教育也不由于无知；再者，反过来，你们重新敢于如此说，非正义是卑劣的，甚至是众神所憎恨的；于是，却说谁怎么可能就会心甘情愿选择这种性质的恶呢？"那人就会被快乐所制服"④，你们说。难道那也是不自愿的吗，如果真的征服是自愿的？那么，无论如何，依理证明，非正义的确是非自愿的，［**407e**］于是，属于自己的每个人和属于公共的全体城邦现在一同需要对此事充满关怀。

的确，苏格拉底啊，每当我听取你经常宣告的事情，也非常惊服⑤，尤其是那些多么惊异的劝告啊！甚至，此外，无论何时，你随即说，那些实实在在锻炼身体的人，却疏忽了对灵魂做这样的事，他们真的不关心统治的⑥，但关心被统治的。尤其每当你说，例如，无论谁，不懂得怎样使用某物，最好是不理会它的效用；于是，假如有谁不懂怎样使用他自己的眼睛、耳朵或整个身体，最好既不用它们听或看，绝不把身体用于其他方面胜过不论怎样使用。［**408a**］而且这同样适用于有关技能方面的事情；于是，不论谁，若不懂得怎样使用他自己的七弦琴，确切无疑，也不懂使用邻人的七弦琴；不论谁，若不懂

---

① 该词（"πλημμέλεια"）在比喻意义上是"失误"的意思。
② 该词（"ἀμετρία"）也指人们行为的无节制。具有双关语的意思。
③ 用弹奏七弦琴（"λύρα"）比喻和谐的类似用法，参见《高尔吉亚篇》［483b-c］等。另外，参见普卢塔克的著作《道德论文集》中的一篇《美德可被教》［Ⅵ.2］引用了上述话。
④ 参见《法律篇》［863c-864c］；《普罗泰戈拉篇》［352a-360e］。
⑤ 该词（"ἄγαμαι"）既有"赞美，爱慕"的意思，也有"忌妒，气愤"的含义。具有双关语的意思。
⑥ 即相对于身体，灵魂是统治者。

《克莱托丰篇》

得怎样使用别人的七弦琴，也不会使用他自己的七弦琴；对其他工具或事物等无一莫不如此。你说出的那话甚至马上可顺利地兑现，正如不论谁，不懂得怎样使用他自己的灵魂，就让他的灵魂保持安静，甚至最好是别活着而不要凭借灵魂做事活着；但假如某个家伙非要活不可，[408b] 那他过一种奴隶①的而非按自由人这种性质的生活度日简直就会更好些，正像把思想的舵像船②的双舵③交给他人，也即交给懂得"掌驾人技"④者，于是你，苏格拉底啊，时常叫其名曰"政治学"，正如人们所说的，它实实在在是"审判术"和"正义"二者。

实在是，我几乎既从不反驳，也不认为以后对那些说法和另外极多甚至极好的不相同性质的叙述——例如，美德可教，在一切事物中最应关心他自己——进行答辩。[408c] 依我看，它们是最适宜于鼓励人的和最有益的，尤其完完全全仿佛能把我们从睡觉中唤醒似的。于是，我把心思转向听说的那些问题之中。首先，我并未一再询问你，苏格拉底啊，而是询问你的其他同年龄的伙伴和与你有同样的愿望者，或者说你的伴侣⑤，或者从你对他们的关系来说，应当管诸如此类的人叫作某某⑥。但愿我首先询问他们中最被你所称赞的那些人，向他们打听你随后的表达思想的话是什么，[408d] 甚至我按照你的某一风格向他们提问：

"最亲爱的朋友们啊"，我说道，"那么，就美德而言，我们何时怎样接受苏格拉底的劝告呢？由于它是唯一的，就不可能对各种事务进

---

① 该词（"δοῦλος"）尤指生而为奴者，和"战俘被卖为奴者"相对。

② 该词（"πλοῖον"）常指"商船"和"货船"与"战船（ναῦς）"相对而言。

③ 古代希腊海船的舵是一对，状似长桨，以横木连接，因是双舵，所以常用复数。它也喻勒马缰绳。

④ 该词组（"τῶν ἀνθρώπων κυβερνητικήν"）在"C 本""V. C 本"以及"S 本"中分别译为："skill of steering men"；"la science de gouverner les hommes"；"über die Menschen das Steuer"。施莱尔马赫译为："die Steuerkunst der Menschen"。

⑤ 该词（"ἑταῖρος"）有"同伴，（一同做奴隶的）伙伴，战友，（同船的）伙伴，社友，门徒"等含义。从其称呼来看，苏格拉底与其交往者（尤其是阿尔基比亚德斯和克里底亚等人）到底是什么关系，人们也说不清楚。或许这也是对其以莫须有的罪名处死的不明言的原因之一。

⑥ 暗示是"情人"或"受宠爱者"。参见Ἐρα.。

行研究，甚至完美地领悟它了吗？无论如何，那实在是我们整个一生要做的事吗？现在不忙事先转向鼓励接受美德吗？而且，那个接受美德劝告的人也不忙事先转向鼓励另外的人接受美德吗？即使我们同意那是一个人有必要做的事，继它之后，是否我们彼此也应当询问苏格拉底［**408e**］：今后怎么做？我们指望怎样开始学习有关正义的事情，怎样表示自己的意见呢？"

假如有人认为劝说关心身体的我们，如同孩子并没有预先思考辨认体育术和医术是什么，然后训斥，说我们关心所做的一切实在是可耻的，一则，例如种小麦和大麦以及葡萄，甚至像因为身体的缘故，我们下苦心经营和获取它们一样；一则，既没有发现使身体最优秀的技术本身，又没有找到使身体最优秀的办法本身，况且它们存在。［**409a**］但假如我们一再询问劝我们做那事情的人："但你们所说的是些什么样的技术呢？"他或许说："是体育术和医术。"而现在为了使灵魂具有美德的技术我们立即怎么说呢？请说。

于是，他们中那似乎是最难以对付的人①答复我说，那种技术本身正是你听苏格拉底讲过的，除了正义没有别的。于是我建议：不要唯独告诉我该名称，无论如何像这样说。［**409b**］医术自然是一门所谓的技术；但它存在双重完成，一则，医生们时常从他们现有者中造就两者中的另外一种——医生；一则，成就健康。再者，它们中的另外一种再也不是技术，而是教和受教二者的技术之产品或利益，即我们说的健康；同样地，木匠技术的产品，一则，是房屋和木匠的技术二者；一则，造成教诲。

因此，同样地，一则，正义的一个产品是产生正义者，如同在技术那里造成各自的有技术者；一则，造成两者中的另外一种状况，即正义者有能力为我们成就的产品，我们认为那是什么？你说。

---

① 该词（"ἐρρωμένος"）本义是"强壮的（人）"；也有"有影响力的，可怕的"等含义。参见《高尔吉亚篇》［483c］；另见 *Greek Word Study Tool* 中的释义。而文中的"最难以对付的人"（ἐρρωμενέστατος）指的是谁？我们不得而知。或许是暗指柏拉图？参见本篇［409d］。

《克莱托丰篇》

[**409c**]一则，如我认为①的，他回答："有益"；一则，其他人说是"适当"；也有人说是"有用"，另有人说是"好处"②。于是③，我回过来说："在那儿被提及的名称，正确地行事④，做有好处和有用以及其他这样的事，它们至少存在于每一种技术中；但你问的一切都针对这事，每一门技术都涉及自己的利益；如同木工使用'好'、'美'和'适当'一样，[**409d**]既是说，产生了木制家什，它们实在不是技术。现在，让他说，同样地，尤其属于正义本身的利益是什么。"

最后，苏格拉底啊，你的某个同伴回答我，看来他实在是精明的，说：正义有⑤其自己特定的而其他技术没有一种具有的利益，即在城邦中生成"友爱"。此外，在询问后，他说，友爱从来是好的而不是坏的。但孩子的友爱和野兽的友爱，当我们给它们取名称的时候，一再询问后，他说他并不承认它们是友爱；[**409e**]因为比起好，临到其头上更多的是有害。

于是，为避免说这样的友爱是友爱，他甚至没有说这样的友爱是友爱。再者，有人把它们叫作友爱是不符实际地如此称呼；但实在和真实的"友爱"最确实地是意见或感想一致⑥。在被问及这种"感想一致"是否是他说的"有同样见解"或是"知识"的时候，一则，他瞧不起"有同样见解"，因为迫使"有同样见解"的人们产生了许多伤害；一则，他认可友爱全都是好的，甚至是正义的产品，那么，他说"感想一致"[也]是知识，但不是意见⑦。就因当时我们没办法论

---

① 该词（"οἴμαι"）属于阿提卡方言。
② 这些论点参见《共和邦篇》[336c-d；338c-d；339a等]中关于"正义"的定义之争论。
③ 原文是"δή"；"C本"译为："but"；"S本"译为："aber"；"V.C本"译为："Mais"；即用"δέ（但是）"代替了"δή"。
④ 该词（"πράττειν"）属于阿提卡方言。
⑤ 该系词"εἴη"（含"是、存在、具有、属于"等词义）属于希求式。本篇多处使用。柏拉图本人习惯用希求式。
⑥ 参见《共和邦篇》[351d]。
⑦ 该词（"δόξα"）具有"想法，期望，判断，看法，（哲学）见解；一般的见识，猜想，幻想；声望，荣誉，名声；光荣，荣华"等含义。以上观点，参见《斐多篇》[79a]；《共和邦篇》第六卷关于"线喻"的论述[509d-511e]。

证，[**410a**] 路过者们无疑有能力抨击①他，甚至说该推论兜圈子回到其最初所在，并且说："医术也是某种感想一致，像每一种技能一样，它们也都有能力宣告是为了什么事物的目的；但你所说的'正义'或'感想一致'，向哪里瞄准，脱靶了②，它的产品一度是什么，也非显而易见。"

因此，苏格拉底啊，最后，我也问你自己，你也给我说说，正义无疑是损害敌人，但对朋友行义举③。[**410b**] 但此后显示，正义者至少从不损害任何一个人；由于他做的所有事对所有人有好处④的缘故。但不是一次，甚至不是两次，无论如何，我实在是忍受了很长时间[并且] 再三要求询问那些事。一则，我相信你在劝人转向关怀美德方面无疑比任何人做得最好；一则，对于两件事情中的另一件，或者仅仅你很⑤能做，但绝没有更长时间要说的⑥。有关另一种不论什么技术也可能会发生这样的情况，如同，一个不是舵手⑦的人为撰写会仔细研究对人们有很高价值的舵手的技术的赞辞，[**410c**] 至于其他各种技术的情况也同样；现在，有关正义的情形，甚至很可能有人归咎于你，比如说，你为何对正义赞美得好却不更为精通正义。真的，至少我不具有这样的看法，在两种情况中必居其一⑧，或者你不熟知正义，或者无心与我平分⑨它的知识。

由于那些缘故，于是，我甚至有意⑩走向色拉叙马霍斯和向别的地方去，我却不知所措；假如你的确愿意真的立即对我停止用那些言谈

---

① 该词（"ἐπιπλήττειν"）属于阿提卡方言。
② 意译即"离题了"。
③ 该词（"εὖ"）基本意思是"好"，还具有"幸运，幸福，正义；完美"等含义。
④ 该词（"ὠφελία"）属于阿提卡方言。
⑤ 该词（"τοσοῦτον"）属于阿提卡方言。
⑥ 意译为"够了"，或"打住"；参见"C本""S本"和"V.C本"分别译为："nothing more"；"nicht weiter"；"là et s' arrête là"。施莱尔马赫译为："weiter aber nichts"。
⑦ 该词（"κυβερνήτης"）的释义，见前注。
⑧ 该短句（δυοῖν δὲ θάτερον）直译如此，意思即："二者必居其一"。
⑨ 即："好朋友理应平分一切所有的观点"。参见《法律篇》[739c] 所引和《共和邦篇》[462c；463e] 等段落的叙述。
⑩ 该词（"οἴμαι"）属于阿提卡方言。

《克莱托丰篇》

劝说，[**410d**] 但仅仅，假如在有关体育术方面，你劝说我无须疏忽身体之后，就随即告诉我这种劝说的话，例如，我的体质需要照料，现在马上说出它。你认为克莱托丰同意把其他事情视为关怀的对象，由于另外事情的缘故而下苦功锻炼，却忽视了对灵魂自身的苦心经营是滑稽可笑的；[**410e**] 对这些事情而言，现在你认为我也这样依次询问了所有其他的事情，和我此刻细说了的事情。我恳求你绝不做像我讲的其他的事，免得，正像现在，一则，在吕西亚斯和别人面前因某些事赞美你；一则，就某些事而责怪你。因为一方面，对于没有受到你劝说的人来说，苏格拉底啊，我将说，你对所有的人是有价值的；另一方面，对已受到你恩惠的人，你大概甚至成为他们由于美德之实现而达至幸福的障碍。①

---

① 以上对苏格拉底的责难似乎显得痛快淋漓，就像在《共和邦篇》[344d] 中苏格拉底说的，色拉叙马霍斯对他劈头盖脸地一通高谈阔论。另外参见《高尔吉亚篇》中卡里克莱斯对苏格拉底的一连串嘲讽、指责。而对于此句的翻译，参见 "C 本"："to someone who's already been converted you rather get in the way of his attaining happiness by reaching the goal of virtue."
"V. C 本"："mais pour celui qui l'est déjà, tu serais presque un obstacle à ce qu'il parvint au véritable but de la vertu, qui est le bonheur." "S 本" 和施莱尔马赫分别译为："aber könntest du beinahe sogar zum Hindernis werden, zum höchsten Ziele der Tugend zu gelang und damit zur warden glückseligkeit." 和 "aber kannst du beinahe sogar ein Hindernis sein, durch Vollendung in der Tugend glückselig zu werden."

《弥诺斯篇》*
——或"论法律"

对话人：苏格拉底（以下简称苏）；同伴

[313a] 苏：对我们而言，法律是什么呢？

同伴：你尤其询问法律的性质是什么吗？

苏：但是怎么？就与法律的关系而言，那是和与其本身一致的法律不同的法律吗？但愿你马上考虑我向你提的问题。就像如果我问："黄金是什么？"一样，如果你同样地问我："我尤其说的是什么样的黄金吗？"我认为你的提问就不正确。就合乎其本身而言，黄金既和黄金没有什么地方不同，[313b] 石头也与石头也没有某处不一样；所以，法律外绝没有如何不是法律，也绝非优于法律。当然都是同一事物。因为它们中的法律部部是同样的，不是，一则，更甚于其自身；一则，较差于其自身；我实在问的正是那个：法律整个儿是什么？① 因而如果你有意，说说。

同伴：说法律就会是另外的什么吗，苏格拉底啊，除了奉行某种风俗？

苏：或像，在你看来，话语是在说讲，或视力是看见，或听是听到吗？或者一则，话语是另一个；一则，说讲是别一个。[313c] 甚

---

* 原文标题是"MINΩΣ"；该篇的副标题（ἤ ΠΕΡΙ ΝΟΜΟΥ）应该是古代的学者添加的。中译文根据"B本"并参考了"C本""S本""V. C本"以及"林本"译出。

① 即指法律的定义，而非其类型或差别等。这与柏拉图在其对话作品中常常寻求对所讨论的对象进行"定义"的观点相同。

《弥诺斯篇》

至，一则，视力是另一种；一则，看见是另一类。一则，听是另一种；所听到的是另外一种。于是，法律是另一类事物，但采用某种习惯①则是别的一种事物吗？只是如此而已吗？或在你看来是什么？

同伴：此刻，在我看来，它们好像是不同的。

苏：那么，法律不是采用某种习惯。

同伴：在我看来，不是。

苏：法律到底可能会是什么呢？让我们这样查看它。假如有人问我们刚才所说的："既然你们说，所见是由视力看到，[**314a**]这种用以看见东西的视力是什么呢？"我们就会回答他："那是通过眼睛显示了情况的感觉。"如果他现在重新问我们："但是怎么？既然所听到的是通过听而被听到，那这听是什么？"我们就会回答他："那是通过我们的耳朵表明对声音的感觉。"

只是如此而已，那么，如果他问我们："既然通过依照法律信奉法律，被信奉的这种法律是什么呢？[**314b**]是某种感知还是表明呢，就像所学到的是凭借知识显示学到的吗？或者发现什么，如同所发现的是由发现显示的——就像，一则，靠医术显示健康的和有病容的情况一样；一则，众神通过预言术，作为神谕，考虑它们吗？因为在我们看来，一种技能也许是对于这些情况的发现；到底是吗？"

同伴：的确，完全是的。

苏：于是，对那些说法，我们最会假定法律是什么呢？

同伴：无论如何，至少在我看来，法律是信条②和投票通过的议案。谁会说法律是别的什么呢？既然有可能，你所提到的问题，[**314c**]无论如何，就一般而言，法律，是城邦的信条③。

苏：看来，你是指法律为政治的④判断⑤。

---

① 以上"说讲""看见""听到"与"奉行某种风俗（νομιζόμενα）"等都是该词（"νομίζω"）的动词中动态现在时分词形式。

② 该词（"δόγμα"）也具有"学说，教条，信念，见解，判决，法令"等含义。

③ 参见《法律篇》[644d]，雅典客人即认为，法律是城邦的公共决定。两千多年之后，卢梭也同样认为法律是公共意志（参见其《社会契约论》）。

④ 该词（"πολιτική"）暗含"技艺"。

⑤ 该词（"δόξα"）是一个多义词。以下，中译者根据上下文取意。

205

同伴：至少在我这方面，是这样看的。

苏：很可能你也说得好！或许我们像这样说是更好的。你说某些人是有才智的吧？

同伴：至少在我这方面，是这样的。

苏：那么，有才智者是因有才智而有才智的吧？

同伴：是的。

苏：但是怎么？正义者是因正义而正义的吗？

同伴：的确，完全是的。

苏：甚至因此守法者是因法律而守法的吧？

同伴：是的。

苏：此外，违法者是因违法而违法的吧？

[314d] 同伴：是的。

苏：再者，守法者是正义的吗？[1]

同伴：是的。

苏：此外，违法者是非正义的吧？

同伴：是非正义的。

苏：因此，正义和法二者是最美好的吧？[2]

同伴：是这样。

苏：再者，那么违法和非正义二者是最可耻的吧？

同伴：是的。

苏：甚至，一则，（正义和法）保全了城邦和其他一切；一则，（违法和非正义）彻底毁灭和推翻了这一切？[3]

同伴：是的。

苏：于是，正如人们必须将法律考虑为美好的东西，并把它作为

---

[1] 关于守法者是正义的观点，参见《共和邦篇》[338e-340a]，但出自正义观与苏格拉底的相对立的智者色拉叙马霍斯之口。而在色诺芬的《回忆苏格拉底》[Ⅳ.4. 12-20] 中，苏格拉底则向智者希庇亚提出并辩护了这一观点。

[2] 关于法律是"最美好、高尚的"的观点，参见《法律篇》[645a-c]。有关法律问题的著作是"最美好的"，参见《法律篇》[858c-859a]。

[3] 本句括号内的话为中译者按照语境所添加。

《弥诺斯篇》

某种好事物来追寻。

同伴：但怎么不是这样①？

苏：那么，我们说过，法律是城邦的信条吧？

[314e] 同伴：但愿我们说过。

苏：那么，为什么？难道城邦的信条不是，一则，一些是有助益的②；一则，有些是无用的③吗？

同伴：的确是真的。

苏：至少法律不是无用的也是真的。

同伴：真的不是无用的。

苏：于是，如此简单地回答法律是城邦的信条的问题是不对的。

同伴：在我看来，是不对。

苏：毕竟，将糟糕的信条接受为法可能会不合适。④

同伴：当然不合适。

苏：但是，真的，至少尤其对我自己而言显而易见，法律是某种判断；再者，既然法律不是无用的，它不是立即很清楚吗？法律是有助益的见解，法律如果真的是判断的话。

[315a] 同伴：是的。

苏：但有助益的是什么呢？不就是真实的见解吗？

同伴：是的。

苏：那么，真实的见解是关于真实存在之事⑤的发现吧？

同伴：但愿是。

苏：于是，法律意欲是真实存在之事的发现。

---

① 这种句式表示肯定，意思即："当然是这样！"
② 该词（"χρηστός"）也有"有利的，顺利的，好的，善良的"等含义。
③ 该词（"πονηρός"）也有"拙劣的，糟糕的，恶劣的；卑鄙的"等含义。
④ 类似的观点参见《大希琵亚斯篇》[284a – 285b]；《法律篇》[例如，644c – d，645a, 659d, 714a, 715d, 728a；法律和立法是正确的和非正确的，例如，627d, 705e, 707b, 715b；或暗示法律有自然的正确性标准，例如，631c – d, 690c, 853a]。
⑤ 该词（"ὄντος"）是动词"εἰμί"的主动态现在时分词的单数属格，是个非常重要的连系动词，与德语的"sein"、英语的"be"、法语的"être"词义相当，该词含有"存在，实在，事实，现实，真实；现在的事，现有的东西"等意思。也可译为"实有"等。

同伴：因而，怎么，苏格拉底啊，如果法律意欲是真实存在之事的发现，假设在我们看来法律发现了真实存在之事，难道我们对同一事不用同一种法律吗？

苏：一则，法律意欲是发现绝不较真实存在小的事；一则，并不经常运用相同法律的人，[**315b**] 正如我们设想的，毕竟不能常常发现法律意图的实存。来呀！从这儿看看之后到底对我们是否变得显然。我们经常运用同一法律，或是在不同的时期运用其他的法律，尤其是否全体人民运用相同的法律，或是全体人民在不同的时期运用其他的法律。

同伴：无论如何，它至少，苏格拉底啊，不难看出。因为相同的人也不常常使用同一法律，而不同的人使用不同的法律。因为无论如何，我们真的没有，譬如说，以不圣洁的活人献祭，但对迦太基人①来说，燔祭像是圣洁的和合法的事，[**315c**] 并且他们中的某些人甚至将他们自己的儿子献祭给了克洛诺斯②。说真的，很可能你也听到过。运用不同于我们法律的不只是些野蛮人③，除了像在吕基亚④的那些人甚至还有举行燔祭的阿塔玛斯⑤的子孙们，纵然他们是些希腊人。正如我们自己，你知道，也许你自己也听说，在以前，在运走尸体，尤其召唤来装遗骨者之前的女祭司和葬前杀献，对死者使用过那类法律；[**315d**] 又比如，以前在那地方，他们甚至将死者安葬在住房里；但我们绝没有做过这种事。有人就对此说过无数次；因为有证明的广大开阔地⑥：我们既不对我们自己经常按照同一法律，人类也时常不互相根

---

① Καρχηδόνιοι，公元前 814 年由古腓尼基城邦的移民在非洲北海岸（今突尼斯）始建城市。古迦太基曾与古希腊争夺地中海霸权，后又与古罗马争夺霸权。最终在三次布匿战争中均被罗马共和国打败，并于公元前 146 年灭亡。

② 在希腊神话中，克洛诺斯（Κρόνος）是提坦（τιτάν）神之一、宙斯的父亲，他的时代被喻为黄金时代。但该词也喻为"年老昏聩的人，老糊涂"。

③ 该词（"βάρβαρος"）本义为"外国人的、非希腊人的，说希腊语以外的语言的"；在希波战争以后转义为除希腊人以外的"野蛮的，蛮子的"。

④ Λυκία，在小亚细亚南部，位于今土耳其境内。荷马在《伊利亚特》中多次提到吕基亚，并说它是特洛伊人的盟友。

⑤ Ἀθάμας，在希腊神话中，阿塔玛斯是保俄奥提亚（Βοιωτία，位于希腊的中部地区，其最大的城市是底比斯）的一个国王。

⑥ 该短句（"πολλὴ εὐρυχωρία τῆς ἀποδείξεως"）意译即："到处都有例证"。

据同一法律。

苏：这绝不令人惊异，最亲爱的朋友，如果你说得正确，而这未曾被我注意到。然而，只要如果你按你本人的方式，在你看来，讲冗长的道理，我也重新这样，我们就绝不会得出一致的结论，[**315e**] 正如我认为的；但假如共同商量所探讨的问题，很可能就相一致。所以，假如你真的愿意，你可以向我询问与我共同地考虑任何事；再者，你另外若愿意，就回答问题。

同伴：无论如何，苏格拉底啊，我乐于回答你要问的任何问题。

苏：你马上来回答呀。你是否认为正义是不义，不义也是正义，还是，正义是正义，不义是不义？

同伴：我真的认为，正义真的是正义，不义尤其是不义。

[**316a**] **苏**：那么，甚至像本地人一样，在所有人里如此认为吗？

同伴：是的。

苏：因此，在波斯人中也如此认为吗？

同伴：〈在波斯人中也如此认为。〉①

苏：那么，永远总是如此认为吗？

同伴：永远。

苏：此外，本地人认为，较重的把天平压下来更多，较轻的把天平压下来更少，还是相反？②

同伴：不是相反，当然是较重的把天平压下来更多，较轻的把天平压下来更少。

苏：那么，甚至在迦太基和在吕基亚也是如此吗？

同伴：是的。

苏：真的，高尚，看来，一切地方都认为是高尚③，而卑鄙为卑鄙，[**316b**] 但没有认为卑鄙为高尚，也没有认为高尚为卑鄙的。

同伴：是这样。

---

① 原文校对如此。本译者参考的其他译本均无括弧。
② 参见 Δι. [373e] 相同的说法。
③ 该词（"καλόν"）属于形容词名词化，具有"美德、善良和高尚"之意。

苏：所以，如同与大家所说的一致，在我们这里和在其他处全体人都认为真实是真实①，不真实为不真实。

同伴：在我看来，的确是。

苏：于是，不论谁对真实犯错，他就对符合法律或习惯犯错。

同伴：所以，真的，苏格拉底啊，如你所说的，遵守法律的那些人似乎是这样的，尤其在我们这里和在其他人那里似乎时常是这样的；但我一经思考，[316c] 我们的法律绝无停止上下颠倒地改变，就不能令我听从了。

苏：因为或许你没有思考，下跳棋时的那些跳棋是同一跳棋②。然而与我一起细看它们如下。你阅读过论疾病医治的文书③吧？

同伴：至少在我这方面，读过。

苏：那你因而知道论疾病医治的文书属于什么技能吧？

同伴：我知道，是有关医疗的技能。

苏：难道你不把拥有这些方面知识的人叫作医生吗？

同伴：我承认。

[316d] 苏：那么，是拥有知识的人对同一事物认作相同的东西，还是其他人就认作不同的东西呢？

同伴：它们看来是相同的东西，至少对我来说。

苏：是唯独在希腊人看来，还是对野蛮人和他们希腊人二者来说，会熟知关于那些事物的情况，也认作相同的东西呢？

同伴：也许必然地，对熟知的事物认作相同的东西方面，希腊人和外邦人二者时常是共享的。

苏：答得好。难道他们不也经常共享吗？

同伴：是的，也经常。

---

① 该词（"ὄντα"）可意译为"现实真正存在的本身"。
② 柏拉图在其作品中也多次用下棋作比喻。参见《法律篇》[739a]；《政治家篇》[292e；299d-e]；《高尔吉亚篇》[450d]；《共和邦篇》[487b-c]；以及"Ἱπ.[229e] 等对话中的用法。
③ 该词（"σύγγραμμαὄντα"）具有"写下来的东西：文件、文章、文稿、文书、书籍、散文著作和条例，（法律的）条款，法令，规则"等含义。作者使用该词，或许具有双关语的意思。

《弥诺斯篇》

苏：因此，甚至医生们在论健康的文书里写下的也就是那被认可的东西吧？

[316e] 同伴：是的。

苏：于是，医生们的那些文书就是有关医疗的，甚至是医术的法律。

同伴：一定是有关医疗的法律。

苏：那么，有关耕作的文书也是农事的法律吧？

同伴：是的。

苏：所以，关于种植园业务的文书和惯例是哪一种人的呢？

同伴：种园人的。

苏：于是，对我们来说，那些文书是种园人的法律。

同伴：是的。

苏：是由那些懂得如何管理种植园的人制定的吗？

同伴：但怎么不是这样①？

苏：再者，拥有这种知识的是种园人。

同伴：是的。

苏：此外，关于预备烹调菜肴的文书和惯例二者的是哪一种人的呢？

同伴：厨师的。

苏：于是，那些是烹调术的法律吗？

同伴：是烹调术的。

[317a] 苏：看来，是由那些懂得如何处置预备烹调菜肴的人制定的吧？

同伴：是的。

苏：此外，拥有这种知识的，正如人们认为的，是厨师们吧？

同伴：因为他们精通。②

---

① 即："当然是这样！"

② 柏拉图在《高尔吉亚篇》[463b] 让苏格拉底说：烹调术"不是技艺，而是一种实践、经验和历练"。因为它们与"τέχνη（是一种纯艺术）"相对。

苏：好的！但马上，关于治理城邦文书和惯例二者的是哪一种人的呢？难道不是由懂得如何统治城邦的那些人制定的吗？

同伴：至少对我来说，似乎是。

苏：再者，拥有这种知识者除了政治家们和廷臣们二者外，还有其他什么人吗？

同伴：是这些拥有这种知识的人。

苏：因此，那些人们称法律的文书是政治家——领袖①和好人二者的文书。②

[317b] 同伴：你所说的真实。

苏：但是，具有知识的那些人至少对同一事不会在不同的时间写下不同的文书吧？

同伴：不会。

苏：他们甚至没有一度对相同事物的惯例不时地改变观点吧？

同伴：当然没有。

苏：所以，假如我们看见有谁不论在任何地方那样做，我们会说那样做的人是拥有知识的人，还是不拥有知识的人？

同伴：不拥有知识的人。

苏：因此，假如是正确的，我们认为这些事情在各个方面——不论是医术、烹调术还是园艺学——的法律都是正确的吧？

[317c] 同伴：是的。

苏：再者，假如是不正确的事情，我们也不再认为它是法律吧？

同伴：不再。

苏：于是变成无法无天的③了。

---

① 该词（"βασιλεύς ὄντα"）也有"［荷马史诗］军事首领，王，国王，首领；［雅典］国王执政官（是第二执政官，执掌宗教仪式和司法）；波斯国王"等含义。

② 柏拉图在《法律篇》[858c－859a]中提到了制定法即"立法者的文献（γράμματα τοῦ νομοθέτου）"。雅典客人（柏拉图）指出，在各种作者当中，只有立法者的文书就"有关美和善以及正义提出建议"；"所有在城邦中有关已写下的法律文献应当显然揭示最美和最好的"。

③ 该词（"ἄνομος ὄντα"）也有"不虔敬的"的含义。因为法律被古希腊人视为神所赐予的。

《弥诺斯篇》

同伴：必然地。

苏：于是，在那些有关正义与不义，或者总而言之，关于城邦的安排和对例如应当如何治理城邦的文书二者中，一则，正确的法律是领袖的；一则，不正确的法律不是。对不知道的人们来说，后者才仿佛是法律；既然它是无法无天的。

同伴：是的。

[**317d**] **苏**：于是，我们正确地协调一致认可：法律是对实有的发现。

同伴：似乎是这样的①。

苏：此外，我们在这儿再对它仔细观察。谁拥有为田地分配植物种子的知识呢？

同伴：耕种者。

苏：此外，他给每一份田地分配合适的种子吧？

同伴：是的。

苏：于是，该耕种者是那些种子的好的分配者，尤其他的法律和分配在这方面是正确的吗？

同伴：是的。

苏：再者，谁是乐曲弹奏的好的分配者，并且分配得合适呢？尤其，谁的法律是正确的呢？

同伴：那些吹笛手和弹弦琴者的。

[**317e**] **苏**：于是，在那方面最精通法律的人就是最精通吹笛的人吧？

同伴：是的。

苏：此外，为人体分配食物最好的是谁呢？难道不就是那位分配得合适的人吗？

同伴：是的。

苏：那么，那人的分配和法律是最好的，而且有关那些事，任何最精通法律的人也就是最好的分配者。

---

① 意即："是的"。

同伴：至少完全是的。

苏：那人是谁？

[**318a**] 同伴：体育教练。

苏：放牧①人群身体的②那人是最卓越的人吗③？

同伴：是的。

苏：再者，放牧畜群最卓越的人是谁？人们称其名是什么？

同伴：牧人。

苏：那么，牧羊人的法律对于羊群是最好的。

同伴：是的。

苏：此外，牧牛人的法律对于牛群是最好的。

同伴：是的。

苏：再者，谁的法律对人的灵魂是最好的呢？难道不是国王的④法律吗？你说。

同伴：我马上相信。

[**318b**] 苏：那么，你说得好。所以你说一说，在吹笛术的法律方面，谁成了古已有之的好的立法者呢？很可能你想不出了，那么，你愿意让我提醒你一下吗？

同伴：完全愿意。

---

① 该词（"νέμω"）具有"分配，分发，分给，给以（惩罚）；分配给自己人，瓜分，占有，据有；控制，统治；认作，视为；放牧（牛羊）"等含义。牧人者即指神，或指人民的领袖，即民牧。此类运用双关语的比喻常常出现在柏拉图的对话中，例如他在《克里底亚篇》[109a－e]提到：在远古的时候，神们在各自分配到的领地里，分而治之，像牧人所做的一样养育人类。

② "身体的"似乎是赘词。参见［C注2］p.1314。"S本""V.C本"和"林本"分别译为："Dieser also ist am geschicktesten die menschlichen Herden leiblich zu weiden？""V.C本"按照原文译为："Pour ce qui regarde le corps，c'est donc lui qui sait le mieux gouverner le grand troupeau humain？""这种人最擅长饲养民众的身体吗？"

③ 参见《政治家篇》[267d；268c；276e]等中的相同用法。

④ 该词（"βασιλεύς"）通常意思为"王，国王"，但也在一般的意义上指"首领，领袖"；尤其在古雅典王政时代，特指九个执政官中的执掌宗教仪式和司法的第二执政官——国王执政官。亦见前注。另外参见《政治家篇》中的相同用法。

《弥诺斯篇》

苏：于是，据说是玛息阿①和他的爱人弗里吉亚②的奥林普斯③吧？

同伴：你说的是真话。

苏：他们的管乐曲尤其双管乐曲实在是最杰出的，也唯一激发并且显现需要诸神的人们；而且现在，它们也是仍然唯一剩下来的东西，[**318c**]因为它们是杰出的④。

同伴：它们是那样。

苏：再者，在古已有之的王者中，谁被说成是好的立法者，他的法律因杰出仍然并且现在继续不变呢？

同伴：我想不出来。

苏：你难道不知道谁是希腊人里使用了最古已有之的法律的人吗？

同伴：你说的是拉栖第梦⑤人和立法者吕库尔戈斯⑥吧？

苏：那些人的确很可能尚未超过三百年，或者略超过那一点。然而，他们最好的法律来自何方？[**318d**]你知道吗？

同伴：至少，据说来自克里特⑦。

苏：因此，克里特人是希腊人中使用最古老法律的人吧？

---

① Μαρσύας，是古希腊音乐家，是一个生活在特洛伊战争以前神话中的人物，希腊神话中，玛息阿是涉及两个死亡故事中的一位核心人物；一个故事是说，他捡起被雅典娜遗弃的双长笛并吹奏了它；在另一故事中，他向阿波罗提出音乐比赛的挑战，从而被剥了皮丢掉了性命。在古代，史料往往强调玛息阿的狂妄自大和对他处罚的正义性。参见《法律篇》[677d]提到他的名字。

② Φρυγία，是安纳托利亚历史上的一个地区，位于今土耳其中西部。但弗里吉亚人本身是从欧洲迁入小亚细亚的民族，他们讲一种印欧语系的语言。希腊音乐曾从弗里吉亚音乐中吸取很多养分。今人关于弗里吉亚的知识，都来自古希腊人的记载。

③ Ὄλυμπος，奥林普斯是古希腊音乐家，是生活在公元前7世纪的人。参见[林本注1]p.29。

④ 该词（"θεῖος"）也有"神的，来自神的，神指定的，出于神意的；敬神的，属于神的，神圣的；神一样的，超过常人的（英雄），高出常人的；极好的"等含义。

⑤ Λακεδαίμων，地名，位于伯罗奔尼撒半岛的东南部，通常指代"斯巴达"，斯巴达也是拉栖第梦的主要城邦和其首府。

⑥ Λυκοῦργος（约公元前700—前630年）斯巴达政治家和立法者，据说他曾周游列邦，研究各种政体和法律。在《法律篇》[630c-632d]中，柏拉图以赞赏的口吻提及吕库尔戈斯和弥诺斯以整体的美德为框架的立法。

⑦ Κρήτη，位于地中海北部，是希腊的第一大岛，是最古老的欧洲文明——弥诺斯文明的中心。

同伴： 是的。

苏： 所以，你知道他们的好国王是谁吧？弥诺斯和拉达曼提斯，他们是宙斯和欧罗巴①的儿子们，这些法律是他们的。

同伴： 的确，苏格拉底啊，人们说拉达曼提斯是正义的人，但他们说，弥诺斯是一个野蛮的残暴的以及不义的人。

苏： 最亲爱的朋友啊，你说的是阿提卡的②神话和悲剧故事。

[318e]**同伴：** 但是怎么？难道人们不是那样说及弥诺斯的吗？

苏： 至少从来不被荷马与赫西俄德那样讲；然而他们甚至比悲剧诗人的总和更令人信服，所以，你说的是从他们悲剧诗人那里听到的。

同伴： 无论如何，荷马和赫西俄德是怎么讲弥诺斯的？

苏： 我立即要讲给你，免得你像许多人那样渎神。因为我知道，除了对众神尤其在言行方面犯错误，此外，随后对神一样的人尤其在言行方面犯错误，没有比那更不恭敬的了，甚至没有比那更应当谨防的了。无论如何，每当你打算责怪或赞扬一个人时，你更为应当时常做到顾及未来，[319a] 免得你说不对。由于那缘故，你必须学习区别正直的人和邪恶的人。因为，每当有谁谴责与神相似的人，或有谁赞扬与神本人相反的人，神就感到气愤；那与神相似的人实实在在是好人。但愿你不要认为，奉为神圣的是些什么石头、木头、鸟和蛇③，却不是人；然而，所有那些物中，最神圣的是好人，卑鄙的人尤其最邪恶。

那么，立即也谈及弥诺斯，似乎荷马与赫西俄德二者赞美了他，[319b] 由于他们的缘故，你得当心，就不至于你这个人中之人④在谈

---

① Ευρώπη，在希腊神话中，她是一位美丽的腓尼基公主，欧洲大陆即以她的名字命名。

② 阿提卡（Άττική），在古代历史上是一个包括以雅典城为中心连同其周边乡村、内陆和沿海地区在内的一个区域，公元前508年，克利斯提尼进行改革，将当时的雅典所在的阿提卡地区划分为大小不同的100个基本行政单位——区，即"δῆμος"，之后，其数目日渐增加。阿提卡逐渐设立了约139个行政区，它们构成10个地区性的部落（φυλή），它们每个用古代阿提卡英雄的名字来命名。Άττικός，在古希腊，阿提卡地区的主要城邦和城市是雅典，因此，就像斯巴达可以代表伯罗奔尼撒地区一样，通常说起阿提卡的，也即雅典的。参见亚里士多德《雅典政制》[21]。

③ 这表明本篇作者否定了最原始的宗教形式——自然崇拜或最初宗教形态——自然宗教。

④ 意思是凡人的儿子，而与后一句神的儿子"英雄"弥诺斯相比较。

《弥诺斯篇》

论宙斯的儿子这位英雄①上犯错误。因为荷马谈及克里特,在该地有很多人,在该地甚至有九十座城,他说:

"在强大的克诺索斯②城邦中,那时弥诺斯九岁为王③,他是强大的宙斯的知己。"

[**319c**] 荷马对弥诺斯的赞美的确说了三言两语,对其他的任何一位英雄,荷马甚至没有像那样地描写过。就因宙斯真的是位哲人④,尤其他的技艺⑤极好,在别处许多地方,但尤其在这里,显而易见。因为荷马说,弥诺斯每隔九年在与宙斯的谈话过程中向后者请教⑥,并且常去宙斯那里听课,好像宙斯被说成是个智者。

因此,的确,受过宙斯的教育这项特权,除了弥诺斯外,[**319d**] 无论谁,荷马甚至都没有赋给任何别的英雄,那是令人惊异的赞辞。尤其在《奥德赛》"往生者"卷中⑦,荷马描写弥诺斯而非拉达曼提斯:"握黄金王杖,给亡灵们断案";⑧此外,荷马既没有在

---

① 在古希腊,关于"英雄"的观念,在荷马史诗中包括战士,以及歌手、传令官、医生等;赫西俄德把第四时代的人当作英雄,他们死于忒拜和特洛伊战争;诗人品达(Πίνδαρος)把介于神与人之间的人当作英雄,称为半神,他们的父母之一是神;品达并且把那些对人类有贡献的人,如驱除坏人的人当作英雄;也有人把城市的保护者和创建者、氏族的祖先当作英雄。

② Κνωσός,位于克里特岛的北面,海岸线的中点。根据考古发现,其遗迹揭示了克里特文明(其中弥诺斯文明是最重要的)的存在。

③ 参见荷马史诗《奥德赛》[19.178-179]。对此句的翻译,多种译本不一。例如:王焕生译为"九岁为王",《荷马史诗·奥德赛》,人民文学出版社1997年版,第356页。"C本"是"was king in the ninth season," p.1315;施莱尔马赫、"V.C本"和"林本"分别译为:"Minos einst geherrscht, jedes neunte Jahr dem Zeus als Genosse sich nahend.";"Régna neuf ans";"九岁为王"。施莱尔马赫的译文可能不恰当。参见本篇对话[319c;319d]。"S本"则译为:"Der neunjährlich mit Zeus, dem Gewaltigen, trauten Verkehr pflog."。

④ 该词("σοφιστής")有"能人,大师,有技能的人,巧匠(指诗人和音乐家);[泛指]哲人,哲学家,古希腊的七位哲智者,修辞学教师,诡辩家;骗子"等含义;鉴于柏拉图在其作品中往往对智者持反感、批驳和讽刺的态度,这里的用词或许是在一般含义(哲人)上使用的。

⑤ 该词("τέχνη")不仅具有"技艺,技术,技巧"的含义,也有"手法,方法,奸计"的意思。事实上,宙斯常常被描写为具有双重属性的主神。

⑥ 参见有类似引证的《法律篇》[624b]。

⑦ 参见荷马史诗《奥德赛》[11.568-571]。

⑧ 参见有类似引证的《高尔吉亚篇》[526d]。

这儿描写拉达曼提斯在审判,也没有描述过他与宙斯交谈,一处也没有。由此我说,只有弥诺斯自荷马受到的赞美最多。既然是宙斯的孩子,是唯独受过宙斯教育的人,因此赞许没有过分。因为荷马的诗句:

"弥诺斯九岁为王,他是强大的宙斯的知己,"

[**319e**] 意指,弥诺斯是宙斯的受业弟子。因为,"亲切的交谈①"就是,甚至是交谈中的知己同伴。所以,弥诺斯每隔九年常去宙斯神的山洞听课,一则,通过询问学习;一则,认可他前九年从宙斯处所学的东西。

此外,有些人假定,"知己"是指宙斯的酒会上的客人和一同游戏的伴侣,但有人可能会用如此证据,证明就因这样认为的人说空话;[**320a**] 既然现在许多人,尤其希腊人甚至野蛮人,无任何人阻挠宴会和消遣,也无任何人阻挠酒,除了克里特人和其次的向克里特人学习的拉栖第梦人外。但在克里特,弥诺斯所颁布的一条法律是这样的:不许彼此会饮至狂热的状态②。真的,显而易见,弥诺斯所认为的美好的,就使它们成为惯例,也使他的邦民们同意为惯例。因为也许弥诺斯不会,如拙劣的人那样,[**320b**] 一则,同意另一样的惯例;一则,做出其他与他所认可的不同的事;无论如何,那是一种通过交谈,如我所说,为了关于美德教育缘故的聚谈③。再者,由于此缘故,弥诺斯也为他自己的邦民们制定了那些法律,由此,克里特整个岁月真的可算繁荣昌盛,拉栖第梦也开始接触使用那些法律,因为,它们是神圣的。

此外,拉达曼提斯真的是位好人;因为他曾受教于弥诺斯。[**320c**] 当然,弥诺斯没有教给他属于国王的完整的技能,但是教给了

---

① 该词("δαρος")也有"谈话,歌曲,小调,情歌"等含义;与"知己"或"亲密的朋友(ὀαριστής)"同词根。

② 参见《法律篇》前三卷(例如[673e—674c])中关于饮酒的讨论。

③ 该词("συνουσία")有"聚会,聚餐,交谈,交际,交往,社交;门下弟子对老师的过从,就教,听课;交欢,交尾,交配;社交场所,宴会;哲人的会饮,哲学讨论会"等含义。参见《会饮篇》。

◆ 《弥诺斯篇》 ◆

他协助王家的技能，主管法庭方面那样的工作；由于这缘故，拉达曼提斯也被说成是位好主审人。既然弥诺斯任用他做有关城市的法律维护员①，此外，弥诺斯还利用塔劳斯②为克里特其他地方的法律维护员。因为塔劳斯一年绕到各个乡区③巡视三次，维护雕刻在铜写字板④中的乡区的法律，由于此缘故，他被称为"青铜人"。再者，赫西俄德也讲了那些关于弥诺斯的同类事情。[320d] 因为在提及弥诺斯的名字时，赫西俄德说：

"弥诺斯成为凡人国王中最高贵的王，他也主宰着住在四周最大部分的居民，他持有宙斯的权杖；以此他也有众邦的王权。"⑤

赫西俄德在谈到宙斯的权杖时，无非是指弥诺斯自宙斯所受的教育，凭此，弥诺斯统治了克里特。

同伴：那么，由于什么，苏格拉底啊，一度散布着弥诺斯[320e]是某个没有教养甚至残暴的人的那种谣传呢？

苏：由于某事，尤其你，我最亲爱的朋友，假如明智，其他所有关心声誉的任何人也都要留意：绝不要招惹一个诗人的仇恨。既然诗歌创造者们在意见方面都具有强大的力量，就无论对人们可能会采用哪一种描写来说，或者说得很好，或者说得很坏。

弥诺斯所犯的实在也是他因向那个城邦⑥开战的错误，在该城邦中才智是不同的，并且有很多类型，尤其是创作不同诗作和悲剧的各种各样的诗人。[321a] 但悲剧在这儿是古老且受到敬仰的，它不像有人

---

① Νομοφύλαξ在《法律篇》中属于拟建城邦政府体制中最有影响的官职之一，由37位成员组成；参见[752d-755b]。这些人由于他们的长期经验和道德上的优点以及智力的高超而著称。因此，我们仍然可以从他们身上看到哲人王的影子。

② Τάλως，在希腊神话中，他是一个巨型青铜器的人，在克里特岛保护欧罗巴免遭海盗劫掠和外敌入侵。他每天在岛的海岸巡视三次。

③ 该词（"κώμη"）属于多里斯方言。但是在《法律篇》也多次同样使用了该词，如："κώμη δὲ πρὸς κώμην ἑτέραν" [626c7]；"ὅθεν φρατρίας καὶ δήμους καὶ κώμας" [746d7-8]。

④ 该词（"γραμματεῖον"）也有"文件"等含义。

⑤ 参见赫西俄德《残篇》[144]。亚里士多德在其《政治学》[1271b30-40]提到，弥诺斯建立了海上王国，征服了好些邻近的岛屿，最后，在远征西西里岛时死于该地。参见[林本注1] p.34。

⑥ 暗指雅典。

那样认为的，是从忒斯庇斯①而来甚至也没有从弗律尼科斯②开始，但你若乐意思考，你就会发现悲剧正是这个城邦一种十分古老的意外发现。再者，悲剧真的是最使民众喜悦，尤其最诱惑心灵的诗之艺术；我们于是甚至在悲剧里攻击弥诺斯，为报复他让我们偿付那项可恶的贡税③。所以，弥诺斯犯的那错误就在于，他被我们所仇恨，由于这缘故，我马上可以回答你问的问题，为何弥诺斯成为有最坏名声的人。[**321b**] 因为弥诺斯的确是个好人和遵守法律的人，就像我们在先前所说的，是个好的分配者，那最强有力的迹象④就因：他的法律是固定不变的，因为，弥诺斯幸运地发现了关于城邦居住的真相。

同伴：在我看来，苏格拉底啊，你所依理证明的是很可信的。

苏：因此，如果我说的是真相，依你看，克里特人，即弥诺斯和拉达曼提斯的邦民们，使用的是最古老而受到敬仰的法律吧？

同伴：似乎是这样的⑤。

苏：于是，他们两人成为古人中最优秀的立法者，是人们的分配者和牧者⑥，[**321c**] 也正如荷马所说的："好的带兵官是民众的牧者。"⑦

同伴：完全是的。

苏：你这就来吧！凭友谊之神宙斯的名义；如果有人问我们："好

---

① Θέσπις，约活动于公元前6世纪前后，是传说中的雅典悲剧的奠基者，可能是引入演员与歌队对话的第一个诗人，他因革新悲剧而闻名。

② Φρύνιχος，约活动于公元前6世纪至前5世纪前后，是另一个古希腊雅典的悲剧诗人之一，一些古人认为他是真正的悲剧的创始人。

③ 根据传说，弥诺斯击败了雅典人后，他强迫雅典人每九年给克里特进贡七对少男少女，供监禁在迷宫中的人身牛头怪物弥诺陶洛斯（Μῑνώταυρος，字面意思为"弥诺斯的牛"）吞噬。参见"名人传"（《忒修斯》[15–16]）；奥维德《变形记》[8.152–8.171]。

④ 该词（"σημεῖον"）有"从神那里来的预兆"等含义外，也有"（作出推论）或然的证据"的含义，和"科学的确定无疑的证据（τεκμήριον）"相对。

⑤ 意即："是的"。

⑥ 在这篇对话中，请读者留意从词源上所作的分析和寓意。在古希腊语中，"法律（νόμος）"和"牧场（νομός）"同词形，虽然词重音不同。而"分配者（νομεύς）"与"牧者（νομεύς）"是同一词，通常比喻为"人民的领袖、首领"。中国古代也有民牧的观点。而"羊群（πρόβατα）"一词通常比喻为"首领统率下的军队或队伍（λαός）"。在《圣经》中也有类似的比喻。

⑦ 或译为"好的带兵官是民众的领袖（ποιμένα λαῶν）"。参见荷马《伊利亚特》[1.263]；《奥德赛》[4.532] 等其他各处。

的立法者和好的身体分配者二者，向身体分配什么可使身体成为较好的呢？"我们如果美好而三言两语地回答说，滋养品和辛辛苦苦二者：一方面，前者真的使身体生长；另一方面，后者通过进行体育锻炼而让身体变得强有力。

同伴：的确真实。

[**321d**] 苏：那么，在那之后，他假如马上问我们："但照那样，到底，好的立法者和好的分配者二者，向灵魂分配什么可使它变得更好呢？"我们就要答复什么呢，如果可能，不会对我们本人，尤其对我们自己的年纪①感到羞愧的话？

同伴：我再也不知怎么说它。

苏：但这的确对于我们每个人的灵魂是可耻的：一方面，显然不知甚至存在于它们中间的善和恶；另一方面，对于身体的和其他事物的善和恶已经思考过了。

---

① 像《法律篇》中的对话人已经是三位老者一样，说明在本篇对话中，苏格拉底和其同伴在进行这次谈话时年纪也已经不小。

《塞亚革斯篇》*

对话人：傣峁道科斯①（以下简称傣）；苏格拉底（以下简称苏）；塞亚革斯②（以下简称塞）

[121a] 傣：苏格拉底啊，我一直需要和你私底下谈些什么，如果你有闲暇；尽管你是忙碌的，但不是全然忙碌的一个人，为我的缘故，仍旧抽点空吧。

苏：恰巧我也还有空闲，而且真的全然为你的缘故。那么，如果你打算说什么，可以。

傣：所以，你愿意从这里离开到解放者宙斯③的柱廊④中去吗？

苏：如你所愿。

[121b] 傣：我们马上走吧。

苏格拉底啊，所有长成的东西⑤也许具有同一种方式，像从地里长出植物和另外的东西，尤其是人，在我们看来，在长成的东西中，那

---

* 原文标题是"ΘΕΑΓΗΣ"，中译文根据"B 本"并且参考了"C 本""V. C 本"和"S 本"译出。在古代，该篇的副标题是"ἡ περί φιλοσοφίας［或论哲学（爱智慧）］"，助产性的。

① Δημόδοκος，塞亚革斯的父亲。根据对话的内容推测，他也很可能是雅典的一位政治家 [125a]、[127e]；参见《申辩篇》[33e] 以及伪柏拉图同名对话《傣峁道科斯篇》。他也有可能是历史学家修昔底德提及的一位同名的雅典海军将领，参见修昔底德的《伯罗奔尼撒战争史》[4.75]。

② Θεάγης，可能是苏格拉底的学生。他在《申辩篇》[33e] 和《共和邦篇》[496a-c] 中被提及。

③ 宙斯有许多称号，解放者是其中之一。伪柏拉图《埃律克夏斯篇》有同样的对话地点。

④ 这种柱廊通常有屋顶，而该词（"στοά"）也称廊派即斯多亚派。

⑤ 该词（"φυτόν"）主要指长成的东西：植物；也泛指生物、人。

的确成为极容易的事,是像我们耕地一样的;在此之前,备办种植的一切和种植本身也是极容易的事情,但一经种植活,此后,嫩枝的照料也就成为许多困难的以及烦恼的事。

[**121c**] 再者,至于人的情形,看来也意味着这样;我估计,从我自己而来的麻烦事也涉及其他人。真的,对我来说,毫无疑问,我的这个儿子,或者种植,或者应当称其为生养①,是所有事情中最容易的事,但抚养确实是折磨人的,并且我为他担心,而时常处于惊恐中。

但是仍然,一方面,我就会说很多的事;另一方面,他如今来临的渴望②,因为那让我十分害怕——真的,不是因为它是低劣的,而是有危险的③——因为就渴求这件事来说,在我们看来,苏格拉底啊,比如他说,他渴求变得有才智。[**121d**] 既然在我看来,与他同龄的和同一乡区④的一些男孩,进过城⑤的,靠记忆给他讲述了一些使他惊慌失措的谈话,他羡慕⑥他们,尤其很久以前,他给我造成困难,他要求我关心他的指望,并给任何一个使他有才智的智者花费钱财。但是,一则,我毫不关心钱财的事;[**122a**] 一则,我认为那是努力促使他进入不小的危险中。

却说,在这之前,一方面,我靠劝勉制止他;另一方面,既然我再也不能够制止他,我认为我最好是听从⑦他,或许他就不至于远离我和某人交往⑧而受到败坏。因此,现在我为它们来到此地⑨,以便向那些像样的智者中的某一位引见这小厮。于是,你善意地出现在我们眼

---

① 该词("παιδοποιία")比较特殊,有"生子女(对父亲而言);生育子女(对母亲而言)"的含义。因此,可译为"生养"。
② 该词("ἐπιθυμία")有"渴望,性欲,渴望的事物"等含义。也可是视为双关语。
③ 该词("σφαλερος")本意为"易使人跌跤的,易使人滑倒的";比喻义为"不稳定的,有危险的"。
④ 该词("δημότης")指和"πόλις"("城市")相对的乡区,同一乡区的成员也即乡亲。
⑤ 即雅典城。
⑥ 该词("ζηλόω")也有"嫉妒,争高下"的含义。也可视为双关语。
⑦ 该词("πείθω")具有双重含义:劝服和听从。显然,这位父亲劝服不了儿子就只好听从儿子。
⑧ 该词("συγγίγνομαι")也有"和……交媾"的含义,考虑到其时盛行男风,这位父亲也许有这方面的顾虑。
⑨ 即雅典城。

前，我愿意获得你即将做的有关这种性质之事的不论什么建议。那么，你既然听了我所说的事，如果你有任何建议，你能够［**122b**］并满足我的要求①。

苏：然而，据人说，傣峁道科斯啊，建议的确也是件神圣的事情。却说如果真的还有什么事物也是神圣的，它就是有关你现在和我商量的事；因为没有什么事情会比一个人给他自己和自己家庭的教育提意见的事更神圣了②。

于是，首先，我和你互相同意我们认为有关讨论的那件事一度是什么；绝对不能：一则，我时常认为它是别的什么；［**122c**］一则，你也许假定它是另外的什么；其次，我们感觉到交谈离得很远，自然是可笑的：我和你二者，一个是提意见者，一个是接受意见者，我们并没有视交谈为同一件事。

傣：那么，在我看来，你说得正确，苏格拉底啊，也必须如此做。

苏：我的确在正确地说，当然不完全的确；因为我改变一点见解。我唯恐这小伙子甚至不渴望我们认为他渴求的那一东西却是另一个东西。［**122d**］因此，有关提意见的其他事，我们又是更荒诞不经的。所以，在我看来，最正确的是从他的那一渴求开始，盘问他渴求的尤其是什么。

傣：无论如何，也许是最好的，如此而已，如你说的。

苏：你马上对我说，这年轻人的美名是什么？我们怎样称呼他？

傣：塞亚革斯是他的名字，苏格拉底啊。

苏：的确美好，傣峁道科斯啊，你给予③你儿子的名字，也是适合于圣地圣者以及神圣事情的④。［**122e**］立即对我们说，塞亚革斯⑤啊，

---

① 该词（"χράω"）的基本意义是"满足需要或要求"，但也有"（神或神示）发出必要的答复，宣谕，宣告，预言"等含义。本篇对话中请求者对苏格拉底的敬畏也有这些意思。

② 关于苏格拉底应该在何种情况下对什么人提建议的主张，参见《申辩篇》［30e－32a］；《第七封信》［330d－331d］；《斐多篇》［51b－52a］。

③ 该词（"τίθημι"）也有"奉献，献给神"的含义。可视为双关语。如下一词条的注。

④ 该词（"ἱεροπρεπής"）意思是"神圣的"。因为塞亚革斯的名字"Θεάγης"和"Θεαγός（端神像的祭司）"有些相似。另外参见［C注1］p.629，该名字似乎意味着"由神引导"或"通过神受到尊敬"或"敬畏神"。［V. C法注1］：塞亚革斯的名字意味着十分热爱神圣的事物。

⑤ 这里的拼写是"Θεάγες"的呼格，而非"Θεάγης"的主格。

《塞亚革斯篇》

你说你渴求变得有才智,你也要求你的父亲在这儿发现将和任何使你有才智的这样的某人交往吗?

塞:是的。

苏:但你称作有才智者①是有学问的那些人,就是精通无论什么事物的那些人,还是没有学问的那些人呢?

塞:至少在我这方面,称作有学问的那些人。

苏:却说怎么?你的父亲没教你和训练你吗,就像其他人恰在这时②,美且善的父亲的儿子们所受的教育,例如课业和弹弦琴,角力和其他的体育锻炼?

塞:他的确教授和训练我了。

[**123a**] **苏**:其实,你觉得你还缺乏某种知识,这适合于父亲为你关心的知识,是吗?

塞:至少在我这方面,是的。

苏:它是什么?你也给我们说说,我们好做使你高兴的事。

塞:他也知道,苏格拉底啊,因为我时常吩咐他做,但他在你面前故意地③说那些事情,好像他不知道我渴求的;因为诸如此类的另外一些事,他也反对我④,不愿将我引见给任何一个人。

苏:但一方面,关于你早先吩咐他做的那种事,似乎没有证明人讲;另一方面,[**123b**]此刻,使我成为你的见证人,尤其当着我的面,明白说出你渴求的这种有才智本身是什么。干吧!如果你渴求那种人们靠它驾船⑤的本领,我碰巧追问你:"塞亚革斯啊,你将缺乏的本领是什么呢?你为什么抱怨你的父亲不愿把你引见给你出于他们所在就会成为精通某行技艺的那些人呢?"你就会怎么回答我呢?它是什

---

① 该词("σοφός")是多义词。可根据语境译为不同的词义。
② 指与塞亚革斯同龄的孩子在接受教育时。
③ 该词("ἐξεπίτηδες")也有"恶意地"的意思。
④ 该句字面意思是"对我开战"。
⑤ 该词("πλοῖον")常指"货船,商船",与"战船"("ναῦς")相对而言。而掌舵人或驾船常常比喻为掌管城邦的舵;城邦的统治者、领导。在柏拉图的对话作品中以及在伪柏拉图作品中多用这类比喻。可视为双关语。这暗示本篇也是政治性质的对话。参见柏拉图在《共和邦篇》中关于"哲人王"的论述。

么本领？难道不是驾船技术①？

塞：是驾船技术。

[123c] 苏：但如果你是渴求那种人们凭借它驾驭双轮马车②的本领，而对你的父亲抱怨，那么，我再度问你：本领本身是什么，你会回答它是什么吗？它难道不是驾驭③的技能吗？

塞：是驾驭的技能。

苏：再者，你现在碰巧渴求的东西就是某种不可名状的，还是有名字的呢？

塞：至少在我这方面，我认为它有名字。

苏：因而，你真的是知道它，甚至不一定是名字，还是你也知道它的名字呢？

塞：至少在我这方面，我也知道它的名字。

苏：那么，它是什么呢？你说。

[123d] 塞：但是怎么，苏格拉底啊，除了本领，有人认为会给它别的名字吗？

苏：难道驾驭的技能不也是一种学问吗？还是在你看来，它是无知？

塞：至少对我来说，不认为它是无知。

苏：那么，它是智慧？

塞：是的。

苏：我们用它做什么呢？难道我们不是靠它懂得管辖一队马拉车的学问吗？

塞：是的。

苏：那么，驾船技术不也是一种学问吗？

塞：至少从我的角度，看来是。

苏：难道那不是我们懂得用它管辖船舶的学问吗？

---

① 或指善于掌舵的技术。如上注，喻为"善于掌权的、善于统治的技术"。
② 该词（"ἅρμα"）主要指"战车，赛跑车"。
③ 该词（"ἡνιοχικός"）此外比喻为"掌管人，领导人"。

《塞亚革斯篇》

塞：那当然。

苏：但你现在渴求的又是什么学问呢？［**123e**］我们靠它懂得管辖什么的学问呢？

塞：我真的认为，我们靠它懂得统治人的学问。

苏：难道我们靠它懂得统治一些患病者的学问吗？

塞：当然不是。

苏：那是医术，是吗？

塞：是的。

苏：那么，我们靠它懂得管辖在一些合唱队中唱歌的那些人吗？

塞：不是。

苏：那是音乐吧？

塞：的确，完全是的。

苏：那么，我们用它懂得管辖进行体育锻炼的人们吗？

塞：不是。

苏：因为那是体育，是吗？

塞：是的。

苏：那么，我们用它懂得管辖在做什么的人吗？你要热心说给我，正如我早先给你说的那些事。

［**124a**］塞：我们用它懂得统治城邦中的人，至少在我看来。

苏：难道也是在这个城邦中生病的人吗？

塞：是的，但我不只是说那些人，也指这个城邦中的其他人。

苏：那么，我真的理解你所说的技艺吗？因为在我看来，你似乎不是在说我们用它懂得管理收庄稼、收葡萄、种植、播种和打谷的技艺；因为它真的属于精通农业的技艺，我们通过它管理那些事情，是吗？

塞：是的。

［**124b**］苏：但我的确不认为你说的是我们用它懂得管理锯、钻、雕凿、旋削总和的那种技艺；它不是木匠的技术吗？

塞：是木匠的技术。

苏：那么，也许是我们用它懂得管理所有那些事情和统治全体耕

227

种者、木匠和工匠、无专业知识的人以及女人和男人本身的技艺。也许你说的是那种智慧。

塞：我很久以前就打算说它了，苏格拉底啊。

[124c] 苏：所以，你意味着是说，在阿尔戈斯①，杀死阿伽门农②的埃基斯托斯③到底管理你指的那些事情和统治全体工匠、无专业知识的人以及男人和女人，还是其他任何人呢？

塞：不是其他任何人，却是他统治的那些人。

苏：但是怎么？埃阿科斯④之子珀琉斯⑤在菲提亚⑥真的没有统治那些同一类的人吗？

塞：统治。

苏：再者，你迄今听说过库普塞洛斯⑦的儿子佩里安德洛斯⑧在科林斯⑨的统治吗？

塞：至少在我这方面，听说过。

苏：难道他没有在他的城邦统治那些同一类的人吗？

---

① Ἄργος，伯罗奔尼撒半岛东北的古代名城；也泛指伯罗奔尼撒全境，或泛指全希腊。

② Ἀγαμέμνων，在希腊神话中，阿伽门农是阿耳戈斯国王，统率希腊联军发动了特洛伊战争。从特洛伊返回家乡后，被其妻及其情夫埃基斯托斯暗杀。参见荷马《伊利亚特》[1.28-31；11.385-464；409-411]。

③ Αἴγισθος，在希腊神话中，埃基斯托斯是阿耳戈斯国王阿伽门农之妻的情夫，后被阿伽门农之子杀死。见上一注；另外参见荷马《奥德赛》[1.28；3.263；4.518；4.524]。

④ Αἰακός，宙斯和埃伊纳（Αἴγινα）之子，是荷马的《伊利亚特》中的希腊英雄阿喀琉斯（Ἀχιλλεύς）的祖父，在希腊神话中，是埃伊纳岛（Αἴγινα，柏拉图即出生于该岛）的国王，古希腊最南端帖撒利亚的建立者。

⑤ Πηλεύς，在希腊神话中，是一个众所周知的英雄，也是阿喀琉斯的父亲，和他哥哥一道是赫拉克勒斯的朋友，曾参加过寻找金羊毛的远征。

⑥ Φθία，是古希腊最南端帖撒利亚的一个地区，是阿喀琉斯的故乡，该地区的民众在他的率领下参加了特洛伊战争。参见《克里托篇》[44b]。另见荷马的《伊利亚特》[9.363]。

⑦ Κύψελος（？—公元前627年），古希腊科林斯城邦的第一任僭主（公元前657—前627年执政）。

⑧ Περίανδρος（公元前627—前585年），古希腊七贤之一，古希腊科林斯的第二任僭主，后来被认为是典型的邪恶暴君；但在位期间，他所统治的城邦获得了极大的繁荣。

⑨ Κόρινθος，位于雅典西南方78公里，是希腊的一座历史名城，是美神阿佛洛狄忒（Ἀφροδίτη）的崇拜中心。科林斯在地中海沿岸建立了许多殖民地，包括叙拉古。科林斯也是公元前4世纪著名的犬儒派哲学家第欧根尼的家乡。

☙ 《塞亚革斯篇》 ☙

[**124d**] 塞：统治。

苏：但是怎么，佩尔狄卡斯的儿子阿尔凯劳斯①，新近在马其顿②的统治者，难道你不认为他统治着同样类型的人吗？

塞：至少在我这方面，认为他统治着。

苏：此外，你觉得庇西特拉图的儿子希琵亚斯③统治这个城邦④时统治着些什么样的人呢？难道他们不是同一类的人吗？

塞：怎么会不是这样呢⑤？

苏：于是，你就告诉我，巴吉斯⑥、女预言者⑦，以及我们本地的阿穆斐吕托斯⑧有什么别名吗？

塞：甚至怎么会有别的名字呢，苏格拉底啊，除了预言者外？

[**124e**] 苏：你说得对。另外，你也试图回答我这些：希琵亚斯和佩里安德洛斯凭借其统治有什么名字？

塞：我真的认为是僭主；怎么会有别的名字呢？

苏：所以，不论当谁渴求统治该城邦的所有人，难道他不渴求那些同一种统治，适合暴虐的政府，尤其成为一个暴君吗？

塞：似乎是这样的。⑨

---

① Περδίκκας，佩尔狄卡斯二世，是马其顿王（约公元前448—约前413年）；Ἀρχέλαος，阿尔凯劳斯一世，佩尔狄卡斯二世之子，是马其顿王（公元前413—前399年在位）。有关他的事迹，参见《高尔吉亚篇》[470d–471d]；修昔底德《伯罗奔尼撒战争史》[2.10]；另外参见 Ἀλβ′. [141d]；亚里士多德《政治学》[1311b7–19]。

② Μακεδονία，位于希腊北部，是希腊在南巴尔干半岛的一个地理和历史区域，马其顿的最后一位君主也即最著名的君主是亚历山大大帝（Ἀλέξανδρος ὁ Μέγας，公元前356—前323年）。

③ Πεισίστρατος（公元前6世纪—前528/527年），是统治雅典的第一位僭主，与梭伦同时代。Ἱππίας，Πεισίστρατος之子，与其兄弟希帕尔科斯一同为雅典第二任僭主（公元前6世纪末期）。参见亚里士多德《雅典政制》[18]；修昔底德《伯罗奔尼撒战争史》[6.59.3]；另外参见 ″Ιπ.。柏拉图在《共和邦篇》中对僭主深恶痛绝，大加鞭挞。

④ 指雅典。

⑤ 意即：当然是这样！

⑥ Βακίς，是古希腊中部保俄奥提亚（Βοιωτία）的古代的预言者。保伊奥提亚地区最大的城市是著名的底比斯或忒拜，其城郊即有说谜语的人面狮身女妖司菲克斯。

⑦ Σίβυλλα，古希腊早期和晚期的作家提到一位叫此名字的女预言者，女预言者的泛称。

⑧ Ἀμφίλυτος，可能是某位预言者的名字。

⑨ 意即：是的。

· 229 ·

苏：那么，你就没有声称渴求那种统治吗？

塞：至少从我所说的，像是。

苏：呀，你这个坏蛋！那么，因为你过去渴求做我们的僭主，[125a] 所以你抱怨你的父亲没有把你引荐给某一个僭主老师，是吧？尤其你，傣峊道科斯啊，你从前羞于不知道他所渴求的是这，尽管你有能力送他到工匠①那儿就会使他成为他渴求的有本领的人，你真的出于嫉妒而拒绝他和不愿意送他吗？但现在——你瞧——既然他在我的当面指控你，我和你共同审议就把他送到什么人那里，并且凭着对谁的过从就会使他成为一个有才智的僭主呢？

[125b] 傣：是，我凭宙斯发誓，苏格拉底啊，我们一定审议。依我看来，有关那事情，指望建议不是无关重要的。

苏：不去管它，好朋友，我们先充分地盘问他。

傣：你就询问。

苏：却说，塞亚革斯啊，如果我们此外还将指望欧里庇得斯什么，那将是什么？因为欧里庇得斯在某处说过——"和有才智之人交往的僭主是聪明能干的人。"②

因此，如果有人问欧里庇得斯："欧里庇得斯啊，你说，[125c] 在什么方面和有才智之人交往的僭主是聪明能干的人呢？""就像"，如果他说，"和精通某行技艺之人交往的耕种者是精明的人。"

我们问："在什么方面是精明的？"他就会答复我们什么呢？难道比起有关耕作的事还会是别的什么吗？

塞：不会有别的什么，除了那事。

苏：但是怎么？如果他说"和精通某行技艺之人交往的厨师③是精明的人"。如果我们问："在哪方面精明？"他就会答复我们什么呢？

---

① 该词（"δημιουργός"）作形容词，意思是"为众人做工的"；作名词有"工匠，制造者"等含义，在一些伯罗奔尼撒城邦，指执政官。参见柏拉图《法律篇》和《蒂迈欧篇》中的用法。

② 这句话的意思类似于成语："人以群分，物以类聚。"据[V. C 法注5]，柏拉图在《共和邦篇》[568b] 将此句话归于欧里庇得斯。但似乎它实际上属于索福克勒斯的残篇中的话。

③ 该词（"μάγειρος"）也指屠户，通常屠户身兼厨师。

难道不就是在做厨师方面是精明的吗？

塞：是的。

苏：但是怎么？如果我们说"和精通某行技艺之人交往的角力士是聪明能干的人。"他会说什么？如果我们问："聪明能干的是什么？"难道他不就会说，[**125d**] 在摔跤方面是聪明能干的吗？

塞：是的。

苏：但既然他说"和有才智之人交往的僭主是聪明能干的人。"那么，我们问："你说的有才智是指什么，欧里庇得斯啊？"他就会说什么样的话呢？怎样重新①回答那些问话呢？

塞：宙斯在上，至少在我这方面，我不知道。

苏：那么，我告诉你，你愿意听吗？

塞：如果你愿意，就告诉我。

苏：好像是阿那克莱翁②说过，卡丽克莉泰③精通那些事情；或者你知道这首抒情合唱歌曲吗？

塞：至少在我这方面，知道。

苏：却说怎么？你也渴望遇见干同样活儿的任何这样的某个伙伴，[**125e**] 尤其是与"精通僭主的"库阿涅④的女儿卡丽克莉泰交往，正如那个诗人所说的，以便你也针对我们和这个城邦成为一个僭主吗？

塞：刚才，苏格拉底啊，你在取笑和嘲弄我。

苏：但是怎么？难道你没有宣称渴望那种会统治所有同邦人的本领吗？但若你那样做，除了是一个僭主你还会有别的什么吗？

---

① 关于句中的"重新"一词，据［C 注 4］的校正（p.633）；在原文［125d 6］，将"ποῖα ἂν"替换为"ποῖα αὖ"。原句是"那些回答就会是什么呢？""S 本"和"施莱尔马赫本"分别译为："was würd er nun wohl auf unsere Frage erwidern, und welche Gegenstände würde er angeben?"和"was wird er uns nun wohl auf die Frage antworten, was für welche es wären?""V. C 本"译为："Que dirait-il? en quoi ferait-il consister leur science?"

② Ἀνακρέων（公元前 582—前 485 年）是希腊抒情诗人，他创作的酒歌和赞美诗很著名。

③ 据［V. C 法注 6］，Καλλικρίτη 是一个教授政治的女子，阿那克莱翁为她所作的这首诗事实上已经遗失。参见下一注释。

④ Κυανῆ，在希腊神话中，她是一个试图阻止冥主哈迪斯（Ἄιδης）劫持她的玩伴珀耳塞福奈（Περσεφόνη）的仙女。参见奥维德《变形记》［5.250–678］。

塞：我认为我就会真的祈求，至少在我这方面，成为一个僭主，尤其真的统治所有人，[126a] 但如果没有可能，尽可能统治最大多数的人；你甚至和其他所有人，我料想，也会祈求——或许甚至更祈望成为一位神①——但我没有说过我渴求成为一个僭主。

苏：那么，从前你渴求的实实在在是什么呢？难道你没有说渴求统治属于同一个城邦的公民吗？

塞：但的确不能凭暴力，就像僭主，除非统治心甘情愿的人们②，也正如城邦③中值得说的其他人统治公民的那种方式。

苏：那么，你的确是说，就像塞米司托克勒、伯里克利和基蒙④，你也成为像他们一样高明的⑤政治家吗？

塞：是，我凭宙斯起誓，我说的就是那些人。

苏：于是，怎么？如果关于骑术，你碰巧渴求成为有本领的人呢？[126b] 你认为朝向哪些人走去就会将是一个高明的骑者，是吗？莫非是到其他人那里，还是到善于骑马的人那里去？

塞：不，宙斯在上，至少在我这方面，不会到其他人那里去。

苏：那么，你会到那些事务方面的高明者本人那里去，他们也拥

---

① 这种讥刺或许与当时的人们对苏格拉底的认识有关，例如他的"灵异"。参见阿里斯托芬在其喜剧《云》中对苏格拉底形象的描画。此外，尼采曾经也引用了《塞亚革斯篇》（125e8－126a4）的话："在柏拉图的《塞亚革斯篇》中写道：'我们中的每一个人都想尽可能成为所有人的主宰，最情愿是神。'这种意向必定一再存在。"（Nachgelassene Fragmente. Frühjahr bis Herbst 1884. 25［137］）；而在另外一处，尼采还写道："权力意志（为了取得所有欲望中最强大欲望的表达，后者至今一直统领着一切有机体的发展）。"引自［德］尼采《权力意志》（上卷），孙周兴译，商务印书馆 2007 年版，第 13 页。

② 相同的说法参见《政治家篇》[276e]。

③ 指雅典。

④ 他们是雅典最著名的三个民主领导人。Κίμων（公元前 510—前 450 年），古希腊雅典城邦的一位政治领袖，为马拉松战役英雄小米太亚儌斯之子。他曾经担任雅典十将军，在公元前 5 世纪中期，他在希腊世界是很重要的城邦政治代表人物。他领导希腊世界，在萨拉米斯战役中击败大流士一世的海军，拯救了希腊。此后，他建立了雅典的海上霸权，为提洛同盟的创立者。公元前 466 年，在欧里梅敦之役中，他击败了波斯帝国的舰队，成为军事英雄。公元前 461 年，他遭到陶片放逐。

⑤ 但该词（"δεῖνος"）也有"非常强大的，令人惊异的，相当可怕、危险的"的意思。因为他们，如塞米司托克勒虽然为雅典的强大作出过巨大的贡献，但雅典人畏其权力过大，使其遭放逐，流亡波斯。说明权力具有两面性。

《塞亚革斯篇》

有马匹,并且会在任何时候使用它们,不论自己家的还是许多属于别人的马匹,是吗?

塞:显而易见,是这样的。

苏:但是怎么?如果你打算在善于投掷矛或标枪方面变得高明呢?难道你不期望朝向哪些人走去,就会将在投掷方面是高明的吗?他们拥有矛或标枪,并且会在任何时候使用它们,[126c]不论是属于别人的还是自己家的矛或标枪,是吗?

塞:至少对我来说,看来是。

苏:你马上对我说:既然此外,你实实在在打算在关于政治的事务方面变得高明,你相信,比起关于政治事务方面的人们,朝向其他任何人走去就会在那些方面成为有才智的人呢?前者在关于政治事务的方面是高明的,并且会在任何时候在他们的城邦和许多其他的城邦,像在与希腊的和非希腊人的城邦交往中运用政治。或者你设想在关于那些事务方面,就像在政治方面,除了和政治家本人在政治事务方面交往,请教其他任何人你会变得高明吗?

[126d] **塞**:因为我听说过,苏格拉底啊,他们告诉过你的一些话,属于政治家的那些人的儿子绝不比皮匠的儿子更好①;看来,从我所能够理解的话里,你对我说的话也是最真实的。我的确就会是愚蠢的,如果我期望那些人中的某一位,一则,就会将他的智慧给予我;一则,关于那些事,如果他能够有助益其他不论任何人、任何事的话,并不对他自己的儿子有助益。

苏:所以,我最亲爱的朋友,你拿你自己怎么办呢?对你来说,如果自从儿子出生以后,他给你造成这样的麻烦事,一则,他也就会说[126e],他渴求成为一名能干的画家,并对他的父亲你抱怨,由于正是那些事情的缘故,你不愿为他浪费银钱;一则,他不敬重那些从事该事务的工匠、画家,并不打算向他们学习,怎么办?或者他不敬重那些从事该事务的吹笛手们,并不打算向他们学习,如果他想成为

---

① 参见《美诺篇》[93a—94e];《普罗泰戈拉篇》[319—320b];Ἀλα'.[118d—119a];而该词("βελτίων")指的是品质和美德方面的"较好"。

· 233 ·

一名吹笛手，或弹弦琴者，怎么办？如果他不愿向他们学习，你因此就会有能力拿他怎么办并且打发他到别的地方去吗？

塞：不，宙斯在上，至少在我这方面，没能力。

[127a] 苏：所以，现在，还是那些事，和你父亲相比，当你自己做那些事时，如果他不知拿你怎么办，或将你送到哪里去，你怎么会感到惊讶并且抱怨呢？既然你愿意，我们至少就会将雅典的关于政治的事务方面的优秀且能干的任何一个人引见给你，他将免费地与你结交；你又不浪费银钱，又在大众面前比与其他人会面更为受到重视。

塞：却说什么？苏格拉底啊！难道你不也是这些优秀且能干的人中之一吗？但愿你乐意与我结交，这就足够了，我也不追寻他人了。

[127b] 苏：你为什么说那话，塞亚革斯？

傣：苏格拉底啊！他一定不是在说坏话，你真的立刻要对我开恩；说真的，我会认为没有比那更大的赏赐了，如果他对与你的过从满意，你也愿意与他结交。当然，我甚至也羞于说我多么愿意①。那么，我恳求你俩双方，你愿意与他结交，而你除了苏格拉底不要向他人追寻请教；尤其你们也将终止我许多可怕的焦虑。[127c] 比如现在，我十分害怕，怕他会碰上那类糟蹋他的其他任何人。

塞：如今的确不再，我的父亲啊，为了我害怕，你如果真的能够说服他将接纳我的就教②。

傣：我的儿子，你说得非常美好。苏格拉底啊，那话之后立即实实在在就是关于你的事了；因为我预备好给你提供，三言两语地说来，我以及我所有的东西，能够尽可能自己家庭的，简而言之，无论你会需要的什么东西，假如你在此处欢迎③塞亚革斯 [127d] 并能够施恩惠。

苏：傣崩道科斯啊，我真的对你积极做此事不感到惊讶，如果真

---

① 或许暗示他的年龄（大于苏格拉底）和身份（是政治家）不便当苏格拉底的学生。参见本篇 [127e]。

② 该词 "προσδέχομαι（接纳）" 和 "συνουσία（就教）" 都有 "交欢，交尾，交配" 等含义。

③ 该词（"ἀσπάζομαι"）也有 "拥抱，接吻" 的意思。本篇多处选用这些词，或许有讽刺或双关语的含义。

《塞亚革斯篇》

的你相信，在你看来，通过我，对你的儿子就会最为有帮助——因为我不知道，关于无论什么事，有头脑的任何人会比关于他自己的儿子怎样将是最优秀的人更为热切——但那事在你看来，从哪里似乎是，比如我就会比你自己能够对于使你的儿子成为一个好公民更有帮助，而且从哪里，他料想我比你对他更为有帮助，我对那事感到十分惊讶。[127e] 因为，首先，你比我年长；其次，你迄今已经在雅典人的许多和最重要的长官职务上任职，尤其受到阿纳吉卢斯区①的人们极大的尊敬，受到城邦其他人的尊重也并不较小；但在我看来，你或他绝没有观察到你的那些优势。

因此，如果一方面，这儿的塞亚革斯就是小看②向政治家们的就教；另一方面，寻求其他任何一些声称能够教年轻人的人，这里③有凯奥斯的普罗狄科、莱昂提瑙的高尔吉亚斯 [128a] 和阿克拉伽斯的波卢斯④以及其他许多的人，他们是如此有才智的人，打算进入一些城邦说服最高贵和最富有的年轻人——他们会慷慨地与任何一个他们愿意的公民结交——他们说服⑤他们放弃同其他那些人的交往而与他们结交，预付非常多的银钱作酬金⑥，加之那些人也怀有感谢之意。为你的

---

① 即 Ἀνάγυρος，古代雅典城邦的一部族 Ἐρεχθηίς 所在的区，即现在的 Βάρη，傣崩道科斯即属于该区。根据古希腊地理学家帕萨尼亚斯（Παυσανίας），众神母亲的一个圣所就坐落在这里。
② 该词（"καταφρονέω"）也有"向往"的含义。
③ 指雅典。
④ 以上三人都是希腊智者。Γοργίας（约公元前485—约前380年），生于西西里岛东南的莱昂提瑙（Λεοντῖνοι），属于第一代智者；Πῶλος，公元前5世纪的人，生于西西里岛南部的阿克拉伽斯（Ἀκράγας），他是著名的演说家高尔吉亚的学生。这三人的事迹主要反映在柏拉图的对话中。参见《申辩篇》《斐德罗篇》，尤其是参见《高尔吉亚篇》。另外见亚里士多德的《形而上学》第一卷。
⑤ 参见《申辩篇》[19e—20a]。
⑥ 在该句，尤其是"酬金"一词原文是"προσκατατιθέντας"，[C 注 8] p.635 校对为"προκατατιθέντας"，其意思正好相反；前一词的意思是"智者向求教的人付钱作押"，后一词义是"向智者求教的人付钱"。根据智者是收费的事实，显然校对是符合原意的。"V.C 本"和施莱尔马赫以及"S 本"虽然无说明，但是译文符合原意。参见"V.C 本"："bien qu'il faille leur payer de grosses sommes et leur avoir encore beaucoup d'obligation."；施莱尔马赫："die doch erst vieles Geld als einen hohen Preis ansetzen, zu halten, und ihnen noch Dank dazu zu wissen."；"S 本"："ihnen noch obendrein gar grosse Geldsummen als Ehrensold dafür bezahlen und ihnen noch dazu Dank dafür zu wissen"。

儿子和你自己选择他们中的一些人是合理的，但选择我是不合理的。[**128b**] 因为我绝不懂得那些幸运的和美好的学问——虽然我意欲会懂得——我却也时常说，也许我碰巧绝不懂得比如所说的劝告，除了的确懂得某种小学问，有关爱情的学问①。我甚至把那门学问视为一定比无论过去时代的或现在的人高明②。

塞：你瞧，父亲啊，看来是苏格拉底依旧全然不愿意和我一同消磨时光③——因为至少我的方面已预备好了，[**128c**] 假如他愿意——但他说那些事情嘲弄我们。因为我知道，一些我的同年龄的和稍微比较年长的人，一则，在他们与他结交之前，没一个是有价值的；一则，自从他们与他结交以后，在很短的时间之内，以前所有那些更差的人显然是较好些了。

苏：却说，你知道那是如何那样的，傣峁道科斯的儿子啊？

塞：我知道，我凭宙斯发誓，至少在我这方面，如果你愿意，像那些人那样，反正我也将能够变成这样的。

[**128d**] 苏：不，好朋友，但你不知道那是什么样的，但我将会给你解释。因为有某种出于神意的东西④，自从童年开始起，灵异⑤就一直陪护着我。那是一种声音，它每当出现，永远对我就要做的事发出预兆，劝阻我做那事，但从不鼓励我做某事⑥；甚至假如我的某个朋友与我商量，那声音也出现，还是一回事，劝阻和不容许做。而且我将举出那些人来给你们做证人。因为你认识变成美人的格劳孔的儿子卡尔米德⑦；[**128e**] 他一度碰巧与我商量，他就要锻炼，到奈

---

① 参见《吕西斯篇》[21a] 以下关于"友谊"（"爱"和"被爱"）问题的讨论和《会饮篇》[177d]。

② 该句有讽刺的意味。

③ 该词（"συνδιατρίβω"）尤指从师，有熟语说："和苏格拉底一同度日的人们"，也即苏格拉底的弟子们或学生们。

④ 该词（"μοῖρα"）特指应得的份额或定命。作为专有名词即"命运女神"。

⑤ "Δαιμόνιον"一词是一个典型的多义词。这里或可将该词理解为直觉、理性的认识；甚至如康德的心中的道德律（和头顶的星空）。

⑥ 参见《申辩篇》[31d]、《泰阿泰德篇》[151a] 和《斐德罗篇》[242c] 等对话。

⑦ 见前注。

《塞亚革斯篇》

麦阿①赛跑②。当他开始直率地说他就要锻炼时，那声音出现了。我也阻拦了他，并说："在你讲话期间，我听见那灵异的声音，那么，不要锻炼。"

"也许"，他说，"它对你发出预兆，我将不会比赛得胜；但即使我不注定要赢，我也将进行体育锻炼，至少一段时间我将得到益处。"他说了那些话后去锻炼；于是，向他打听 [129a] 从那锻炼而来，哪些事临到他头上是值得的。③ 此外，如果你愿意，你询问提玛尔科斯的兄弟克莱托马科斯④，提玛尔科斯给他说了什么，其时他将走上死亡⑤，提玛尔科斯和参加夺奖的赛跑的人欧阿特劳斯⑥在一起，后者指点提玛尔科斯出逃；因为他将对你们讲此人曾对他说……

塞：说什么？

苏："克莱托马科斯啊"，他说，"我此刻一定就去死了，由于我不愿意相信苏格拉底。"却说提玛尔科斯讲那是什么意思？我将解释。[129b] 当提玛尔科斯和腓莱岇尼傣斯的儿子腓利门⑦动身从宴会上出

---

① Νεμέα：地名，位于伯罗奔尼撒半岛东北部的山谷。奈麦阿运动会于每一奥林匹克纪年的第二年和第四年在奈麦阿举行。

② 该词（"στάδιον"）本义为"跑道"，引申为"赛跑"。奥林匹克运动场的跑道是一希腊里长（184.2 米），跑道是直行，跑到头折回。起点即终点。

③ 大概是指产生了不利或糟糕的后果。

④ 从对话内容看，Τίμαρχος 和 Κλειτόμαχος，可能是与苏格拉底同时代的两个雅典的政治性人物。再如，雅典政治家、演说家埃司基奈斯（Αἰσχίνης，公元前389—前314年）在公元前346保卫自己免受叛国罪和勾结敌人马其顿的菲利普二世的指责，而作了针对 Τίμαρχος 的演讲《驳提玛尔科斯》。因为当时 Τίμαρχος 负责起诉埃司基奈斯。这个 Τίμαρχος 可能就是本对话的 Τίμαρχος。

⑤ "B 本"在原文中注明，"死亡"之后的几个词 ［εὐθὺ τοῦ δαιμονίου（立即灵异的）］有问题，疑属多余的词 [129a3]；"C 本"则加以删除，见 [C 注 9] p.636。"V. C 本"译为："lorsqu'il allait mourir pour avoir méprisé l'avertissement fatal（他由于轻视不祥的警告而走上死亡）。"施莱尔马赫译为："als er nach dem Urteil seinem Tode entgegen ging（他在判决之后走上死亡）。"但"S 本"仅仅译为："als er gerade auf dem Weg war（当他正要走时）。"

⑥ Εὔαθλος，从对话内容看，Εὔαθλος 可能是与苏格拉底同时代的一位著名的竞赛者。而"εὔαθλος"作为形容词，意思是"比赛成功的"。此外，古希腊的几个著名的悖论之一中有一个法庭悖论或称作艾依阿忒瑠斯（Εὔαθλος）悖论。讲的是艾依阿忒瑠斯想成为律师而就教于智者普罗泰戈拉，但又不想交学费而引发的诉讼。

⑦ 从对话内容看，Φιλμονίδης 和 Φιλήμων 父子可能是与苏格拉底同时代的人。

· 237 ·

来时，他们将杀海瑙思卡曼德律斯的儿子尼基亚斯①，一则，只有他们俩深知阴谋诡计；一则，提玛尔科斯动身离开时对我说，"你说什么"，他说，"苏格拉底啊？一方面，你们饮酒庆祝；另一方面，我必须从座位上起立并离去；但我一会儿之后将在此，假如我达到目的。"

那声音也对我出现了，我也对他说："你决不要"，我说，"走开；因为惯常的灵异信号对我出现了"。他也没有动身离开。[**129c**] 过了一段时间之后，他再次急于要走，他甚至说："我真的要去，苏格拉底。"那声音重新出现；所以，我再次迫使他别去。第三次，我专心于观察别的地方时，他想不被我注意地走开，绝没有再对我说，除了偷偷地走开外；而他这样远远地走了，并且结果，从那些行为中走上死亡。就由于这缘故，他对他的兄弟说了就像我现在对你们说的那事，他走上死亡，就因不相信我的话。

此外你俩将听取许多 [**129d**] 我谈到有关舰队在西西里毁灭情形的一些事②。一则，你们也听取知道那些事情的人们说的昔日之事；一则，此刻可以试探发现从神那里来的预兆到底是否说得中肯。因为除那事之外，在美观的萨尼奥③被派遣出征期间，从神那里来的预兆向我显现，但现在，他已经立即与忒拉思卢斯④一同出征埃菲索斯⑤和伊奥

---

① 此处提到的Ἡροσκαμάνδρυς和Νικίας父子可能是与苏格拉底同时代的人。而柏拉图的《拉凯斯篇》[178a]中的父亲是尼克拉陶斯的Νικίας（约公元前470—前413年）是一个雅典政治家和将军，他在参加西西里远征被俘后处死。参见"名人传"（《尼基亚斯》）。

② 苏格拉底是指在伯罗奔尼撒战争期间，雅典海军于公元前415—前413年对西西里的远征，结果战败，使雅典几乎丧失了作战的全部人员和舰队。其间，著名的阿尔基比亚德斯因为担心雅典法庭将进行不利于他的审判，就叛逃到斯巴达。参见修昔底德《伯罗奔尼撒战争史》第六、第七卷。

③ Σαννίω，其人其事情况不明。可能是当时的一个年轻人，随Θράσυλλος将军出征了。

④ Θράσυλλος（？—公元前406年），古希腊雅典将军与政治家，活动于公元前5世纪的伯罗奔尼撒战争时期，曾参加并指挥雅典海军，在取得胜利后回师雅典；他于雅典被斯巴达围困期间死去。

⑤ Ἔφεσος，一个在爱奥尼亚海岸的古希腊城市，位于现今的土耳其。公元前10世纪，它由阿提卡和爱奥尼亚的希腊殖民者建立。伯罗奔尼撒战争期间，埃菲索斯最初是雅典联盟的成员，而在后一阶段中，则成为斯巴达的盟友，也受到波斯人的支持。

《塞亚革斯篇》

尼亚①了。真的,我预料那人或者死去或者将被任何事物合到一起赶入绝地,我的确为军队的所有其他事而担心②。

[**129e**] 我实实在在给你讲了这一切,就因灵异的那种力量在与我一同消磨时光③的人们之交往里面也能做一切事。一则,它对大多数人来说,否认与我一同消磨时光,在他们看来,没有获益,那么,在我看来,不能与他们一同消磨时光;一则,它真的没有阻拦我与大多数人结交,但他们结交绝不能够获益。

但灵异的力量也会协助与我交往的人们,他们也是你见到的人;因为他们当下迅速取得进步。而取得进步的那些人,一方面,也重新保持稳固的和持久的益处;[**130a**] 另一方面,对许多人来说,就会像是与我在一起一段时间一样,取得令人惊异的进步,但一旦离开我,他们绝不再优于无论哪一个人。吕西马科斯的儿子即阿里斯提得斯的孙子阿里斯提得斯④一度遭遇那种处境。因为他和我一起消磨时间,在很短的时间内取得极大的进步;然后对他来说,发生了某次远征并且出航了,当他回来后,他察觉麦莱萨斯的儿子即修昔底德⑤的孙子修昔底德和我一起消磨时间。[**130b**] 但在前一天,在谈论中,修昔底德对

---

① Ἰωνία,伊奥尼亚是在现今土耳其安纳托利亚海岸中部的一古代地区,它构成了希腊的伊奥尼亚联盟最北部的领土。希腊人大约于公元前11世纪期间开始定居伊奥尼亚,定居点主要在海岸沿线和爱琴海上的一些群岛。按照希罗多德的说法,伊奥尼亚有十二个城邦,其中最重要的城市有米利都等。几个世纪之后,伊奥尼亚是西方哲学开始的地方。但是伊奥尼亚从来没有一个统一的状态,伊奥尼亚的城邦国家由共同的传统和其使用的东部希腊语(伊奥尼亚方言)所维系。参见希罗多德《历史》[1.142;1.143;1.145;1.146;1.147;1.149 – 150]。

② 据"V. C本"注,En effet, les Athéniens furent battus et repoussés à Éphèse,事实上,雅典人在埃菲索斯战败并被击退。参见色诺芬《希腊史》[1.1;2.12 – 16] 等处以及"名人传"(《阿尔基比亚德斯》[29])。从以上战史来看,本篇对话的时间可能在公元前410年前后。其时苏格拉底至少已近耳顺之年。

③ 即与苏格拉底交往或做他的学生。

④ 在习惯上,古希腊人用这种称呼祖孙三代人名字的方式以表示对所提及之人的尊重。而孙子和祖父多有重名的现象。Λυσίμαχος,其人其事情况不明。(小)Ἀριστείδης,可能是苏格拉底的学生或追随者。参见《拉凯斯篇》[179a];《泰阿泰德篇》[151a]。

⑤ 此处提及的老修昔底德(Θουκυδίδης),见前注。

我产生了些怨仇①；所以，当阿里斯提得斯看见我时，在问候我和谈论其他的事之后，"但修昔底德"，他说，"我听说，苏格拉底啊，那人对你板着面孔和发脾气，好似有什么重大事。"

"但愿"，我说，"是如此。"

"但是怎么？难道他不知道"，他说，"在和你交往之前他如同一个奴隶②吗？"

"看来是，他的确不知道"，我说，"我凭众神起誓。"

"然而"，他说，"我本人也处于可笑的境地，苏格拉底啊。"

[**130c**] "为什么？"我说。

"就因"，他说，"一则，我在出航之前，我能够与任何人辩论，在讨论中，显然是，也毫不比任何一个人差，那么，我也一直在追求与最有教养的人交往；一则，此刻相反，见到受过教育的任何人就会逃避；只不过这样，我为了我自己的愚拙③缘故感到羞耻。"

"但它是"，我就说，"让你突然舍弃了那种能力的，还是一点一点地呢？"

"一小部分一小部分地。"他于是说。

[**130d**] "再者，在你看来，在你出航之前具有那种能力时"，于是，我说，"是站在我旁边从我处学懂了什么，还是用其他某一方式呢？"

"我将给你讲"，他说，"苏格拉底啊，一方面，你一定不相信这，我凭众神起誓；另一方面，这是真实的④。因为，一则，我还绝没有从

---

① "ἀπέχθεια"一词，在该句，"C 本"和"V. C 本"都意译为"争吵"。"C 本"译为："Thucydides had quarrelled with me the day before about some arguments that had come up."；"V. C 本"译为："mais la veille, il était survenu une querelle entre Thucydide et moi dans la conversation."；而"S 本"译为："mit mir etwas zusammengeraten."；相较而言，施莱尔马赫的译文较为符合原意："Thukydides aber war mir Tages zuvor etwas böse geworden im Gespräch."。

② 该词（"ἀνδράποδον"）尤指自由人在战争中被俘后被出卖而沦为奴的人；与生而为奴者（"δοῦλος"）相对。

③ 该词（"Φαυλότης"）也有"卑微，微不足道；愚昧，拙劣；[褒义]朴实，自然"等含义。

④ 该词（"ἀληθής"）的基本含义是"真实的"，也有带嘲讽意思的"真有其事？果然？"含义。

《塞亚革斯篇》

你处学懂什么，如同你本人知道的；一则，当我与你结交时，我取得了进步，而且即使当我仅仅在同一所房屋里时，但不在同一个房间里，甚至是当我在同一个房间里时，尤其至少对我来说，当在同一个房间里时，当你叙述时，我朝着你看时，看来是更加取得了进步，[130e] 这比当我注意别的地方时更为有进展；但当我向着你本人坐下靠近你并触到你时，我更为取得最多和最大的进步。但现在"，他说过，"那种所有的身心上的状态已经消逝。"

于是，塞亚革斯啊，我们的交往即是这样的①：如果，一方面，你被神所爱，你就可以全然时常并迅速取得进步；另一方面，如果你不被神所爱，你就不能全然时常并迅速取得进步。所以，你要看好，对你来说，在对人们有帮助并能控制②益处的那些人中的任何人身边受到教育，比起你从我这里会碰巧获得那种好运③是不是更为可靠呢？

[131a] 塞：那么，在我看来，真的似乎是，苏格拉底啊，我们如此行事，通过彼此结交试验一下那灵异的东西。假如它，一则，准许我们结交，这是最好的；一则，如果不准许，那时候我们立即当场自己考虑将做的事，或者我们与其他人结交，或者在你看来，所发生的事是我们就将会试图通过祈祷和献祭以及预言者用其他不论哪一种解释安抚神明本身④。

德：关于这事，苏格拉底啊，你不要再反驳这位青少年了，因为塞亚革斯说得很好。

苏：那么，如果看来是必须如此做，我们就这样做。

---

① 暗示像苏格拉底说的，他如马蝇一样，时刻叮咬（言传身教）才能使人警觉受益。参见《申辩篇》[30e]；《泰阿泰德篇》[150e–151a]。有成语 "近朱者赤：σοφοῖς ὁμιλῶν καὐτὸς ἐκβήσῃ σοφός."；直译即："与有才智者结伴你自己也变得聪明能干。"

② 该词（"ἐγκρατής"）也有 "强有力的，占有的" 等含义。"C 本" "S 本" 和 "V.C 本" 分别译为 "control over" "Gewalt" 和 "maîtres"。

③ 该词（"Τύχη"）有 "人从神那里获得的东西：好运，幸运；[泛义] 命运：幸运，成功，厄运，不幸；时运，运气，机会，偶然的事情" 等含义。

④ 这种说法也是苏格拉底不赞成的。参见 Ἀλκ.[149e–151a]。

· 241 ·

《西西福斯篇》*

对话人：苏格拉底（以下简称苏）；西西福斯（以下简称西）

[387b] 苏：此外，我们昨天也花了很长时间等候你，西西福斯啊，为了司特纳淘尼科斯①的证明，以便你能和我们一同听一位有学问的人宣示许多优秀的言行方面情况的讲演，尤其在我们料想你不再来之后，我们自己立即就去听那人的讲演了。

西：宙斯在上，当然是：既然某件较为非做不可的事成为我面前的障碍，那么，不能不重视它。因为昨天，我们的统治当局进行审议②；所以，他们迫使我参加他们的讨论。[387c] 再者，对我们法尔萨劳斯③人和统治者们来说，是服从法律的，当局就可以命令我们中的任何人与他们一同讨论。

苏：对法律的服从却是一种美德，它也被同胞们认可为是深思熟

---

* 原文标题是"ΣΙΣΥΦΟΣ"，中译文根据"B 本"并参考了"C 本""S 本"和"L. B. L 本"译出。在古代，该篇的副标题是"VEL DE DELIBERANDO（或论审议）"。根据该篇内容暗示 [387b]，虚拟的对话地点似乎是在西西福斯的家乡法尔萨劳斯（Φάρσαλος）。在希腊神话中，有同名的科林斯国王西西福斯（ΣΙΣΥΦΟΣ）。

① Στρατόνικος，可能指生活在公元前 4 世纪的雅典，是亚历山大大帝时代（公元前 336—前 323 年在位）或与亚里士多德同时代一位杰出的音乐家（亚里士多德在《优台谟伦理学》[1231a11-12] 中引用了 Στρατόνικος 的话。参见"苗本"第八卷第 394 页脚注①）。另外参见关于卡里司特拉陶斯 [388c] 的脚注，以及若是如此，从时代来看，鉴于苏格拉底公元前 399 年已经去世，由此可以证明，这篇对话不是柏拉图的作品。

② 该词（"βουλεύω"）有"审议，策划，决议；自己考虑，自己决定；任议事员，提意见"等含义。

③ 在公元前 5—前 4 世纪，法尔萨劳斯（Φάρσαλος）是古希腊塞萨利亚南部弗提亚城邦的主要城市之一。与雅典的直线距离约 187 公里。

虑的①，就像你也认可自己是法尔萨劳斯的深思熟虑者之一。然而，西西福斯啊，因为就你关于很好地审议讨论的事情，我尚未能够着手进行，[**387d**] 我认为，这尤其要有许多的闲暇和需长久的谈论，但有关审议本身，首先，为了那缘故，我就想着手与你讨论。那么，你的确就能对我说，审议本身到底是什么吗？不要对我说，怎样审议是好的，或是坏的，或是美好的，只说审议本身是什么样的，它是什么样的事情。或者，你也很容易做到这一点，你自己的确是这样的一位深思熟虑者吗？但像问你有关那件事的问题不是我的好奇吧？

西：在你看来，不知道审议究竟是什么吗？

[**387e**] 苏：对我来说，不知道，西西福斯啊，至少如果还有别的什么，或者就是那个人他对存在的是什么不懂就应当做某事，说就凭运气求神示和随随便便地做，去祈求也与他的心意同样，好像是一些猜单双的人，他们一定不会懂得在他们自己手中持有的关于偶数的和奇数的②事情，尽管他们说，他们获得了属于他们的必定应验的神示。[**388a**] 于是，或许审议也是这样的某类事物，如同某人对他可能审议的事情并不懂，他所说的由于运气中了签。于是，如果是这样的，我就知道审议是什么样的；如果它不是这样的，我就可能尚未懂得它本身。

西：此外，它不是这样的，就是那个人他也不全然懂得某事，但像是：一则，已经知道该情况的某事；一则，还未懂得该情况的某事。

[**388b**] 苏：那么，你指的审议是这样的某事，我凭宙斯——因为在我看来，仿佛我自己甚至可能依附在你的关于好的审议之神示的思想上——如同有人试图给他自己发现达到目的，什么是最好的，但还不是确实地懂得它，却好像是在思考某事中吗？无论如何，难道你说的不是这样的吗？

西：至于我说的，是这样的。

苏：再者，人们是试图发现他们可能懂得的某些事情，还是那些

---

① 该词（"εὔβουλος"）是"好（εὖ）"和"建议（βουλή）"的复合形容词。所以，按照字面意思，也就是好的审议。而"好的审议"也可以理解为就是"深思熟虑的审议"或"擅长建议的（人）"。

② 该词（"ἄρτιος"和"περιττός"）属于晚期阿提卡方言。

他们甚至可能不懂得的事情呢?

[**388c**] 西:懂和不懂两方面的。①

苏:那么,无论如何,你说的的确也是这样的,人们试图找出两方面的东西,他们可能不懂得的和他们可能懂得的,正像假如有人真的认识卡利司特拉托斯②,无论他是谁,当然不知道在哪儿能够发现他,无论他是不是卡利司特拉托斯③。所以,无论如何,你说的是这样的,人们试图找出两方面的东西吗?

西:至于我,是的。

苏:于是,你就不会试图找出前者,你知道的卡利司特拉托斯,如果你的确知道他的话,是吗?

西:当然不会。

[**388d**] 苏:但你的确可能会想要找出他在哪儿。

西:对我来说,看来是。

苏:那么,甚至你不会想要找出那人是在哪儿,如果你知道的话;另一方面,你会立刻找他了,是吗?

西:是的。

苏:于是,看来,人们的确可能会深知他们想要找出的不是那些他们深知的任何事情,却是他们可能不深知的事情。但若你认为这个推论是有争论的,西西福斯啊,那么,也不是由于该事情的缘故在叙述,却仅仅由于该事情本身的缘故在采用问答式论辩术④,[**388e**] 此

---

① 以下对话内容,原文在编排上大多数没有另外分段。

② Καλλίστρατος,作者有可能指的是公元前4世纪雅典的一位演说家、政治家和将军;他于公元前361年被判刑,在流放期间不断变更地点,公元前350年被执行死刑。参见色诺芬《希腊史》[3.3;4.2]等处;另外可参见徐松岩的中译本《希腊史》,上海三联书店2013年版,第214—224、280—292页。

③ 本句似是衍文。原文如此。"C 本"删除未译。"L. B. L 本"和"S 本"也未译。例如,这整段话,"L. B. L 本"译为:"En disant que《 les hommes recherchent les deux, et ce qu'ils savent et ce qu'ils ne savent pas 》, entends-tu, par exemple, que quelqu'un, au sujet de Gallistratos, sait qui est Callistratos, mais ignore où il se trouve?" 以及后一句 "Est-ce là ta pensée en disant: il faut chercher les deux?" 并且参见 [L. 法注 1] (pp. 69 – 70) 对尖括号中内容的详细注释。

④ 该词("διαλέγω")也有"交谈,劝说;采用方言;谈论,辩论"等含义。在哲学上指"采用问答式论辩术"。

外，你也注意如下，如果你认为含有这样的意思，也就像刚才所说的。所以，既然你知道，难道你不知道那吗？在几何学中：如果几何学家们不知直径，不知是否是直径——但因为那不是，也不是由他们想要发现的——从度量的角度，它却是像某物那样大的面积会切成两半的两条边。于是，涉及直径，难道那不是他们想要发现它的吗？

西：对我来说，看来是。

苏：就是那个东西，它甚至是无知的，究竟是无知的吗？

西：的确完全是的。

苏：但是怎么？你难道不知道使立方形的东西加倍，对几何学家而言，想要用推论发现，是像某物那样多吗？再者，立方体本身，难道他们不想要发现它是否是立方体，但他们的确知道那。他们究竟知道吗？①

西：是的，知道。

[**389a**] **苏**：那么，涉及空气，你也知道阿那克萨戈拉和恩培多克勒②以及所有其他天体学家想要发现它是无限的还是有终点的，是吗？

西：是的。

苏：但他们不知道那事物，它是否是空气，究竟知道吗？

西：当然不知。

苏：所以，针对其他这样的已有的一切，你也就会同意我：对于可能知道某事的人们来说，无人想要发现它，除了他们可能会不知道的更甚，是吗？

西：至于我，同意。

[**389b**] **苏**：于是，对我们来说，审议本身似乎也是那样，有人为了完成审议的缘故，就必须企图发现一些最好的东西，是吗？

西：是的。

苏：此外，审议的确就是那个东西，它试图找出有关应当做的事

---

① 关于以几何为例的讨论，可能模仿了《美诺篇》。
② Ἐμπεδοκλῆς（约公元前490—约前430年），是出生于西西里岛南部海岸的一个希腊城市阿克拉伽斯（Ἀκράγας）的古希腊一位前苏格拉底哲学家。

的计划之类的什么，究竟是吗？

西：完全是的，的确无疑。

苏：所以，对我们来说，现在必须立即思考，成为人们试图发现有关他们可能想要做事的障碍是什么。

西：至少对我而言，看来是。

苏：那么的确，我们认为除了无知，[**389c**] 还有别的什么可能会对他们是个妨碍吗？

西：我们一定要思考，我凭宙斯发誓。

苏：而是，过分地，的确像俗话说的，人们放纵了每一根帆索①并释放出全部的音调。但现在你与我共同思量一下这：就是你认为某事是可能的吗？即某人审议有关音乐的事，如果他自己既不懂得音乐，又不知道应该用怎样的方式弹奏弦琴或表演别的有关音乐的事。

西：至于我，相信不可能。

苏：但是怎么，有关将略或驾船技术②呢？[**389d**] 一个对那些事都不懂得的人会认为他有能力审议他必须做的关于那些事的某件事吗？如果那个人自己不懂得用怎样的方式或必须指挥或必须驾船，既不懂指挥又不懂得驾船的话。

西：不可能。

苏：所以，涉及所有其他方面，的确也是合适的，不懂得有关事的任何人，尚对他们审议的事不懂得，不知道，也就没有可能审议，是吗？

西：至少在我这方面，是的。

苏：但试图发现有关某人可能不知道的事是有可能的，究竟可能吗？

[**389e**] **西**：当然可能。

---

① 该句直译是"放松每一根帆索"，意译是"竭尽全力"。类似的说法是："在大海上航行，任凭海风吹满我的帆篷。"意思是，我将"海阔天空"，无所不谈。参见［古罗马］奥维德《变形记》，杨周翰译，人民文学出版社1984年版，第208页。

② 该词（"κυβερντική"）的释义，见前注。

《西西福斯篇》

苏：这样，对被审议的事情而言，力求获得的无疑就不可能再是它本身了。

西：怎么会呢？

苏：就因在这些条件下，某人真的一定试图找出他可能不知道的，但是看来，对一个人来说，有关那些事是不可能被审议的，因为有关那些事，他可能是不懂得的。难道我们没有如此说过吗？

西：当然，的确说过。

苏：那么，你们昨天试图为城邦找出要做的最好的事情，但不懂得它，是吗？因为如果你们懂得它，你们就一定不会再力求获得它了，正如我们绝不会力求获得其他任何我们已经知道的什么，我们到底会力求获得吗？

西：不，我们当然不会力求获得。

苏：所以，你认为应该是，西西福斯啊，力求获得不懂得的，还是通过学习知道它呢？

[390a] 西：对我而言，我凭宙斯发誓，通过学习知道它。

苏：看来你说得的确对。但是，的确也正是因为这个缘故，你认为相比力求获得更需要通过学习知道它，为此，从那些已懂得的人们那里学习知道它，比如果他自己不知道通过学习知道它，会更快、更容易地发现它，是吗？或者还有通过别的缘故吗？

西：没有，除了因为这个缘故。

苏：却说，昨天你们为什么不忽略审议有关你们可能不懂得的事，甚至在城邦中力求获得达到目的的最佳方案呢？为什么你们不从懂得那些事情的人学习，[390b] 以致能够给城邦力求获得达到目的的最佳方案呢？在我看来，昨天，你们花一整天不假思索地做事，坐下求有关不懂得之事的神示，不留心——城邦的掌权者们和他们中间的你——通过学习知道它们。

但是，你很可能认为我因此对你开玩笑是仅仅由于采用了问答式论辩术的缘故，也没有对你认真证明。[390c] 但的确，我凭宙斯作证，西西福斯啊，你此刻认真地考虑这：假设准许审议是某个事物，

· 247 ·

尤其免得就像刚才绝没有发现不同的或者就是那个东西：知识①，揣测，随口说，仅仅是给其用了一个更庄严的②名称。再者，关于好的商议和深思熟虑，你就会觉得两者中的一个和另一个为什么是不同的，就像在所有其他学问中这些人也优于另一些人，一些木匠不同于其他木匠，一些医生和另一些医生不同，这些吹笛手和别的吹笛手有异，[390d]所有其他的工匠，他们彼此之间是不同的，正如这些人在他们的技能之内也是不同的，是吗？这样，你也觉得在审议之中，这一些人与其他人之间就可能会有什么区别吧？

西：至少在我这方面，认为有区别。

苏：立即告诉我：难道所有好的和坏的审议者们没有审议有关注定将要存在的某些事吗？

西：的确，当然审议。

苏：于是，除了审议注定将来尚未存在的事，还有别的吗？

西：当然绝不会有。

苏：但愿是，它就一定不会仍然打算在未来存在，却是就会已经存在了，究竟是不是？

[390e] **西**：是的。

苏：所以，如果它现在还不存在，这样，它甚至没有产生，还不是事实，是吧？

西：当然不是。

苏：那么，如果它现在还不存在也没产生，就意味着尚未有、甚至没有、没有一种③属于它本身的性质，是不是？

西：当然，的确没有。

苏：所以，还有别的吗？除了那些好的商议者和那些坏的商议

---

① 原文如此。该词（"ἐπιστήμη"）有"知识，智慧，熟练，经验；学问，科学知识"等含义。但是根据上下文逻辑关系，[C 注 2]（p. 1711）作"ἐπιστήμη"的反义词理解，推测为"无知（ἀνεπιστημοσύνη）"，是可取的。"L. B. L 本"和"S 本"同样译为"无知"（"ignorance"和"Unwissenheit"）。参见[L. 法注 1]（pp. 73 - 74）。

② 该词（"σεμνός"）既有"威严的，尊严的，神圣的，高尚的，崇高的"等含义，也有贬义："傲慢的，浮夸的"的意思。也可视为双关语。

③ 原文如此，只不过是表示强调"无"而已。

《西西福斯篇》

者——不论什么时候他们打算商议——都在商议有关既不存在也未产生，既不具有，也没有一种性质的事情。

西：至少，似乎是这样的。

苏：因而，你认为，对任何人来说，有可能达到不论是好的还是坏的不存在的目的吗？

西：你是指什么？

苏：我将会给你讲我的确打算要说的。但愿你注意。[391a] 假设有许多弓箭手，你可能会怎样辨别其中谁是优秀的和拙劣的呢？那真的不难知道，是吗？既然你很可能命令他们射向某个目标。到底是不是？

西：那是当然。

苏：那么，屡次射中目标的人，你也就可以正确地断定他得胜。

西：至少在我这方面，可以。

苏：但如果没有一个目标置于某处给他们用弓射，每个人却按照他愿意的射，[391b] 你怎么可能从他们中区分谁射得好，还是射得坏呢？

西：一点也不能。

苏：因此，商议者是坏的或是好的，如果他们不懂得关于他们审议的无论什么事情，你也就可能没办法区分他们，是吗？

西：至少在我这方面，没办法。

苏：那么，如果审议者们审议有关即将做的事务，他们就在审议关于不存在的事情，是吗？

西：的确，完全是的。

苏：所以，对任何人来说，不能够击中不存在的鹄的，是不是？在你看来，任何人到底怎么能够击中不存在的东西呢？

[391c] 西：一点也不能。

苏：因此，既然对不存在的东西是不能够击中的，如果一个人想达到目的就不可能还会审议关于不存在的事情，是吗？因为即将审议的事情是属于不存在的事情。究竟是不是？

西：对我来说，看来是。

苏：所以，既然甚至没有人能够击中将至的目标，难道不就没有一个人能还会是人们中的——既不是深思熟虑的，也不是愚蠢的①——审议者吗？

西：似乎是没有一个人是审议者。

苏：甚至这个人不但不比那个人更是深思熟虑的，也不更是愚蠢的，如果也不能更为击中②和更加未中不存在的目标的话。

[391d] 西：不，当然不更。

苏：却说，当人们称③某些人是深思熟虑的和某些人是愚蠢的时候，他们何时由于什么缘故将目光转而专注应当做的事呢？那么，难道④它就是有价值的，甚至有什么时候值得再度思考有关它的情形吗？西西福斯啊！

---

① 该词（"κακόβουλος"）有"打坏主意的，给别人出坏主意的，愚蠢的"等含义。也是"坏的"和"建议（βουλή）"的复合形容词。所以，按照字面意思，也可以理解为"坏的审议（者）"。对比"εὔβουλος"一词，它是"好（εὖ）"和"建议（βουλή）"的复合形容词。所以，按照字面意思，也就是好的审议。而"好的审议"也可以理解为就是"深思熟虑的审议"或"擅长建议的（人）"。

② 该词（"ἐπιτυχής"）有"击中目标的，成功的"的含义；可看作一个双关语。

③ 该词（"ἀποκαλέω"）也有"以骂人的诨名称呼（某人）"的意思。可看作一个双关语。

④ 该词（"ἆρά"）是疑问小品词，一般表示希望得到否定的答复。因此，本句的意思是：审议问题是无价值的，不值得再度思考它。

《希帕尔科斯篇》*
——或"论贪婪者"

对话人：苏格拉底（以下简称苏）；同伴（以下简称伴）

[**225a**] 苏：到底贪婪是什么？怎么会贪婪，尤其哪些人是贪婪的呢？

伴：在我看来，无疑，贪婪的人就是那些可能会从毫无价值的东西那里获取有价值之利者。

苏：所以，在你看来，他们是知道还是不知道毫无价值的东西是有价值的呢？如果既然他们不知道，那么，你是说贪婪的人是愚蠢的。

伴：我没说他们是愚蠢的，但他们是些专干坏事的、邪恶的以及被利欲心所制服的人，[**225b**] 他们虽然知道下决心获利的那里没有一个是有价值的，但他们由于不知羞耻仍旧敢于贪婪。

苏：那么你的确说贪婪的人是这样的，如同一位种植的耕种者虽然知道他的长成的东西①没有价值，但仍旧会从那养大的东西里获取有

---

* 原文标题是"ΙΠΠΑΡΧΟΣ"，中译文根据"B本"并且参考了"C本""V.C本""L.B.L本"和"S本"译出。在古代，该篇的副标题是"ή φιλοκερδής（或贪婪者）"。"S本"将对话人之一说成是希帕尔科斯，似不确。Ἵππαρχος（？—公元前514年），雅典的僭主，是雅典第一位也是最著名的并且被梭伦称为是所有僭主中最好的一个僭主庇西特拉图（Πεισίστρατος，公元前600—前527年）的儿子之一，在庇西特拉图死后，希帕尔科斯成为公元前6世纪末雅典的一位僭主（公元前527—前514年），他和其兄弟希庇亚实行共同统治并于公元前514年被诛戮暴君者刺杀。希帕尔科斯还是艺术的庇护者，他渴望向诗人学习并把他的智慧施与雅典人民。参见本篇对话[228b-229b]；亚里士多德《雅典政制》[18]。不过，修昔底德不认为希帕尔科斯是僭主；参见其《伯罗奔尼撒战争史》[6.5]。Ἵππαρχος一词也有"管辖马匹的（是海神波塞冬的称号之一）；骑兵将领"的含义；是由"ἵππος（马）"和"ἄρχω（管辖）"二词复合而成。

① 该词（"φυτόν"）就树木而言，尤指果树。

价值之利的什么吗？你说他正是这种性质的人吗？

伴：的确贪婪的人，苏格拉底啊，认为他应该从所有事情中获利。

苏：这样看来，我是不对的，好像是让你由于什么而犯了某种错误，**[225c]**那么，专注于回答我的问题，我重新问：你不同意贪婪的人是知道有关从毫无价值的东西那里获取有价值之利的吗？

伴：至少在我这方面，同意。

苏：所以，谁精通有关植物的价值，按照什么样的估价以及时间和地点种植呢？为某种目的，我们也把那些聪明的审判者讲话优雅的一些巧妙言辞①放进去。

[225d] 伴：我实实在在认为②，耕种者知道。

苏：所以，你除了说认为应该获利，还有获得别的什么有价值的益处的意思吧？

伴：我是有那样的意思。

苏：所以，别企图哄骗我，我已经是比较年长者了，而你是如此年轻，**[226a]**就像刚才回答一样，说你本人甚至不认为的，但要真实地说；那么，你认为你知道善于耕作的任何人期望从看出种植没有价值的作物中获利吗？

伴：宙斯在上！至于我，不知道。

苏：但是怎么？善于骑马的人认出给他的马没有价值的食物，你认为他不知道会伤害他的马吗？

伴：至于我，不认为他不知道。

[226b] 苏：于是，他的确不期望从没有价值的食物中获利。

伴：不期望。

苏：但是怎么？你认为掌舵人③给船④预备没有价值的帆和舵⑤而不知道他将蒙受损失并处于危险之中，甚至他自己将丧命且会彻底毁

---

① 即指"ὥρα καὶ χώρα（季节和土地或时间和地点）"押韵。暗含讽刺。
② 该词（"οἴμαι"）属于阿提卡方言。
③ 该词（"κυβερνήτης"）的释义，见前注。
④ 该词（"νηΐ"）是伊奥尼亚方言。阿提卡方言为"νηΐ"。
⑤ 古代希腊海船的舵（πηδάλιον）是一对，状似长桨，用横木连接。

· 252 ·

灭船，以及所有它运载的一切吗？

伴：至少在我这方面，不认为他不知道。

[**226c**] 苏：于是，他的确不期望从没有价值的船具中获利。

伴：当然不期望。

苏：另外，带兵官给他的军队持有没有价值的武器，他期望从那些没有价值的武器中获利并认为该得益吗？

伴：一点也不期望或认为。

苏：那么，吹笛手持有没有价值的笛子，或弹弦琴者拿着没有价值的七弦琴，或弓箭手握着没有价值的弓①，或简言之，无论任何别的谁，持有无价值工具的工匠，或其他任何精明的人，或预备持有其他任何别的工具的人期望从所持有的无价值工具中获利吗？

[**226d**] 伴：从来不期望，至少似乎是这样的。

苏：所以，你说到底谁是一些贪婪的人？的确绝不会是我们所谈论的那些人，〈其他〉② 任何期待从那些他知道没有价值的东西中应该获利的人。但真的这样，令人钦佩的伙伴啊，像你说的那样，没有一个是贪婪的人。

伴：但我，苏格拉底啊，打算说那些人是贪婪的人，任何时候他们处于贪心不能满足的欲望下，[**226e**] 他们好利并且过分地拼命想从极小③且少甚至没有价值的东西中得到什么。

苏：他们一定不知道，最亲爱的朋友，它是没有价值的；因为无疑，我们已经由我们的推论为我们自己证明，他们不可能知道。

伴：至少在我这方面，看来是。

苏：因此，如果他们不知道那，显而易见，他们对那无知，却料想那些没有价值的东西会值很多。

---

① 该词（"τόξον"）常用复数"τόξα"。因为弓是由两只兽角的中间部分组成的。弓是东方人特别是波斯人的主要兵器，希腊人的主要武器是矛。"拉弓"（τόξου ῥύμα）指波斯人的战斗力，和"矛的力量"（λόγχης ἰσχύς）指希腊人的战斗力相对。

② "B 本"如此。伯内特指出，阿佩尔特（O. Apelt）的版本添加了〈其他（ἀλλ'）〉，参见"B 本"该词所在页下脚注。"C 本""V. C 本""L. B. L 本"和"S 本"未译。"L. B. L 本"的希腊文本原文（p. 61）直接将其删除。

③ 该词（"σμικρός"）是伊奥尼亚和古阿提卡方言，等于"μικρός"。

伴：似乎是这样的。

苏：的确，贪婪的人是些爱好利益的人，却说还有别的吗？

伴：有的。

苏：但你是指与损失相反的利益吗？

[**227a**] 伴：至少在我这方面，是的。

苏：却说蒙受损失对每一个人来说都好吗？

伴：对每一个人都不好。

苏：是坏的吗？

伴：是的。

苏：人们于是遭受损失的伤害吗？

伴：遭受了伤害。

苏：所以，损失是坏的

伴：是的。

苏：但与损失相反的是利益。

伴：是相反。

苏：那么，利益是好的①。

伴：是的。

[**227b**] 苏：所以，你把那些喜爱财富的人叫贪婪的人。

伴：看来是。

苏：至少，伙伴啊，你没把那些贪婪的人称作疯子。但是你本人是爱善的事物还是不爱？

伴：至少在我这方面，爱善的东西。

苏：再者，你会不爱什么好的事物，却爱坏的什么事物吗？

伴：宙斯在上！不会，至少在我这方面。

苏：那么，或许你爱一切好的事物吧？

伴：是的。

---

① 该词（"ἀγαθός"）的基本含义是"好的"；若为名词则有"有用的东西，贵人，贵族，财富，幸福"的含义。因此，就上下文也可看作双关语。它在大多数西语中也同样是个多义词。

苏：你立即也问我，如果你不像我一样有同样的意见，因为我也答应你，我将同意喜爱好的事物。[227c] 但在我和你之外，难道还有其他人在你看来，似乎是不爱好的却爱坏的事物吗?①

伴：至少在我这方面，似乎是这样的。

苏：但我们一致同意，利益是好的，是吗？

伴：是的。

苏：另一方面，用那样的推论方式看，所有人看来似乎是贪婪的；但我们早就宣称过，没有一个人是贪婪的。所以，我们可能使用两种推论方式的哪一种就会不犯错误呢？

伴：如果任何人不犯错误，苏格拉底啊，我认为他就要找到那贪婪人的正确推论。[227d] 我相信那贪婪人的正确推论就是，贪婪的人可能就是在那些条件下为了价值的目的热切于从正直的人不敢从中获利的一些事物中获利者。

苏：但是你瞧，最可爱的②伙伴啊，我们刚才同意，获利是得到益处。

伴：却说你这是什么意思？

苏：就因尤其这儿，我们此外对之还同意，所有人也永远宁愿美好的事③。

伴：是的。

苏：因此，好人也愿意拥有一切益处，如果它果真是好的话。

[227e] 伴：是的。但他们的确不打算，苏格拉底啊，从受到伤害的事物中获利。

苏：但除了"受到伤害"，你说的"蒙受损失"是否还有别的意思？

伴：没有，除了我说"蒙受损失"。

---

① 这种疑问句希望得到肯定的回答。
② 该词（"γλυκύς"）本义为"甜的，香的"；喻义为"喜欢的，可爱的（人）"；贬义为"愚蠢的"。也可看作双关语。在柏拉图对话作品中似乎很少使用该词。类似的用法见柏拉图《大希庇亚篇》[288b 4]："ὦ θαυμάσιε（令人惊异的；[褒义] 可钦佩的，卓越的；[贬义] 奇怪的，离奇的）"。
③ 该词（"ἀγαθός"）释义见前注。

苏：却说人们是从获利中蒙受损失还是从损失中蒙受损失呢？

伴：从两边：的确从损失中蒙受损失，也真的从卑鄙的获利中蒙受损失。

苏：却说，在你看来，任何善良的和好的事情是卑鄙的吗？

伴：不，至少对我而言。

[228a] **苏**：难道不久以前我们没有同意获利是与坏的损失相反的东西吗？

伴：我承认。

苏：再者，与坏相反的事物是好，是吗？

伴：既然我们已经同意。

苏：所以你瞧，你企图哄骗我，故意说刚才我们所同意的相反推论。

伴：不，宙斯在上，苏格拉底啊！相反你却欺骗了我，我甚至不知道你在这些推论中怎样颠来倒去。

[228b] **苏**：住嘴①！如果我不信赖一个善良的和有才智的人就一定没行好事。

伴：信任的那人是谁？你最想说的是什么？

苏：无疑，信赖我的和你的同胞，出自费拉依俤②家族的庇西特拉图的儿子希帕尔科斯：他是庇西特拉图的孩子中最年长和最聪明的一个③，无论如何，他也展示了许多有才智的，尤其是优秀的行为，特别是，他首先把荷马的作品运入本邦④，并迫使史诗朗诵者们在泛雅典娜节⑤依次

---

① 该词为"εὐφημεῖ"，在柏拉图对话作品中，似乎苏格拉底很少用类似的口气对待话人。

② Φιλαιδή，费拉依俤，古代雅典强大的贵族家族。僭主庇西特拉图（Πεισίστρατος）是希波克拉底（Ἱπποκράτης）的儿子。其后代在古希腊伯里克利时代有同名的医师希波克拉底，人们尊称之为"医学之父"，其订立有著名的医师誓言。

③ 不过，亚里士多德在《雅典政制》[18] 写到，希帕尔科斯小于希庇亚。

④ 即雅典城邦。但柏拉图在《共和邦篇》中要将荷马等诗人逐出他所建构的理想的城邦。

⑤ 是雅典祭奠雅典娜（Ἀθηνᾶ）女神的节日，分为两次，一次叫泛雅典娜大节，另一次叫泛雅典娜小节。在希腊宗教中，泛雅典娜大节是最古老、最重要的纪念雅典娜的节日，通常每四年夏天举行，是宗教、音乐和运动节。这可能是在故意较劲奥运会。大约在公元前520年，雅典僭主庇西特拉图（或希帕尔科斯）在泛雅典娜大节提起伊利亚特的演奏会。

《希帕尔科斯篇》

出自会意述说它们，似乎这些人现在依旧这样做，[**228c**] 他为了泰奥斯①的阿那克里翁托斯②，派遣有五十支桨的船把他带入本邦；此外，他时常留住凯依奥斯的西蒙尼德斯③随从在他身边，用巨额酬金和许多礼物收买他；他做这些事情实在是打算教育同胞，他就可以统治他们中的最优秀的④人，他认为不应当出于嫉妒而吝惜将智慧给任何一个人，为他是美且善人的缘故。

再者，自从城市周围的那些同胞为了智慧的缘故，受到了教育，也钦佩他以后，[**228d**] 他就图谋教育在乡村中的人们，在遍及城市和每个乡区⑤中间的道路上为他们竖立了赫尔墨斯⑥全头雕像，然后，从他已经弄明白的和他自己所获得的智慧之藏中，他选择出其认为是最聪明的，亲自写入双行体诗⑦并将其作品和智慧的榜样刻在那些赫尔墨斯全头雕像的柱子上，以便，起初，[**228e**] 他的同胞就不会被德尔斐神庙中那些智慧的铭文："认识你自己"和"勿过度"以及另外这样的东西所惊服，却会认为希帕尔科斯的言辞更为智慧。然后，当他们走来走去经过时，也会阅读和获得对他的智慧的品尝，并且当他们从乡村出来走上走下时，也将会延伸到他们受到其余的教育。

---

① Τέως 是在伊奥尼亚海岸的一个古希腊城邦。
② Ἀνακρέοντος（公元前582—前485年）是古希腊抒情诗人，他因酒歌和赞美诗而著称。
③ Σιμωνίδης ὁ Κεῖος（公元前556—前468年）是一个出生于古希腊凯依奥斯（Κεῖος 在爱琴海的一个希腊岛屿）的希腊抒情诗人。参见色诺芬的一篇小对话作品：《希厄隆一世》，对话人是希厄隆一世和西蒙尼德斯在约公元前474年进行的一次关于僭主和普通人哪一个生活得幸福的谈话。
④ 该词（"βέλτιστος"）多指品质、美德方面的好。
⑤ 雅典所在的阿提卡（ἀττική）被划分成不同的地（乡）区，通常称"得莫（δῆμος）"，和"城市（ἄστυ）"相对。参见 Ἐρυ. [392a]；亚里士多德《雅典政制》[21]。
⑥ Ἑρμῆς，在希腊宗教和神话中，他是宙斯的儿子，是奥林匹斯诸神中第二个最年轻的神，也是商业、盗贼、消息、雄辩、体育、运动员和边境口岸的神，作为众神的使者，他还是旅行者之神；西方"释义学"或"解释学"一词的词根即源自其名。在古希腊，赫尔墨斯的全头雕像，常置于道路沿线长方方形柱子上。
⑦ ἐλεγεῖον，属于（六音步诗行和五音步诗行相间的）双行体诗，即碑铭体诗；在晚期希腊语中指哀歌、挽歌。参见本译著《警句（三十三首）》的译文。

但有关两条铭文①的内容是这样的：一方面，[**229a**] 在每个赫尔墨斯的左侧给其刻上字，宣告：赫尔墨斯矗立在城市和乡区的中间；另一方面，在其右边，吩咐——这是希帕尔科斯的纪念物②：你出行要把正义放心上③。

但他的作品中的另外许多和优秀的铭文也刻在其他的赫尔墨斯上；其中就是那一条，冲着斯泰依瑞阿凯④道路的，在它上面宣告：[**229b**]"这是希帕尔科斯的纪念物：你不要欺骗朋友。"

所以，由于我是你的朋友，我就一定不敢欺骗你或不听从那么一个大人物，尽管在他死去三年来，雅典人受他的弟弟希琵亚斯的僭主统治，你也可能会从所有古老而受到敬仰的人们那里听说，那种僭主的统治出现在雅典中仅仅三年，但在其他时间，雅典人近乎有点儿生活在克洛诺斯为王的时期⑤。但是，据比较有教养的人们说，希帕尔科斯的死亡也非因大众认为的方式发生的，[**229c**] 而是由于哈尔摩狄俄斯⑥的一个妹妹顶篮子⑦时的耻辱——既然它的确是愚蠢的⑧——但是，

---

① ἐπίγραμμα，指刻在艺术品上的制作者或奉献者的名字；或碑铭体诗（一种短诗，双行体）或墓志铭。就后者含义来看，或许暗寓讽刺。

② 该词（"μνῆμα"）有"纪念，纪念物，（尤指）死者的骨灰坛，坟墓或（死者的）纪念碑"等含义。就后者含义来看，或许暗寓讽刺。

③ 该动词（"φρονέω"）是个典型的多义词，通常汉译为"明智，审慎，谨慎"；[贬]"狂妄自大，傲慢"等。也可视为双关语。

④ Στειριακή，雅典通往北部阿提卡地区的一条道路的名称。

⑤ 古希腊人认为，宙斯的父亲克洛诺斯（Κρόνος）统治的时期是一个神话般的黄金时代。

⑥ Ἁρμόδιος（约公元前 530—前 514 年）和 Ἀριστογείτων（约公元前 550—前 514 年）都死于公元前 514 年，是古代雅典的两名男子。前者是后者年轻的恋人。在他们杀了希帕尔科斯后，被后者的卫兵先后杀害。他们因此成了英雄，被认为是古代雅典民主卓越的象征，是"救星"和"诛戮暴君者"（τυραννοκτόνοι）。一位雅典诗人为他们创作了赞美诗，该故事继续被援引作为英雄主义和献身一个令人敬佩的例子许多年。详见修昔底德《伯罗奔尼撒战争史》[6.54]；亚里士多德《雅典政制》[18]。另见《会饮篇》[182c]；还可参照罗马时代的刺杀恺撒的布鲁图的事迹。顺便一提的是，约公元前 359 年，色雷斯王科隆斯（Κότυς）被柏拉图的两个学生蒲松（Πύθων）和赫拉克里戴（Ἡρακλείδης）兄弟刺杀。他们在返回雅典后，被授予雅典荣誉公民称号并获得金花环。参见亚里士多德《政治学》[1311b20-22]。

⑦ 在雅典，在敬神的节日游行时的一种仪式。在举行农事女神节、酒神节、雅典娜节游行时，由一少女头顶一个篮子，内盛祭物。担任这种职务是很光荣的，而拒绝一个少女担任这种职务，则被看作对她家族的一种莫大侮辱。

⑧ 该词（"εὐήθης"）也有"心地单纯的，善良的"等含义。

《希帕尔科斯篇》

一则，由于哈尔摩狄俄斯已成为阿里斯托革顿的爱人并受到了后者的教育；于是，一则，阿里斯托革顿为了教育这人的缘故也狂妄自大，甚至把自己视为希帕尔科斯的竞争者。再者，在那期间，[**229d**]在那个著名的时代，哈尔摩狄俄斯本人碰巧是某个年轻、貌美和高贵的家伙的爱慕者——人们也说起他的名字，但我不记得了——却说其时，无疑这个年轻人被哈尔摩狄俄斯和阿里斯托革顿作为有学问的人所钦佩，然后他们和希帕尔科斯交往，他貌视他们，他们尤其对那种耻辱极为痛心，所以杀了希帕尔科斯①。

伴：于是，你有可能，苏格拉底啊，要么不把我认作你的朋友，要么如果你把我认作你的朋友，你就不听从希帕尔科斯。你不要像这样欺骗我——不过我不知道你用任何什么方式——[**229e**]用那些推论，既然我不能听从你。

苏：真的也就像是下跳棋，我愿意你用那些推论改变你打算征求的意见，免得你觉得你受骗了。到底我从你那将两者中的哪一句原话收回呢，也罢，所有的人不渴望美好的事物吗？

伴：绝不要从我这将那原话收回。

苏：那么，也罢，伤害和损失不是坏的吗？

伴：绝不收回。

苏：但是，说真的，利益和获利与伤害和损失不是相反的吗？

[**230a**]**伴**：也不收回那话。

苏：那么，与坏的相反，获利不是好的吗？

伴：至少绝非全部是好的，对我来说，收回那句话。

苏：于是，你认为，看来是，一则，获利的东西中某一种是好的；一则，某一种是坏的。

伴：至少对我而言，认为是。

苏：那么，我给你收回那句话；既然实在是，某种获利是好的，而另一个某种获利是坏的。但的确不论它们中的好的或是坏的甚至没

---

① 该事件详见修昔底德《伯罗奔尼撒战争史》[6.5]，修昔底德说，他们的勇敢行为是由于恋爱事件。另外参见亚里士多德《雅典政制》[18]。

有一种是更为获利的。究竟是吗？

伴：你怎么问我？

苏：我将会解释。某类食物是好的，某类是坏的吧？

[230b] 伴：是的。

苏：于是，却说它们中的某一种比两者中的另一种更是食物吗，或者它们的确是同样的东西，食物；的确双方也绝不优于两者中的另一种，就它是食物而言①，但一则，它们中的一种是好的；一则，一种是坏的，是吗？

伴：是的。

苏：所以，饮料②，甚至其他全部的东西，像那些现有的东西一样，一则，无疑，是好的；一则，是坏的，照那样，的确，它绝非不同于两者中的另一种，就它是饮料而言，是吧？[230c] 恰似人，大概真的，一种是善良的人；而另一种是邪恶者。

伴：是的。

苏：另一方面，人的确是，我觉得，处于两者都不是的中间状态，既不更甚也不较差，就他是人而言，善良的人既不更甚于邪恶者，邪恶的人也非较善良者差。

伴：你说得对。

苏：因此，有关利益的情形，我们也只是如此思考，比如，利益的确和无用的和有助益的事物是相像的。

伴：必然相像。

苏：于是，一个有能力获得有助益利益的人绝不比一个拥有卑鄙利益的人更为获利；所以，利益的确看来似乎是处于中间状态，[230d] 像我们同意的那样。

伴：是的。

苏：因为对非此非彼而言，附加于它们的既不是"更多"也不是

---

① 即就事物本身而言，也即柏拉图所说的理念。人们对其发展的结果之一即是在形式逻辑中即指概念的同一律等。下同。参见亚里士多德《前分析篇》。

② 该词（"πότος"）尤指"酒"，泛指"（饮用的）水"。

《希帕尔科斯篇》

"较少"。

伴：真的绝不是。

苏：对于这样的事情来说，有谁怎么就会"更多"或"较少"呢①，任何人可能获得或遭受"更多"或"较少"吗，对不具有属于两者中任何一者的他来说？

伴：是不可能的。

苏：那么，两方既然真的一样都是获益的和贪婪的②，我们现在应当对此察看，由于什么，你会将它们双方叫作利益，在双方中你观看到它是什么？[230e] 如果你现在问我，由于什么，我也会将好的食物和坏的食物双方一样称为食物，我就会对你说，就因双方都是身体的干燥的滋养品。至少对我而言，认为是由于那原因；因为那是食物，你自然也就会同意我，究竟同意吗？

伴：至少在我这方面，同意。

苏：却说有关饮用的东西，回答的方式也可能会是同一种，即给予身体的液态的滋养品，无论是有益于健康的还是无用的，名称都是那一种："饮用"；[231a] 对其他情况来说也同样。所以，我劝你也模仿我，只是如此回答。你说好的利益和邪恶的利益双方都是利益③时，你在它们之中看到了什么，即那实实在在也是利益吧？但如果你自己再度不能回答，那么，考虑一下我的叙述；于是你把某人可能挣得或没有消耗掉的，或较少用掉、更多获得的全部所有物叫利益吗？

[231b] **伴**：至少对我而言，认为可以称之为利益。

苏：所以，你是指这样的情形：是不是你受某人款待，你没有开销但饱食，招致了生病呢？

伴：不，宙斯在上，至少我没有。

---

① 即从道德的角度，好人和恶人（在获利等方面的处境）应该不同。但在仅仅就获利本身而言，没有什么区别。

② 该词（"κερδαλέος"）也有"贪得的，有利益的，有利可图的"等含义。也可视为双关语。

③ 该词（"κέρδος"）也有"图利心，利欲心，贪心，狡猾，狡诈"等含义。也可视为双关语。

苏：但如果你从款待赢得了健康，你可能会获益或是招致损害呢？

伴：会获益。

苏：于是，至少那不是利益：即获取不论什么所有物。

伴：当然不是。

苏：如果是坏的，不是两者中的哪一种呢？或者，任何人他就甚至不会获得好的，难道他将不会获利吗[①]？

伴：似乎是这样的，会获利，假如那的确是好的。

[231c] **苏**：但如果它是坏的，难道就不会受损失吗？

伴：对我而言，看来是。

苏：你瞧，你的确就像兜圈子重新返回到同一点，是吧？一则，利益似乎是好的；一则，损失似乎是坏的。

伴：至少在我这方面，没办法说。

苏：至少你没有不正当地不知所措。但愿你还会回答这问题：假如有人较少消耗更多挣得，你认为这是利益吗？

伴：要我说，至少绝非是坏的，但如果他攫取的金或银更多而用掉较少的话。

[231d] **苏**：我尤其打算要问的是那问题。你究竟认为，如果某人花掉重量半数的黄金获得重量加倍的白银，他获利了还是受损了呢？

伴：多半受损了，苏格拉底啊；因为对他来说，宁要将变成两倍的黄金而不要十二倍之多的白银。

苏：无疑他的确也获得更多；难道更多的加倍比不上半数的加倍吗？

伴：至少，从价值的角度看，银绝非比得上金的价值。

苏：于是我们应当，看来，给予利益加上那——价值。无论如何，现在你说，一则，虽然银钱比金币多，但它比不上金币的价值；一则，金币虽少于银钱，但你说它比得上银钱的价值。

[231e] **伴**：极是，因为那意味着如此而已。

苏：那么，一则，有价值的东西是有利益的，无论它是大或是小；

---

① 使用这种疑问句，是希望得到肯定的回答。

一则，不值一文的东西是无利可图的。

伴：是的。

苏：此外，你说的"拥有价值"，是否有拥有价值以外任何别的什么意思？

伴：是的，有除拥有价值以外的意思。

苏：再者，另一方面，你说的"拥有价值"是有害的还是有益的呢？

伴：一定是有益的。

[**232a**] **苏**：那么，有益的是好的，是吗？

伴：是的。

苏：所以，全体人中最英勇的人啊，难道我们不是反过来又一次第三次或第四次已达成同意，有利益的事是好的吗？

伴：看来是好的。

苏：却说你记得从我们这里产生的推论吗？

伴：我想，的确记得。

苏：但如果不记得，我提醒你。你与我对立的是：善良的人不想获得整个利益，除了想获得属于那些好的利益外，但不想获得卑鄙的利益。

伴：是的。

[**232b**] **苏**：那么，现在迫使我们同意那个推论：整个利益，小的和大的，是好的，是吗？

伴：既然的确比起好言好语说服，苏格拉底啊，更毋宁是迫使我。

苏：那么，或许以后可能会好言好语说服你。但却说现在，或者好言好语说服，或者无论如何你就是这个样子，你至少与我们一道同意所有的利益，小的和大的，是好的。

伴：但愿的确认可。

苏：再者，你同意所有善良的人宁愿一切好的事物，还是不同意呢？

伴：我同意。

[**232c**] **苏**：但真的，你本人的确实在说过，那些邪恶的人都爱好

小的和大的利益。

伴：我说过。

苏：因此，根据你的推论，所有的人，善人和恶人，都可能会是好利的①。

伴：似乎是这样的②。

苏：因此，如果有人责骂他人是贪婪的，那不是一种正确的责骂；因为恰巧责骂那些人的他本人也是这样的人。

---

① 该词（"φιλοκερδής"）也有"爱财的，贪婪的"的含义。
② 该词（"φαίνεται"）意即"是的"。

《翠鸟篇》*

对话人：苏格拉底（以下简称苏）；凯瑞丰① **（以下简称凯）**

凯：从远处自海滩和那边的礁顶而来给我们传来的是什么声音？苏格拉底啊，对耳朵来说如此悦耳动听！那么，发出声音的生物是什么呢？因为落到水下生活实实在在的确是无声的。

苏：海里的某种鸟，凯瑞丰啊，被称为翠鸟，那是一种非常可悲的和使人流泪的海鸟，关于这种鸟被人们谈到，实实在在是古已有之的传说。人们说，它从前是一个女人，是赫楞②的儿子埃奥劳斯③的女儿，她因对被爱之人的思念，哀悼她自己已死的合法地结过婚的人，

---

* 原文的标题是"ΑΛΚΥΩΝ"；在古代，该篇的副标题是"Η ΠΕΡΙ ΜΕΤΑΜΟΡΦΩΣΕΩΝ（或论变形）"。中译文根据 JEFFREY HENDERSON 编辑的八本卷的希腊文英文对照本 Lucian, Harvard University Press, 1913 – 1967（"Ἀλκυὼν"位于该对照本第八卷 pp. 306 – 316, 由 Matthew Donald Macleod 英译），并且参考了"C 本"译出。《翠鸟篇》没有被收录在亨利·艾蒂安的版本中，因此也没有按照他的分页标准标上边码。文中的阿拉伯数字序号是希腊文英文对照本添加的。翠鸟（ἀλκυών），也叫太平鸟，传说中的鸟，被认为是翠鸟；它也是希腊神话中的一种鸟，传说当它飞过海洋时，暴风雨就会平息。因此它能带来宁静。参见亚里士多德《动物志》（第五卷）[542b 4 – 17]；另外参见泰奥克里托斯（Θεόκριτος，鼎盛年约在公元前 270 年，是一位古希腊田园诗作家）的诗歌《田园诗》[7.57]："翠鸟和所有生活在海洋的鸟……"

① Χαιρεφῶν（约公元前 470/460—前 403/399 年），一位雅典民主派人士，是苏格拉底的最好的朋友和忠实的追随者之一。他早于苏格拉底去世；参见《申辩篇》[21a]。另外，参见《卡尔米德篇》[153a – 154d] 和《高尔吉亚篇》[447b – 448d] 等对话。

② Ἕλλην，丢卡利翁（Δευκαλίων，是普罗米修斯的儿子）和（或有时宙斯和）琵拉（Πύρρα）的儿子，是希腊神话中希腊人的祖先，现在的"希腊人"一词即"Ἕλλην"，他的名字也是希腊的另一个名字，以及形容词"希腊的""希腊血统的人"或有关希腊文化的源头等方方面面都与之有关。

③ Αἴολος，赫楞（Ἕλλην）的儿子，是希腊神话中的风神，意为多变化的神。

那位启明星海奥斯福崂斯①、一个英俊父亲的俊美的儿子、特拉契斯城②的凯宇克斯③;既然她漫游遍了整个陆地周围未能够找到他,后来,就凭着某种神奇的意图,用某一方式,她被添加上鸟的翅膀,在沧海四周飞着寻找那个人。

凯:你说的那是翠鸟吗?我以前从来没听到过那声音,无论如何,在我看来,当它忽然传来时,有点儿异乎寻常。那生物发出的鸣声确实悲哀。此外,一只翠鸟甚至有多大,苏格拉底啊?

苏:不大;当然,大,是由于她对她丈夫的爱而从众神那里获得了荣誉;在仲冬期间,因为那些翠鸟在巢内,由于风平浪静,宇宙把叫作"平静时期"④的日子带到各处去,今天尤其必定是属于它们日子中的一天⑤。难道你没看见,一则,天上多么晴朗;一则,整个大海无风无浪且多么宁静,比如说,就像一面镜子吗?

凯:你说的没错;因为今天似乎是一个太平日子,但昨天也是这样的一天。然而,以众神的名义,人们最初一度怎么被说服相信那些古老传说的,苏格拉底啊,比如一度从鸟变为女人或者从妇人变成了鸟的呢?因为必定显然不可能做到诸如此类之事的⑥。

---

① Ἑωσφόρος,字面意思是"发光者";在希腊神话中是启明星(黎明时出现的金星)之神。在古典艺术中,通常被描述为一个手持火炬的俊美青年。

② 在古希腊,Τραχίς是位于德尔斐(Δελφοί,该城有阿波罗神庙)北部的一个地区,它的主要城镇也被称为特拉契斯直到公元前426年。根据希腊神话,特拉契斯是凯宇克斯(Κήϋξ)的家。见下一注释。

③ Κήϋξ,在希腊神话中,凯宇克斯是海奥斯福崂斯(Ἑωσφόρος)之子,帖萨利(Θεσσαλία,位于希腊中部偏北)的国王。他娶了风神的女儿哈乐考莱(Ἀλκυόνη)。他们在一起很开心,据说他们往往相互戏称作"宙斯"和"赫拉"。这触怒了宙斯,所以,当凯宇克斯在海上航行时,神向他的船投掷了一个迅雷。之后,凯宇克斯作为一个幽灵现身哈乐考莱,向她告诉了自己的命运,她悲痛地投海自尽。出于怜悯,众神将他们两个变形为太平鸟。此外,"Κήϋξ"除了有"海鸥"的词义,也有"三趾翠鸟属"的含义。因此,该对话作品被取名为《翠鸟篇》或"论变形"。关于他们两人的故事,参见奥维德《变形记》[11.410–11.748]。

④ 该词("ἀλκυονίδες")直译为"冬至前后十四日间海上平静的日子"。相传,冬至前后十四日之间,翠鸟营巢产卵,在此期间,大海平静,为太平日子。参见亚里士多德《动物志》[542b4–17]。

⑤ 可以对比的是,本篇谈话进行的"平静时期"的日子是一年中属于最短的一天;在《法律篇》中,谈话进行的日子是夏至,是最长的一天。

⑥ 关于他们类似的应答,参见奥维德《变形记》[8.611之后几段]。

《翠鸟篇》

苏：朋友凯瑞丰啊！对可能做到或不可能做到的事情，看来我们全然是些视力黯淡的仲裁者；我们实实在在是按照属于人的能力认可不熟识的和不可信的以及无经验的事物；所以，对于我们来说，甚至很多容易办到的事情似乎也是难以实行的，而许多容易达到的事却遥不可及。一方面，也常因我们缺少经验之故；另一方面，更由于我们理智的幼稚；在这种情况下，所有的人，甚至年纪很大的老人，看来是，幼稚①之人的一生比起整个永恒来，真的完全是短暂的和婴儿般的。但是，我的好朋友，对众神和神灵的能力，或整个造化②的力量一无所知的人们怎么会有能力说过：对这样的某事是可能做到还是不可能做到的呢？凯瑞丰，你已见到，在前天，我们有多大的一场暴风雨，是吧？既然由于留意那些雷电和强烈的大风，恐惧的感觉就会突然来临；有人就认为整个有人居住的世界甚至于将会崩溃。

但稍后，变成了令人惊奇的某种风平浪静的状况，并且至少保持这种状况直到目前。那么，你认为是从那样的一场难以抵抗的暴风雨和混乱中改变成这样的晴天而引领整个宇宙进入一种风平浪静的状态，还是把一个女人的形状重新塑造成某种鸟的形状是件更大、更困难的工作呢？因为真的，在我们身边的小孩们也懂得塑造这样的东西，每当他拿了泥土或者蜡，从同一块材料中容易地多次改变形状，产生③许多样式④。再者，由于神力是强大的，并且甚至具有和我们自己的力量不可比的优越，或许所有这样的事情发生在其身上也是十分容易掌握的。因为，在你看来，整个天庭比你自己强大多少呢？你会宣称吗？

凯：那么，又是人中的哪一位，苏格拉底啊，就能够意谓或管这样的任何事叫作什么呢？因为它甚至不容易被说过。

苏：那么，我们也就没有思考过，当我们将人们放在一起彼此对

---

① 该词（"νήπιος"）本义是"尚不会说话的，孩提的"；比喻义为"愚蠢，缺乏考虑的"。

② 该词（"φύσις"）在希腊语中是典型的多义词。以下据语境，选用不同的词义译出。

③ 该词（"φύσις"）这里名词作动词译出。

④ 该词（"ἰδέα"）有"柏拉图哲学的原型，理想的形式，理式，理念"等含义。希腊神话和传说中有丰富的神创世界和人类的思想。柏拉图在其对话作品（如《共和邦篇》《法律篇》《蒂迈欧篇》和《克里底亚篇》等）中也同样引用了它们。

比时，在有能力者和无能力者之中真正存在哪些强有力的卓越者吗？因为与从诞生时起第五天或第十天大的尚不会说话的新生儿相比，成年人在涉及生活的几乎所有情况的能力和无能力方面有着那么多令人惊异的优点，它们也一样通过那些如此足智多谋的技艺以及通过身体和灵魂实现；因为对年轻的孩子来说，正如我说过的，设想这样的事情①甚至似乎是没有可能的。

此外，跟那些孩子们的力量比起来，一个成人的力量具有那样不可测量的强大优势；因为一个成人完全会轻易地制服数万个这样的儿童；因为对人们来说，从最初的年纪自然地紧跟着任何事全然一定是难对付的和无能为力的。于是，看来，每当一个人和某人有这样大的不同时，为什么我们认为整个众神所居住的天上的力量与我们的力量相比，这样的事似乎就会被所提及的那些人思考呢？所以，也许在很多人看来是合理的，像宇宙之大能够超出苏格拉底或凯瑞丰的外貌之上一样，它的力量和聪明以及思考力②多大和有关我们的状况不同也是成比例的③。

于是，对于你和我以及其他像我们一样的许多人来说，无论什么事情，很多是不可能做到的，而在其他人看来却是十分容易的事；像对长笛演奏不熟练的人们来说，吹笛，和对不会读书写字的人们来说，用关于语法的方式阅读，或书写，比起由鸟造出女人或使女人造成鸟来，更是不可能做到的事，因为到目前为止，他们就会是无知识的。

再者，自然④也许将一个无足的和无翼的生物扔进一个蜂巢；为她安置好脚和加上翅膀，用许多五彩缤纷的和美丽的以及各种各样的色彩使其光洁而成一只蜜蜂，显示她是聪明能干的杰出的蜂蜜的制造者⑤；从无声无息的和无生命的卵中制造很多有翼的和陆行的以

---

① 该句直译为"进入头脑 [εἰς νοῦν ἐλθεῖν]"。
② 该词（"διάνοια"）也有"一种使人说出某种话的能力"的含义。
③ 这里显然是作拟人化表达；有类比或类推不当之嫌。该词（"ἀνάλογος"）本身也有"类比的，相似的"的含义。或许本篇对话有自然宗教的思想。
④ 该词（"φύσις"）含义见前注。
⑤ 该词（"ἔργατις"）本义是"女工"。

《翠鸟篇》

及生活在水中的生物的种属,依某些人的说法,此外还使用奉为神圣的强大的以太的技艺。

的确,不朽的力量是强大的,凡人也全然是不重要的,既不能查看大的事情,也不能观察小的事物。此外,对有关临到我们头上遭遇的更多的事情甚至不知所措。我们不能够确实地说,有关翠鸟或有关夜莺们的事情①;但故事的光荣业绩,像父亲们传给子孙那样,我们也把这样的故事传给我们的孩子们。啊,歌声美妙的悲哀之鸟,我将有关你们的颂歌传给子孙。我也将时常给我的妻子们克珊西帕和密尔托②赞美③你的虔诚的和爱丈夫的情欲以及其他的事。此外,你④甚至还自众神那里获得了这样的荣誉。那么,凯瑞丰啊,你至少也做这样的任何事吗?

凯:至少是合适的,苏格拉底啊,你刚才对于丈夫们和妻子们的交情所说的话也含有一种加倍呼吁的意思⑤。

苏:那么,我们适宜立即向那位翠鸟告别,从法勒伦⑥前往城里。

凯:那是当然;我们如此做。

---

① 在希腊神话中,普洛克奈 (Πρόκνη) 和菲洛麦拉 (Φιλομήλα) 是姐妹。她们是传说中的雅典国王潘冬 (Πανδίων) 的女儿。出于一则悲剧故事,她们也变成了鸟,前者变成了燕子,后者变成了夜莺。参见奥维德《变形记》[6.422 – 6.676]。

② Ξανθίππη (约公元前 5—前 4 世纪),雅典人,是苏格拉底的妻子和他的三个儿子的母亲。该词字面意思是"栗色(或黄色)马"。在历史上,该名字受到关注是源自原本是苏格拉底的妻子的名字,以后成为"泼妇般的人物"的代称。参见莎士比亚的《驯悍记》。据说柏拉图时常赞许马。参见"名哲本"[6.7]。Μυρτώ,雅典人,生活于公元前 5 世纪,根据一些叙述,是苏格拉底的第二位妻子。这一问题也涉及对苏格拉底的评价问题。参见《斐多篇》[60a – b; 116b],Ἐπίγ.[第 8 首];色诺芬《会饮篇》[2.10],《回忆苏格拉底》[2.2.7 – 9];"名哲本"[2.26; 2.36 – 37];"名人传"(《阿里斯提得斯》)[27.3 – 4]。

③ 该词 ("ὑμνέω") 也有 "在诗歌中谴责,指责"的贬义。

④ 指翠鸟。

⑤ 作为最忠实的朋友和追随者,凯瑞丰的理解是非常恰当的,与苏格拉底在本篇对话中的寓意吻合。

⑥ Φαλήρον,地名,雅典一港口,在古代,该港口位于爱琴海岸希腊阿提卡地区的雅典最主要和最著名的港口比雷埃夫斯 (Πειραιεύς,距雅典城中心约 8 公里) 的西边,距雅典城中心西南约 6 公里。参见《会饮篇》[172a] 和《共和邦篇》[327a]。

《书信(十八封)》[*]

第一封信

柏拉图祝愿狄奥尼西奥斯[①]走运[②]!

[309a] 我在你们[③]身边消磨这样多的时光,甚至作为所有人中你最信赖的人管理你们的王国,你们获得了许多好处,而我忍受着各种讨人厌的诽谤;因为我知道,我决不对你们和我一起较为严酷管理的想法表示同意;因为在你们之间的所有同一城邦的公民们属于我的证明人[④],[309b] 我和他们一起并肩战斗过,使他们离开(战场时[⑤])

---

[*] 原文标题是"ἘΠΙΣΤΟΛΑΙ",书信序号以希腊字母顺序标出;前 11 封书信的中译文根据"B 本"并且参考了"C 本""V. C 本""S 本""I 本"以及"王本"译出;后 5 封书信的中译文(作为"附录")根据"I 本"译出。

① Διονύσιος,指叙拉古的僭主狄奥尼西奥斯二世(Διονύσιος Ⅱ,约公元前 397—前 343 年),他前后两次统治西西里岛的叙拉古,它们是:公元前 367 年至公元前 357 年;公元前 346 年至公元前 344 年。

② Εὖ πράττειν,有"走运,顺利,对待(某人)态度好"的含义。值得注意的是,在这些信中的问候语用词是不同的,有一般的和带有警告意思的等。通常在书信的开头用"χαίρειν"作问候语,意思是:"谨向某某致意"。如《第三封信》。而用"Εὖ πράττειν"则暗含警告意思"好好地行事"。例如本封信就是柏拉图对狄奥尼西奥斯二世待他态度不好而愿(或警告)他今后待人态度好一些。果真后来由于这一原因,狄奥尼西奥斯与他人,尤其是迪翁关系紧张而被迪翁等人先后推翻,其生命的最后处于日益悲惨的状态。

③ 在本封书信中,人称代词多用复数形式,可根据语境译为复数或单数。

④ 该词("μάρτυς")也有"殉道者"的含义。可以视为双关语。

⑤ 当时在西西里有战事。因此,为了使意思明确,括号里的词语是中译者添加。下同。

不受些微损失。作为有全权的人①，我经常细心守卫你们的城邦，（虽然）在你们身边消磨这样长的时间，但我不受尊重地被赶走或（当作）适合于你们放逐的乞丐而被吆喝出港②。

于是，今后，一方面，为了我自己的缘故，我自己考虑用较为不喜和人相处的③方式（生活）④；另一方面，你是这样的一个僭主，你将孤独地过活。

但是，你似乎为打发（我）赠送的光亮的黄金，[**309c**]携有这封信的人巴克凯依奥斯⑤带给你，因为那的确既不足够旅费，也不对其他的生计有利。再者，对你来说，因赠送，为自己预备好了最大的坏名声；此外，在我看来，因拿取，坏名声不变得更小。为此，我不接受。

但是，对你来说，显然，拿取和赠送这样多的黄金也绝没有不同，那么，收回它去奉承⑥其他某个人就像你照管我一样；既然我也已受够了你的照料。

[**309d**]而在我看来，提起欧里庇得斯的话是合乎时宜的：就因你一度同别的一些麻烦事相遇——

"你将恳求这样的人援助你。"⑦

再者，我为此打算也提醒你，其他最大多数的悲剧诗人，每当介

---

① 该词（"αυτοκράτωρ"）有"有全权的（使节），专制的（统治者）"等含义。在罗马共和国时期，则指"独裁官"。柏拉图在狄奥尼西奥斯二世的宫廷享有这样大的权力，很可能与事实不符，因此作为最主要的根据之一，受到学者一致评价，此封信是伪作。另见《第三封信》[316a-b]矛盾的说法。

② 当时从雅典和叙拉古之间的交通主要是海路。

③ 该词（"ἀπάνθρωπος"）也有"远离人迹的，恨世的，孤僻的"的含义。蕴含"退隐"的意思。事实上，柏拉图在学园中和学生相处直到去世。这也说明这封信不可能是真的。参见《第十四封信》。

④ 虽然据说柏拉图最大的愿望是去远方旅行或独居（ἐκτοπίζω）。参见"名哲本"[3.40]。

⑤ Βακχεῖος，生平不详。该词作为形容词，有"酒神的信徒似的，有关酒神的祭祀的，迷狂的，疯狂的，属于酒神"等含义。因此，有可能是杜撰的人名或是一个双关语。

⑥ 该词（"θεραπεύω"）也有"服侍，侍候，侍奉（父母），敬奉（神），崇拜（神）；奉承，巴结；照料，照管，料理"等含义。后面的"照料，照管"都是同一个词。可以视为双关语，暗含对方假意照管或用不着巴结，有讽刺的意思。

⑦ 参见[V. C 法注3]：Ce vers, dans les fragments d'Euripide, est sous le n° LXXXIX de l'édition de Beck; 另据[C注1] p. 1635, Frg. [956]；"Ⅰ本"注3 (p.18)；[王本注] p. 63，欧里庇得斯《残篇》[956]。

绍一个僭主被某人杀害时，使他喊叫——

[310a]"失去朋友的人，可怜啊，彻底毁灭①啦！"②

但是，没有一个人描述过（一个僭主）因匮乏黄金该死。此外，对有头脑的人们来说，看来是，那一首诗也含有不坏的意思——

在世人③无望的生活期内，

比起一个人来，

最稀有灿烂的黄金不能，

金刚石④不能，银的卧榻⑤也不能被认可向双眼闪光；

甚至有辽阔平坦的土地和自给自足结满多产果实的田地也不能，

像意见一致的高尚之人的思想么（有价值）。⑥

[310b] 祝你健康！你也要认识到，你对我们做了这样大的错事，以便你对待别人较好些。

第二封信

柏拉图祝愿狄奥尼西奥斯⑦走运⑧！

我自阿尔凯傣琚斯⑨那儿听到，为了你的缘故，你认为不只我应当

---

① 该词（"ἀπόλλυμι"）也有"（咒骂语）没好结局，该死"等含义。

② 引自［王本注2］p.63, 阿德斯普（Adespoton）《残篇》[347]，载伯克编《希腊悲剧残篇集》。另见"Ⅰ本"注1 (p.19)。

③ 该词（"θνατῶν"）属于多立斯方言，等于"θνητός"，也有"会死的，有死的，世间的"等含义。而柏拉图主要使用的是阿提卡方言。

④ 该词（"ἀδάμας"）作为名词时，它的基本含义是"最坚硬的金属：金刚石、钻石、钢"。参见《蒂迈欧篇》[59b-c]中对黄金、金刚石和黄铜产生的叙述。

⑤ 该词（"κλίνη"）也有"尸体架"的含义。可视为一个双关语。

⑥ 参见［王本注3］p.63, 阿德斯普（Adespoton）《残篇》[138]，载伯克编《希腊悲剧残篇集》。另见"Ⅰ本"注2 (p.19)。

⑦ 指狄奥尼西奥斯二世。

⑧ Εὖ πράττειν。参见伪柏拉图《第一封信》中对收信人的称呼。

⑨ Ἀρχέδημος，生平不详，他可能是西西里或叙拉古的一位商人（参见本封信[313d]）；也可能是阿尔基塔斯的一个门徒。参见伪柏拉图《第三封信》[319a]；《第七封信》[339a-b; 349d]。不过，公元前2世纪有一位同名的斯多亚学派哲学家。拉尔修在其《名哲言行录》[7.134]提及。根据词形和发音，或许是写信人自造的词（人名），暗指柏拉图学园（Ἀκάδημος）的人。

·272·

《书信(十八封)》

保持安静①,我的其他忠实的朋友们也不应当在你周围做任何邪恶之事或说任何坏话;但你仅仅使迪翁②除外。[**310c**] 但那话意指,迪翁除外,我管不着我的忠实的朋友们;因为如果我这样统治了其他人和你以及迪翁,仿佛我相信,就会对我们和其他所有希腊人更好。

但现在重要的是,我让我自己听从我的话。

而我说那些免得克拉提斯陶劳斯和珀吕克塞洛斯③对你说某句有益的话④。[**310d**] 据说他们两者中的一个宣告,他在奥林匹亚⑤听到,我们当中的许多人诽谤你。但愿他可能比我听得更敏锐,因为我真的没听过。但你应该,在我看来,今后这样做:每当有人谈到有关我们某个人这种性质的什么事情,就送书信向我询问;因为我将既不畏缩也不耻于宣告真相。

但就对你和我来说,关于彼此的关系碰巧意味着是这样的:大概我曾说过的话,它们既非[就]⑥为没有一个希腊人知道;[**310e**] 也非对我们交往保守秘密。此外,免得你不知不觉直到日后甚至将不保持沉默;这样的事,人们已经承认了它,因为甚至没有安静下来的人

---

① 该词("ἡσυχία")既有"别作声"和"保密"的含义,也有在行动上不作为的意思;从而有别于侧重于言语的"σιγή(沉默)"一词。参见其同义词"σιωπή"。

② Δίων(公元前408—前354年),是西西里岛的叙拉古(Συρακόσιος)人,政治家,叙拉古政治家希帕里努斯的儿子和叙拉古的僭主狄奥尼西奥斯一世(Διονύσιος ὁ Πρεσβύτερος,他被古人视为暴君中最坏的一种例子:残酷的、多疑的和怀有报复心的人物典型)的内弟,也是西西里岛叙拉古僭主狄奥尼西奥斯二世的姻兄和摄政。公元前367年曾独揽大权,不久被放逐。公元前357年至公元前354年间断断续续统治着叙拉古。公元前354年,他率领雇佣兵重返叙拉古,推翻狄奥尼西奥斯二世;但执政后不久便被谋杀。他也是柏拉图的著名学生和朋友,柏拉图三次西西里之行都与他有关系。参见《第七封信》;亚里士多德《政治学》[1312b16 – 18];"名人传"(《迪翁》)。

③ Κρατιστόλος 和 Πολύξενος,生平不详。不过,在《第十三封信》[360c]中也提及一个与后者同名的人,他是数学家和智者布律松的某位门徒。作为形容词,Πολύξενος 的意思是"极好客的,有许多客人前往的(岛屿)"。

④ 该词("ὑγιής")本义是"健康的,头脑健全的"。这里取其(暗含讽刺)比喻的含义。

⑤ Ὀλυμπία,位于古希腊埃利斯(Ἦλις)地区,是古代奥运会举办地,因其历史上最著名的比赛而知名。在整个古典时期,从公元前8世纪到公元前4世纪,奥运会每四年举行一次。第一届奥运会(公元前776年开始)是为了向宙斯表示敬意而举行的。

⑥ 括号及其中的词为原文所添加。

已经不少。于是，我此刻为什么说呢？首先，我将要再度讲。明智①和强权二者天生聚到同一处，犹有进者，它们永远彼此追求寻觅以及相助；因此，在个人聚会期间和在一些作品②中，人们也喜欢听取其他人谈及那些事。

[311a] 也像是，每当人们谈论有关希厄隆和斯巴达人帕撒尼阿斯③，他们喜欢列举西蒙尼德斯对他们做和说的交往；习惯于一同赞美：科林斯④的佩里昂德洛斯和米利都⑤的泰勒斯⑥，伯里克利和阿那克萨戈拉，再者，克娄苏和梭伦⑦，作为有才智的，以及居鲁士⑧，当作有权柄的人。而且，模仿的诗人们因此一则把克瑞昂和特瑞西亚斯，[311b] 一则，把珀吕埃伊道斯⑨和弥诺斯，又把阿伽门农和涅斯托耳⑩以及将奥德修斯和帕拉墨得斯⑪拉到一起——再者，据我看来，初

---

① 该词（"φρόνησις"）有"精明，见识，审慎"等含义。尤其指"在统治或管理事务方面的实践智慧和谨慎"。

② 该词（"ποιήσειν"）是动词"ποιέω"的将来时的不定式复数形式，多指"诗作"。

③ Ἱέρων Αʹ（死于公元前 467 年），即希厄隆一世，西西里岛叙拉古的僭主（公元前 478—前 467 年）。Παυσανίας（死于公元前 470 年），是公元前 5 世纪的斯巴达著名的一个将军。

④ Κόρινθος，古希腊的一个城邦，位于伯罗奔尼撒半岛。在古代，它是一座属于科林斯城邦的位于雅典西南方 78 公里的科林斯地峡的历史名城。

⑤ Μίλητος，是一个位于安纳托利亚西海岸线上的古希腊城邦。

⑥ Περίανδρος（死于公元前 587 年），科林斯的第二任僭主，也被认为是希腊七贤之一。Θαλῆς（约公元前 624—约前 546 年），是一位生活在小亚细亚米利都的前苏格拉底希腊哲学家，也被认为是古代希腊第一个哲学家和七贤之一。

⑦ Κροῖσος（公元前 595—约前 547 年），在被波斯征服之前，是吕底亚（Λυδία）的国王（公元前 560—前 547 年在位）。

⑧ Κῦρος，可能是指居鲁士一世，波斯安善王朝国王（公元前 600—前 580 年或公元前 652—前 600 年在位）。更可能是指他的孙子，即著名的波斯帝国居鲁士大帝或居鲁士二世。

⑨ Πολύειδος，在希腊神话中，Πολύειδος（希腊语意思是"看到各种各样的东西"），是一位来自科林斯的著名预言家。

⑩ Ἀγαμέμνων，在希腊神话传说中，阿伽门农是迈锡尼或阿耳戈斯的国王，他率领希腊联军发动了特洛伊战争。涅斯托尔（Νέστωρ）是皮罗斯（Πύλος）国王，率部参加了特洛伊战争。参见荷马《伊利亚特》。

⑪ Ὀδυσσεύς，是传说中的希腊伊萨卡国王和荷马史诗《奥德赛》中的英雄，率部参加了特洛伊战争。Παλαμήδης，在希腊神话中，他是纳依珀辽（Ναύπλιο）的一位王子，率部参加了特洛伊战争。参见《申辩篇》[41b]。

《书信(十八封)》

民们用如此方式也把普罗米修斯与宙斯①拉到一起——这些人中的一些，一则，进入不和中；一则，有些彼此是朋友；此外，一些时而是朋友，一些时而不和；一方面，有些协调一致，另一方面，有些则在唱反调。

因此，我现在说这一切是想指出，[**311c**] 一旦我们生命终结，有关我们本人事情的谈论也将不会安静下来；那么，我们必须关心它们。看来，既然我们也必然关心日后，因为按照某种本性，一方面，最有奴性的人碰巧绝不对它加以注意；另一方面，最高尚的人所做的一切是为了在未来的时间里听到好话。而且我所获得的确实的证明是，由于去世的人们会对世人有某种感觉②：因为最高尚的灵魂预示那些事情意味着如此，[**311d**] 但最邪恶的人不相信，而杰出之人的预言比平凡之人的预言更有权威性。

再者，至少在我这方面，我认为，对于他们来说，我早先谈及有关这些人的情形，如果有可能纠正他们的交往，那么，在谈及他们的情形时，就会完全比现在受到更好的尊重。所以，对我们来说，我说过，凭神意，仍然也有可能；那么，涉及交往之事，如果以前有任何进行得不好的，用言和行纠正；因为涉及哲学，[**311e**] 我相信将是真实的见解，而对我们的谈论，我揣测，一则，较好；一则，是坏的。真的，我们绝没有比关心那更虔诚的事做了，甚至就没有比忽略那事更不虔敬的了。它应当是什么和对此它具有的公道，我将解释。

在我前往西西里时③，我在哲学家中具有更优的声望，此外，我去叙拉古打算找你做共同的证人，[**312a**] 在我看来，哲学就可以在大众面前也赢得尊重。但那在我看来，证明是不显著的。再者，我就不讲

---

① Προμηθεύς，希腊语意思是"先知先觉"。在希腊神话中，他曾发明多种工艺，并曾用泥土制造人类，还把天上的火偷来送给人类，为此受到宙斯的惩罚。Ζεύς，在希腊神话中，他是希腊诸神之长，人和神之父。

② 原文如此，含义不明。句中关键词"τεθνεῶσιν"是"θνήσκω（死亡）"的复数完成时主动态分词的阳性与格。"C 本""V.C 本"和"Ⅰ 本"都直译为完成时，分别为"the dead""les morts""die Toten"；而"王本"译为将来时"人之将死"。若是将来时，则好理解，如《论语·泰伯第八》中曾子所说的："人之将死，其言亦善。"

③ 指柏拉图公元前366年第二次去西西里。

那原因，只要大多数人说过，那么，就因你好像是对我很不相信，另外，一则，无论如何你想要将我打发走；一则，召请其他人来，尤其打听我应当做的事是什么，是因为不信任。据我看来，在这些条件下，许多人也叫喊，说你一方面藐视我；[**312b**] 另一方面，积极做别的事了，因此，它就成为众所周知的话题了。

现在，你听着，此后所理应做的，我也就可以给你回答你所问的：我和你对于彼此应当怎样为人。简言之，如果一则，你藐视哲学，不把它放心上；一则，你从其他人那里比在我身边听取或者你自己发现了更好的哲学，那么，你就敬重那人！但如果在你看来，你毕竟从我们这儿对哲学满意，那么，你必须尊敬我。

因而现在，也就像从最初一样，你指示，但我将听从；既然受你尊重，我将尊重你，[**312c**] 如果不受你尊重，但我将保持安静。如果你真的尊重我，那么你也确立了尊重那哲学的名声，尤其那事本身，就因你也观察了其他人，由于你是哲学家，你将从许多人那里为你获得荣誉。但如果我尊重你而不受你尊重，我将认为我是在赞羡和追求你的财富；再者，我们知道，在所有人面前那不会有美好的名声。概括地说，一则，如果我受你尊敬，那么，对我们双方来说都荣誉；[**312d**] 一则，如果我尊敬你，对我们两者来说都是挨骂的事。有关那些事的情况就说那些。

此外，球转得不对[①]；但阿尔凯俳瑁斯一旦来，将向你解释。而且为了这事的缘故，它实实在在有更高的价值和更神圣的意义，关于它，你由于不知所措说出的话，对他来说，解释也极为必要。因为实实在

[①] 该句"το δε σφαιρίον οὐκ ὀρθῶς ἔχει"的字面意思是"小球（天体）握（转）得不正确"。"C本""V. C本""I本"和"王本"分别译为："The sphere is not correct.""La petite sphère n'est pas juste.""Die Kugel ist nicht ganz richtig."和"这种状况不行。""S本"则径直音译为"sphairion"；*A Greek-English lexicon* 和 ***LEXICON PLATONICUM*** 将"σφαιρίον"分别译为："oak-gall"和"globulus"；尤其是"I本"在其脚注1（p.27）指出，该句可能是有关几何方面的课业，并且参见《第三封信》[319c] 和《第十三封信》[363d]。但也或许是指有关天文学方面的天球体模型（或仪器）之类。另外参见《克拉底鲁篇》[405]；《蒂迈欧篇》[40a-d]；《共和邦篇》[616b-617d]；Ἔρα. [132a-b] 中关于天文学的讨论以及"名人传"（《迪翁》[13]）。

《书信(十八封)》

在是根据那个人的叙述，你认为对你来说，关于第一本质①没有被充分地证明。我现在必须通过谜语向你解释，你就会遭遇在可折叠的写字板②中的"或从大海或由陆路"的任何书信③，阅读了的人不理解。

[312e] 但愿它意味着如此。对一切事物来说，有关全体之王④，一切也是由于它的缘故，那也是一切美好事物的原因；此外，第二级事物有关第二本质，而第三级事物有关第三本质⑤。一个人的理性⑥其实渴望理解有关它们无论什么东西是什么样的，留心它的那些绝不充分相似的事物。[313a] 有关全体之王和我说过的那些情形就绝不是这种性质的——继之，理性就说起那——然而视其为什么？那是，狄奥尼西奥斯和道瑞丝⑦之子啊⑧，对所有的邪恶有责任的询问，有关那，宁可说产生于心灵中的剧烈痛苦，任何人如果不将它消除，就绝不能一度真正地获得真相。

此外，你亲自在花园的月桂树下对我说过，你明白了第一本质，那甚至是你的发现⑨；[313b] 我也说过，若在你看来，那似乎意味着这样，那么，你就会解除我的许多思考。我的确真的不相信一度遇上过发现这真相的他人，但我付出许多的努力忙于经营它；再者，你可能，一则，听取过它；一则，或许将受神的启示开始这样地得到自己

---

① 所指不明。可能是有关柏拉图最高理念的"善"或他的不成文学说中的某种最基本的原理。参见本封信 [312e；314c]；"Ⅰ本"脚注 2 (p. 27)。
② 该词("πτυχή")是一个晚期希腊词而非柏拉图时代的用词。可折叠的写字板可在上面写字，然后把两块写字板折叠起来，用作书信。
③ 该词("δέλτος")也有"三角形写字板"，[泛指]"书写板"等含义。
④ 该词("Βασιλεύς")的基本含义是"王，首领"，这里是在隐喻的意义上使用的，可能指万事万物是其所是的第一本质而言。
⑤ 参见《蒂迈欧篇》[50c–53c]。此外，普罗提诺在其《九章集》[Ⅰ.8.2；Ⅴ.1.8；Ⅵ.7.42] 等段中作为权威根据即多次引用了本句。据"Ⅰ本"脚注 1 (p. 28)，关于事物的三级本质，新柏拉图主义者认为分别是"善(ἀγαθόν)""心灵(νοῦς)或世界创造者(δημιουργός)"和"(世界)精神(ψυχή [του κόσμου])"。基督教教义认为是三位一体的"圣父""圣子"和"圣灵"。
⑥ 该词("ψυχή")泛指"灵魂"，也有"理性"等含义。
⑦ Διονύσιος ὁ Πρεσβύτερος (老狄奥尼西奥斯，约公元前 432—前 367 年) 是狄奥尼西奥斯二世的父亲；Δωρίς，是狄奥尼西奥斯二世的母亲。
⑧ 可见本封信是写给狄奥尼西奥斯二世的。
⑨ 参见《泰阿泰德篇》[150e–151a] 中的一段话。

· 277 ·

的一份。因此，对你本人来说，你不要由于有了这些证明而止住巩固它们，对你来说，有关出现在眼前的情景，你却时而这样猛冲，时而那样猛冲，[313c] 但它绝不是这种性质的。而且你不是唯一有这种情况的。另外，你知道得很清楚，除了起初这样，从未有人有能力首先以某种其他方式听取我的解释。虽然有人理解起来充满了困难，而有人困难较少，他们几乎没人避免，但以少许努力大致没有一个人无困难。

于是，已发生的和理解的那些事如此而已。按照我的见解，我们大体上已经获得了你所通报的对于我们彼此的关系应当怎样理解。因为在你与其他人交往和将其他人的见解和我的见解本身相比较试验真假①后，[313d] 那么，对你来说，如果对真伪的检验是真诚的，那些见解将生长在你的见解上，你将会与那些人也与我们是知交。

于是，它们本身和我们询问过的一切事是怎样的呢？如今，你为自己派遣阿尔凯俤瑁斯是正确的，今后也会派遣，一旦他回到你那并报告来自我的答复，此后，你同样将会重新遇到难题。于是，你再次打发，你自己就会正确地考虑，阿尔凯俤瑁斯到我这，但这个出外经商的人②将返回到达你那；犹有进者，如果你做两次或三次并充分地试验从我这送去的答复，[313e] 如果他没有给你带过去比现在更为仔细观察的答复，我就会惊讶。于是，但愿你们有勇气这样做：因为不是一度没有海外贸易本身，你既没有派遣，阿尔凯俤瑁斯也没有更美好地和更为神所喜爱地出外经商。[314a] 你一定要留心，不要一度丧失那些答复落入愚蠢的人中间；因为据我看来，对于普通人，听见的话几乎没有比它们更令人发笑的；另一方面，对于天生聪明的人，甚至没有比它们更卓越的和更使人从神那里产生灵感的。再者，在时常讲述和经常听取以及多年之后，靠许多努力好容易才仿佛一块黄金被净化。

---

① 该词（"βασανίζω"）的字面意思是"用试金石摩擦（金子）"。这里作比喻义。
② 该词（"ἐμπορευσάμενος"）是"ἐμπορεύομαι"的分词，其字面意思是"旅行，去做生意，经销（某种货物）"，这里分词当作名词化用。但该词也有比喻义"欺骗"。所以，若是双关语，也可视为"这个骗子"。

《书信(十八封)》

但由它产生令人惊异的情形是,你听过的,而且大多数人听过那些答复,一则,可能理解;[**314b**]一则,可能记得和尽一切办法全都试验真假。他们已经是老年人并且是三十多年前听取它们的,对他们来说,他们现在刚认为,一则,当时仿佛是最不可信的,现在是最值得相信的和显得最明白清楚的;一则,当时最值得相信的,现在相反,是最不可信的。因此,由于考虑到有关那些事,你要注意,对你来说,别在某时将懊悔现在造成不值一文的东西。但最强有力的防备是别写而要记住;[**314c**]因为所写的东西没有不失去的。因为那些缘故,有关那些事情,我从未写过。但写下来的东西现在绝不是、将来也不是柏拉图的作品;① 再者,如今所说的那些作品出自优秀的②、年轻的苏格拉底。祝你健康!③ 你要信任,首先,多次阅读本封信,随即将它烧掉。

对此,就说那些。此外,至于珀吕克塞洛斯,你感到惊讶,就因我给你派去了他,[**314d**]但关于吕考佛隆恩④以及在你身边的其他人,过去和现在我也说同一句话,关于采用问答式论辩术,靠天性和用推论的研究方式,你很优于他们。如同有些人认为的,他们之中也没有一个人心甘情愿地受驳斥,但他们是勉强的。看来是,你当然也对他们十分通情达理并给他们赠送了礼品。够了,有关他们,有关这样的事,就说这些!

[**314e**]此外,如果你本人用菲利斯提翁⑤,你就好好⑥用吧,而

---

① 参见《第七封信》[341]中类似的说法:"关于它们,至少我写下来的文章从来不会有,也许甚至没有产生过。"
② 该词("καλός")基本含义是"美好的"。"C本""V.C本""I本""S本"和"王本"分别译为"Idealized""remarquable""schön"和"Idealisierten"以及"修饰的"。
③ 该词("ἔρρωσο")用作书信的结尾语,也可译为"再见"。
④ Λυκόφρων,生平不详。可能是柏拉图的学生。也可能是亚里士多德著作中多次出现的一位诡辩家。参见"苗本",第十卷"人名索引"(p.261) L:吕科富隆。
⑤ Φιλιστίων,生活在公元前4世纪的西西里岛,是一个医生和撰写医学方面著作的作家。参见"名哲本"[8.86,89]。
⑥ 该词("σφόδρα")含义是"很,极,非常",这里意译。在回答时,该词表示强烈的肯定,这在柏拉图的对话作品中常常使用,例如《美诺篇》[82b5]:"πάνυ γε σφόδρα";《申辩篇》[25a12]:"πάνυ σφόδρα ταῦτα λέγω"。

若可能,借给斯彪西波①使用并且打发他走吧。再者,斯彪西波也向你乞求;此外,菲利斯提翁也对我提出,如果你放掉他,他将热衷于到雅典去。你行了好事,谢谢你把他从采石场②释放出来,再者,为了他的家中老小和阿里斯通之子海盖西珀斯③的缘故,该恳求也是容易接受的;因为你曾写信给我说,[315a] 若有人伤害或者那人或者那些人,你听到了尤其就不会容许。也的确值得提及吕西克莱依道斯④,因为有关我和你的交往,他是从西西里来到雅典的人中唯独绝没有改变看法的人;另外,有关所发生的事,为了更好地⑤告诉,他也经常持续说出一些好话。

第三封信

"柏拉图谨向狄奥尼西奥斯二世致意!"⑥那么,我得到最好的名称就会正确地写信去说呢?[315b] 还是按照我的习惯写上"走运",就像我惯于用给朋友写信去说问好那样?因为你当然也是,从前他们作为观礼使节去求神谕送信,在德尔斐神庙里为你自己用那奉承言辞向神问好,他们说,你甚至写信⑦:

"愿你快乐并保持一名僭主感到的愉快生活!"

[315c] 但是,我甚至没有对人,实实在在绝不对神用该称呼,就

---

① Σπεύσιππος(约公元前407—前339年)是柏拉图的姐姐波托涅(Πωτώνη,此外,她还有一个姑娘)的儿子,继柏拉图之后为学园第二代主持(约公元前347—前339年)。他写有大量著作,但大多没有流传下来。参见"名哲本"[4.1-5]。

② 采石场以充作叙拉古的监狱而声名狼藉。雅典远征叙拉古失败后(公元前413年)投降的七千名俘虏即全部成了采石场的苦力。参见修昔底德《伯罗奔尼撒战争史》,谢德风译,商务印书馆1960年版,第561—564页。

③ Ἀρίστων,生平不详。不过,公元前3世纪有一位同名的斯多亚学派哲学家。参见"名哲本"[7.160-164]。Ἡγήσιππος,生平不详。

④ Λυσικλείδος,生平不详。

⑤ 该词("βελτίων")多指品德和美德方面的好。

⑥ 在书信的开头用这一种问候语方式暗含对某人"说(或宣告,吩咐,告诉,甚至指控)"的意思。

⑦ 在德尔斐神庙祈求,既可以由本人亲自进行,也可以托付他人代求,还可以写信传言。

《书信(十八封)》

会对他劝告,一则,对神来说,就因下命令会违反本性的,神明安顿在远离快乐与痛苦之境;一则,对人来说,就因通常快乐与痛苦造成伤害,学习吃力和遗忘以及没头脑和发自内心的狂妄行为。而且,一方面,来自我这儿有关问好要说的如此而已;另一方面,当你阅读它们时,你愿意如何解释,你就对它怎样选择。

此外,并非少数人说,你对向你派遣的一些使节讲,[315d] 比如我也一度听你宣告:打算在西西里建立一些新的希腊人①城邦②并减轻叙拉古人的辛苦;代替僭主制把政权改换为世袭的君主制。就是因为这个缘故,一则,你如此说,当你极想做时,我当时阻拦了你;一则,现在我教迪翁③做那些同样的事情,甚至我们用你的思想向你削夺你的统治权。[315e] 但你如果,一方面,凭借这些话语对那些事有任何帮助,你自己判断;另一方面,其实你说的与事实相反的那些话伤害了我。由于我待在城堡里的缘故,我受到斐利司提傣斯④和其他一些人向雇佣兵⑤和叙拉古大多数人大量地诽谤。再者,如果发生任何失误,外面的一些人把一切转移到我身上。料想你相信我的每一句话。但你本人最清楚地知道,[316a] 起初,对于政治的事务,我心甘情愿共同与你努力经营的少⑥,当我预料会做得更多一些时,除了无论什么微不足

---

① 原文 "Ἑλληνίδας" 一词是阴性名词 "Ἑλληνίς(希腊女人)" 的复数宾格。下同。但 "Ἑλληνίς" 也等同于 "Ἑλληνικός(希腊人的)" 或 "Ἕλλην" 一词。因此,"C 本""S 本""Ⅰ 本""王本" 和 "V.C 本" 均译为 "希腊人城邦"。

② 指使被迦太基军队毁坏的西西里西部一些希腊人城市重新希腊化。参见《第八封书信》相关内容及其注释。

③ 参见《第二封信》注释。

④ Φιλιστίδης,叙拉古人,生平不详。他很可能是叙拉古敌视柏拉图和迪翁的一位政治家 Φίλιστος(约公元前 432—前 356 年),他出身叙拉古贵族阶层,叙拉古僭主政体的坚定拥护者,前后为狄奥尼西奥斯一世和二世效力;曾经支持老狄奥尼西奥斯成为僭主,在为狄奥尼西奥斯二世效力时,他指挥舰队在与迪翁的舰队作战中被包围后自杀(一说被俘后遭受折磨致死);他是迪翁和柏拉图的主要反对者,也是一位历史学家,著有关于西西里的史书,受到过亚历山大大帝和西塞罗的赞赏。参见 "Ⅰ 本" 的注释 3(p.33) 和 "名人传"(《迪翁》[11-16])。

⑤ 该词("μισθόφορος")在 "C 本""Ⅰ 本""S 本" 和 "V.C 本" 中分别译为:"mercenaries""manchem""Söldlingen" 和 "mercenaires",其义皆为 "雇佣兵";但是 "王本" 译为:"商人",疑有误。

⑥ 参见《第一封信》[309b] 矛盾的说法。

道的事外，我也适度地关心法律的导言①，不同于你或其他任何人此外又写进的；因为此后我听说，你们中的有些人又修改了它们，显然，对能够判断我的习性②的人们来说，无疑它将是我们两者中的每一个所为。

无论如何，就是我刚刚说过的那一事情，即关于我和叙拉古人的关系，此外，我还不需要诽谤，尽管因说那些话的缘故，你真的相信其他一些人，却更加需要针对以前产生的诽谤［316b］和继那之后现在滋生的更大和更过度的诽谤辩护。对两种诽谤，在我看来，我作的辩护必须就是双重的。一方面，首先，我避免了与你共同参与此城邦政事是多么理所当然；另一方面，对你打算开拓希腊城邦殖民地，像你说过的，我的那一建议甚至没有阻止我成了妨碍。［316c］所以，你先听有关较前我说过的那个起因。

我受你和迪翁的邀请来到叙拉古城邦，他也成了在我身边经过检验已经认可的和很久以前的朋友③，而他处于鼎盛年④并且已经变得沉静，对于这些实实在在完全需要，像对拥有少量理智者来说会理解一样，由于有关这样一些大的意图和当时你的策划一样大，但是，一方面，你还很年轻；另一方面，有关你的情形是这样的，（你对所策划的事）非常缺少经验，而你应当已经是有经验的，［316d］（你）对我来说也是很不熟识的。此后，或者由于人或者神或者时运，通过你，迪翁被流放了，唯独你被留下来了⑤。一则，当我失去了一位头脑清醒的同伴；一则，看见留下的那位没头脑者靠许多邪恶之人的帮助，他没

---

① 该词（"προοίμιον"）在这里通常指法律正文前面的序文。参见《法律篇》（723a - e）中关于"法律导言"的讨论。

② 该词（"ἦθος"）本义是"习性"。这里的意思是"写作风格"。

③ 该词（"ξένος"）在有"朋友"的含义时，指订有世代相传互为宾主的约言的朋友。参见《美诺篇》［78d3］。朋友的普通用词是"φίλος"。

④ 该词组 "ἐν ἡλικίᾳ ἔσῃ" 即指40岁左右的中年人。因为柏拉图比迪翁大20岁左右，而比狄奥尼西奥斯二世大30岁左右，由此可推算，柏拉图当时的年纪为约60岁，即约公元前368年他第二次去叙拉古之时。而从以下叙述来看（尤见［319a］），本信应该是他第三次自叙拉古返回雅典二十天后所写。

⑤ 此句是按照字面意思译出的。关于迪翁被流放之事，参见《第七封信》［329c］；另外参见"名人传"（《迪翁》［14］）。

《书信(十八封)》

有统治,却以为在掌权,但被这样的一些人①统治时,难道你真的认为那时候我跟你有政治的关系吗?

我在此期间内该怎么办呢?就是那件事,我不做它是必需的吗?从今往后,一则,放弃政事,[316e]留意出自嫉妒的诽谤;一则,试图使你们②——尽管因彼此已经远离并且是不同的——彼此尽可能成为朋友吗?因此,你也实在是一个证明人,因为我一心致力于其本身,从未松弛,也真的艰难;但尽管如此,由于我们两个相一致,一方面,因为战争阻止了你们,我航行向家中去了[317a];另一方面,和平重新来到时,我和迪翁二人回到叙拉古里去;再者,你将召唤我们。够了,那是我的关于第一次离家外出到叙拉古里去并且再安全地回家③,如此而已。

但和平到来时,你第二次召唤我,但不是按照我们同意的,却唯独通知我来,但你说此后召唤迪翁来。因为这些缘故,我不回去,那么,当时我甚至招惹迪翁仇恨;因为他认为我回去更好些,并且对你让步。[317b]此后,在下一年,一艘三层桨战船和出于你的一封书信到来,但在交给我的书信中如此指示,我一来到,对我来说,迪翁的所有事情就将以我的方式按照自己的心意发生,但若不来,则相反。我实在是羞于说,当时像那样多的书信来自你并且因你之故,来自意大利和西西里的其他人,[317c]像那样多的书信也来自我的有亲戚关系的人和熟人,甚至全都劝告我去,并且我应当完全相信你。在大家看来,从迪翁开始,实在是,我应当航行尤其不要放弃④。然而,我对他们提出年纪问题,并且至于你,我极力如此主张:你将不可能对诽谤我们和打算使我们进入敌意中的人坚持战斗——因为当时我也看出,像现在能看见的,大体上,普通人和

---

① 据"Ⅰ本"注释3(p.35),大概是指斐利司提俛斯之流。
② 即狄奥尼西奥斯二世和迪翁。
③ 实际上,这是柏拉图第二次去叙拉古。这或许暗示本封信是伪作。
④ 该词("μαλθακίζομαι")本义是"使变软弱,成为一个懦夫",这里是引申义。参见《共和邦篇》[548b]的用法。"C本""V.C本""Ⅰ本""S本"和"王本"分别译为"hesitation""délai""Ausflüchte""empfindlich"和"回避义务"。

· 283 ·

统治者有过多的尤其非常大的财产，[317d] 就会一样多地喂养这样更多的甚至过多的诽谤者并且愉快地从事于可耻的伤害，财富和其他资源的力量产生的绝没有比之更大的恶——但我其实仍旧不去管所有那些事情而动身了。因为我如此考虑，任何一个朋友都不应当责怪我，比如由于我的漫不经心，他毁掉了不应当丧失的属于他们的全部拥有。[317e]

但我到达后——因为你实实在在已经知道那儿发生的一切事情——我真的指望一定按照信中的认可：首先，你真的从流放中召回迪翁而使他成为自己的朋友，我的期望如此预示①，如果你当时相信我的话，料想该朋友关系很可能比现在也对你和对叙拉古以及对其他希腊人变得更好；然后，我认为迪翁的财产适于由其家族拥有②——你知道他们——而不要由管理者们分配给自己 [318a]；此外，在那些之外还有，我认为应当按习惯每一年给他供应生活费，尤其是我认为应当送去得更多而不是较我在场要少。由于那些没有一样达到目的，我决心离去。此后，你劝说我逗留一年，并且宣称③会把迪翁的全部财产的一半付还并将送入科林斯，而其他的却留给他的儿子④。

[318b] 我说过，你声称要做的事情有许多绝没有做，因为大多数缘故，我对它们长话短说。因为你就出售了所有财产，你不相信迪翁。

---

① 该词（"μαντεύομαι"）可能暗示苏格拉底的"灵异"。
② 据普鲁塔克说，迪翁家财万贯，很富有。参见"名人传"（《迪翁》[15]）；另据《第七封信》[347b] 的说法，迪翁家财大概有 100 塔兰同（Τάλαντον）。在古希腊，作为重量单位，1 Τάλαντον 在各地不同，在阿提卡（包括雅典）是 21.261 千克；当用作货币单位时，在荷马之前指黄金，之后，1 Τάλαντον 钱币是 1 Τάλαντον 重的黄金或白银，1 Τάλαντον 含 60 个明那。希腊人使用的塔兰同的实际质量约相当于今日的 26 千克，而希腊人的明那据估计在 434 克上下。2018 年国际市场上的黄金价格大约是 1200 美元每盎司，按这种比价，1 金塔兰同（按相当于 33 千克计）价值约 130 万美元。同理，按 2005 年的银价，1 银塔兰同（按相当于 26 千克计）价值 6500 美元。可见，狄翁的财产值 100 塔兰同，不论是金还是银在当时都是一大笔钱财。
③ 该词（"φάσκω"）也有"说自己都不相信的话，伪称"等含义。可能暗示是一个双关语。因为他后来说话不算数。
④ 即迪翁的儿子希帕里努（Ἱππαρῖνος）。

《书信(十八封)》

我料想未经说服将不出售，真是登峰造极，令人惊异啊！你最强有力地攻击了全部诺言[1]；因为你设想出的方法既不高尚又不精巧，既不公正又没有好处，你想使我由于不知当时发生的事而引起我惊恐，也免得我企图让你送还迪翁的钱财[2]。

［318c］因为在你流放赫拉克勒依俤斯[3]时，既不在叙拉古人看来也不在我看来是公正的，由于我和泰奥道苔斯和欧尔彪斯[4]一同恳求你别做那些事，你抓住它充当适合的借口说，在你看来，从前我显然对你，一则，甚至绝没有放在心上；一则，尤其考虑迪翁和迪翁的朋友们以及亲戚。甚至现在，自从泰奥道苔和赫拉克勒依俤斯受到不实的指控，由于他们是迪翁的密友，我全然设法使那些人获救免受处罚。

［318d］这样，有关我的和你的政事结交关系的情形说够了；如果你也看到，在我这里对你另外有任何疏远，那么，你可以合理地料想那些全都是这样产生的。你也别惊讶！因为有头脑的人的确就会正当地认为，如果我被你强大的统治权所吸引，我显然是个害人虫，因你之故，真的对我的老朋友和主人态度不好（我本来会如此说，绝不比你更坏），［318e］一则，背叛那些人；一则，显然由于钱财的缘故，宁取你做错事，甚至做你任意下令的一切。因为任何人对我的改变就绝不会相信是其他原因，如果我改变了看法。那么，就这一点而论，因你之故真的发生了那些事，造成了我的和你的虚伪的友谊[5]和未能结交。

此刻，在我看来，话题近乎变得已达到与之相连续的谈论，对我来说，谈到有关它的情形，我已经说过的第二个方面，必须作一申辩。［319a］你马上注意并完全专注于，在你看来，是否我就撒谎和说不真

---

[1] 即自食其言。
[2] 参见《第七封信》[348a]相同的说法。
[3] Ἡρακλείδης，是叙拉古的海军将领和平民主义领导人，也是迪翁的朋友，曾在公元前357年协助迪翁征服了叙拉古，之后，在内讧中被杀。参见《第七封信》[348b–349c]。
[4] Θεοδότης，叙拉古的平民主义领导人，迪翁的支持者。Εὐρβίος，生平不详。他也是迪翁的支持者。关于这两人，参见《第七封信》[348e等段落]。
[5] "Λυκοφιλία"的字面意思是"狼的友谊"。

实的话。因为我相信，当阿尔凯俺珺斯和阿里斯陶克利托斯①走进花园里时，在将近二十天之前，当我从叙拉古出外向家乡去时，你就说了现在对我责怪的话，例如，比起关心你，我更关心赫拉克勒依俺斯和其他所有人。再者，你当着那些人的面盘问我是否记得，当我起初到达的时候，我催促你开拓一些城市成为希腊殖民地；[319b]我记得，甚至在我看来，那些建议现在仍然是最佳的。此外，我必须说，狄奥尼西奥斯啊，当时在这个条件下，它们也被提及。我问你，我到底真的只向你劝告了那个建议，还是在它之外也还有别的什么；但你也很生气和傲慢地回答我，你好似认为——为此，当时对你来说，侮辱的对象现在成为醒时看见的真实的景象而非梦中看见的虚假的幻象②——此外，你非常虚假地笑着说，[319c]如果我记得③，"你催促使我受教育做所有那些事或不做它们。"我说，你记得极好。然后你说，"那么，接受几何④教育，还是什么样的教育？"而我此后没有说临到我嘴边说的话。那时我期待出航，唯恐由于一点言辞的缘故，对我变成用狭路代替开阔地⑤。

无论如何，由于它们的缘故，我所询问的所有那些事是：你别诽谤我，例如，说我不让你建立被野蛮人毁灭的新的希腊城邦拓居地，[319d]甚至不让你用世袭的君主国替代变坏了的僭主国⑥减轻叙拉古人的辛苦。也不要一度就捏造说那些，因为对我来说，那意味着较少和我相合；再者，关于谈到的事情，我在那些之外还会给出比它们更明确的反证。如果什么地方有某人能说清楚这些争论，像那样，我催促了，而你无心做那些事。明白清楚地说，真的不难，如此做那些事

---

① Ἀρχέδημος，参见《第二封信》[310b]；Ἀριστόκριτος，生平不详；另外，他在《第十三封信》[363d]中也被提及。

② [C注2]（p. 1643）。狄奥尼西奥斯蔑视哲人王的理想。它暗示，（至少在当时看来）致使迪翁成功和柏拉图政治理想获胜。另外参见"Ⅰ本"[注3]（p. 39）。

③ 此句可能是狄奥尼西奥斯回答的一部分，而非柏拉图的插入句。

④ 该词（"γεωμετρέω"）本义是"测量（土地）"。但常常用作"几何学"的意思。参见《泰阿泰德篇》[162e]；《美诺篇》[85e]。

⑤ 直译如此，意思是"因小失大，以致不能顺利返回家乡"。

⑥ 该词"Τυραννίς"本无贬义，因为早期的僭主比较开明，只是后来有了恶名。尤其是在柏拉图和亚里士多德主要在负面意义上使用该词之后。

既对你，也对叙拉古人和所有西西里人是最好的。[**319e**] 但是，先生①，一则，如果你不承认你曾经询问那些事而说过的话，那么，我有公正判断②；一则，如果你认可，那么，此后，视斯特昔科鲁为聪明人，仿效他的翻案诗③，你就将由说假话改为说真话。

第四封信

柏拉图祝愿叙拉古的迪翁走运！

[**320a**] 我真的认为，有关已发生的一些事情，我的好意永远是明显的，为了它们进入一齐被完成之中的缘故，我也有许多的热心，由于没有其他任何事比为了美好之事的缘故更荣誉；[**320b**] 既然我认为，从真实的角度看，这样的一些行为拥有相称的光荣是正义的和公平合理的。一则，的确，涉及过去的事，在神的保佑下，进行得很好；一则，关于即将做的事是最大的斗争。因为看来，一方面，凭勇气、迅速、力量也就会优于其他一些人；另一方面，靠真诚、正义和崇高以及优雅则凌驾于所有那些人之上，[**320c**] 任何人就会允许尊重这些性质的竞争者们理所当然地优于其他人。

那么，一则，我讲的是确切无疑的；一则，我们仍旧应当提醒自己，这关系到超过其他人的孩子们，你一定已经知道某些人④优于他们。因而我们必须看得见，我们像似我们认为的这样的人，特别是，既然我说过，在神的保佑下，这将是容易的。[**320d**] 一方面，临到其

---

① 该词（"ὦ τᾶν"）作为一种称呼的形式，意思是（只在阿提卡方言中用作称呼）"好朋友，先生"。参见《申辩篇》[25c]。

② 该词（"δίκη"）本义有"审判"等含义。这里作意译。

③ Στησίχορος（约公元前640—前555年），生于古希腊人在西西里岛最早建立的殖民地希墨腊（Ἱμέρα）城，是西方第一个伟大的抒情诗人，古希腊最著名的九位抒情诗人之一。他的诗现仅存有残篇。他最著名的诗是《颂歌》。据说他曾赋诗说真人去了埃及而幻影则去了特洛伊的海伦的坏话而招致失明，又因之作翻案诗（παλινῳδία）而复明。翻案诗（παλινῳδία）指诗人以新作代替旧作，另表见解，自己翻自己思想的案。Στησίχορος是第一个使用者。该词也被引申为"改变论调，撤销原意，取消主张；变节"等含义。参见《斐德罗篇》[243a-b；244a]。

④ 据"Ⅰ本"注释1（p.42），显然指的是柏拉图学园的成员。

他一些人——如果他们打算为世人所知——头上非做不可的是向漫长地域漂泊①；另一方面，此刻，有关你的情形，事实是这样的，像那样，在整个有人居住的大地中，如果甚至我们说得较为鲁莽些，目光转而专注于一个地方，在那里，尤其最为朝向你。所以，你为自己预备好受到所有人如此注视，被认为是古代的那么一位吕库尔戈斯②和居鲁士③。如果任何别的一个人尚在性格和公民权看来也优越④，尤其是，既然在这里的许多人，也几乎全部，[320e] 如此说，预料狄奥尼西奥斯⑤被废除后⑥，政事多半由于你、赫拉克勒依俤斯和泰奥道苔⑦以及其他知名人士的自负而被毁灭⑧，而是尤其没有一项是这样；但假如任何一项到底出现了，你使人知道你要补救⑨，并且就会达到最好。

[321a] 但或许在你看来，我说的那些事好像是可笑的，由于你自己也并非无知；但我也在剧场里看见，演艺家们受到孩子们激励，至少就免得被朋友激励，有人就会企图出于好意真诚地为他们呐喊助威。其实，你们现时在和他们竞赛夺奖，而如果缺少什么，就给我们写信去说；此外，这儿情况也几乎如同你们当时在场一样。但你们也通报为你们所做的或你们碰巧在做的事，[321b] 由于我们听说了许多我们绝不熟知的事：一则，来自泰奥道苔和赫拉克勒依俤斯的书信此刻也已到达拉栖第梦和埃伊纳⑩；一则，我们，如同有人所说的，纵使在这

---

① 该词（"πλανάω"）也有"使飘荡，（船）偏离航路，引向错误，引入歧途；欺骗；漫游，飘荡；[喻] 感到困惑，不知所措"等含义。该句意译即：谁要想让天下人将注意力转向他自己，就需东奔西跑到各地去扬名。

② Λυκοῦργος（鼎盛年约公元前 8 世纪上半叶），是斯巴达传说中的立法者。参见"名人传"（《吕库尔戈斯》）。

③ 可能指著名的波斯帝国居鲁士大帝或居鲁士二世。参见《第三封信》的相关注释。

④ 该词（"διαφέρω"）也有"不和，争吵"等含义。

⑤ 指狄奥尼西奥斯二世。

⑥ 据此，本封信大约写于公元前 357 年迪翁返回西西里从事推翻狄奥尼修斯二世的统治之后。

⑦ 关于这二人，见《第三封信》的相关注释。

⑧ 事态的结局不幸而被写信人言中，迪翁被其同伴刺杀。

⑨ 该词（"ἰατρεύω"）本义是"治疗"，这里作隐喻解。

⑩ Λακεδαίμων，即斯巴达；Αἴγινα，位于雅典西南 17 海里的爱琴海中的一岛屿；据说柏拉图即出生在该岛。

儿听说了许多的事，但绝不熟知①。再者，你也要留心，在有些人看来，你似乎是比有关的人欠缺些有意关心人；因为通过使民众欢喜②也才可能做事，所以，免得你不知不觉，[**321c**] 就将自以为是和孤独联系在一起③。祝你成功！

第五封信

柏拉图祝佩尔狄卡斯④顺利！

一方面，如同你来信吩咐的，我已劝告欧福拉依奥斯⑤和你一起忙于经管你的那些事务；另一方面，用俗话说，外国人的⑥和有超自然力量的，[**321d**] 我也理应给你有关你就会吩咐的其他事务和比如你现在需要利用欧福拉依奥斯所做事务的建议。一方面，此人是很有助益的；另一方面，建议是你此刻最为缺乏的，因为年纪和对年轻人来说，没

---

① 此句可能是希腊熟语；原文在 b 4 - 5 有校对问题，应将介词 "περί" 改为小品词 "περ"，参见 [C 注 1] p. 1644。中译文按照 "C 本" 校对译出。"V. C 本" "I 本" "S 本" 和 "王本" 分别译为："mais ici, je te le répète, nous avons beaucoup de nouvelles et rien de certain." "wir hoeren jedoch, wie ich schon sagte, darueber nur viel reden, aber Genaueres erfahren wir nicht." "dennoch aber, wie gesagte, wissen wir nichts von den dortigen Dingen." "尽管我听说了许多的事，但我不了解你们的真实情况。"

② 该词（"ἀρέσκω"）也有 "赔偿，安慰，满意；使高兴，讨好谄媚，逢迎" 等含义。或许是双关语。这与柏拉图的看法不同。因为他认为真正的政治家不会逢迎大众。像假哲学家一样，假政治家也是柏拉图重点批判的对象。因为他们讨好民众，就像专家曲意逢迎外行，则只能是谋私利的政客或假权威。参见《政治家篇》[293c - 294e；297a - d；303c]；《高尔吉亚篇》[518e - 519d；525d]；《共和邦篇》[565e - 569c]。因此，这一说法妨碍了《第四封信》的真实性。

③ "名人传"（《迪翁》[8]）引用了以上几句话。

④ Περδίκκας，可能指 Περδίκκας Γ´，即佩尔狄卡斯三世，是亚历山大大帝的父亲菲利普二世的哥哥和马其顿国王（约公元前 368—前 359 年在位）。

⑤ Εὐφραῖος（鼎盛年在公元前 4 世纪，约公元前 342—341 年），希腊优卑亚岛（Εὔβοια，希腊半岛东海岸外的一岛屿，是仅次于克里特岛的希腊第二大岛）北部海岸的奥瑞欧斯城（Ὠρεός）人，是一个哲学家，柏拉图的学生。他除了思辨研究，似乎还活跃于政治舞台，先是马其顿国王佩尔狄卡斯三世的顾问，然后，在奥瑞欧斯是菲利普二世的对手和前者的支持者。他在菲利普二世攻占奥瑞欧斯后自杀。

⑥ 该词（"ξενικός"）也有 "生客的，（订有世代相传互为宾主的约言的）朋友的" 等含义。

有许多谋士的缘故①。

　　既然实实在在是,每一种政治制度有某种音调,如同②任何一种生物,一则,还有民主政体;一则,还有寡头政治;此外还有一人统治。[**321e**]一方面,极多的人就表示自己精通那些音调;另一方面,除某些少数人之外,实实在在是最大多数人对它们缺乏领悟。一则,不论哪一种政治制度会向众神和人们发出它自己的音调,也让一些行事听从那音调,它就会茂盛并永远保全;一则,它若模仿③其他音调就会毁灭。因此,关于这事,欧福拉依奥斯就不会成为对你有最少助益的人,尽管在有关其他方面,他也是强有力的④;[**322a**]因为我料想,在有关你的研究的人们中,他在帮助你找到一人统治的准则方面能力不是最小的;所以,涉及那些事,使用他,你自己将得到好处,而且你将对他那个人帮助最大。

　　再者,假如有人听到那些事时说:"柏拉图,看来,一方面,假装精通有些事对民主政体有利;另一方面,他有能力在民众中讲说,向它提出最好的劝告,但他甚至从未站出来发出声音。"关于这事我说过:柏拉图⑤很晚才出生在他的父邦中,他察觉民主政体已经比较年久了,[**322b**]也已习惯于受先前大众的影响,对它提劝告尤其是不相像的;因为所有事情中最喜悦的事就是劝告民众正如劝告父亲,一则,若一个人不企图枉然冒险;一则,将绝不过多地做。我实实在在相信,他就会像对有关我的事提过建议一样做了相同的事⑥。要是我们看来已

---

　　① 以上暗示柏拉图六十岁左右,则本封信约写于公元前368年之后。

　　② 在原文[321d5],"καθαπερεί"一词可能是"καθάπερ";参见"C本""V.C本""I本""S本"和"王本"分别译为:"like""comme""Wie""wie"和"就好像"。

　　③ 但柏拉图的模仿说也主张模仿的必要性。

　　④ 该词("ἀνδρεῖος")的基本含义是"男人的,男子汉,英勇的"等。这里是意译。"C本""V.C本""I本""S本"和"王本"分别译为:"madly aid""fort habile""fördern""tüchtig"和"十分有用"。

　　⑤ 这是伪作正文中第三次出现柏拉图的名字的所在,第四次出现在《第十三封信》[360b]。因此,柏拉图的名字在伪作正文中出现过四次。有趣的是,除了《第七封信》提到过五次柏拉图的名字,在柏拉图的对话作品中,柏拉图的名字出现三次。参见《申辩篇》[34a;38b];《斐多篇》[59b]。

　　⑥ 也即同样不会枉然提建议。

《书信（十八封）》

是不可救药的人，他就会和我们道一声"长别"，[322c] 就会变得对有关我和我的事情远离建议。祝你好运！

第六封信

柏拉图祝赫尔米亚斯、厄拉斯托斯和科里斯科斯①顺利！

在我看来，众神中的一位好像是为你们仁慈地和充分地预备好运，你们就将会幸运地收受；因为对你们自己来说，你们居住实在是毗邻的和有能力交往的，那么，就最大限度地相互帮助。[322d] 对赫尔米亚斯来说，涉及全部的力量，比起拥有可信赖的朋友和健康的风俗来，既然他真的已经是既不拥有大量的拉战车的双马，也不拥有其他有关战争的助力，而且甚至不是增加黄金财宝就会变得更强大；此外，对厄拉斯托斯和科里斯科斯而言，在那属于理念的高贵的科学知识之外——尽管我已是老年人②——我说，他们还缺乏提防坏人和非正义以及任何一种有能力能够防守的知识。[322e] 因为他们是无经验的，由于他们和我们一起消磨了大半生，他们是有节制的，尤其不是害人虫；因此，我就说了还缺乏那些的话，免得他们，一则，迫使忽视了确实的知识；一则，比起一个人需要来，在更大程度上关怀属于人的和必需的东西③。而且在我看来，赫尔米亚斯好像是天生就有那能力，

---

① Έρμίας ὁ Ἀταρνεύς，即阿塔尔纽斯的赫尔米亚斯（？—公元前342年），是古代小亚细亚特瑞亚斯（Τρφάς）半岛的阿塔尔纽斯和阿扫斯（Ἄσσος）城邦的僭主，在青年时代，他在柏拉图学园研究过哲学，也是亚里士多德的岳父。参见"名哲本"[5.3-4]。Ἔραστος 和 Κορίσκος 俩人是兄弟（生活于公元前4世纪），是位于古代小亚细亚阿塔尔纽斯附近的斯凯普斯（Σκέψις）城邦人，他们都是柏拉图的学生和学园的成员，也是亚里士多德的朋友。亚里士多德和克塞诺克拉特斯（Ξενοκράτης，约公元前396/5—前314/3年）在柏拉图去世后游历过斯凯普斯。

② 从上下文推测，柏拉图七十多岁，则本封信约写于公元前358年之后。此外，本句显然是插入语。但言下之意是，本封信的作者有收信人缺乏的有关那高贵的知识和经验，他们应该重视他的建议，就像他在本封信末近似开玩笑说的，将它们"甚至用作条文和有效的法律"。

③ 无疑，这些东西是柏拉图在其作品中一再强调的包括理论和实践方面的真正的知识、善的理念、辩证法和诸美德：智慧、正义、节制、虔敬和勇气等。尤其参见《共和邦篇》中哲人王和《法律篇》以及《厄庇诺米斯篇》中午夜议事会的成员所需要掌握的东西。

像还没有到来相助他一样，尤其是，他将通过实践经验使用技巧而拥有它。[323a] 其实，我这就要对你说什么呢？真的，赫尔米亚斯，我对科里斯科斯和厄拉斯托斯的考察多于你，我相信并告诉你，也做证人，你将不易发现比你的那些邻居更值得信任的性情①的人了；我就劝你用一切公正的方式款待那些人，别视为附带的事情。再者，反过来，我是顾问，与厄拉斯托斯和科里斯科斯一同支持赫尔米亚斯并将试图相互依赖落入一种友善结合中。[323b] 但你们中有谁将设想以某种方式会使那种结合分崩离析——因为人事没有持久的——那么，你们要向我和我的朋友这儿送一封信表示责怪；因为我料想，若非某个事物碰巧造成了大的破坏，从我们这儿伴随正义和敬意回复的话，就会比任何一种（用来治疗创伤的）咒语更能使（伤口）愈合，并使其连在一起重新进入原先就有的邦际的友谊和交情之中，[323c] 那我们所有人，我们和你们，真的就会爱智慧，就像我们能够和每个人准许的一样，如今就将有权唱预言诗②。但我们就可能不做它，我将不说那些，因为我预测好信息，而且我相信，我们将对一切方面行好事，神会愿意。

你们仨全都应当阅读此封信，一则，尤其应聚集一起阅读；一则，如果不能，按照俩人一同阅读的方式，尽全力尽可能屡次共同地阅读，甚至用作条文和有效的法律，[323d] 即它是正义的，以真诚的方式按照指定的誓言发誓，别以粗俗的和真诚的姐妹儿戏的方式发誓，神是现在的和将至的万物的带路人，对着指挥官和有责任的主人天父③发誓，我们就会确实地爱哲学，在有好运气的凡人力所能及的范围内，我们大家将清楚地知道祂④。

---

① 该词（"ἦθος"）可引申为"人"。
② 该词（"χρησμῳδέω"）也有"唱神示"等含义。
③ 该词（"πατήρ"）基本的含义是"父亲"；"天父"是对宙斯的称呼。"Ⅰ本"在对本封书信使用此概念的脚注中认为，它与《第二封信》[312e] 中关于哲学思想的构成和新柏拉图主义的解释乃至基督徒利用之为证明基督教教义有关。
④ 指哲学。"名哲本"[3.63] 记载：柏拉图"私下地甚至称智慧为哲学，它是对神的智慧的追求"。

《书信（十八封）》

第九封信

柏拉图祝愿塔纳斯的阿尔库塔斯①顺利！

阿尔基珀斯和斐洛尼德斯②携带着你交给他们的信和你的消息已经到达我们了。[**357e**] 一则，他们不难完成有关城邦的事务——它的确甚至全然不是烦累的——一则，从你那来的消息传给我们，他们说，你忙于公共事务，对无闲暇不能离开有些不耐烦。

几乎在每个人看来，显而易见，的确，真的，就因在一生中，给他自己做事是最美妙的③，[**358a**] 尤其是，如果某人做如同你甚至选择了负责这样的事；但你也应当留心那件事，我们中的每个人并非只为他自己诞生，另一方面，一则，我们的祖国④分配我们诞生⑤的任何一部分；一则，我们的父母分配我们诞生的任何一部分；一则，其余的亲朋分配我们诞生的任何一部分⑥；一则，在一些紧要关头，我们的生命也时常由遭遇到的情况掌握⑦。再者，当祖国本身由于公共事务缘故召唤时，不听从很可能是反常的；[**358b**] 因为如同他站在旁边甚至

---

① Ἀρχύτας（公元前 428—前 347 年）是其母邦的政治领袖和战略家；也是古希腊毕达哥拉斯学派的哲学家和数学家、天文学家；他以被认为是数学力学的创始人而著称；他还是柏拉图的一个好朋友，与柏拉图生卒相仿。柏拉图给他写过两封信。即本封信和《第十二封信》。他给柏拉图的信和后者的回信参见"名哲本"[8.79 - 82]。另外，柏拉图在《第七封信》[350a] 表示，正是在后者的帮助下，他才安全地从叙拉古返回雅典。Τάρᾱς，是古希腊位于意大利南部临海的一个殖民城市，即拉丁语的 Tarentum（塔壬同）。柏拉图在公元前 388 年短暂地访问了那里。从上下文推测，本封信至少写于公元前 387 年柏拉图从西西里返回雅典创立学园之后。
② Ἄρχιππος 和 Φιλωνίδης 可能是塔纳斯两个毕达哥拉斯学派的成员；生平不详。
③ 该词（"ἡδύς"）基本含义是"可口的"；这里取比喻的意思。
④ 该词（"πατρίς = πάτρα"）也有"家乡，故土；家族，氏族"等含义。
⑤ 该词（"γένεσις"）也有"起源，种族，创造物，后代"等含义。
⑥ 参见 Cicero, *De Finibus, Bonorum et Malorum*（《论善恶之结局》），英拉对照本《西塞罗文集》XII（pp. 92 - 94），by H. KACKHAM; *De Officiis*（《论职责》），英拉对照本《西塞罗文集》（XI）pp. 20 - 24, by WALTER MILLER, Loeb Classical Library. 中译本参见徐奕春译西塞罗《论老年 论友谊 论责任》，商务印书馆 1998 年版，第 99、122 页。
⑦ 该词（"καταλαμβάνω"）也有"据有，控制；事情（对某人）发生；发生的事情，情况"等含义。这里是意译。

· 293 ·

将岗位让给①邪恶的人们，后者不会出于最高尚的动机往访公共事务。有关那些情形，于是，一则，（说得）足够了；一则，我们现在忙于关怀埃凯克拉泰斯②，在今后我们也将这样做，也因你之故，也因他的父亲弗律尼翁③和这位青年本人之故。

第十封信

柏拉图祝愿阿里斯陶道劳斯④顺利！

[**358c**] 我听迪翁说，在他最为（信赖的⑤）同伴中，你从过去以来一直是其中之一，你使自己的性情在爱哲学之人中显得最有才智；因为稳固持久和忠实可信以及头脑健全，我说那是真诚的爱哲学，但其他的爱哲学和全力以赴另一种的智慧以及精明⑥，我认为，正当地管它叫作优雅⑦。那么，祝你健康！就在你坚守的习性中继续不变。

---

① 该词（"καταλιμπάνω"）等于"καταλείπω"，也有"放弃，承认"等含义，但它是一个晚于柏拉图时代或希腊化时代出现的词。因此，或许作为证据之一，本封信不是柏拉图所写。

② Ἐχεκράτης，生平不详。在《斐多篇》[57a 以下] 里有同名的人；在其中，他是一个毕达哥拉斯学派的哲学家。从年龄推算，他们不大可能是同一个人。

③ Φρύνιων，生平不详。

④ Ἀριστόδωρος，生平不详。

⑤ 原文无此类形容词，这里是译者按照意思添加，也可译为"最好的""最可靠的"等。"C 本""V. C 本"和"Ⅰ本"以及"王本"分别译为："trusted""meilleurs""engsten"以及"最亲密的"。

⑥ 该词（"δεινότης"）也有"可怕，可畏，严酷；伶俐"等含义。

⑦ 该词（"κομψότης"）在"希汉词典"中没有收入。"C 本""V. C 本""Ⅰ本"和"王本"分别译为："ornaments""agréments""Aufputz"和"一些修饰"。但"S 本"却译为："glänzende Torheiten"，可能符合原意，具有讽刺含义。在 Greek Word Study Tool 和 A Greek-English lexicon 中的释义是："elegance, prettiness, daintiness, esp. of language"。有时也与"ἱστορική（精确的，科学的）""φυσική（天然的，自然的，简朴的［风格］）"和"κοσμιότητος（守秩序的行为，礼貌，规矩）"等词通用。在 LEXICON PLATONICUM（2）的释义是："argutia（机智、狡猾；表情丰富、生动活泼）"。另外参见《高尔吉亚篇》[486c6；493a5；521e1]；《共和邦篇》[376b1；495d4] 等中关于"κομψός"一词的用法。

《书信(十八封)》

第十一封信

［**358d**］柏拉图祝愿拉奥达玛斯①顺利！

一方面，我虽然较早之前给你写信，比起你告诉的所有事来，你本人来到雅典非常不同；另一方面，正如你曾写信说，不可能做到。此后，如果我或者苏格拉底②有可能，到你那里去。但苏格拉底如今，［**358e**］一则，正患有关于尿淋沥方面的病；一则，如果我到你那里，似乎完不成你所召唤我做之事，就会是不像样的。此外，那些事就会发生，我不抱大的希望——但为此，就将会需要任何另外一封长信详细叙述一切——同时，也因为年纪的缘故，我甚至没有能力足够地漫游，而冒遭遇由陆路和由海路那样的危险。如今，在旅行中充满了各种危险。我当然有能力劝告你和殖民者二者，［**359a**］当我曾提起它时，用赫西俄德③的话说，仿佛就会是容易的；但难以理解。如果有些人期望④无论哪一种政体一度甚至能够通过立法被很好地建立起来，而不关心每天在城邦中存在着生活方式的某种权威性，以此就要使奴隶⑤和自由人是有节制的和勇敢的，那他们就没有正确地思考。但另一方面，假如，一则，一些合适的人已经属于那长官职务中的一分子，那种权威性就会产生；［**359b**］一则，如果你为教管缺少某人，将既无教育者，也无受教育的人们，如此，依我看来，对你们来说，那么，剩下要做的只有向众神祈祷了。的确，以前，甚至一些城邦大体上就是

---

① Λαοδάμας［"B 本"］或 Λεωδάμας［"名哲本"］，鼎盛年约公元前380年，是萨索斯（Θάσος）人，他是古希腊一位数学家和他的家乡的政治家，也是柏拉图的学生，他的生平鲜为人知。参见"名哲本"［3.24；3.61］。Θάσος是位于希腊东北部一个岛上靠北部海岸的一个城镇。

② 根据语境，此人可能是指某一苏格拉底或《政治家篇》中的那位同名的小苏格拉底而非柏拉图的老师苏格拉底。有趣的是，在柏拉图的对话作品中，也出现过小苏格拉底的名字。参见《政治家篇》中的对话人物。

③ 这里的引文在其著作中无法查实。

④ 原文是"οἱόν τε［可能是'οἶον τε'（能够）］"［359a3］，中译文接受"C 本"校正为"οἴονται（即οἴομαι的第三人称复数现在时）"。

⑤ 该词（"δοῦλος"）尤指生而为奴者，与"战俘被卖为奴者（ἀνδράποδον）"相对。

· 295 ·

如此被建起的，它们也治理得好，通过一些强有力的政权达成协议，每当在这样的适当情形下，尤其涉及战争和有关其他景况发生的一切事，某个优秀的和高尚的人有能力行使大的权力是可能的；你以前已经真的一心要并且将被迫热衷于它们，[359c] 一定思考——比如我说的——它们，尤其不要没头脑①（以至）料想会麻利地做完任何事。祝你成功！

第十二封信

柏拉图祝愿塔纳斯的阿尔库塔斯②顺利！

收到来自你的一些论文，多么令人惊异③！我们真的高兴，[359d] 并对如此书写它们的作者也最为崇敬，在我们看来，那人对他那些很久以前的祖先是值得的；据人说，因为那些人就是缪利奥伊人④——他们曾经是伊利昂人⑤的一部分，但在拉俄墨冬⑥统治时期离开了伊利昂——他们是一些好人，如同那传下来的故事表明的。但有关你吩咐

---

① 该词（"ἀνοηταίνω"）在"希汉词典"中没有收入。在 Greek Word Study Tool 和 A Greek-English lexicon 中的释义是："(of acts, thoughts, etc,) be devoid of intelligence"。在 LEXICON PLATONICUM（1）中的释义是："inspiens; insulsus"。"C 本""V. C 本""I 本""S 本"和"王本"分别译为："do not act lightly" "de ne pas se mettre témérairement" "der leichtfertigen Meinung" "einbilden" 和 "愚蠢地"。参见《斐莱布篇》[12d2-3] 中的用法："τὸν ἀνοηταίνοντα καὶ ἀνοήτων δοξῶν" 以及《共和邦篇》[336e10]。

② 阿尔库塔斯和塔纳斯，参见"第九封信"的第一个注释。

③ 该词（"θαυμαστός"）也有"可惊异的，可钦佩的，卓越的；[贬义] 奇怪的，离奇的"等含义。或许有双关语的意味。

④ Μύριοι，在"名哲本"中写为 Μύραιοι，情况不详。根据本信语境，可能曾经是位于小亚细亚属于特洛伊人的一支民族，后来迁居到意大利半岛。参见徐开来、溥林《名哲言行录》（希汉对照本），广西师范大学出版社 2010 年版，第 849 页注释①。另外参见维吉尔的《埃涅阿斯纪》，其中描述了被视为罗马人先祖的埃涅阿斯带领一些人从沦陷的特洛伊逃出，历经艰险，然后建立罗马城的故事。

⑤ Ἴλιον 或 Ἴλιος 或 Τροία，历史和传说（以及考古）中的著名的城市，位于小亚细亚，即现在的土耳其西北部。它最为出名的是在希腊史诗，尤其是在荷马的《伊利亚特》描述的特洛伊战争的发生地。

⑥ Λαομέδων，在希腊神话中，据说拉俄墨冬是特洛伊的一位国王（他最小的儿子即特洛伊战争中的特洛伊的国王普里阿摩斯 [Πρίαμος]），他因为食言而被希腊大英雄赫拉克勒斯杀死。

的，在我身边的论文写得还不充分，而像在某时你碰巧有它们一样，就送给你了；[359e] 此外，关于这些论文的保护，我们双方已达成了协议，那么，绝不需要劝告了。①

（有人反对，好像不属于柏拉图的书信。）②

第十三封信

[360a] 柏拉图祝愿叙拉古的僭主狄奥尼西奥斯③走运！

对你来说，这封信起始的问候语也如同标志似的就因它是来自我④；当你款待来自罗克里部族的⑤一些年轻人时，你的卧床在远离我的地方，你起立向我致敬并且似乎友好地说了含有任何表示友好意思的言辞。在我看来，靠在我旁边卧榻上进餐的人[360b]——这实在是一位正直的某人——当时也说："狄奥尼西奥斯啊，涉及知识，你是否通过柏拉图得到好多？"你立即说："涉及其他方面也得到许多，因为我也召请他，就因我召请了他，因为这本身的缘故，我立刻获益。"因而，一个人必须保持那种看法，他就会用不论怎样的方式经常增加我们从彼此而来的益处⑥。犹有进者，我现在预备好这，给你送去有关

---

① 在"名哲本"中，该信的最后还有问候语"ἔρρωσο"（祝您健康！）；而在"B本""I本"和"C本"以及"王本"中则无。但是在"V.C本"和"S本"则译为"Porte-toi bien"；"Lebe gesund！"（祝你健康！）

② 在所有的书信中，它是唯一在手稿中（在本封信最后一行注明）怀疑其真实性的书信。参见［C注］p.1673：This notation is found in our best manuscripts, and may go back to Thrasyllus（这个标记在我们最好的手稿中被发现，并可以追溯到忒拉叙洛斯）。"I本"也注明为［Wird Platon abgesprochen］；而在"V.C本""S本"以及"王本"的版本中则无此注明。

③ 指狄奥尼西奥斯二世。参见《第一封信》的问候语注释。

④ 指问候语"祝某某走运！"和"谨向某某致意！"的不同；在给狄奥尼西奥斯的四封信中，有三封是祝他走运！只有一封是谨向他致意！参见《第三封信》。此外，这一封信还加上了"叙拉古"的地名。

⑤ Λοκροί，这里或者指的是居住在希腊中部地区著名的温泉关——历史上发生过抗击波斯入侵的著名战役——一带古希腊罗克里斯（Λοκρίς）的一个部族；或者指的是罗克里人在意大利南部建立的先后是斯巴达和叙拉古的盟友的一个古希腊殖民城市，其名字即来源于Λοκροί，由于当地的民族特性，柏拉图称它为"意大利之花"。从上下文来看，很可能指后一地方的人。因为据史载，狄奥尼西奥斯二世在被迪翁驱逐后，即逃往后一地方。

⑥ 该词（"ὠφελία"）是阿提卡方言，等于"ὠφέλεια"。

· 297 ·

毕达哥拉斯①学派的一些作品和一些详细评论②的论著，而此人，当时在我们看来好像是，[360c] 至少你和阿尔库塔斯③——果真阿尔库塔斯已朝向你来到——你们就能够利用他；再者，他的名字是海利昆④，而他属于库泽科斯⑤的一个家族，此外，他是欧道科斯⑥的门徒，而且十分巧妙地理解有关那人的所有学说；他更与伊索克拉底⑦的一个学生和布律松⑧的某位门徒珀吕克塞洛斯⑨交往。此外，在这些条件下，所罕见的是，遇上他既不是不愉快的，也不可能是坏脾气的，除了是更为轻松的和心地单纯的以外。[360d] 但我怕讲这些事，就因我发表关于一个人的意见，虽然除了容易改变，人不是邪恶的生物，除非十分少的某些人和在小范围内；因为我也对那人感到害怕和表示怀疑，甚至我也要亲自观察他，和他交谈并且向他的同胞探知，也没有一个人说那人绝不是朴实的。但你自己也要注意并且留心。于是，尤其，无论如何，你也就会得闲，[360e] 在他旁边求问和追求其他的智慧；若不是这样，则要他教会任何一个人，以便你有闲暇时求问从而变得更好和大受尊重，如此因我之故，不松弛对你的帮助。够了，对此就谈这些。

[361a] 此外，至于你写信要我送给你的东西，一则，我让阿波隆⑩

---

① Πυθαγόρας ὁ Σάμιος（约公元前570—约前495年），生于爱琴海东部的萨莫斯岛，是古希腊伊奥尼亚的数学家、哲学家和音乐理论家。
② 该词（"διαίρεσις"）的本义有"区别，差别"等含义。这里作引申义。
③ Ἀρχύτας，参见《第九封信》的同一人注释。
④ Ἑλικών，生平不详。也可能是柏拉图的学生。参见"名人传"（第三卷《迪翁》[19]）。
⑤ Κύζικος，位于前海（Προποντίς，即现在的马尔马拉海）南部海岸的一个小镇。
⑥ Εὔδοξος ὁ Κνίδιος（公元前408—前355年）是古希腊天文学家，公元前4世纪最杰出的数学家之一、学者和曾经是柏拉图的学生；生于小亚细亚西部一个古老的希腊聚居地；他所有的作品都已经遗失。参见"名哲本"[8.86-91]。
⑦ Ἰσοκράτης（公元前436—前338年），古希腊修辞学家，是阿提卡著名演说家之一。他处于他的时代最有影响力的希腊修辞学家之列，他通过教学和书面著作对修辞和教育作出了许多贡献。柏拉图通过苏格拉底对他也有很高的评价。参见《斐德罗篇》[279a]。
⑧ Βρύσων（约公元前450—约前390年），是古希腊数学家和智者，他可能一度是苏格拉底的学生。
⑨ Πολύξενος，参见《第二封信》[310c]。
⑩ Ἀπόλλων，生平不详。

《书信(十八封)》

为你办了并且勒普提莱斯①会给你带去，那是一位年轻且能干的工匠之作；一则，他名叫勒奥卡莱斯②。再者，在他身边还有另一样产品，看来，它是非常精巧的；于是，我买下它，打算赠送您的夫人，就因在我健康和生病时，她都关照了我，这对我和你是合适的。因而，假如对你来说，就没有别的什么想法的话，你就给她；此外，我也给孩子们送了十二坛香甜的果子酒和两罐蜂蜜。[**361b**] 但是，对存储无花果干，我们到达得太晚，已收藏的桃金娘果③也已烂掉了；但此后，我们将更好地经管。此外，有关这些果树，勒普提莱斯会给你讲的。

此外，关于购买那些东西的银钱和为城邦纳的某些财产税④，我已经从勒普提莱斯获得，告诉他我所认为的对我们是庄重的和是坦率的话，即我们在琉卡狄亚人⑤的船上用掉的钱是我们的，大概十六米那；于是，我得到和我本人也向他借用了那笔钱并且送给你们这些东西。[**361c**] 之后，现在听听有关钱财的情形，依你看来拥有的，关于你在雅典的钱财和我的钱财。我将使用你的钱财，正如当时我告诉过你的，就像我使用我的其他忠实的朋友的钱财，但我会尽可能少地使用，像必需的或公正的或高雅的使用一样多，在我看来，就不会超出使用。

现在落到我身上的就是这样的。对我来说，侄儿们⑥已经过世，

---

① Λεπτίνης，有可能是指叙拉古的小勒普提莱斯（Λεπτίνης Βʹ，死于公元前342年之后），他是老勒普提莱斯的儿子，也是狄奥尼西奥斯一世的侄子，也即狄奥尼西奥斯二世的堂兄弟；公元前351年，他辅助杀害迪翁的卡利普斯（Κάλλιππος）成功驱逐了狄奥尼西奥斯盘踞在南意大利雷焦（Ῥήγιον）的要塞驻军。在叙拉古城邦内乱之后，公元前352年，他反戈一击，和他的伙伴用据说杀死了迪翁的同一把剑刺死了卡利普斯。在公元前342年，当科林斯政治家和将军蒂莫莱翁（Τιμολέων，约公元前411—前337年）解放了西西里时，勒普提莱斯遭到流放。最后，他像狄奥尼西奥斯二世一样也死于科林斯。

② Λεοχάρης，是生活在公元前4世纪的雅典的一位著名雕刻家。

③ Μύρτον，也是所谓苏格拉底第二个妻子密尔托（Μυρτώ，即Μύρτον的双数形式）的名字。参见Ἀλκ. [8]。

④ 在公元前377年，雅典开始实行新的财产税。

⑤ Λευκάδια，也称作"Λευκάς"，岛名，是一座位于希腊西海岸伊奥尼亚海的希腊岛屿；琉卡狄亚人即是居住其在上的人。

⑥ 该词（"ἀδελφιδῶν"）有"侄儿，外甥"等含义。很可能是指侄儿，则与柏拉图的"遗嘱"的内容相符；若是指外甥，则与事实不合，因为柏拉图的一个外甥即是学园的继任者斯彪西波。

[361d] 当时就因我没有戴上花冠①,但你催促我戴,他们有四个女儿,如今,一个到结婚年龄,一个八岁,一个三岁多一点,一个尚未一岁。在我和我的忠实的朋友们看来,她们必须嫁出去,对她们来说,我会活着看到她们出嫁②;但如果我活不到看着她们出嫁,就祝她们快乐平安!虽然她们的父亲曾经会比我富有,就不必嫁出去;但比起她们,现今我是最富有的,我给她们的母亲嫁女,[361e]也靠其他一些人尤其靠迪翁的帮助。于是,到结婚年龄的那个女儿将与斯彪西波③结婚,对他来说,她是他姐姐的女儿。她的出嫁绝不需要比三十个米那更多;因为在我们看来,那些是可以接受的嫁妆。更假如我的母亲去世,而且关于坟墓的建筑物绝不需要比十个米那更多。一则,尤其有关那些事情的情形,我的亲属关系,大致在此刻期间非做不可的事是这些;一则,假如由于我到达你这而产生个人的或属于公共的其他任何费用,必须像当时我说的行事,一方面,我坚决主张尽可能少地产生开销;[362a]另一方面,我就会不可能做到这④,已开销的钱就应当是你的。

此后,我现在说及有关你在雅典的钱财开销的情形。首先,一则,假如我必须用掉涉及歌舞队费用的任何支出⑤或任何这样之事的费用,没有任何一个朋友⑥将给你提供,我们如此预料,然后,对你

---

① 该词("στεφανόω")也有"[被动]被授以花冠作为奖品;[中动]赢得花冠奖品;[喻]给以荣耀,给以光荣;[被动]给献祭者或地方长官戴上花冠"等含义。因此,可能是指城邦赋予公民的一种荣誉。这里可能是指狄奥尼西奥斯二世执政时期的叙拉古城邦在柏拉图第二次去叙拉古时给予他的荣誉。而该词的名词是"στέφανος",(尤指)胜利者戴的花环或花冠奖品。也指(赐给公民的)荣誉金冠,或代表官职的花冠。况且通常花冠并不是用于祭神的。不过,有时戴花环也表示哀悼。
② 写这封信时,柏拉图约六十岁,而他在约八十岁时去世。
③ 参见"名哲本"第四卷第一章"斯彪西波";但该传记中没有提及婚嫁之事。
④ 原文如此。意思是没有狄奥尼西奥斯二世提供的开销就不了他那里。由此可以推测,此封信是柏拉图第二次自叙拉古返回之后写给狄奥尼西奥斯二世的。也即是,此封信是柏拉图书信中给狄奥尼西奥斯二世写的最早一封信。
⑤ "Χορηγία"一词指雅典规定富人有义务出钱承担各种公益责任,其中一项公益是为戏剧演出出钱提供一支歌舞队。
⑥ 该词("ξένος")有"客人,主人,朋友"等含义;作"朋友"释义时,含义为"订有世代相传互为宾主的约言的"朋友。

《书信(十八封)》

来说，甚至某件重要的事就会和你自己龃龉，既是，一则，立即用掉，你得到好处；一则，不用掉，被耽搁直到某人从你身边来，却受到损害，对你来说，这样的事在难以忍受之外甚至还是耻辱的。[362b] 因为至少我就检验过那些事，我打发厄拉斯托斯①到埃伊纳②人安德劳迈偈斯③那里，你向你的那位朋友下命令，如果我需要任何事物，就获得。我也打算给你送去其他一些你写信吩咐的更重要的东西。但是，他说——当然，甚至是属于人的④——在这以前，他为你的父亲曾用掉钱财，好不容易才收回。而现在，他就给了少量的钱，而不是更多。所以，我就从勒普提莱斯获得钱；无论如何，尤其值得赞许勒普提莱斯，不但他给了，而且就因他热心地给了。有关你的情形的其他方面，就因他能够是一个忠实的朋友，[362c] 他的言和行也显然是怀善意的。既然真的也需要我报告这样的和那些相反的言和行，在我看来，有关你，每个人就会显然是什么样的。所以，有关钱财，我就将向你直言；因为这是公道的，同时我也就因有过经验会叙述在你身边的人。每一回向你报告消息的人们，因为担心就会报告费用，不愿报告消息，由于他们将真的遭人恨；[362d] 所以，你要使他们习惯于甚至迫使他们也宣告那些事和其他事；因为你应当尽全力知道一切，并且是评判员，以及别害怕知道。因为对你来说，在所有方式中，它对于统治权是最好的⑤；既然有关别的事和有关获取钱财本身的事，像你就曾经说过和将说的，正确地用掉费用和正确地偿还它，那是一件好事。所以，别让那些伪称关心你的人们将你欺骗；因为对你而言，关于名声的事，那既非是件好事，亦非是件美事，似乎

---

① Ἔραστος，斯凯普斯（Σκῆψις）人，是柏拉图的学生，也是亚里士多德的朋友。他可能与《第六封信》的收信人厄拉斯托斯是同一人。

② Αἴγινα，希腊爱琴海上的一岛屿，位于雅典西南 17 英里（27 公里）的萨龙湾或埃伊纳娜湾（Σαρωνικός κόλπος），据说是柏拉图的出生地。在公元前6—前5世纪，该地出现过数位著名雕刻家。

③ Ἀνδρομέδης，生平不详。

④ ἀνθρώπινος，字面意思是"属于人的"，上从下文看，意思是有那种说法也是人之常情，或通情达理的。

⑤ 该词（"ἄριστος"）多指"智力和勇气"方面的"最好"。

那是恶兆①。

[362e] 然后，我就会谈及迪翁的一些事。一则，正如你说的，在来自你的信会到达之前，我尚未讲述其他事。至于你当然不容许说起关于他的那件事②，我既没有提到，也没有辩论；一则，当这些事发生时，我打听他将如何承受——或者困难或者容易——而在我看来，如果发生了这种事，③ 他不会产生一点点的不快④。此外，有关你的其他一些事情上，从言行角度看，我认为，迪翁是有节制的。

[363a] 我们给克拉提洛斯⑤——他是提摩修斯⑥的兄弟；而他是我的门徒——赠送一副柔软的步兵用的重甲兵护胸甲，也给克贝斯⑦的女儿们三件七肘尺长的衬袍，它不属阿莫尔吉亚⑧昂贵的，却是西西里⑨的麻布袍子。再者，你大概知道克贝斯的名字；因为他和西米亚斯⑩共

---

① "δυσσύμβολον"一词可能是作者自造的一个复合词；是"δύσ（用来构成复合词，和'ἐυ［好］'相反，含有否定、坏、不幸等义，可以破坏好的词义，或加强坏的词义）"和"σύμβολον（有'记号，标志；先兆，症候'等义）"的复合词。"C本""V.C本""S本""I本"以及"王本"分别意译为不同的语词。

② 由此，可猜测本封信写作的时间大概是在迪翁与狄奥尼西奥斯二世争斗权力失败而流亡（公元前367年）之后而且不迟于公元前366年。

③ 所指的是何事，不详。"I本"（p.115，脚注1）猜测可能是关于迪翁流亡期间，狄奥尼西奥斯二世逼迫他的妻子改嫁之事。若是如此，则迪翁非常愤怒。暗示迪翁以后发动对狄奥尼西奥斯二世的征讨事出有因。参见"名人传"（《迪翁》[21]）。

④ 可能暗示"非常不快"。参见前一注释。

⑤ Κρατῖνος，生平不详。也可能指鼎盛年在公元前4世纪中期的一个同名的喜剧诗人。参见"名哲本"[3.28]。

⑥ Τιμόθεος，生平不详。也可能指一位同名的死于公元前354年的著名的希腊政治家和将军或一个鼎盛年在公元前4世纪（死于公元前340年）同名的希腊雕塑家。

⑦ Κέβης（约公元前430—前350年），忒拜人，是一个古希腊哲学家，苏格拉底的弟子；柏拉图在《克里托篇》[54b]和《斐多篇》[59c]以下也提到过他。参见色诺芬的《回忆苏格拉底》[1.2.48]；"名哲本"[2.125]。

⑧ Ἀμόργιαν，位于爱琴海上的希腊一岛屿。即现在的Αμοργός（阿莫尔古斯）。形容词"ἀμόργινος"，意思是"细麻做的"。

⑨ Σικελία，是地中海上最大的岛屿。约公元前750年，希腊人开始在西西里岛居住，建立了许多重要的定居点，其中最重要的殖民地即是叙拉古（Συράκουσαι）。

⑩ Σιμμίας（鼎盛年在公元前5—前4世纪），忒拜人，是一个古希腊哲学家，苏格拉底的弟子；克贝斯的一个朋友。他作为苏格拉底对话的一个主要伙伴与克贝斯一起也出现在《斐多篇》中；以及也出现在《克里托篇》[45b]和《斐德罗篇》[242b]。另外参见色诺芬的《回忆苏格拉底》[1.2.48]；"名哲本"第二卷第十五章。

《书信(十八封)》

同被书写在苏格拉底的一些对话中,他与苏格拉底①在有关灵魂的谈话中辩论②,他与我们所有人是知交,并且对我们所有人是怀好意的。

[**363b**] 此外,至于有关大约我就会真的认真写信去说和不会认真写信去说的书信的标志,我料想,一则,你记得;一则,你仍旧思考并且全然注意(识别)③;因为许多人恳求我写下来,我不易公开拒绝他们。因为,一方面,以"神"开始的是那些值得认真看待的书信;另一方面,较认真看待的以"众神"开始。

使节们也乞求我给你写信,也是合理的;因为他们十分热心地到处赞扬你和我,菲拉格劳斯④的赞扬也不是最少的,当时,他有手疾。[**363c**] 菲莱傣斯⑤,他从大王⑥那里来,也谈到有关你的情况;但如果它不是很长的一封书信,我就会写下他所叙述的,但现在,你向勒普提莱斯打听。

你就会送去我吩咐的护胸甲或其他什么东西,一则,你本人就会按建议送去;一则,如果不会,你给泰利劳斯⑦;再者,他是经常航行的人,也是我的一个忠实的朋友,关于其他的一些事和哲学,他也是有教养的。此外,他是泰依松⑧的亲戚⑨,当时,在我们出航时,泰依松担任行政官⑩。

祝你健康!你也要爱好哲学并且要劝其他更年轻的人们这样做,

---

① 在《书信集》中,这是第三处提及柏拉图的老师苏格拉底。
② 指《斐多篇》。
③ 括号中的词属于中译者意译所添加。
④ Φίλαγρος,生平不详。该词的形容词是"喜爱田园的,喜爱狩猎的"。
⑤ Φιλαΐδης,生平不详。该词的形容词是"喜欢看不见的"。
⑥ 该词"βασιλεύς τοῦ μεγάλου"在当时通常指波斯国王而言。"S 本"译为:"großen Perserkönige"。"C 本""V. C 本""I 本"和"王本"分别译为:"the Great King""grand roi""Großkönig"和"大王的宫廷"。另外参见"I 本"的脚注 2(p. 117)。
⑦ Τηρίλλος,生平不详,可能是叙拉古人,柏拉图的一个年轻的朋友或门徒。
⑧ Τείσων,生平不详,可能是叙拉古的一位政治家。
⑨ 该词("κηδεστής")有"姻亲,亲戚;女婿,岳父,姐夫,内兄弟"等含义。"C 本""V. C 本""I 本""S 本"和"王本"分别译为:"son-in-law""Il a épousé la fille de Tison""verschwägert""Schwiegervater"和"姻亲"。
⑩ Πολιανόμος (= πόλις, νέμω),相当于古罗马掌管公共建筑物、道路、供水、社会秩序和文娱活动等的民选行政官(aedile)。

[363d] 请替我向和你一同玩球的人们①问好,你也要给其他人和阿里斯陶克利托斯②下令,假如从我这来的某句话或某一封书信向你传送去,你尽可能快地关心见到,并且使你想起以便你注意信中所说的。而现在,你不要忘记了给勒普提莱斯偿还银钱,但是你要尽可能快地偿还掉,向那事注视的其他人也就可以更热心地为我们服务。

[363e] 自由的雅特劳克莱斯,当时和密劳尼傣斯③共同已经被我释放了,现在他从我这和给你送去的东西共同航行;因而,你也许使他处于雇佣中,由于他对你是善意的,而你打算什么服务,就用他。你要保存这封信,或者它本身,或者它的备忘录,尤其你本人要熟知它。

第十四至第十八封书信(译文略)④

---

① 该词("Συσφαιριστής")在"希汉词典"、*Greek Word Study Tool* 以及 *A Greek-English lexicon* 和 *LEXICON PLATONICUM*(3)里的释义基本相同,字面意思指"和(某人或他人)一同玩球的人(伙伴)";"C本""V.C本""I本""S本"和"王本"分别译为:"your fellow students of the spheres""tes compagnons de jeu""spielgnossen""Ballspielgesellschaft"和"一同赛球的人"。另外,若参考《第二封信》[312d] 和《第三封信》[319c];因此,据语境,所玩的"球"可能是指与天文学或几何有关的一种天球体(或仪器)。

② Ἀριστοκρίτος,生平不详;另外参见《第三封信》[319a]。

③ Ἰατροκλῆς 和 Μυρωνίδης,生平不详;从本信语境看,他们曾经是家奴。参见伪柏拉图《遗嘱》,也有释奴的行为。关于给这两个奴隶自由的事,没有文献可查实。

④ 这几封信虽然也冠有柏拉图之名,但没有被收录在亨利·艾蒂安(和"B本"以及许多"柏拉图书信")的版本中。由于缺乏希腊文本,因此,中译者据 JOHANNES IRMSCHER: Platon: BRIEFE. AKADEMIE-VERLAG Berlin. 1960, pp. 118 – 122(ANHANG)德文本译出。但考虑到版权问题,中译者在此略而未录它们。这几封信的篇幅共约 1300 字,也无太重要的内容,由于它们没有一件出自亚历山大时代之前,因此必定无一为真作。参见"I本",p. 118。对这 5 封书信感兴趣的读者可在中国国家图书馆借阅到德文本。关于它们的研究文献,参见 Friedrich Wilhelm August Mullach: Fragmenta philosophorum graecorum, Paris 1860 – 81. Neudruck: Scientia Verlag, Aalen 1968; Köhler, Lieselotte: Die Briefe des Sokrates und der Sokratiker, Diss. Zürich 1928; Obens, Wilhelm: Qua aetate Socratis et Socraticorum epistulae, quae dicuntur, scriptae sunt, Diss. Münster 1912; Johannes Sykutris(希腊名 Ἰωάννης Συκουτρή), Sokratikerbriefe: Paulys Realencyclopädie der classischen Altertumswissenschaft(RE). Supplementband V, Stuttgart 1931, pp. 981 – 987. 和 Die Briefe des Sokrates und der Sokratiker, Paderborn 1933。另外参见译者的《伪柏拉图作品研究》(人民出版社 2018 年版)中的相关解读内容。

《警句(三十三首)》[*]

第 1 首[①]

阿斯泰尔[②],我的明星,你看见了繁星;
我愿已成苍穹,这样就会凭我的无数天眼望着您!
(Ⅱ. p. 356,ⅶ. 669)

第 2 首

一则,你曾似晨星东升,在生者之中光辉灿烂;

---

[*] 篇目《警句》("ΕΠΙΓΡΑΜΜΑΤΑ")是中译者根据文本内容添加的。《警句》没有被收录在亨利·艾蒂安的版本中,因此也没有他的标上边码的分页。而在许多《柏拉图全集》的版本和译本中,也没有收录《警句》。中译文前十一首据拉尔修《名哲言行录》希腊文本并参考了徐开来和溥林的《名哲言行录》希汉对照本和"C 本"(除了第 10 首)以及"S 本"(共有 6 名译者译的 33 首"警句",但其既无标明所译"警句"的出处,也没有对所译"警句"作注释)译出;后二十二首据 W. R. Paton 的《希腊诗文选》(除了第 21 首)希腊文英文对照本和"C 本"(除了第 19、21—30 首)以及"S 本"译出。每首"警句"的序号为中译者所拟。为便于读者识别和核对原文,我们在每首译诗的最后,在括号内为每首"警句"(除了第 21 首)添加了其在 W. R. Paton 的希腊文英文对照本里所在的册数和页码、卷数和序号的位置。例如:Ⅱ. p. 356,ⅶ. 669;即 The Greek Anthology,第二册第 356 页第七卷第 669 首。下同。

① 据"名哲本"[3.29],"警句 1"和"警句 2"是柏拉图写给他爱恋的一个名叫阿斯泰尔的年轻人的,他们曾经结伴研究天文学。而古希腊人通常认为星体都是神。因此,作者在"警句 1"和"警句 2"将他爱恋的人称作"星"是不寻常的。

② Ἀστήρ,人名。这是译者所添加。因为这首诗是写给一名叫 Ἀστήρ 的人。

一则，你现虽亡却如暮星西沉，于逝者之列闪亮耀眼。
（Ⅱ. p. 356，ⅶ. 670）

第3首①

一方面，眼泪对赫卡柏和伊利昂妇女②来说，
当时就成了命运女神分配的应得份额；
另一方面，对你而言，迪翁③，守护神们因你的懿行，
为你的有关胜利的劳作倾泻出广阔的希望。
此外，在同胞看来，受尊敬的您静卧在宽敞的故土里，
哎呀，迪翁，我的心因爱您而迷狂！④
（Ⅱ. p. 58，ⅶ. 99）

第4首⑤

如今，就因我未曾说只不过阿莱克西斯⑥是美的，
他几乎到处被每个人看好并受到注视。
啊，我的心，你被告诉为什么给狗东西们骨头⑦？
那么此后你将会沮丧吗？难道我们没有如此失去了斐德罗⑧？
（Ⅱ. p. 60，ⅶ. 100）

---

① "C本"和"S本"认为"警句"中此一首是柏拉图所作。参见"C本""提要"，p. 1742。"S本"，Ⅲ. p. 903。
② Ἑκάβη：在希腊神话中，她是特洛伊战争期间特洛伊国王普里阿摩斯的王后，子女众多。该词也比喻为最不幸和悲伤的人们。
③ Δίων，参见《第二封信》中对之的注释。
④ 据"名哲本"[3.31]中说，这些诗句刻在迪翁在叙拉古的坟碑上。另外，关于四类出于神意的迷狂（之一即爱的迷狂）的叙述，参见《斐德罗篇》[265b]。
⑤ 据"名哲本"[3.31]中说，柏拉图在迷上阿莱克西斯和斐德罗后，写了如此诗文。
⑥ Ἄλεξις，生平不详。
⑦ 意思是将自己的美展现给贪色者们看是危险的。
⑧ Φαῖδρος，生平不详。

《警句（三十三首）》

第 5 首①

我有一位来自科罗封的女友②阿尔凯安娜萨③，
她的辛辣之爱恋也已落坐④在皱纹上。
唉！不幸的青年们当首次航行时就遇到那么一个人，
你们曾去穿越多么大的爱欲之火⑤啊！
（Ⅱ. p. 122，ⅶ. 217）

第 6 首

当我亲吻阿伽彤⑥时，我款待我的欲念⑦在嘴唇上；
既然它⑧已到达，忍耐些，但愿我站稳脚跟⑨！
（Ⅰ. p. 166，ⅴ. 78）

---

① 据"名哲本"[3.31]中说，有个名叫阿尔凯安娜萨（Ἀρχεάνασσα）的情妇也归属于柏拉图，关于她，柏拉图写了如下诗歌。但我们更倾向于认为这是一首警句或讽刺诗。
② "女友"的希腊词是"ἑταίρα"，它是"ἑταῖρος"的阴性名词。"C 本"译为"mistress（情妇）"；"S 本"译为"Mein（我［亲爱］的）"；"名哲本"译为"情妇"。因此，关键在于要知道阿尔凯安娜萨的生平，否则难以证明她与柏拉图的关系。值得一提的是，众所周知，柏拉图在世时，其学园里也有两位女学员。
③ Ἀρχεάνασσα，生活在公元前 5 世纪后期，是一个居住在雅典的交际花或妓女。
④ 该词（"ἑταίρα"）也有"（命运的天平一端）下坠，落下去"的含义；该句意思是女友已经徐娘半老。
⑤ 该词（"Πυρκαιά"）本义为"火葬堆；火势，火灾"；比喻为"爱火，欲火"。可视其为双关语。
⑥ Ἀγάθων，生平不详。
⑦ 该词（"ψυχή"）也有"灵魂，理智，理性"等含义。
⑧ 指"欲念"。
⑨ 该词（"διαβαίνω"）字面意思是"叉开腿站着，站稳脚跟"；该诗句的含义则是"免得灵魂出窍或眩晕不支"。

第 7 首

我把一个苹果①投向你；但你如果真的心甘情愿地爱我，
就收下它而将你处女的贞洁②分我一份；
但如果你无意如我所愿，
那么抓住同一只苹果考虑青春之美③如此短暂。
（Ⅰ. p. 166，v. 79）

第 8 首

我是一个苹果。爱你的某人将我投给你！
那么，你点头表示允诺，克珊西帕④：我和你也将逐渐暗淡⑤。
（Ⅰ. p. 166，v. 80）

第 9 首

我们是来自优卑亚的埃莱特里亚族人⑥，却躺在苏萨⑦附近的坟

---

① 参见［C 注 2］p. 1744。
② 中译者将其名词和形容词的含义合并译出。
③ 该词（"ὥρα"）本义是"季节和时辰"，单用时指"一年中最佳季节：春季"；这里取其比喻义。
④ Ξανθίππη，生平不详。
⑤ 该词（"μαραίνω"）本义是"消逝；[喻义] 削弱，耗尽"；引申义是青春不再或指衰老或死亡。
⑥ Ερέτρια，字面意思是"划桨手的城市"，位于希腊优卑亚岛（Εὔβοια）上，它在公元前 6 世纪到公元前 5 世纪是一个重要的希腊城邦。Εὔβοια，[专名]，希腊半岛东海岸外的一岛屿，是仅次于克里特岛的希腊第二大岛，即今天的埃维亚岛。
⑦ σοῦσα，[专名] 苏萨城，意思是"百合花之城"，是世界上最古老的城市之一；位于现在的伊朗，在古代是波斯国王春季和冬季的行宫所在地，诗中所提到的埃莱特里亚族人于公元前 499 年小亚细亚的伊奥尼亚希腊人反抗波斯期间，因为站在雅典和伊奥尼亚希腊人一边而受到波斯人报复，城市被洗劫一空，居民被国王大流士在公元前 490 年驱逐到其首都苏萨。

墓里，

哎呀，我们离我们的祖国是那样遥远！

（Ⅱ. p. 144，ⅶ. 259）

第 10 首①

库普里斯②对缪斯众女神说："小姑娘们，尊重阿佛洛狄忒③吧，或者我将为你们准备爱神④。"

缪斯九女神⑤针锋相对库普里斯道："给战神⑥喋喋不休那些话吧！再者，那个小男孩⑦不为我们飞舞⑧。"

（Ⅲ. p. 23，ⅸ. 39）

第 11 首⑨

一个发现了金子的人留下了一根活套；

然而，一位没有发现他留下的金子的人却拴在了他发现的活套上。

（Ⅲ. p. 24，ⅸ. 44）

---

① "C 本"没有收录此首警句。它在"G. A 本"（第九卷第 39 首，Ⅲ. p. 23）中则归于 Μοῦσικος 的名下。但"S 本"收录了该"警句"（列于"警句 13"Ⅲ. p. 781）。

② Κύπρις，女爱神阿佛洛狄忒（Ἀφροδίτη）的称号之一，因她在库普里斯（Κύπρις，即塞浦路斯）岛诞生而有此名。

③ Ἀφροδίτη，在希腊神话和宗教中，她是司爱、美、快乐和生殖之女神，相当于罗马神话中的女神维纳斯（Venus）。参见《会饮篇》[180e]。

④ 意思是让小爱神进攻她们。"S 本"小爱神前面添加了"生气的"形容词。ἔρως（厄洛斯）是战神阿瑞斯（Ἄρης）和爱神阿佛洛狄忒所生的儿子。

⑤ 该词（"ποτί"）是"多立斯方言"，等同"πρός"。

⑥ Ἄρης，是希腊神话中的战神，也是阿佛洛狄忒的情人。

⑦ 该词（"παιδάριον"）属于昵称，也有"小孩，小女孩，小奴隶，童奴"等含义；本句意即小爱神不过是他母亲（女爱神）阿佛洛狄忒的童奴，因此，也有讽刺的意味。

⑧ 该词（"πέτομαι"）的本义是"飞翔"；这里是在该词的比喻意义上译的，即"飞翔射箭进攻她们"。

⑨ "G. A 本"注明，有些人将此首"警句"也归于 STATYLLIUS FLACCUS 名下。

第 12 首①

嘲笑过希腊的她是目空一切的，
正是她娜伊姒②一度在门廊保持着一大群年轻的爱慕者，给帕福斯③这面镜子：
因为一方面，我不愿能够观看这样的我，
另一方面，我不能够瞥见在此之前的我。
（Ⅰ. p. 298，ⅵ. 1）

第 13 首④

这里的此人在异乡客看来是令他们满意的，并且对他的乡亲也是友好的，
品达⑤，声音美妙的庇厄里得斯⑥的仆人。
（Ⅱ. p. 24，ⅶ. 35）

---

① 这首诗被刻在由该诗的主人公娜伊姒（Λαΐς）奉献给阿佛洛狄忒的镜子上。参见 [C 注 4] p. 1744。另外，参看 W. R. Paton 在 "G. A 本" 对本首警句的注释：Orlando Gibbons, *First Set of Madrigals*, 1612, and Prior's "take my looking-glass", ⅵ. p. 298, 奥兰多·吉本斯的 "第一组牧歌"，1612 年。奥兰多·吉本斯（Orlando Gibbons, 1583—1625）是一位他那个时代的英国领袖群伦的作曲家。普赖尔（Prior, 1664—1721），是一位英国诗人和外交官。

② Λαΐς娜伊姒（死于公元前 340 年）是古希腊的一个名妓。另一个具有相同名字的名妓（Ἡταίρα）是科林斯的 Λαΐς。

③ Πάφος，也指阿佛洛狄忒。

④ 在 "G. A 本"（ⅶ. 35, p. 24）中，标明该警句的作者为 Λεωνίδας。"C 本" 和 "S 本" 将其当作柏拉图的作品。列奥尼达斯（Λεωνίδας）生于塔纳斯（Τάρας），是公元前 3 世纪一个警句家和抒情诗人。

⑤ Πίνδαρος（约公元前 522—前 443 年）是古希腊最著名的抒情诗人之一。

⑥ Πιερίδες，是九位文艺女神，即Μοῦσαι（缪斯们）的别名。

《警句（三十三首）》

第 14 首①

我们这些来自爱琴海的人啊，曾经离开发出巨响的浪涛，
而倒毙在阿格巴塔拉②原野之中央。
再会！从前的故土，鼎鼎大名的埃莱特里亚；
长别了！雅典城邦，优卑亚的邻居；再见了！亲爱的大海。
（Ⅱ. p. 142，ⅶ. 256）

第 15 首③

我是一座遭了船难者之墓；但其对面是一座农夫的坟；
说真的，在大地和海底下面，哈德斯④将属于大家。
（Ⅱ. p. 146，ⅶ. 265）

第 16 首⑤

你已看到遭了船难的我。
大海怜悯我，自惭剥去我最后悲惨的裹尸布；
这是一个用无所畏惧的手落在了我身上的人⑥，
他从很大的贪心中赢得了巨大的罪愆。
让那个人自己也穿上它而带进冥府⑦，

---

① "G. A 本"在该警句下注明：J. A. Symonds, the younger, Studies of the Greek Poets, vol. ii. p. 294。
② Ἀγβάτανα，在公元前 5 世纪至公元前 4 世纪，是波斯统治下的伊朗东部地区米底亚一个古老的城市。
③ "G. A 本"在该警句下注明：A. Esdaile, The Poetry Reveiew, Sept. 1913。
④ Ἅιδης，冥土的主神。寓意死亡。此句也意即：在死神面前人人平等。
⑤ "C 本"没有将其当作柏拉图的作品收入其《柏拉图全集》中。
⑥ 意思是"凶杀"。
⑦ Ἅιδης，在古希腊神话中，哈德斯是冥土的主神，该词也即指阴间。

让弥诺斯也看见他穿着我的破烂衫。
（Ⅱ. p. 146，ⅶ. 268）

第17首

航行者们，祝你们也在海上和陆路平安！
但你们要知道，你们在从一座遭了船难者的坟头旁边走过。
（Ⅱ. p. 148，ⅶ. 269）

第18首

有些人认为有九位缪斯；多么忽视啊！
看那里！来自莱斯沃斯岛①的萨福②甚至是第十位。
（Ⅲ. p. 280，ⅸ. 506）

第19首③

库普里斯在克尼道斯④看到库普里斯⑤时说：
"啊，呀！普拉克西泰莱斯⑥在什么地方见过裸体的我呢？"
（Ⅴ. p. 254，ⅹⅵ. 162）

---

① Λέσβος，是希腊位于爱琴海东北部的一个岛，也是希腊第三大岛。
② Σαπφώ（公元前610—前570年），出生于莱斯沃斯岛，是公元前6世纪希腊著名女抒情诗人。柏拉图最早将她称赞为"第十位缪斯"。
③ 在"G. A 本"（ⅹⅵ. 162, p. 254）中，标明作者不详（ἄδηλος）。"C 本"将其当作疑似柏拉图的作品。另外，参看第23、24首。而在另外一"G. A 本"（The Greek Anthology, with an English Translation by W. R. Paton, London, William Heinemann Ltd., 1927. 5）标明该"警句"的作者是无名氏（anonymi epigrammatici）。
④ Κνίδος，位于现今土耳其安纳托利亚西南角海岸的一古希腊城市，是著名的商埠，也因其财富和宏伟的建筑和雕像而闻名遐迩。
⑤ 即雕刻家普拉克西泰莱斯雕刻的阿佛洛狄忒的裸体雕像。
⑥ Πραξιτέλης，雅典人，是公元前4世纪最著名的雕塑家。他也是第一个按照真人大小雕刻裸体女性形象的雕刻家。

《警句（三十三首）》

第20首①

任何一位解了②最可恨炎热③之口渴的旅行者，
用青铜为宁芙④的这位喜欢雨水的、湿润的仆人⑤——歌手青蛙造型，
给予使它喜悦的、舒适的、流淌的感恩之奉献物⑥；
因为当他走入歧途时，
它显示给他看水，
并用两栖的喉舌从带露水的深深之溪谷里，合时宜地咏唱过了。
但旅行人不是丢下不管⑦向导的歌声，
他找到了他渴望的流泉的香甜饮料。
（Ⅰ．p.320，ⅵ．43）

---

① "G.A本"英译文在作者名字 PLATO 后注明（"？"），并且"C本"没有将其当作柏拉图的作品收入其《柏拉图全集》中。"S本"则收入。并且"G.A本"在该警句下注明（Ⅰ．p.320，ⅵ．43）：最后一行显然是后来由一位拙劣诗人增补的。而"S本"（Ⅲ．p.781，ⅩⅫ）对此未作说明。

② 原文"ἀκεσσάμενος"可能是"ἀκεσάμενος"之误。该词（ἀκέομαι）有"治疗；[比喻义]赔偿"等含义。

③ 该词（"καῦμα"）本义是"发烧的热度，（太阳的）灼热"；比喻义是"爱情的热烈"。

④ Νύμφη，在希腊神话中通常指一种较低级的不同于女神的"女神"，被视为赋予自然以生命的神灵，常被描绘成爱跳舞和唱歌的美丽、年轻性感的一群少女，一般译为"山林水泽的女神们"；有时也称九位缪斯。

⑤ 该词（"θεράπων"）指"仆从，仆人"时，是指"自由人"，有别于奴仆。当说文艺女神们的侍者们时，则指"诗人们"。

⑥ 大概指有青蛙造型的喷泉。

⑦ 该词（"ἀπολιμπάνω"）是个伊奥尼亚方言，等同于"ἀπολείπω"。

· 313 ·

第21首[①]

慈惠美三女神[②]为（她们自己）[③] 寻觅到某座就是那将不会坍塌的神殿而迷惘，
她们发现了阿里斯托芬[④]不朽的灵魂。

第22首

你就坐在这棵冠高枝繁叶茂的栎树旁，
在西风微吹下稠密的松塔发出嘹亮声响；
而在发出哗哗声音的流泉边，
也让我用我的单管箫引领你迷魂[⑤]的双眼垂下入梦乡[⑥]。
（Ⅴ. p. 164，ⅹⅵ. 13）

[①] 此首诗没有收录在"G. A 本"中，因此没有"G. A 本"的编号。参见"C 本"（p. 1742）。"S 本"（Ⅲ. p. 783）没有说明该警句的出处。原文见于 Elegy and Iambus, with an English Translation by J. M. Edmonds, Cambridge, MA. Harvard University Press, London, William Heinemann Ltd., 1931。编号 CURFRAG. tlg – 0059. 18. αἱ Χάριτες τέμενός τι λαβεῖν ὅπερ οὐχὶ πεσεῖται διζόμεναι, ψυχὴν εὗρον Ἀριστοφάνους。

[②] 该词（"Χάρις"）是个典型的多义词，很难恰当地译出。在希腊神话中，用于复数（"Χάριτες"）时，指"赐予美丽、快乐，恩惠等的慈惠美三女神"。而且，慈美惠三女神在希腊宗教中也是丰产女神。而喜剧作家阿里斯托芬即是一个丰产作家。

[③] 括号中的词是译者根据语境所添加。

[④] 阿里斯托芬（Ἀριστοφάνης，约公元前446—约前386年），是生活于古希腊雅典的一个喜剧作家。柏拉图暗示，其剧作《云》是对苏格拉底的诽谤，促成了随后对后者的谴责和审判以至被处死。参见《申辩篇》[19c]；在《会饮篇》中，阿里斯托芬和苏格拉底的关系似乎还不错，而且据说与柏拉图也是朋友。

[⑤] 该词（"θελγομένων"）是"θέλγω"的分词、复数、属格和现在时形式；有"着迷，使着魔，施迷魂术，用魔术蛊惑，（某人的眼睛）；[隐喻] 蒙骗，哄骗"等含义。而苏格拉底的谈话具有的思辨的神奇魅力也被认为具有巫术和念"咒语"一样的魔力。参见《美诺篇》[79e – 80d]、《卡尔米德篇》[79e – 80d] 等对话。

[⑥] 该词（"κῶμα"）的本义是"熟睡，昏睡，昏迷"。这里为意译。

《警句(三十三首)》

第 23 首

帕福斯的库忒瑞亚①穿过汹涌澎湃的大海来到了克尼道斯,
意欲看到自己的雕像;
在引人赞美的圣地②里从各方面观察了它,
但她大声道:"普拉克西泰莱斯在什么地方见过裸体的我呢?"
普拉克西泰莱斯没有见过法所禁之事;
然而铁具雕凿了愿意是战神③的帕福斯。④
(V. pp. 252 - 254, ⅹⅵ. 160)

第 24 首

既非普拉克西泰莱斯,也不是铁具对你施诡计;
而你只不过竖立过,如同裁决一度作出过而已⑤。
(V. p. 254, ⅹⅵ. 161)

第 25 首⑥

时代带走一切;漫长岁月精通改变
名声和形象以及出身与命运。
(Ⅲ. p. 28, ⅸ. 51)

---

① Κύθηρεια,是美和爱神阿佛洛狄忒(Αφροδίτη)的称号之一。
② 据"G. A 本"注释 1 (XI. p. 254,):我们从普利尼(Gaius Plinius Secundus, 23—79 年,)得知,雕像所在的"圣地"是全方位开放的。
③ Ἄρης,是宙斯和赫拉之子,司战争、纷争、屠杀、毁灭、饥馑、瘟疫等。
④ "G. A 本"注释 1 (Ⅺ. p. 254):本"警句"的最后二句无疑是后来添加的。
⑤ 这里大概是指美神阿佛洛狄忒许诺让帕里斯与世界上最美丽女子成为夫妻而接受了金苹果之故事。
⑥ "G. A 本"在该"警句"下注明:A. Esdailie, Lancing Colleg Magazine, April, 1910.

第 26 首

这块宝石,刻有五条牛的小石雕像,
好似全都已经是有呼吸的正在饲养着。
而小牛们或许也就会逃走;但此刻
小牛群受制于金圈里。
(Ⅲ. p. 404, ⅸ. 747)

第 27 首①

让树木仙子②所处的灌木茂密的巉岩勿作声!
溪流从岩石而来,并且混杂着刚产的母羊哞哞叫,
因为潘神③亲自用管箫奏乐,
柔韧的嘴唇在成排的芦笛④上发出优美的音响;
此外,她们在四周用强健的双脚开始了舞蹈
那些水泽女神们,森林女神们⑤。
(Ⅲ. p. 442, ⅸ. 823)

---

① "G. A 本"在该"警句"下注明:W. H. D. Rouse, *An Echo of Greek Song*, p. 49;A. J. Butler, *Amaranth and Asphodel*, p. 47。

② 在希腊神话中,Δρυάς 是一类其生活与某种树木结合在一起的仙女、树精或 "Νύμφη(宁芙)",也可称为树木仙子。这类女神属于一种较低级的与自然物有关的女神。

③ 在希腊的宗教和神话中,潘(Πάν)也即牧神。关于潘神和悲剧的关系,参见《克拉底鲁篇》[408d - e]。

④ ὑπὲρ ζευκτῶν καλάμων,可能是指一种排箫。据说其发出的声音非常悦耳,关于它的发明以及赫尔墨斯(Ἑρμῆς)的吹奏能催百眼怪物入眠的故事,参见奥维德《变形记》[568 - 750]。

⑤ Νύμφη Ἀμαδρυάδες,"Ἀμαδρυάδες" 一词是 "Ἀμα(一同)"和 "δρυάς" 的复数形式的复合词,统称森林女神。

《警句(三十三首)》

第28首[①]

一个人曾走过什么样的生活之路呢?

一则,在市场里争吵经商也艰难;

一则,在家中焦虑;此外,在田地大量地苦干;但在海上心惊胆战;

再者,置身异乡的恐怖,一方面,假如你有任何事;

另一方面,如果你不知所措,是令人烦恼的。

你结婚了吧?你将不是无忧无虑的;

你将不婚嫁吗?你还会更孤独地活着;

孩子们是苦恼,而无子女的人一生在肢体或感官上是残废或迟钝的;

青年们是没头脑的,但白发老者们反之是虚弱的。

那么假如在模棱两可中二择一,或从未诞生过,或出生时立刻长眠。

(Ⅲ. p. 192, ix. 359)

[①] "G. A 本"在该"警句"的标题上注明:该"警句"或者是由喜剧诗人珀塞狄珀斯(Ποσείδιππος,公元前316—前250年)或是旧喜剧时期与柏拉图同名的雅典的一位喜剧诗人(Πλάτων Κωμικός) 所作;而在该"警句"下注明:Sir John Beaumont, reprinted in Wellesley's *Anthogia Polyglotta*, p. 133。

第29首①
一个萨提洛斯②立在一眼泉附近,而小爱神③在睡觉④

精工制造的手艺巧妙地设计出了吵闹神⑤的创造物萨提洛斯,
神圣的气息⑥注入了独特的石料。
但我对宁芙们⑦来说是玩伴;
再者,我将先兑进甘美的水代替从前紫红色的酒⑧。
此外,它引导你宁静的腿脚直向前,
你别马上去惊动被施了迷魂术而处于熟睡中的温柔的小家伙。
(Ⅲ. p. 444,ix. 826)

第30首⑨

我是有好看犄角的狄俄尼索斯⑩的可爱的仆从⑪,

---

① 不过 W. R. Paton 在其 1915 年的版本(William Heinemann Ltd.)中标明该"警句"的作者是无名氏(anonymi epigrammatici)。

② 在希腊神话中,Σάτυρος是一种半人半兽的小神,也指羊人式的(或马人式的)人、好色的人以及羊人剧(或马人剧),在这种剧中,歌队由羊人(或马人)组成。参见欧里庇得斯的剧作《独目巨人》。而在《会饮篇》[215b;221d]中,阿尔基比亚德斯就将苏格拉底说[比]成像是萨提洛斯。

③ 在希腊的宗教和神话中,Ἔρος通常指小爱神。

④ 这是本"警句"开头交代"场景"的句子。

⑤ Βρόμιος,也叫Ἴακχος或Βάκχος(由罗马人所采用的名称)。在希腊的宗教和神话中,即酒神狄俄尼索斯(Διόνυσος)的别名之一。

⑥ 该词("πνεῦμα")通常音译为"普纽玛",在古希腊哲学中也是一个重要的术语。

⑦ 参见《警句33首》第27首的注释。

⑧ Πορφυρέου μέθυ,即红葡萄酒。

⑨ "S本"将该"警句"收入柏拉图的作品中;但是"G. A本"注明该"警句"的作者是阿穆瑁尼奥斯(Ἀμμώνιος,可能是1世纪雅典的一个哲学家,他也是传记作家普鲁塔克的一个老师)。此外,该"警句"只有三行,有缺失。

⑩ 酒神狄俄尼索斯(Διόνυσος)常常能变化为狮子和有双角的山羊、公牛等。

⑪ 该词("θεράπων")指自由人,有别于奴仆;在荷马史诗中指副将或辅助主将的战友;而宙斯的战友们则指国王们;战神的战友们则指武士们;文艺女神们的侍者们则指诗人们。

《警句(三十三首)》

而给水中女神①斟上银之水；
但为了熟睡我给年轻的静下来的孩子②施迷魂术
……

(Ⅲ. p.444，ⅸ.827)

第31首③

迪奥道洛斯④让萨提洛斯入眠，而没有雕刻他。
你刺刺他，你将唤醒⑤他：此银像⑥正在酣睡。
(Ⅴ. p.308，ⅹⅵ.248)

第32首⑦

他们栽种了我，一棵坚果树，
从旁边走过的儿戏的孩子们用善于击中靶子⑧的石头抛掷。
此外，扔以密集的卵石，
我所有的树梢和茁壮成长的树枝二者折裂了。
因为至于我，丰产的果树
绝不多于他们结出的涉及我的暴行的不幸之果⑨。
(Ⅲ. pp.2-4，ⅸ.3)

---

① Ναιάς〔常用复数形式〕，是居住在泉、江、湖、海中的水中女神。
② 可能指小爱神。
③ "G.A本"注明，此首诗的作者是中期戏剧诗人柏拉图，也有人将其归于 ΑΝΤΙΠΑΤΡΟΣ 的名下。而"S本"将其归于柏拉图的名下。
④ Διόδωρος，生平不详。
⑤ 该词（"ἐγείρω"）也有"〔隐喻〕使死人复活"的含义。
⑥ 该词（"ἄργυρος"）本义为"银子，银钱，银器；银质的东西"。这里引申为银色的雕像。
⑦ "G.A本"注明，此首诗的作者是 ΑΝΤΙΠΑΤΡΟΣ，但有些人也将其归于柏拉图的名下。
⑧ 即喻指该"坚果树"之果。
⑨ 该词（"καρποφορέω"）在比喻含义上也指"结出（善、恶的）果实"。

第 33 首[①]

此外，我们来到影子很暗的丛林，在里头
我们发现了红润如同苹果的库忒瑞亚的孩子。
但他没有背盛箭的囊，也没有持弯弓：
一则，它们却悬挂在有美丽叶子的月桂树下，
一则，他自己羁绊在蔷薇的花蕾中微笑着躺下入睡：
再者，金黄色的群蜂[②]在上方
在他芳香的唇上[③]洒落用蜂蜡捏制的蜜。
（V. p. 282，xvi. 210）

[①] 参见《警句 33 首》第 10 首和第 23 首。
[②] 该词（"μέλισσα"）也喻指"诗人"。
[③] 据西塞罗，当柏拉图还是婴儿时，有蜜蜂停在其唇上（吮吸）。参见西塞罗《论占卜》第一卷第 36 节（De Divinatione, Liber Primus, XXXVI）"At Platoni cum in cunis parvulo dormienti apes in labellis consedissent..."。

《遗嘱》*

[Ⅲ41.6]①这些是由柏拉图传下和处置的：在伊菲斯提亚岱②家中的田产③，对其来说，北边毗邻从凯菲西亚④庙宇出来的道路，在伊菲斯提亚岱家中的南边靠近赫拉克勒斯⑤庙宇，此外，朝东毗邻弗峡阿莱斯⑥的阿尔凯斯特拉托斯⑦的家产；再者，朝东⑧靠近考立岱斯⑨的菲利珀斯⑩的家产；尤其绝不容许将它出售给任何人也不容许物物交换，但

---

* 中译文据第欧根尼·拉尔修的希腊文本《名哲言行录》[(Βίοι και γνώμαι των εν φιλοσοφία ευδοκιμησάντων) 3.41 – 3.44]，ed. H S Long, Oxford 1964，并参考 Victor Cousin 的法文译本 *TESTAMENT DE PLATON* 以及徐开来、溥林《名哲言行录》（希汉对照本）译出。篇名"遗嘱 [(ΔΙΑΘΗΚΗ)"一词也有"契约，誓约，圣约"的含义］是中译者据文本内容添加的。

① "遗嘱"没有被收录在亨利·艾蒂安的版本中，因此也没有他的标上边码的分页。括号内的数字指的是希腊文本《名哲言行录》的标准页码，表示第三卷第41节第6行，以下类推。

② Ἰφιστιαδαί，是古代阿提卡属于考拉尔皋斯（Χολαργός，位于雅典东北部）乡区的阿卡曼提斯（Ακαμαντίς）部落所在的一个行政区或镇（δῆμος）。政治家伯里克利（Περικλῆς）属于该区。Ἰφιστιαδαί 也是柏拉图的地产所在地之一，离柏拉图学园不远。该地有著名的火神赫淮斯托斯（Ἥφαιστος，也即罗马神话中的武尔坎）的寺庙。而柏拉图属于考吕陶斯区（Κολλυτός）。

③ 该词（"χωρίον"）或指"地产"。

④ Κηφισιά，位于古代阿提卡中部、雅典城中心东北部的一个行政区。参见《申辩篇》[33e]。

⑤ Ἡρακλῆς，为希腊神话中最伟大的半神英雄，男子气概的典范。

⑥ Φρεάρρης，雅典北部阿提卡的莱翁提斯（Λεοντίς）部落所在的一个行政区。

⑦ Ἀρχέστρατος，生平不详。

⑧ 原文如此，"朝东（ἥλιος）"，疑是"朝西（ζόφος）"。

⑨ Χολλιδής，古代阿提卡的莱翁提斯（Λεοντίς）部落所在的另一个行政区。

⑩ Φίλιππος，生平不详。

涉及权力,它是这个小孩阿得曼托斯①的。[Ⅲ42] 我也从卡利马科斯②购买了在埃勒西岱斯③家中的田产,对其来说,北边毗邻缪莱洛斯④的欧利麦顿⑤的田产,再者,自南边靠近克西佩苔⑥的傣岽思特拉托斯⑦的田产,朝东上行毗邻迈尔海努斯的欧利麦顿的田产,朝东⑧靠近凯菲索斯⑨的田产。

3个银米那⑩。我有一个称重165德拉克马的银器皿⑪,一个重量是45德拉克马的小盅,一个金指环⑫和一只金耳环,两者之和重达4德拉克马3个奥卜尔。

采石工⑬欧几里德斯⑭应偿还我3米那。我容许(女奴)阿耳忒弥斯⑮

---

① Ἀδείμαντος,生平不详,可能是柏拉图的长兄阿得曼托斯的后裔,按照古希腊起名的习惯,重名者大多是隔代的,通常,长子取祖父名(参见[瑞士]布克哈特《希腊人和希腊文明》,王大庆译,上海人民出版社2008年版,第190页)。因此,可能是阿得曼托斯的孙子;再者,因为柏拉图的兄弟和侄儿们都已经去世。参见《第十三封信》[361c]。

② Καλλίμαχος,雅典的一位著名建筑师和雕刻家,但他比柏拉图年长五十几岁,因此有可能是与Καλλίμαχος同名的他的一个孙子。

③ Εἰρεσιδής,古代阿提卡的阿卡曼提斯(Ἀκαμαντίς)部落所在的另一个行政区。

④ Μυρρηνός,阿提卡的潘底奥尼斯(Πανδιονίς)部落所在的一个行政区。柏拉图的姊妹波托涅(Πωτώνη)以及后者的丈夫和柏拉图的外甥斯彪西波属于该区居民。

⑤ Εὐρυμέδων,生平不详。柏拉图的姊妹波托涅的丈夫、斯彪西波(Σπεύσιππος)之父也叫欧利麦顿;他的地产与柏拉图的接壤;另外有同名的一个祭司,他是亚里士多德的反对者。参见"名哲本"[4.1;5.5]。

⑥ Ξυπετέ,是凯克饶琵斯(Κεκροπίς)部落所在的一个行政区。

⑦ Δημόστρατος,生平不详。

⑧ 原文如此,"朝东(ἥλιος)",疑是"朝西(ζόφος)"。

⑨ Κηφισός,是一条流经雅典的河。

⑩ 3个银米那,相当于当时一般劳动人民一年半的收入。

⑪ 该词("φιάλη")通常指"(煮水的)锅";或"(奠酒或饮酒的)大碗,大杯"。

⑫ 该词("Δακτύλιος")也指"印章或印章戒指"。

⑬ 该词("ἔμφρων")也有"切除膀胱结石的外科医生"等含义。

⑭ Εὐκλείδης,生平不详。

⑮ Ἄρτεμις,该词属于阴性名词,所以,应该是柏拉图的一个女奴;译者将之置于括号中。该名字在希腊神话中也是阿耳忒弥斯女神的名字。

《遗嘱》

自由。我留下①家奴②提孔③、彼克塔斯、阿波劳尼阿俆斯④和［Ⅲ43］狄奥尼西奥斯⑤。各种器具⑥之物已被登记，傣麦特里奥斯⑦持有它们的复本。但我绝没有⑧对任何人欠任何东西⑨。我受托的管理人是勒奥司泰奈斯⑩、斯彪西波、傣麦特里奥斯、海吉亚斯⑪、欧利麦顿⑫、卡利马科斯和［Ⅲ43.4］忒拉西珀斯⑬。

---

① 该词（"καταλείπω"）也有"留在身后，传下（遗产），留传下来，放弃，让给（别人）"等含义。它的晚期希腊词是"καταλιμπάνω"。因此，就用词上来看，本遗嘱的写作时间至少在公元前4世纪末，仍然属于古典希腊语时期。

② 关于雅典自由民家庭家奴的情况，参见顾准《希腊城邦制度》。

③ Τύχων 在希腊神话中也是两个小神的名字，也据说是赫尔墨斯神（Ἑρμῆς）的另一名字。该词也与"幸运（τύχη）"一词同一词根。

④ Ἀπολλωνιάδης 一词的前半部 Ἀπόλλων 也是太阳神阿波罗的名字。

⑤ Διονύσιος 是希腊男性常见的一个名字，例如叙拉古僭主的名字。或许《遗嘱》的作者有讽刺柏拉图书信中提及的叙拉古那同名的父子两僭主的意思。

⑥ 该词（"σκεῦος"）含有"（马的）装饰，行头，（船的）索具，船具，家什和服装"等含义。

⑦ Δημήτριος，生平不详，通常是一个男性的名字。

⑧ 这里用了一个［晚期希腊语］用词"οὐθέν"。

⑨ 不欠任何人任何东西，有随身携带的财产足矣，这在古希腊被认为是一个人有节制的美德。参见《斐德罗篇》［279c］最后苏格拉底的祈祷。

⑩ Λεωσθένης，生平不详。有一个同名的死于公元前323年的古希腊雅典杰出的将军，他是个反马其顿的激进派，并于公元前324年被雅典人选为十将军之一。不过，据说在他战死时还很年轻。因此，他可能不是前者。

⑪ Ἡγίας，生平不详。

⑫ 从与柏拉图的年龄比较和在此处与斯彪西波并列为《遗嘱》执行人来看，这位欧利麦顿很可能不是斯彪西波之父。

⑬ Θράσιππος，生平不详。

附录一

《伪柏拉图文集》篇目缩略语表[*]

希腊文篇名	希腊文缩略语	中文篇名
Ἀλκιβιάδης	Ἀλα′.	《阿尔基比亚德斯篇（Ⅰ）》
Ἀλκιβιάδης Δεύτερος	Ἀλβ′.	《阿尔基比亚德斯篇（Ⅱ）》
Ἀλκυών	Ἀλκ.	《翠鸟篇》
Ἀξίοχος	Ἀξ.	《阿克西奥科斯篇》
Περὶ Ἀρετῆς	Ἀρ.	《论美德》
Δημόδοκος	Δη.	《傣尠道科斯篇》
Διαθήκη	Δια.	《遗嘱》
Περὶ Δικαίου	Δι.	《论正义》
Ἐπίγραμματα	Ἐπίγ.	《警句（三十三首）》
Ἐπιστολαί	Ἐπισ.	《书信集（十六封）》
Ἐρασταί	Ἐρα.	《爱慕者篇》
Ἐρυξίας	Ἐρυ.	《埃律克夏斯篇》
Θεάγης	Θε.	《塞亚革斯篇》
Ἵππαρχος	Ἵπ.	《希帕尔科斯篇》
Κλειτοφῶν	Κλ.	《克莱托丰篇》
Μίνως	Μί.	《弥诺斯篇》
Ὅροι	Ὁρ.	《定义篇》
Σίσυφος	Σί.	《西西福斯篇》

[*] 本表按照古希腊文字母表顺序排列。

附录二

主要参考的《柏拉图全集》原文、译本及其他书目简称表

Burnet 校编的古希腊文原文本《柏拉图全集》	"B本",其注释为[B注]
Cooper 主编的英译文本《柏拉图全集》	"C本",其注释为[C注]
Jowett 的英译文本《柏拉图全集》	"J本"
Schleiermacher[等]的德译文本《柏拉图全集》	"S本"
Irmscher 的德译文本《柏拉图书信集》	"I本",其注释为[I注]
Les Belles Lettres 出版社的希腊文法文对照本《柏拉图全集》	"L.B.L本",其注释为[L注]
Cousin 的法译文本《柏拉图全集》	"V.C本",其注释为[V注]
王晓朝的中文译本《柏拉图全集》	"王本",其注释为[王本注]
梁中和的中文译本《阿尔喀比亚德》(前、后篇)	"梁本",其注释为[梁本注]
林志猛的中文译本《米诺斯》	"林本",其注释为[林本注]
W. R. Paton 的希腊文英文对照本 *The Greek Anthology*	"G.A本"
苗力田主编的中文译本《亚里士多德全集》(第I—X卷)	"苗本"
汪子嵩、陈村富等撰写的《希腊哲学史》(第1—4卷)	"汪陈本"
普鲁塔克《希腊罗马名人传》	"名人传"
罗念生、水建馥编的《古希腊语汉语词典》	"希汉词典"

附录三

希汉译名对照表[*]

（一）神祇名

A

Ἀθηνᾶ	雅典娜（Ἀλβ'.）
Ἅιδης	哈德斯（Ἀξ.；Ἐπίγ. 15）
Αἴολος	埃奥劳斯（Ἀλκ.）
Ἀμαδρυάδες	森林女神（Ἐπίγ. 27）
Ἄμμων	阿蒙（Ἀρ.；Ἀλβ'.）
Ἀπόλλων	阿波罗（Ἀξ.）
Ἄρης	阿瑞斯（战神，Ἐπίγ. 10、25）
Ἀφροδίτη	阿佛洛狄忒（Ἐπίγ. 10）

B

Βρόμιος	吵闹神（酒神狄俄尼索斯，Ἐπίγ. 29）

Δ

Δρυάς	树木仙子（Ἐπίγ. 27）

---

* 专有名词的条目按希腊语字母顺序排列；括号内的希腊字母为该译名在伪柏拉图作品所在篇目中的缩略语，而缩略语 Ἐπισ 和 Ἐπίγ 后的阿拉伯数字则分别表示该译名所在的是第几封书信和第几首警句，下同。

Δημήτηρ	得墨忒耳（Ἀξ.）
Διόνυσος	狄俄尼索斯（酒神，Ἀξ.；Ἐπίγ. 30）

E

Ἑρμῆς	赫尔墨斯（Ἵπ.）
ἔρως	小爱神（厄洛斯，Ἐπίγ. 29）
Ἑωσφόρος	海奥斯福崂斯（Ἀλκ.）

Z

Ζεύς	宙斯（Ἀλα΄.；Ἀλβ΄.；Ἀξ.；Δη.；Ἐπις. 1；Ἐρυ.；Θε.；Ἵπ.；Μί.；Σί.）

H

Ἥρα	赫拉（Ἀξ.）
Ἥφαιστος	赫菲斯托斯（Ἀλα΄.）

K

Κυανῆ	库阿涅（Θε.）
Κρόνος	克洛诺斯（Ἵπ.；Μί.）
Κύπρις	库普里斯（Ἐπίγ. 10、19）
Κυθέρεια	库忒瑞亚（Ἐπίγ. 23、33）

M

Μοῦσα	缪斯（Ἐπίγ 10.；Ἐρα.；Ἐρυ.）

N

Ναιάς	水中女神（Ἐπίγ. 30）
Νύμφη	宁芙（Ἐπίγ. 20、29）
Νύμφη Ἀμαδρυάδες	森林女神（Ἐπίγ. 27）

Π

Πάν	潘（Ἐπίγ. 27）
Πιερίδες	庇厄里得斯（Ἐπιγ. 13）
Πλούτων	普路托（冥王，Ἀξ.）
Ποίνη	惩罚女神（Ἀξ.）
Προμηθεύς	普罗米修斯（Ἐπισ. 2）

Σ

Σάτυρος	萨提洛斯（Ἐπίγ. 29、31）

T

Τάνταλος	坦塔洛斯（Ἀξ.）

Υ

Ὑδριάς Νύμφη	水泽女神（Ἐπίγ. 27）

X

Χάριτες	慈惠美三女神（Ἐπίγ. 21）

（二）民族和部落名

A

Ἀθηναῖος	雅典人（Ἀλα'.; Ἀλβ'.; Ἀξ.; Θε.）
Αἰθιοπία	埃塞俄比亚（Ἐρυ.）
Ἄσιος	亚细亚人（Ἀλα'.）
Ἀττικός	阿提卡人（Μί.）
Ἀχαιός	阿凯俄斯人（Ἀλα'.）

Δ

Δαναΐδαι 达洛斯的子孙或希腊人（Ἀξ.）

Ε

Ἕλλην 希腊人（Ἀλα′.; Ἀλβ′.; Ἐπισ.3; Θε.; Μί.）
Ερέτρια 埃莱特里亚（Ἐπίγ.9）
Ἐρεχθεύς 厄瑞克透斯（Ἀλα′.）

Θ

Θρᾶκες 色雷斯人（Ἀλα′.）

Κ

Καρχηδόνιοι 迦太基人（Μί.）
Κύζικος 库泽科斯（部落，Ἐπις 13.）

Λ

Λακεδαιμόνιοι 拉栖第梦人（Ἀλα′.; Ἀλβ′.; Ἀρ.; Ἐρυ.; Μί.）
Λευκάδια 琉卡狄亚人（Ἐπισ.13）

Π

Πέρσης 波斯人（Ἀλα′.; Ἀλβ′.; Μί.）

Σs

Σκυθία 西徐亚人（Ἐρυ.）

Τ

Τροία 特洛伊人（Ἀλα′.; Ἀλβ′.; Ἐπισ.12）

（三）人名

A

Ἀγάθων	阿伽彤（Ἐπίγ.6）
Ἀγαμέμνων	阿伽门农（Θε.；Ἐπισ.2）
Ἀγαμήδης	阿伽迈傣斯（Ἀξ.）
Ἆγις	亚基斯二世（Ἀλα′.）
Ἀδείμαντος	阿得曼托斯（Δια.）
Ἀθάμας	阿塔玛斯（Μί.）
Ἀθηνόδωρος	阿泰瑙道劳斯（Ἐπισ.16）
Αἰακός	埃阿科斯（Ἀλα′.；Θε.）
Αἴγισθος	埃基斯托斯（Θε.）
Αἴσωπος	伊索（Ἀλα′.）
Ἄλεξις	阿莱克西斯（Ἐπίγ.4）
Ἀλκιβιάδης	阿尔基比亚德斯（Ἀλα′.；Ἀλβ′.）
Ἀλκμαίων	阿尔克迈翁（Ἀλβ′.）
Ἄμηστρις	阿麦斯特丽姒（Ἀλα′.）
Ἀμφιάραος	安菲阿拉奥斯（Ἀξ.）
Ἀμφίλυτος	阿穆斐吕托斯（Θε.）
Ἀνακρέοντος	阿那克里翁托斯（Ἱπ.）
Ἀνακρέων	阿那克莱翁（Θε.）
Ἀναξαγόρας	阿那克萨戈拉（Ἀλα′.；Ἐπις2.；Ἐρα.；Σί.）
Ἀνδρομέδης	安德劳迈傣斯（Ἐπισ.13）
Ἀξίοχος	阿克西奥科斯（Ἀξ.）
Ἀπόλλων	阿波隆（Ἐπισ.13）
Ἀπολλωνιάδης	阿庖劳尼阿傣斯（Δια.）
Ἀριστείδης	（大）阿里斯提得斯（Ἀρ.；Θε.）
Ἀριστογείτων	阿里斯托革顿（Ἱπ.）
Ἀριστόδωρος	阿里斯陶道劳斯（Ἐπισ.10）

· 330 ·

附录三　希汉译名对照表

Ἀριστοκρίτος	阿里斯陶克利托斯（Ἐπισ. 3、13）
Ἀριστοφάνης	阿里斯托芬（Ἐπίγ. 21）
Ἀρίστων	阿里斯通（Ἐπισ. 2）
Ἀριστώνυμος	阿里斯通尼瑁斯（Κλ.）
Ἁρμόδιος	哈尔摩狄俄斯（Ἵπ.）
Ἀρταξέρξης	阿尔塔薛西斯一世（Ἀλαʹ.）
Ἄρτεμις	阿耳忒弥斯（Δια.）
Ἀρχεάνασσα	阿尔凯安娜萨（Ἐπίγ. 5）
Ἀρχέδημος	阿尔凯傣瑁斯（Ἐπισ. 2、3）
Ἀρχέλαος	阿尔凯劳斯（Ἀλβʹ.; Θε.）
Ἀρχέστρατος	阿尔凯斯特拉托斯（Δια.）
Ἀρχίδαμος	阿希达穆斯（Ἀλαʹ.）
Ἀρχίλοχος	阿尔基洛科斯（Ἐρυ.）
Ἄρχιππος	阿尔基珀斯（Ἐπισ. 9）
Ἀρχύτας	阿尔库塔斯（Ἐπισ. 9、12、13）
Ἀστήρ	阿斯泰尔（Ἐπίγ. 1）
Ἀχαιμένης	阿凯麦莱斯（Ἀλαʹ.）

B

Βακίς	巴吉斯（Θε.）
Βακχεῖος	巴克凯依奥斯（Ἐπισ. 1）
Βίας	彼亚斯（Ἀξ.）
Βίκτας	彼克塔斯（Δια.）
Βρύσων	布律松（Ἐπισ. 13）

Γ

Γεώργιος	盖奥尔基奥斯（Ἐπισ. 17）
Γλαύκων	格劳孔（Ἀξ.; Θε.）
Γοβρύας	高博里亚斯（Ἀξ.）
Γοργίας	高尔吉亚（Θε.）

Δ

Δαίδαλος	代达罗斯（Ἀλα΄.）
Δάμων	达蒙（Ἀλα΄.；Ἀξ.）
Δαναός	达洛斯（Ἀξ.）
Δεινομάχη	黛伊瑙玛凯（Ἀλα΄.）
Δημήτριος	傣麦特里奥斯（Δια.）
Δημόδοκος	傣峁道科斯（Δη.；Θε.）
Δῆμόστρατος	傣峁思特拉托斯（Δια.）
Διόδωρος	迪奥道洛斯（Ἐπίγ.31）
Διομήδης	狄俄墨得斯（Ἀλβ΄.）
Διονύσιος	（文法教师）狄奥尼修斯（Ἐρα.）
Διονύσιος	（柏拉图的一个男奴）狄奥尼修斯（Δια.）
Διονύσιος	狄奥尼西奥斯一世（Ἐπισ.2）
Διονύσιος	狄奥尼西奥斯二世（Ἐπισ.1、2、3、4、13、16）
Δίων	迪翁（Ἐπίγ.3；Ἐπισ.2、3、4、10）
Δράκων	德拉孔（Ἀξ.）
Δρωμοκλείδης	道珝克莱依傣斯（Ἐπισ.18）
Δωρίς	道瑞丝（Ἐπισ.2）

E

Ἑκάβη	海卡柏（Ἐπίγ.3）
Ἑκαέργη	海卡埃尔盖（Ἀξ.）
Ἑλικών	海利昆（Ἐπισ.13）
Ἕλλην	赫楞（Ἀλκ.）
Ἐμπεδοκλῆς	恩培多克勒（Ἵπ.Σί.）
Ἐπίχαρμος	埃琵卡尔珸斯（Ἀξ.）
Ἔραστος	厄拉斯托斯（Ἐπισ.6、13）
Ἑρμίας	赫尔米亚斯（Ἐπισ.6）
Ἐρασίστρατος	（老）埃拉西司特拉托斯（Ἐρυ.）

附录三 希汉译名对照表

Ἐρασίστρατος	（小）埃拉西司特拉托斯（Ἐρυ.）
Ἐρεχθεύς	埃瑞克透斯（Ἀλα′.）
Ἐρυξίας	埃律克夏斯（Ἐρυ.）
Εὔαθλος	欧阿特劳斯（Θε.）
Εὔδοξος	欧道科斯（Ἐπισ.13）
Εὔδωρος	欧多劳斯（Ἀρ.）
Εὐκλείδης	欧几里德斯（Δια.）
Εὐρβίος	欧尔彪斯（Ἐπισ.3）
Ευριπίδης	欧里庇得斯（Ἀλα′.；Ἀλβ′.；Θε.；Ἐπισ.1）
Εὐρυμέδων	欧利麦顿（Δια.）
Εὐρυπτόλεμος	埃伊里珀淘莱珝斯（Ἀξ.）
Πέρσης	埃律萨凯斯（Ἀλα′.）
Εὐρώπη	欧罗巴（Ἀλβ′.；Μί.）
Εὐφραῖος	欧福拉依奥斯（Ἐπισ.5）
Ἐχεκράτης	埃凯克拉泰斯（Ἐπισ.9）
Ἐφιάλτης	埃菲阿勒泰斯（Ἀξ.）

Z

Ζήνων	芝诺（Ἀλα′.）
Ζώπυρος	饶琵诺斯（Ἀλα′.）
Ζωροάστρης	琐罗亚斯德（Ἀλα′.）

H

Ἡγήσιππος	海盖西珀斯（Ἐπισ.2）
Ἡγίας	海吉亚斯（Δια.）
Ἡρακλείδης	赫拉克勒依傣斯（Ἐπισ.3、4）
Ἡρακλῆς	赫拉克勒斯（Ἀλα′.；Ἀξ.；Δια.）
Ἡροσκαμάνδρυς	海瑙思卡曼德律斯（Θε.）
Ἡσίοδος	赫西俄德（Ἐπις.11；Μί.）

Θ

Θαλῆς	泰勒斯（Ἐπισ.2）
Θεάγης	塞亚革斯（Θε.）
Θεμιστοκλῆς	塞米司托克勒（Ἀρ.；Ἀξ.；Θε.）
Θεοδότη	泰奥道苔（Ἐπις.3、4）
Θέσπις	忒斯庇斯（Μί.）
Θηραμένης	泰拉迈莱斯（Ἀξ.）
Θουκυδίδης	修昔底德（Ἀρ. Θε.）
Θράσιππος	忒拉西珀斯（Δια.）
Θράσυλλος	忒拉绪劳斯（Θε.）
Θρασύμαχος	色拉叙马霍斯（Κλ.）

I

Ἰατροκλῆς	雅特劳克莱斯（Ἐπισ.13）
Ἱέρων Αʹ	希厄隆一世（Ἐπισ.2）
Ἵππαρχος	希帕尔科斯（Ἵπ.）
Ἱππίας	希琵亚斯（Θε.；Ἵπ.）
Ἱππόνικος	希庞尼科斯（Ἀξ.；Ἐρυ.）
Ἱπποτρόφος	希庞特劳芳斯（Ἀρ.）
Ἰσοκράτης	伊索克拉底（Ἐπισ.13）

K

Καλλίας	卡利亚斯（Ἀλα'.；Ἀξ.；Ἐρυ.）
Καλλικρίτη	卡丽克莉泰（Θε.）
Καλλίμαχος	卡利马科斯（Ἐπισ.18）
Καλλίμαχος	卡利马科斯（Δια.）
Καλλίξενυς	卡利凯卢斯（Ἀξ.）
Καλλίστρατος	卡利司特拉托斯（Σί.）
Κέβης	克贝斯（Ἐπισ.13）

附录三 希汉译名对照表

Κένταυρος	肯塔驭姥斯（马人，Ἀξ.）
Κήΰξ	凯宇克斯（Ἀλκ.）
Κίμων	基蒙（Θε.）
Κλεινίας	（老）克莱依尼亚斯（Ἀλα′.）
Κλεινίας	（小）克莱依尼亚斯（Ἀλα′.）
Κλεινίας	克莱依尼亚斯（Ἀξ.）
Κλεισθένης	克利西尼（Ἀξ.）
Κλειτόμαχος	克莱托马科斯（Θε.）
Κλειτοφῶν	克莱托丰（Κλ.）
Κλεόφαντος	克莱奥芳托斯（Ἀρ.）
Κορίσκος	科里斯科斯（Ἐπισ.6）
Κρατῖνος	克拉提洛斯（Ἐπισ.13）
Κρατιστόλος	克拉提斯陶劳斯（Ἐπισ.2）
Κρέων	克瑞昂（Ἀλβ′.；Ἐπισ.2）
Κρῆνες	克莱奈斯（Ἐπισ.15）
Κριτίας	克里提亚斯（Ἐρυ.）
Κροῖσος	克娄苏（Ἐπισ.2）
Κῦρος	居鲁士（Ἀλα′.；Ἐπισ.2）
Κύψελος	库普塞劳斯（Θε.）

Λ

Λαΐς	娜伊姒（Ἐπίγ.12）
Λαμπιδώ	拉姆琵稻（Ἀλα′.）
Λαόδαμας	拉奥达玛斯（Ἐπισ.11）
Λαομέδων	拉俄墨冬（Ἐπισ.12）
Λεοχάρης	勒奥卡莱斯（Ἐπισ.13）
Λεπτίνης	勒普提莱斯（Ἐπισ.13）
Λεωσθένης	勒奥司泰奈斯（Δια.）
Λεωτυχίδας	莱奥特齐达斯（Ἀλα′.）
Λυκοῦργος	吕库尔戈斯（Ἐπισ.4；Μί.）

· 335 ·

Λυκόφρων	吕考佛隆恩（Ἐπισ. 2）
Λυσίας	吕西亚斯（Κλ.）
Λυσικλείδος	吕西克莱依道斯（Ἐπισ. 2）
Λυσίμαχος	吕西马科斯（Ἀρ.；Θε.）

M

Μαργίτης	玛尔吉泰斯（Ἀλβ′.）
Μαρσύας	玛息阿（Μί.）
Μειδίας	麦狄亚斯（Ἀλα′.）
Μελησιας	麦莱西亚斯（Θε.）
Μιλτιάδης	米太亚德（Ἀξ.）
Μίνως	弥诺斯（Ἀξ.；Ἐπίγ. 16；Ἐπισ. 2；Μί.）
Μυρτώ	密尔托（Ἀλκ.）
Μυρωνίδης	密劳尼傣斯（Ἐπισ. 13）

N

Νέστωρ	涅斯托耳（Ἐπισ. 2；Ἐρυ.）
Νικίας	尼基亚斯（Θε.）

Ξ

Ξανθιας	克珊西亚斯（Ἀρ.）
Ξανθίππη	克珊西帕（Ἀλκ.）
Ξανθίππη	（小）克珊西帕（Ἐπίγ. 8）
Ξάνθιππος	克珊西珀斯（Ἀλα′.；Ἀρ.）
Ξέρξης	薛西斯一世（Ἀλα′.；Ἀξ.）

O

Οἰδίπους	俄狄浦斯（Ἀλβ′.）
Ὀδυσσεύς	奥德修斯（Ἀλα′.；Ἐπισ. 2）
Οἰνοπίδης	奥伊瑙庇傣斯（Ἐρα.）

附录三 希汉译名对照表

Ὄλυμπος	奥林普斯（Μί.）
Ὅμηρος	荷马（Ἀλα΄.; Ἀλβ΄.; Ἀρ.; Ἐρα.; Ἐρυ.; Μί.）
Ὀρέστης	奥瑞司泰斯（Ἀλβ΄.）

Π

Παλαμήδης	帕拉墨得斯（Ἐπισ.2）
Πάραλος	帕拉劳斯（Ἀρ.）
Παράμονος	帕纳瑁洛斯（Ἐπισ.15）
Παυσανίας	帕撒尼阿斯（Ἐπισ.2）
Πεισίστρατος	庇西特拉图（Θε.; Ἵπ.）
Περδίκκας	佩尔狄卡斯二世（Θε.）
Περδίκκας	佩尔狄卡斯三世（Ἐπισ.5）
Πηλεύς	珀琉斯（Θε.）
Πηνελόπη	珀涅罗珀（Ἀλα΄.）
Περίανδρος	佩里昂德洛斯（Ἐπισ.2; Θε.）
Περικλῆς	伯里克利（Ἀλα΄.; Ἀλβ΄.; Ἀρ.; Ἐπισ.2; Θε.）
Πέρσης	湃勒塞斯（Ἀλα΄.）
Πίνδαρος	品达（Ἐπίγ.13）
Πλάτων	柏拉图（Δια.; Ἐπισ.1-13）
Πολύειδος	珀吕埃伊道斯（Ἐπισ.2）
Πολύξενος	珀吕克塞洛斯（Ἐπις 2、13.）
Πραξιτέλης	普拉克西泰莱斯（Δια.; Ἐπίγ.19、23、24）
Πρίαμος	普里阿摩斯（Ἀλβ΄.）
Πρόδικος	普罗狄科（Ἄξ.; Ἐρυ.; Θε.）
Πυθαγόρας	毕达哥拉斯（Ἐπις.13）
Πυθόδωρος	皮托多洛斯（Ἀλα΄.）
Πυθοκλείδες	皮托克莱伊傣斯（Ἀλβ΄.）
Πῶλος	波卢斯（Θε.）

Ρ

Ῥαδάμανθυς	拉达曼提斯（Ἀξ.；Μί.）

Σ

Σαννίω	萨尼奥（Θε.）
Σαπφώ	萨福（Ἐπίγ. 18）
Σιμμίας	西米亚斯（Ἐπισ. 13）
Σιμωνίδης	西蒙尼德斯（Ἐπισ. 2；Ἵπ.）
Σίσυφος	西西福斯（Ἀξ.）
Σίσυφος	西西福斯（Σί.）
Σκύλλα	斯库拉（Ἀξ.）
Σόλων	梭伦（Ἐπις. 2；Ἐρα.）
Σπεύσιππος	斯彪西波（Δια.；Ἐπισ. 2、13）
Στέφανος	司特珐洛斯（Ἀρ.）
Στησίχορος	斯特昔科鲁（Ἐπισ. 3）
Στρατόνικος	司特纳淘尼科斯（Σί.）
Σωκράτης	苏格拉底（见于大部分对话中）
Σωκράτης	（小）苏格拉底（Ἐπισ. 2、11）
Σωφρονίσκος	索夫饶尼斯科斯（Ἀλα'.）

Τ

Τάλως	塔劳斯（Μί.）
Τειρεσίας	特瑞西亚斯（Ἀλβ'.；Ἐπισ. 2）
Τείσων	泰依松（Ἐπισ. 13）
Τηρίλλος	泰利劳斯（Ἐπισ. 13）
Τίμαρχος	提玛尔科斯（Θε.）
Τιμόθεος	提摩修斯（Ἐπισ. 13）
Τίμων	提蒙（Ἐπισ. 14）
Τιτυός	提堤俄斯（Ἀξ.）

附录三 希汉译名对照表

Τροφώνιος	特瑙珐尼奥斯（Ἐρυ.）	
Τύχων	提孔（Δια.）	

Φ

Φαίαξ	菲亚克斯（Ἐρυ.）
Φαῖδρος	斐德罗（Ἐπίγ. 4）
Φαιναρέτη	珐依娜莱苔（Ἀλα′.）
Φίλαγρος	菲拉格劳斯（Ἐπισ. 13）
Φιλαίδης	菲莱傣斯（Ἐπισ. 13）
Φιλημονίδης	菲莱峁尼傣斯（Θε.）
Φιλήμων	菲利门（Θε.）
Φίλιππος	菲利珀斯（Δια.）
Φιλιστίδης	斐利司提傣斯（Ἐπισ. 3）
Φιλιστίων	菲利斯提翁（Ἐπισ. 2）
Φιλωνίδης	斐洛尼德斯（Ἐπισ. 9）
Φρύνιχος	弗律尼科斯（Μί.）
Φρύνιων	弗律尼翁（Ἐπισ. 9）

Χ

Χαιρεφῶν	凯瑞丰（Ἀλκ.）
Χαρμίδης	卡尔米德（Ἀξ. Θε.）

Ω

Ὦπις	奥琵丝（Ἀξ.）

（四）地名

A

Ἀγβάτανα	阿格巴塔拉（Ἐπίγ. 14）
Ἀθῆναι	雅典（Ἀλα′.; Ἀλβ′.; Ἐρυ.; Ἐπίγ. 14; Ἐπισ. 2、

13）

Αἰγαῖος	爱琴海（Ἐπίγ. 14）
Αἴγινα	埃伊纳（Ἀλα′.; Ἐπισ. 13）
Αἰθιοπία	埃塞俄比亚（Ἐρυ.）
Ἀκαδήμεια	阿卡傣米亚（Ἀξ.）
Ἀκράγας	阿克拉伽斯（Θε.）
Ἀμαζών	亚马孙（Ἀξ.）
Ἀμόργιαν	阿莫尔吉亚（阿莫尔古斯，Ἐπισ. 13）
Ἀνάγυρος	阿纳吉卢斯（Θε.）
Ἄργος	阿尔戈斯（Ἀλα′.; Ἀξ.; Θε.）
Ἄρειος πᾶγος	战神山（Ἀξ.）
Ἀσία	亚细亚（Ἀλα′.）
Ἀττική	阿提卡（Μί.）
Ἀχέρων	阿克龙河（黄泉，Ἀξ.）

B

Βοιωτία	保伊奥提亚（Ἀλα′.）

Δ

Δελφοί	德尔斐（Ἀλα′.; Ἔρα.; Ἐπισ. 3）
Δῆλος	提洛（Ἀξ.）

E

Εἰρεσιδῆς	埃勒西岱斯（Δια.）
Ἑλλάς	希腊（Ἐπίγ. 12; Ἐπισ. 3）
Ἔρεβος	埃莱堡斯（幽冥地，Ἀξ.）
Ἐρέτρια	埃莱特里亚（Δια.; Ἐπίγ. 9、14）
Ἐρχία	埃尔卡（Ἀλα′.）
Εὔβοια	优卑亚（埃维亚岛，Ἐπίγ. 14）
Εὐρώπη	欧罗巴（Ἀλβ′.; Μί.）

附录三 希汉译名对照表

Ἔφεσος		埃菲索斯（Θε.）

Θ

Θράκη		色雷斯（Ἀλα´.）

Ι

Ἴλιον		伊利昂（特洛伊，Ἀλβ´.；Ἐπίγ.3；Ἐπισ.12）
Ἰλισός		伊利索斯（Ἀξ.）
Ἰταλία		意大利（Ἐπισ.3；Ἐρυ.）
Ἰτωνίας		伊陶尼亚斯（Ἀξ.）
Ἰφιστιαδαί		伊菲斯提亚岱（Δια.；Ἐπισ.14）
Ἰωνία		伊奥尼亚（Θε.）

Κ

Καλλιρρόη		卡利尔莱（Ἀξ.）
Καρχηδών		迦太基（Ἐρυ.；Μί.）
Κεῖος		凯依奥斯（Ἵπ.）
Κέως		凯奥斯（Ἐρυ.；Θε.）
Κηφισιά		凯菲西亚（Δια.）
Κηφισός		凯菲索斯（Δια.）
Κιέριον		基瑞奥（Ἐπίγ.17）
Κνίδος		克尼道斯（Ἐπίγ.19、23）
Κνωσός		克诺索斯（Μί.）
Κολοφών		科罗封（Ἐπίγ.5）
Κόρινθος		科林斯（Ἐπισ.2）
Κορώνεια		科罗尼亚（Ἀλα´.）
Κρήτη		克里特（Μί.）
Κυνόσαργες		快犬体育场（Ἀξ.）
Κωκυτός		哀河（Ἀξ.）

· 341 ·

Λ

Λακεδαίμων	拉栖第梦（Ἐπισ. 4；Μί.）
Λεοντῖνοι	莱昂提瑙（Θε.）
Λέσβος	莱斯沃斯（Ἐπίγ. 18）
Λοκροί	罗克里（Ἐπισ. 13）
Λύκειον	吕克昂（Ἀξ.；Ἐρυ.）
Λυκαβηττός	吕卡柏托斯（Ἐρυ.）
Λυκία	吕基亚（Μί.）

Μ

Μακεδονία	马其顿（Θε.）
Μέγαρα	迈加拉（Ἐρυ.）
Μεσσήνη	墨西涅（麦西尼亚，Ἀλα´.）
Μίλητος	米利都（Ἐπισ. 2）
Μύριοι	缪利奥伊（Ἐπισ. 12）
Μυρρῆνος	缪莱洛斯（Δια.）

Ν

Νεμέα	奈麦阿（Θε.）

Ξ

Ξυπετέ	克西佩苔（Δια.）

Ο

Ὀλυμπία	奥林匹亚（Ἐπισ. 2）

Π

Πάφος	帕福斯（Ἐπίγ. 12、23）
Πεντελικόν	潘泰里考恩（Ἐρυ.）

Πεπάρηθος	佩巴里修斯（Ἀλα´.）
Περσίς	波斯（Ἀξ.）
Πόλις	卫城（Ἐρυ.）
Πουλυτίων	珀瑜吕提翁（Ἐρυ.）
Πυθώ	琵韬（Ἀλα´. Ἀξ.）

Σs

Σαλαμίς	萨拉米斯（Ἀλα´.）
Σικελία	西西里（Ἐπισ.2、3、13；Ἐρυ.；Θε.）
σοῦσα	苏萨（Ἐπίγ.9）
Στειριακή	斯泰依瑞阿凯（Ἵπ.）
Στειριεύς	斯泰依瑞埃依司（Ἐρυ.）
Συράκουσαι	叙拉古（Ἐπισ.2、3、4、13、14；Ἐρυ.）

T

Τάναγρα	塔那哥拉（Ἀλα´.）
Τάρᾱς	塔纳斯（Ἐπισ.9）
Τάρταρος	地狱（Ἀξ.）
Τέως	泰奥斯（Ἵπ.）
Τραχίς	特拉契斯（Ἀλκ.）
Τροία	特洛伊（Ἀλβ´.；Ἐπισ.12）

Υ

Ὑπερβόρεοι	北方乐土（Ἀξ.）

Φ

Φαληρον	法勒伦（Ἀλκ.）
Φάρσαλος	法尔萨劳斯（Σί）
Φθία	菲提亚（Θε.）
Φρεάρρῆς	弗嵊阿莱斯（Δια.）

Φρυγία   弗里吉亚（Mí.）

X

Χολλιδῆς   考立岱斯（Δια.）

附录四

重要术语和主要语词一览表*

A

安静　ἡσυχία ［Ἀλα′. 117d；Ἀλβ′. 150c；Δη. 408a；2 Ἐπισ. 310b、310e、312c］①

埃菲保司　ἔφηβος ［Ἀξ. 366e］

爱民者　δημεραστής ［Ἀλα′. 132a］

爱慕　ἀγάπησις ［Ορ. 413b10］②

爱慕者　ἐραστής ［Ἐρα. 132a；Ἀλβ′. 103a、151c］

爱荣誉（自负）　Φιλοτιμία ［Ορ. 416a17；Ἀλα′. 122c；4 Ἐπισ. 320e③］

爱欲之火　Πυρκαιά ［Ἐπίγ. 5］④

爱哲学　φιλοσοφέω ［6 Ἐπισ. 323d；Ἐρα. 132b］

爱哲学的人　φιλόσοφος ［Ἀξ. 370d］

暗淡　μαραίνω ［Ἐπίγ. 8］

＊ 条目按汉语拼音字母次序排列。

① 括号内的希腊文字母为该词语在伪柏拉图作品所在篇目中的缩略语，之后的阿拉伯数字及拉丁字母表示该词在该篇中所在的位置（即斯特凡努斯所编订的页码和分栏）。下同。

② 括号内拉丁字母后的阿拉伯数字为该词在伯内特的希腊文版中所在的行号。例如，"Ορ. 413b10"指"ἀγάπησις"在《定义篇》第 413 页 b 分栏第 10 行。下同。以上说明参看本译著"译者前言"中第二部分"伪柏拉图作品的写作时间、版本及其译本"。

③ 括号内在"4 Ἐπισ."之前的阿拉伯数字表示该词在"书信"中所在的位置是第 4 封信，其余类推。

④ 括号内在"Ἐπίγ. 5"之后的阿拉伯数字表示该词在"警句"中所在的位置是第 5 首，其余类推。

奥卜尔　ὀβολός［Δια. Ⅲ42］

B

百牛祭　ἑκατόυβη［Ἀλβ'. 149d］
伴侣（同伴或门徒）　ἑταῖρος［Ἀλα'. 124d；10 Ἐπισ. 358c；13 Ἐπισ. 363a；Κλ. 408c］
保傅　παιδαγωγός［Ἀλα'. 121e；Ἀξ. 366e］
暴行　ὕβρις［Ορ. 415e］
悲惨的　τλήμων［Ἐπίγ. 16］
卑鄙的　πονηρός［Ἱπ. 227e］
卑劣　αἰσχρός［Ἀλα'. 132a］
本源　ἀρχή［Ορ. 416a4］
标志　σύμβολον［13 Ἐπισ. 360a］
步兵战术　ὁπλιτική［Ἀλα'. 127a］
补救　ἰατρεύω［4 Ἐπισ. 320e］
不能自制　ἀκρασία［Ορ. 416a1］
不情愿　ἀκούσιον［Δι. 375d；Ορ. 416a26］
不喜和人相处的　ἀπάνθρωπος［1 Ἐπισ. 309b］
不朽　ἀθανασία［Ορ. 415a8］
不朽的　ἀθάνατος［Ἀξ. 372a］
不寻常的　περιττῶν［Ἀξ. 366b］
不知所措　ἄπορος［Δη. 381a］

C

猜单双　αρτιαζω［Σί. 387e］
财产　οὐσία［Ἐρυ. 392d］
财富　πλοῦτος［Ορ. 415d1；Ἐρυ. 392d］
采石工　ἔμφρων［Δια. Ⅲ42］
财物　χρήματα［Ἐρυ. 393d］
采用问答式论辩术　διαλέγω［Ἐρυ. 399a；Κλ. 406a；Σί. 388d］

附录四 重要术语和主要语词一览表

才智　Σοφία［Ἀλβ′.147c］

有才智者　σοφός［Θε.122e］

残废　παρήρθρωσεν［Ἀξ.367b］

彻底毁灭　ἀπόλλυμι［1 Ἐπισ.310a］

撤销　παλινῳδέω［Ἀλβ′.148b］

沉默　σιγή［Ἀλα′.106a］

沉默　σιωπάω［Ἀλβ′.143a；Δη.383d］

城邦　Πόλις［Ορ.415c2；Ἀλα′.105d、120a；Σί.390b］

城邦的美德　Πόλεως ἀρετή［Ορ.415c4］

惩罚　Κόλασις［Ορ.416a33］

成比例的　ἀνάλογος［Ἀλ.6.］

成功　κατορθόω［Ἐρυ.393e］

迟钝　Δυσμαθία［Ορ.415e2］

（战）船　ναῦς［Ἀλα′.135a；Ἵπ.226b］

（货或商）船　πλοῖον［Θε.123b］

三层桨战船　τριήρης［Ἀλα′.119d；3 Ἐπισ.317b］

唱预言诗［6 Ἐπισ.323c］

船舵　πηδάλιον［Ἵπ.226b］

处女　μεγαλοπρέπεια［Ἐπίγ.7］

厨师　μάγειρος［Θε.125c］

传说　λόγος［Ἀξ.371e］

宠爱少年者　παιδικά［Ἐρα.133b］

崇高　μεγαλοπρέπεια［Ορ.412e2］

吹鼓手　Φυσάω φύσημα［Ἀξ.145e］

吹气　ἐπίπνοια［Ἀρ.379c］

吹嘘　ἀλαζονεία［Ορ.416a10］

此刻　νυνδή［Ἀλα′.104e］

翠鸟　Ἀλκυών［Ἀλ.］

D

大地　γῆ［Ἀξ.371b］
大王　βασιλεύς του μεγάλου［Ἐρυ.393d；13 Ἐπισ.363c］
带路人　ἡγεμών［6 Ἐπισ.323d］
呆子　ἐμβρόντητος［Ἀλβ'.140c］
诞生　γένεσις［9 Ἐπις.358a］
祷告　προσεύχομαι［Ἀλβ'.142c］
导言　προοίμιον［3 Ἐπισ.316a］
德拉克马　δραχμή［Ἀξ.366c；Δια.Ⅲ42；Ἐρα.135c］
地方　χωρίον［Ἀξ.372a］
被逼成敌人　πολεμόω［Ἀλα'.120a］
调查者　ζητητικός［Ἀξ.366b］
鼎盛年　ἐν ἡλικίᾳ ἔσῃ［3 Ἐπισ.316c］
定义　ὅρος［Ορ.414d10］
长成的东西　φυτόν［Θε.121b；Ἵπ.225b］
督察官　ἔφορος［Ἀλα'.121b］
锻炼　γυμνάζω［Ἀλα'.132b］

E

阿谀逢迎　κολακεύω［Ἀλα'.120b］
恶兆　δυσσύμβολον［13 Ἐπισ.362d］
恩惠　Χάρις［Ορ.413e6］

F

法令　Ψήφισμα［Ορ.415b11］
法律　νόμος［Μί.314c、314e、318c；Ορ.415b8；Σί.387c］
法律　νομιζόμενα［Δι.372a］
法律维护员　Νομοφύλαξ［Μί.320c］
法治　Εὐνομία［Ορ.413e1］

附录四 重要术语和主要语词一览表

放牧　νέμω［Mí.318a］

放弃　［3 Ἐπισ.317c］

放纵者　ὑβριστής［Ἀλα'.114d］

翻案诗　παλινῳδία［3 Ἐπισ.319e3］

繁荣昌盛　εὐδαιμονία［Ἐρυ.393e］

诽谤　Διαβολή［Ἐπισ.309a；Ορ.416a5］

非此非彼的　οὐδέτερος［Δη.383d］

非凡的　περιττός［Ἀξ.370e］

非难　ἐγκαλέω［Δη.384b］

飞逝的　πτηνός［Ἀξ.366a］

飞舞　πέτομαι［Ἐπίγ.10］

非正义　ἀδικία［Δι.375c；Ορ.416a7］

应得份额　μοῖρα［Ἐπίγ.3］

奉承　θεραπεύω［1 Ἐπισ.309c］

愤怒　ὀργή［Ορ.415e11］

疯狂　Μανία［Ορ.416a22］

疯狂的　μάργος［Ἀλβ'.148a］

分配　διανέμω［Mí.317d］

肤浅的　ἀμυχιαῖα［Ἀξ.366a］

G

感到困惑　πλανάω［Ἀλα'.117a］

感觉　αἴσθησις［Ορ.414c5］

感觉　αἰσθάνομαι［Ἀλα'.127e］

干旱　αὐχμός［Ἀξ.368c］

感想一致　εὔνοια［Ορ.413b6］

刚毅　εὐχέρεια［Ἀλα'.122c］

告诫　Νουθέτησις［Ορ.416a30］

放高利贷者　τοκιστής［Ἀλβ'.149e］

高贵优秀的（品格和行为）　καλοκἀγαθία［Ἐρα.133d；Ορ.412e8］

高明的　δεῖνος［Θε. 126a］
高尚　εὐγένεια［Ορ. 413b3］
给予　τίθημι［Θε. 122d］
歌手　ἀοιδός［Ἐπίγ. 20］
弓　τόξον［Ἱπ. 226c］
弓箭手或警察　τοξότης［Ἀλβ΄. 145e］
工匠　δημιουργός［Θε. 125a］
公民　δῆμος［Ἀξ. 368d］
公平合理　ἐπιείκεια［Ορ. 412b8］
公道　Δίκαιον［Ορ. 414e12］
公正判断　δίκη［3 Ἐπισ. 319e］
共和城邦　Πολιτεία［Ορ. 413e10］
攻守同盟　Συμμαχία［Ορ. 415c5］
公正的　μέτριος［13 Ἐπισ. 362e］
故事　μῦθος［Δη. 383c］
故意地　ἐξεπίτηδες［Θε. 123a］
雇佣兵　μισθόφορος［3 Ἐπισ. 315e］
鼓掌　κροτέω［Ἀξ. 368d］
管教　παιδαγωγέω［Ἀλα΄. 135d］
关心　ἐπιμέλεια［Ἀλα΄. 124d、129a、135e］
裹尸布　φᾶρος［Ἐπίγ. 16］
国王　βασιλεύς［Ἐρα. 138b］

H

好的　ἀγαθόν（见于各篇）
好看　εὐπρόσωπος［Ἀλα΄. 132a］
好利的　φιλοκερδής［Ἱπ. 232c］
好人　ἀγαθός ἄνθρωπος［Ορ. 415d6］
喝彩　ποππύζω［Ἀξ. 368d］
合法　νόμιμος［Ἀλα΄. 109c］

附录四 重要术语和主要语词一览表

合理的 πιθανός [Δη. 386c]

和平 εἰρήνη [Ορ. 413a6]

和谐 ὁμόνοια [Ἀλα΄. 126c]

和谐地 μουσικός [Ἀλα΄. 108d]

和谐共处 Προθυμία [Ορ. 413e5]

呼吁 παράκλησις [Ἀλ. 8.]

吉利的话 εὐφημία [Ἀξ. 149b]

花冠 στέφανος [Ἀλβ΄. 151a]

(戴上)花冠 στεφανόω [13 Ἐπισ. 361d]

话语 Λόγος [Δι. 373d; Ορ. 414d2]

欢乐 Εὐφροσύνη [Ορ. 413e2]

欢喜 ἀρέσκω [4 Ἐπισ. 321b]

欢迎 ἀσπάζομαι [Θε. 127c]

坏的 κακός [Ἀρ. 377c]

还债 χρέος [Ἀξ. 367b]

荒诞不经的 ἄτοπος [Δη. 380b]

惶恐 ἔκπληξις [Ορ. 415e8]

回忆 Μνήμη [Ορ. 414a8]

活着 ζάω [Ἀξ. 365d、366b]

伙伴 ἑταιρία [Ορ. 413c1]

获救 Σῴζειν [Ορ. 416a36]

获胜 νικᾶν [Ορ. 415d1]

J

疾病 νόσος [Ορ. 416a20]

忌妒 Φθόνος [Ορ. 416a13]

几何 γεωμετρέω [3 Ἐπισ. 319c]

计划 Βουλή [Ορ. 414a2]

纪念物 [Ἱπ. 229a]

激情 Θυμός [Ορ. 415e6]

奇数的　περιττός ［Σί.387e］
迹象　σημεῖον ［Μί.321b］
技艺　τέχνη ［Μί.319c；Ἀλ.7］
击中　ἐπιτυχής ［Σί.391c］
家奴　οἰκέτης ［Δια.；Ⅲ42］
假设　ὑπόθεσις ［Ορ.415b10］
驾驭　ἡνιοχικός ［Θε.123c］
价值　ἀξία ［Ἐρυ.393b－394a；Ἵπ.225a］
假装无知地　εἰρωνικῶς ［Ἐρα.133d］
健康的　χρηστός ［Ἵπ.230e］
坚忍　καρτερία ［Ορ.412c1］
见识　δόξα ［Ἀλβ′.146a］
建议　συμβουλεύω ［Δη.380d－382e；Θε.122a］
监狱　φρούριον ［Ἀξ.365e］
僭主　Τύραννος ［Ἀλα′.134e；Ἀλβ′.141a；Ἐρα.138b；1 Ἐπισ.309b；3 Ἐπισ.315b、Ἐπισ.319d3；Θε.124e、125d；Ορ.415c8］
将军　στρατηγός ［Ἀλβ′.142a；Ἀξ.368d］
奖品　γέρας ［Ἀξ.367c］
教导　ἐξηγέομαι ［Ἀλα′.124b］
教化　Παίδευσις ［Ορ.416a28］
焦虑　φροντίς ［Ἐπίγ.28］
角力士　παλαιστής ［Ἐρα.135e］
交谈（就教）　συνουσία ［Θε.127c；Κλ.406a］
交往　προσομίλεω ［Δη.384d］
交往　συγγίγνομαι ［Θε.122a］
教育　Παιδεία ［Ορ.416a27］
教育　παιδεύω ［Ἀλα′.119b；Ἵπ.228d］
杰出的　θεῖος ［Ἀλ.7.；Κλ.318c］
解毒药　ἀλεξιφάρμακον ［Ἀλα′.132b］
接纳　προσδέχομαι ［Θε.127c］

附录四 重要术语和主要语词一览表

解释神示的人　χρησμόλογος ［Ἀρ. 379c］

没有节奏　ἀμετρία ［Κλ. 407c］

惊服　ἄγαμαι ［Ἐρυ. 403d；Κλ. 407e］

惊服　θαυμάζω ［Ἱπ. 228e］

金刚石　ἀδάμας ［1 Ἐπισ. 310a］

净化　Κάθαρσις ［Ορ. 415d4］

精明　ἀγχίνοια ［Ορ. 412e4］

精明　δεινότης ［10 Ἐπισ. 358c］

谨慎　εὐλάβεια ［Ορ. 413d1］

精通　ἐπίσταμαι ［Ἀλβ΄. 147b］

静卧　κεῖμαι ［Ἐπίγ. 3］

令人惊异的　θαυμαστός ［Ἀλβ΄. 151a］

金子　χρυσός ［Ἐπίγ. 11］

镜子　Κάτοπτρον ［Ἀλα΄. 132e；Ἀλκ. 2；Ἐπίγ. 12］

净罪礼　ἁγνεία ［Ορ. 414a12］

酒会　συμποσία ［Ἀξ. 371d］

聚餐　συνουσία ［Μί. 320b］

K

慷慨　ἐλευθεριότης ［Ορ. 412d4］

可爱的　γλυκύς ［Ἱπ. 227d］

可靠　ἀσφαλής ［Θε. 130e］

渴望　ἐπιθυμία ［Θε. 121c］

可信的　εἰκός ［Μί. 321b］

课业　μάθημα（或Γράμματα）［Θε. 122e］

恐惧　φόβος ［Ορ. 415e5］

控制　ἐγκρατής ［Θε. 130e］

枯萎　ἐπίκαυσι ［Ἀξ. 368c］

宽厚　μεγαλοφροσύνη ［Ἀλα΄. 122c］

宽宏大量的　μεγαλοψυχία ［Ορ. 412e9］

匮乏　ἔνδεια　[Ορ. 416a8]

L

唠叨　Λαλιά　[Ορ. 416a23]

唠叨　ἀδολεσχέω　[Ἐρα. 132b]

立法术　Νομοθετική　[Ορ. 416a29]

立法者　Νομοθέτης　[Μί. 321b；Ορ. 415b7]

力量　ῥώμη　[Ἀλβ′. 135e]

利益　κέρδος　[Ἵπ. 231a]

理应　δίκαιος　[Δη. 383a]

两栖的　[Ἀξ. 368b；Ἐπίγ. 20]

灵魂（理性、欲念）　ψυχή　[Ἀλα′. 130a；Ἀξ. 365e；Ἐπίγ. 6、21；2 Ἐπισ. 312e；Ἐρα. 372a；Ορ. 411c7]

令人惊异　θαυμαστός　[12 Ἐπισ. 359c]

留下　καταλείπω　[Δια.；Ⅲ42]

留意　εὐλαβοῦ　[Ἀλα′. 132a]

芦笛　κάλαμος　[Ἐπίγ. 27]

鲁莽　Θρασύτης　[Ορ. 416a16]

论文　ὑπόμνημα　[12 Ἐπισ. 359c]

落坐　ἑταίρα　[Ἐπίγ. 5]

M

马　ἵππος　[6 Ἐπισ. 322d]

双轮马车　ἅρμα　[Θε. 123c]

马人　Κένταυρος　[Ἀξ. 369c]

昴星团　Πλειάδες　[Ἀξ. 370c]

美德　ἀρετή　[Ἀρ. 376a；Ἐρυ. 393a；Κλ. 407b；Ορ. 411d；Σί. 387c]

美且善　καλοὶ κἀγαθοί　[Ἀλα′. 124e、125a；Ἐρυ. 397e、403b、398d、399b；Θε. 122e、127a；Ἵπ. 228c]

美妙的　ἡδύς　[9 Ἐπισ. 357e]

附录四 重要术语和主要语词一览表

没头脑　ἀνοηταίνω ［11 Ἐπισ. 359c］
没头脑　ἀφροσύνη ［Ἀλβ′. 139a、139c］
蒙福者　μάκαρ ［Δι. 374a］
迷雾　ἀχλύς ［Ἀλβ′. 150d］
描绘　παράγω ［Ἀλβ′. 147d］
蔑视　καταφρονέω ［2 Ἐπισ. 312a］
名词　ὄνομα ［Ορ. 414d4］
铭文　ἐπίγραμμα ［Ἵπ. 228e］
命运　τύχη ［Ορ. 411b11；Ἐπίγ. 25］
民众　δῆμος ［Ἀλα′. 132a］
明智　Σωφροσύνη ［Ἀλα′. 131b；Ἐρα. 138a；Ορ. 411e6］
明智的　φρόνιμος ［Ἀλα′. 125a；Ἀλβ′. 139c］
缪斯们掌管的诸艺术　μουσική ［Ἀρ. 377e］
模仿　μίμεομαι ［Ἀλα′. 108b］
谋划　Συμβούλευσις ［Ἀλβ′. 149e；Ορ. 413c10］
米那　μνᾶ ［Ἀλα′. 119a, 123c；Δια. Ⅲ42；Ἐρα. 135c；13 Ἐπισ. 361b］
牧者　νομεύς（ποιμήν）［Μί. 321c］

N

能力　Δύναμις ［Ορ. 411c8；416a34］
能自我克制的　ἐγκρατής ［Ορ. 415d9］
奴隶　δοῦλος, ［Ἀλα′. 119a；Ἀρ. 376d；11 Ἐπισ. 359a］
奴隶　ἀνδράποδον ［Θε. 130b］
农奴　Εἵλως ［Ἀλα′. 122d］

O

偶数的　ἄρτιος ［Σί. 387e］

P

判断　δόξα ［Μί. 314c］

判断力　γνώμη［Ἀλβ΄.139a］
抛弃　ἐκβάλλω［Ἀξ.368d］
朋友　φίλος［Ἀλκ.3；3 Ἐπισ.316e；Κλ.410b；Δι.374d；Ἱπ.229b；Ορ.416a5；Ορ.416a13］
朋友　ξένος［3 Ἐπισ.316c；13 Ἐπισ.362a］
好朋友　ὦ γαθε［Ἀλα΄.120a；Θε.125b；Θε.128d］
好朋友　γενναῖος［Ἀλα΄.135e］
忠实的朋友　ἐπιτήδειος［2 Ἐπισ.311b, 311c；13 Ἐπισ.361c, 361d, 362c, 363c］
最亲爱的朋友　βέλτιστος［Ἐρα.139a；Κλ.408d；Μί.315d］
骗子　ἀλαζών［Δη.385c］
苹果　μῆλον［Ἐπίγ.7］
平静时期　ἀλκυονίδες［Ἀλκ.2］
评论　διαίρεσις［13 Ἐπισ.360b］
仆人　πρόπολος［Ἐπίγ.13］
仆人　θεράπων［Ἐπίγ.20］
普通民众　πολλοί［Ἀλα΄.110e］

Q

祈祷　εὐχή［Ἀλβ΄.148b；Ἀξ.367c；Ορ.415b2］
器具　σκεῦος［Δια.Ⅲ43］
器皿　φιάλη［Δια.Ⅲ42］
歧途　πλάζω［Ἐπίγ.20］
气息（普纽玛）　πνεῦμα［Ἐπίγ.29］
七弦琴　λύρα［Κλ.407c；Ἱπ.226c］
钱财　χρῆμα［Ἀλα΄.131b；Ἐρυ.397e；Κλ.497b］
虔诚的　εὐσεβής［Ἀξ.372a；Ἀλ.8.］
虔敬　εὐσέβεια［Ορ.412e14］
虔敬的　ὅσιον［Ορ.415a9］
谴责　ὑμνέω［Κλ.407a］

附录四 重要术语和主要语词一览表

强有力的　ἀνδρεῖος［5 Ἐπισ. 321e］
勤奋　Φιλοπονία［Ορ. 412c6］
亲切的交谈　ὄαρος［Μί. 319e］
青春美　ὥρα［Ἐπίγ. 7］
情敌　ἀντεραστής［Ἐρα. 132e］
青少年　μειράκιον［Ἐρα. 132a］
轻视哲学　ἀφιλοσοφία［Ορ. 415e4］
青蛙　βάτραχος［Ἐπίγ. 20］
群氓　ὄχλος［Ἀξ. 368d］
躯体　σκῆνος［Ἀξ. 366a］
劝告　βουλεύω［Δη. 380a - b；］
权限　ἐξουσία［Ορ. 415b6］
缺席　ἀπογίγνομαι［Ἀλα'. 126a］

R

热衷　Προθυμία［Ορ. 413e5］
人　ἄνθρωπος［Ορ. 415a11］
属于人的　ἀνθρώπινος［13 Ἐπισ. 362b］
大群人　πληθύς［Ἀξ. 366b］
一同玩球的人　Συσφαιριστής［13 Ἐπισ. 363d］
最难以对付的人　ἐρρωμενέστατος［Κλ. 409a］
仁慈　φιλανθρωπία［Ορ. 412e11］
认可　δοκιμάζω［1 Ἐπισ. 310a］
认识你自己　γνῶθι σαυτόν［Ἀλα'. 124a；133b - d］
认为　οἴμαι（见于大多数对话篇）
日光　φάος［Ἀξ. 365c］
容易的　φαῦλος［11 Ἐπισ. 359a］
（必须变）软弱　μαλθακιστέον［Ἀλα'. 124d］

S

撒谎　ψεύδω［Δι. 375d］
赛跑　στάδιον［Θε. 128e］
散步　περίπατος［Ἀξ. 372a］
善（好）　Καλόν（见于大多数对话篇）
擅长计算者　ἀριθμηταί［Ἀλα′. 114c；Δι. 373b］
擅长体育锻炼的人　γυμναστικός［Ἀξ. 108c］
神　θεός［Ἀλβ′. 150b；Ἀλβ′. 138a；Ορ. 411a3］
神殿　ἁγίασμα［Ἐπίγ. 21］
神灵（灵异）　δαιμόνιον［Ἀλα′. 103a；Θε. 128d］
深坑　Τάρταρος［Ἀξ. 371e］
深思熟虑　εὐβουλία［Ἀλβ′. 125e；Ορ. 413c3］
深思熟虑的　εὔβουλος［Σί. 387c］
神圣的　ἱεροπρεπής［Θε. 122d］
神一样的　θεῖος［Ἀρ. 379d］
审判　Δίκη［Ἵπ. 225c；Ορ. 413d10］
审判术　δικαστική［Ἐρα. 137d］
审慎　Φρόνησις［Ἀλβ′. 139a；2 Ἐπισ. 310e；Ορ. 411d5］
审问　κρίνω［Δη. 383a］
审议　συμβουλή［Δη. 380a］
审议　βουλεύω［Σί. 387b］
过奢侈的生活　τρυφάω［Ἀλβ′. 114a］
胜利　Νίκη［Ορ. 414a3］
生养　παιδοποιία［Θε. 121c］
失败　υστυχέω［Ἀλβ′. 148d］
市场　ἀγορά［Ἐπίγ. 28］
适度的　Μέτριον［Ορ. 415a4］
诗歌创造者　ποιητής［Ἀλβ′. 142e；Ἀξ. 367d］
时间　χρόνος［Ορ. 411b3］

附录四 重要术语和主要语词一览表

施迷魂术　Θέλγω［Ἐπίγ. 22、29、30］
诗人　ποιητής［Ἀλβ′. 143a］
世人的　［1 Ἐπισ. 310a］
适时　Καιρός［Ορ. 414a；Ορ. 416a6］
石头　λίθος［Ἐρυ. 400e、405b］
失误　ἁμαρτία［Ορ. 416a12］
试验真假　βασανίζω［2 Ἐπισ. 313c］
实有　ὄντος［Μί. 317d］
适中　Μέτρον［Ορ. 415a6］
适中的　μέτριος［Ἐρα. 134a］
手　παλάμη［Ἐπίγ. 16］
守护神　δαίμω［Ἐπίγ. 3］
收获　ἀπαρχή［Ἀλβ′. 151b］
手艺　βαναυσία［Ἀλα′. 131b］
守秩序的行为　κοσμιότης［Ορ. 412d8］
书写板　δέλτος［Ἀξ. 371a］
书信　δέλτος［2 Ἐπισ. 312d］
书信　ἐπιστολή［2 Ἐπισ. 314c；3 Ἐπισ. 315b, 317b, 317e；4 Ἐπισ. 321b；6 Ἐπισ. 323b, 323c；9 Ἐπισ. 357c；11 Ἐπισ. 358d；13 Ἐπισ. 360a, 363b, 363c, 363d, 363e］
双行体诗　ἐλεγεῖον［Ἵπ. 228d］
说服　πείθω［Ἀλα′. 114b；Δη. 384e］
说神示的人　Μάντις［Ἀρ. 379c］
说预言的能力　Μαντεία［Ορ. 414b2］
思考　ἔννοια［Ορ. 414a10］
思考力　διάνοια［Ἀλ. 6.］
斯库拉　Σκύλλα［Ἀξ. 369c］
斯塔泰尔　στατήρ［Ἐρυ. 400a］
思索　σκέψις［Ἐρυ. 399d］
死亡　θάνατος［Ἀξ. 369b、370c］

思想　Νόησις［Ορ. 414a11］
思想家　φροντιστής［Ἀξ. 366b］
损失　ζημία［Ἵπ. 226e］

T

塔兰同　Τάλαντον［Ἐρυ. 393b］
贪婪的　κερδαλέος［Ἵπ. 230d］
贪婪的（人）　φιλοκερδής［Ἵπ. 225a］
贪心　κέρδος［Ἐπίγ. 16］
讨人厌的　δυσχερής［1 Ἐπισ. 309a］
提醒　ὑπομιμνήσκω［1 Ἐπισ. 309d］
（擅长）体育锻炼的　γυμναστικός［Κλ. 407c］
体育教练　παιδοτρίβης［Ἀλα′. 107e、118d；Ἀξ. 366e；Μί. 318a］
体育（术）　γυμναστική［Ἀλα′. 128c；Ἐρα. 132d］
体育学校　γυμνάσιον［Ἐρυ. 399a］
体育训练司理　Γυμνασίαρχος（Γυμνασιάρχης）［Ἐρυ. 399a］
体育训练司理的职务　γυμνασιαρχία［Ἀξ. 367a］
田产　χωρίον［Δια. Ⅲ41］
天父　πατήρ［6 Ἐπισ. 323d］
天生就坏　κακοφυΐα［Ορ. 416a19］
（讨论）天体　μετεωρολόγεω［Ἀξ. 370e］
天庭　οὐρανός［Ἀλα′. 117b；Ἀλκ. 4］
天性　φύσις［Ἀλα′. 119c］
天眼　ὄμμα［Ἐπίγ. 1］
听从　πείθω［Θε. 121d］
统治权　ἀρχή［Ορ. 415b5］
突然　αἰφνίδιος［Ἀξ. 364b］

W

外国人的　ξενικός［5 Ἐπισ. 321c］

附录四 重要术语和主要语词一览表

王　βασιλεύς［Ἀλα′.124a；2 Ἐπισ.312e；Ἐρα.138b；Ὀρ.415b3］
望着　ὁράω［Ἀλα′.134d］
未击中　ἀπιτυχής［Σί.391c］
未受教育的　ἀπαίδευτος［Ἀλα′.123d］
畏缩　ὄκνος［Ὀρ.416a3］
委托别人代管的财产　Παρακαταθήκη［Ὀρ.415d3］
为众人做工者　δημιουργός［Ἐρα.135d］
文书　σύγγραμμα［Μί.316c、317a］
卧榻　［1 Ἐπισ.310a］
无耻　ἀναισχυντία［Ὀρ.416a14］
舞蹈　χορεία［Ἀξ.366a］
无法无天的　ἄνομος［Μί.317c］
无畏　ἀφοβία［Ὀρ.413a4］
五项全能运动员　πένταθλος［Ἐρα.135e］
无意义的　μάταιος［Ἀξ.369c］
无用的　πονηρός［Μί.314e］
无知　ἀμαθία［Δι.375c］
无知者　ἀμαθής［Ἐρα.139a］
玩偶　κόρη［Ἀλα′.133a］

X

溪谷　κοιλάς［Ἐπίγ.20］
下跳棋　πεττεία［Ἐρυ.395b；Ἵπ.229e］
下跳棋　πεττευτικά［Ἀλα′.110e］
向导　ἡγήτειρα［Ἐπίγ.20］
香甜　γλυκύς［Ἐπίγ.20］
小看　καταφρονέω［Θε.127e］
小男孩　παιδάριον［Ἐπίγ.10］
消磨时光　［Θε.128b］
小年轻　μειράκιον［Ἀλα′.123e］

希望　ἐλπίς［Ορ. 416a21］

献祭　θυσία［Ἀλβ′. 149c；Ορ. 415b1］

谄媚　Κολακεία［Ορ. 415e9］

羡慕　ζηλόω［Θε. 121d］

相反　ἐναντιότης［Ορ. 416a24］

乡区　δημότης［Θε. 121d；Ἱπ. 228d］

邪恶　κάκη［Ἀξ. 115c］

写字板　γραμματεῖον［Μί. 320c］

（可折叠的）写字板　πτυχή［2 Ἐπισ. 312d］

心地单纯的　εὐήθεια［Δη. 385c］

心平气和　πραότης［Ορ. 412d6］

信任　πίστις［Ορ. 413c4］

信条　δόγμα［Μί. 314b－e］

信心　Θάρσος［Ορ. 412c3］

星　ἀστήρ［Ἐπίγ. 1］

幸福的　εὐδαίμων［Ἀλα′. 116b］

性情　ἦθος［6 Ἐπισ. 323a；或习性，3 Ἐπισ. 316a；10 Ἐπισ. 358c］

幸运　εὐδαιμονία［Ορ. 412d10］

幸运　εὐπραγία［Ἀλα′. 116b］

行政官　Πολιανόμος［13 Ἐπισ. 363c］

羞耻心　αἰσχύνη［Ορ. 416a9］

虚伪的友谊　Λυκοφιλία［3 Ἐπισ. 318e］

宣称　φάσκω［3 Ἐπισ. 318a］

宣告　φράζω［Ἀλα′. 104e］

选择　αἵρεσις［Ορ. 413b5］

学习　Μανθάνω［Ἀλα′. 110c；Ἐρα. 133c；Σί. 389e］

学习　Διδάσκω（永远多学）［Ἐρα. 133c］

训导者　σωφρονιστής［Ἀξ. 367a］

附录四 重要术语和主要语词一览表

Y

严酷的　ὠμός［1 Ἐπισ.309a］

演说家　ῥήτωρ［Ἀλαʹ.114c；Ἀξ.370e］

炎热的　καῦμα［Ἐπίγ.20］

羊皮大衣　Σισύρα［Ἐρυ.400e］

样式　ἰδέα［Ἀλ.4］

要求　χράω［Θε.122b］

钥匙　Κλείς［Ἀξ.371b］

野蛮人（非希腊人）　βάρβαρος［Μί.315c；Θε.126c］

一家之主　δεσπότης［Ἐρα.138c］

一命呜呼　ἄπειμι［Ἀλβʹ.141b］

益处　κέρδος［Ἵπ.227d］

益处　ὠφελία［13 Ἐπισ.360b］

意见　Δόξα［Κλ.409e；Ορ.414c3］

以太　αἰθήρ［Ἀξ.366a；Ἀλ.7.］

义务　Τάξις［Ορ.413d2］

意愿　Βούλησις［Ορ.413c8］

银币　ἀγρύιον［Ἀρ.378d］

饮料　πότος［Ἵπ.230b］

姻亲　κηδεστής［13 Ἐπισ.363c］

音乐（等艺术）　μουσική［Ἐρυ.398b、402d；Θε.123e］

赢得　αἴρω［Ἐπίγ.16］

应得的一份　μέρος［Ἀλβʹ.140b］

永恒的　ἀίδιος［Ορ.411a1］

勇气　ἀνδρεία［Ορ.412a3］

勇气　θάρσος［Ἀξ.364d］

友爱　φιλία［Κλ.409e］

有节制的　σώφρων［Ορ.415d8］

有节制或明智　σωφρονέω［Ἐρα.138a］

· 363 ·

有利　Συμφέρον［Ορ. 414e7］

有理性的　ἔμφρων［Δη. 380d］

忧虑　Σύννοια［Ορ. 415e1］

有危险的　σφαλερος［Θε. 121c］

优雅　κομψότης［10 Ἐπισ. 358c］

友谊　Φιλία［Ἀλα΄.126c；Ορ. 413a10］

有益的　ὠφέλιμον［Ἱπ. 231e；Ορ. 414e6］

优越　διαφέρω［4 Ἐπισ. 320d］

幼稚的　νήπιος［Ἀλ. 3.］

有责任的　αἴτιος［6 Ἐπισ. 323d］

有助益的　χρηστός［Μί. 314e］

愚蠢的　ἀνόητος［Θε. 126d］

愚蠢的　κακόβουλος［Σί. 391c］

愚蠢的　εὐήθης［Ἱπ. 229c］

预谋　Πρόνοια［Ορ. 414a1］

预示（测）　μαντεύομαι［3 Ἐπισ. 317e；6 Ἐπισ. 323c］

语言　Διάλεκτος［Ορ. 414d7］

预言术　Μαντική［Ορ. 414b3］

宇宙　κόσμος［Ἀξ. 371b］

愚拙　Φαυλότης［Θε. 130c］

怨仇　ἀπέχθεια［Θε. 130b］

元素　Στοιχείον［Ορ. 411c11］

愿意　βουλοίμην［Ἀλα΄.135e］

援助　Βοήθεια［Ορ. 416a32］

运气　τύχη［Ἀξ. 368c；Θε. 130e］

Z

在场　παραγίγνομαι［Ἀλα΄.126a］

赞美　ὑμνέω［Ἀλ. 8］

造化　φύσις［Ἀξ. 366a；Ἀλ. 3］

附录四 重要术语和主要语词一览表

站稳脚跟 διαβαίνω ['Επίγ. 6]

战争艺术 Πολεμική [Ορ. 415c5]

照拂 ἐπιμελέομαι [Ἀλα΄. 127e]

召唤 μετεκλήθην [Ἀξ. 372a]

兆头 οἰωνός [Ἀλβ΄. 151b]

掌舵手（人） κυβερνήτης [Ἀλα΄. 117d; Ἐρα. 136d; Ἐρυ. 394e; Ἵπ. 226b]

掌握 καταλαμβάνω [9 Ἐπις. 358a]

哲理（智慧、知识） Σοφία [6 Ἐπισ. 322d; 10 Ἐπισ. 358c; 13 Ἐπισ 360b; Ορ. 414b]

（爱）哲学 Φιλοσοφία [2 Ἐπισ. 312a; 10 Ἐπισ. 358c; 13 Ἐπισ. 363c; Ἐρα. 133b; Ἐρυ. 399a; Ορ. 414b7]

哲学家 φιλόσοφος [2 Ἐπισ. 312a; Ἐρα. 136d]

真实 ὄντα [Μί. 316b]

真实的 ἀληθής [Θε. 130d; Μί. 315a]

真相 ἀλήθεια [Ἀξ. 370d; Ορ. 413c6]

拯救 Σωτηρία [Ορ. 415c7]

证明 Τεκμήριον [Ἀλα΄. 113e; Ορ. 414e1]

证明人 μάρτυς [1 Ἐπισ. 309a]

正确地 ὀρθῶς [Ἀλα΄. 108b]

政体 πολιτεία [Ἀλβ΄. 146a; Ἀξ. 368c]

正义 δικαία (δίκη) [Ἀλα΄. 109e; Ἵπ. 229a]

正义的 δίκαιος [Ἀλβ΄. 150b; Δι. 373d; Κλ. 410b; Μί. 314c]

正义 Δικαιοσύνη [Δι. 375c; Ἐρα. 138b; Κλ. 409a; Μί. 314c; Ορ. 411d8]

正直 χρηστότης [Ορ. 412e6]

政治家 Πολιτικός [Ἀλα΄. 133e; Ἀλβ΄. 145e; Θε. 126a、126c; Ορ. 415c1]

政治学 πολιτική [Ἐρα. 138b; Κλ. 408b; Ορ. 413b11]

侄儿 ἀδελφιδῶν [13 Ἐπισ. 361c]

治家术　δεσποτική［Ἐρα.138c］

指环　Δακτύλιος［Δια. Ⅲ42］

知识　ἐπιστήμη［Ἀλβ΄.146e；Ορ.414b10；Σί.390c］

直言无隐　παρρησία［Κλ.406a］

制造者　ἔργατις［Ἀλ.7.］

指责　αἰτιάομαι［Δη.385d］

智者（哲人）　Σοφιστής［Ἐρυ.397c；Μί.319c；Ορ.415c9］

指正　κολάζω［Ἐρα.137b、138a］

忠告　ὑγιής［2 Ἐπισ.310c］

宗教性的游行者　πομπεύς［Ἀλβ΄.149c］

柱廊　στοά［Ἐρυ.392a；Θε.121a］

祝你健康　ἔρρωσο［2 Ἐπισ.314c］

主席　Πρόεδρος［Ἀξ.368e］

主子　Δεσποτεία［Ορ.415e3］

住嘴　εὐφημέω［Ἀλβ΄.143d；Ἵπ.228b］

装备　παρασκευή［Ἀλα΄.120b］

（身体或精神上的）状态　ἕξις［Ορ.414c8］

庄严的　σεμνός［Σί.390c］

卓越者　Σπουδαῖος［Ορ.415d11］

卓越的　περισσός［Ἀξ.365c］

准许　δίδωμι［Κλ.406a］

自惭　αἰδέομαι［Ἐπίγ.16］

自然　φύσις［Ἀξ.370d］

自我克制　ἐγκράτεια［Ορ.412b3］

自愿的　ἑκούσιον［Ορ.415a1］

自由　ἐλευθερία［Ορ.412d1］

自由的　ἐλεύθερον［Ορ.415a3］

自由人　ἐλευθεροπρεπής［Ἀλα΄.135c］

自（节）制的　σώφρων［Ορ.415d8；11 Ἐπισ.359a］

自足　αὐτάρκεια［Ορ.412b］

附录四 重要术语和主要语词一览表

走调　πλημμέλεια［Κλ.407c］

走运（顺利）　Εὖ πράττειν［Ἐπισ.］

（品质和美德方面的）最好　βέλτιστος（见于大多数对话作品）

参加宗教秘仪　μυέω［Ἀξ.371e］

祖国　πατρίς［9 Ἐπισ.358a］

祖先　πρόγονος［12 Ἐπισ.359d］

最好的人　λῷστε［Ἐρα.134a］

最后的　πύματος［Ἐπίγ.16］

尊重　Τιμή［Ορ.413e3］

尊严　αἰδώς［Ορ.412c8］

做独裁君主　τυραννεύω［Ἀξ.366d］

作翻案诗　παλινῳδέω［Ἀλβ′.148b］

附录五

《伪柏拉图文集》"内容提要"

《定义篇》

《定义篇》是归于柏拉图名下,而主要由研究公元前古希腊若干不知名的词汇语义的学者对归属于不同学科尤其是哲学学科 185 个重要术语的解释。那些术语绝大多数都在柏拉图的作品中存在,而且对它们的释义基本上与柏拉图的思想相吻合,从而它们实际上作为对柏拉图著作的注解、诠释或用词的索引,介绍了柏拉图及其学派的理论观点,其目的在于以利于传播柏拉图学说而供人们学习、参考、研究所用。如果说柏拉图是语言哲学(可以他的《克拉底鲁篇》为代表)的发轫者,则就编纂时间而言,人们也可以将《定义篇》看作欧洲历史上第一部哲学重要术语的"辞典"。

《论美德》

教育的目的是使受教育者完善自身或成为好人。好人的有无决定一个城邦的兴衰。一个人如何才能变得好呢?显然通过美德可以做到。可是,如何才能获得美德呢?如果美德能够被教会,那么一定有教会美德的教师,然而,似乎没有任何人——甚至雅典著名的有美德的人也未能——将美德教给他们自己的儿子,更遑论其他人。美德也不是一种天赋,因为如果它是天赋,就有教练或好人致力于识别和培养它,正如赛马培训师和体育教练一样，同时，美德若是一种天赋，也就用不着向谁学习。看来，人们能够从各行各业专家那里学会的无非是技艺之类的东西。而那些享有美德的人要感谢神，因为美德既不是靠他们的天性，也不是由他们的教育者使他们具有的。因此："美德既非能学会又非天生，而是将由神在场分配给其拥有者。"

《论正义》

《论正义》是苏格拉底和一位无名氏之间关于"正义"性质的一次谈话。苏格拉底首先提出这一论点：某一特定的相同行为（甚至撒谎、欺骗和害人）有时是正义的有时是非正义的，具体要视情况而定；当在有必要和适合时宜的情况下，所作所为是正义的，在其他情况下是非正义的。但是，由于懂得行正义之事是正义的，或者由于知识和智慧，正义的人才是正义的；因此，正是由于知识和智慧使人能辨别在适合时宜的情况或场合下有必要作为。那么，非正义的人由于无知是非正义的和邪恶的。而非正义是出于无知，所以是非情愿的。既然人们并非情愿非正义，那他们的非正义行为也必定是不情愿的。苏格拉底由此引申出知识和智慧能够决定什么是"正义"和什么样的行为才是"正义"的行为。但对于什么是正义，并没有作出回答。

《爱慕者篇》

《爱慕者篇》是由苏格拉底转述他与两个爱慕者讨论关于哲学和哲学家问题的一篇对话。在其中一个爱慕者眼中，哲学是美好的，哲学家们自身也是优秀的；另一个爱慕者却认为哲学家也无非是一些胡说八道的唠叨者。但在苏格拉底看来，虽然哲学是美好的，哲学家们自身也是优秀的，但是，爱哲学并不就是忙于各种具体技艺的博学，以致哲学家在各行各业的专家在场时成为有害不中用的邪恶之人；就像适度锻炼有益身体一样，哲学主要是关于锻炼灵魂中的明智和正义以及指正人的学问，因为我们有了明智和正义也就懂得了真正指正，成为基于正义、善的观念和自知之明的各方面的权威，也就可以训练自己和他人成为最好的人，以及真正指正和分辨好的人和恶劣的人，从而公正、适度地处理私事和城邦的公共事务。

《阿尔基比亚德斯篇（Ⅰ）》

《阿尔基比亚德斯篇（Ⅰ）》是一篇叙述苏格拉底和阿尔基比亚德斯关于认识论的基础——"认识你自己"——的对话。作为爱慕者的苏格拉底不失时机地认为，该是向他的爱人阿尔基比亚德斯提出劝告并使后者走上他的理性和正义诸美德正确轨道的适当的时候了。苏格拉底揭露了阿尔基比亚德斯对于权力的企图；他断定，假如没有他的帮助，阿尔基比亚德斯除了蒙羞将一事无成。随着对话的展开，作为"认识自我"的初步成果，阿尔基比亚德斯不得不承认，他认识到他的无知，也尚不配自由，他既没有自我的知识，更没有善治的知识；目前他适合于"被统治"，而非支配他人；因此，为了实现他的政治抱负，他需要孜孜不倦地培养自己的美德和政治技艺。最后，他向苏格拉底表示愿意开始关心正义等美德甚至提出要转换角色侍奉"爱人"苏格拉底并接受他的管教。对此，苏格拉底一则表示接受，一则谨慎地对他的未来表示担忧。

《阿尔基比亚德斯篇（Ⅱ）》

《阿尔基比亚德斯篇（Ⅱ）》讨论的主题是如何才能正确地祈祷。心事重重的阿尔基比亚德斯拿着献祭的花环在前往神庙的途中与苏格拉底不期而遇，后者同他交谈并让他意识到若不懂如何正确地祷告则会祈得不幸。苏格拉底认为，神更加看重的是祈祷者的善心、虔敬和正义而非盛大的祭神游行和华贵的献祭品。他由之引申出，懂得不在于多而在于懂得关于善和正义的最好的知识。无知并无太大的害处，对何为最好的无知才是真正有害的。若不与善和正义相符合，对有些人而言，在一定情况下无知还是有益的。因为有些人正是由于无知才没能做成有意而为的一些坏事。因此，在众神以及一切明智的人那里，善良和正义诸美德首先受到赞颂。然而只有那些懂得在其言行中如何对待神和人的人才是明智和正义的。在最后，阿尔基比亚德斯感到羞愧，他并不懂得他所祈求的也不具备明智、善良和正义诸美德，因此，他恳求苏格拉底成为他的老师并将献神的花冠给他戴上。苏格拉底愉快地收下花冠并打算成为他的爱慕者中的一位光荣的获胜者。

《阿克西奥科斯篇》

《阿克西奥科斯篇》的对话人之一阿克西奥科斯濒临死亡之际，让他的儿子召唤苏格拉底来到他的床边给予其惯常的做法来安慰他，以帮助他疏解因濒临死亡而体验到的心烦意乱，尽管他熟悉过去常常让他嘲笑的死亡和那些害怕它之人的辩论。苏格拉底提出了各种各样的教导，阿克西奥科斯可以从中加以选择。苏格拉底指出，凡人必有一死，死亡只是人的灵魂暂居的躯壳肉体的不存在，但人的实质是灵魂，而灵魂永恒不朽，所以，死亡与真正的自己无关；人们应当宽厚地、欢欣鼓舞地度日，甚至近乎唱凯旋歌离去而回到定命的家里。尤其对像那些在活着期间无疑受到善良的守护神助以一臂之力的人来说，将会迁入属于虔诚者居住和生活的美妙之所在，但对像那些四处行走生活在为非作歹之中的不敬神者来说，则有"地狱"在等待，在那儿，他们因永恒的惩罚而苦恼。一个人或者是在下界的死者，或者是尘世的活者，都应当是走运和幸福的，如果他虔诚地生活。最终，苏格拉底的开导取得预期效果，阿克西奥科斯欢迎死亡的前景作为他神圣的灵魂到一个更好所在的解脱。

《傣峁道科斯篇》

傣峁道科斯恳求苏格拉底给他们聚会审议并打算投票的事项提建议；苏格拉底指出，他们或者懂得或者不懂得审议和投票。若他们都懂得它，那就没有必要听取建议，如果他们都不懂得审议或投票，那么聚会讨论就是做无益之事。如果他们之中有少数人懂得它，那么他们为什么不给其余的人提建议呢？咨询别人的意见有什么用呢？因为不懂得哪一种建议是可取的人，他就不能根据建议者的意见表决。苏格拉底最后表示，他没法给这样一些人提建议，除非是给具有头脑的人提有关事项的建议。紧接着的三部分是相互独立的轶事，与前面所讨论的没有共同之处，只是苏格拉底明显地是转述者，而用一种粗略的两难推理展开每一桩轶事的论述，表明兼听则明、正确表达、提出正确的要求以便如何正确交往相互对待、善于听取劝告以及不要盲信的道理。

《埃律克夏斯篇》

《埃律克夏斯篇》这篇对话涉及财富自身是什么和美德能否教以及财富和美德的关系等主题。苏格拉底表明，虽然财富在传统上具有很大的价值，但何谓财富，则因人、因地、依需要大小而赋予其不同的价值；富有对美且善的人们来说是好的，那些东西也唯独对他们会有益，如果他们真的精通应该怎样使用它们。但如果唯独对他们会有益，那些东西好像是就唯独对他们也是钱财或财富。对善者和明智者来说，财富是好的，但对邪恶的和无知的人们而言，财富是恶的。再者，所有其他的事情也意味着如此；使用者是什么性质的人，他们就是什么样的人。对他们自身来说，这样的状况也是必然的。最后的结论是，最富有的人是最可怜的人，处于最恶劣的情况中，因为他们有太多的物质需求。如果他不是处于很差的状态下，他就不需要很多钱，而且也不会觉得它有用。

《克莱托丰篇》

《克莱托丰篇》的主题是正义和规劝。该对话描述了克莱托丰抱怨苏格拉底，后者的言论仅仅是劝告的；它们虽然易于让人们产生对正义和美德的向往，但可论不可行，无法教导一个人如何才能成为正义的人，而且对什么是正义也未能给以明确界定。克莱托丰还讲述了他接受苏格拉底关于正义和令人兴奋的劝告之后的变化，发表了从他将苏格拉底看作舞台上的神以此希望并相信会达到正义和美德之境，到怀疑和失望并最终蔑视苏格拉底思想和方法的"慷慨陈词"。在对话的最后，他甚至表示，对于没有受到苏格拉底怂恿追求美德的人来说，他对所有的人是有价值的，而对已受到他怂恿的人，他甚至成为他们由于美德之实现而达至幸福的障碍。

《弥诺斯篇》

在古代，人们不怀疑其真实性的《弥诺斯篇》是从哲学的角度讨论关于城邦立法的必要性和法律的标准或规范问题的一篇对话作品。在对话开始，苏格拉底问他的无名氏同伴："对我们而言，法律是什么呢？"然后在称赞弥诺斯之前探讨了法的本质或试着获得"法"的定义。苏格拉底主张法律旨在"发现真实存在之事"，这一反映真实存在、具有稳定、持久、正确和一致属性的"真实的见解"，它不因人、因时和因地而不同，对文明社会是共同和不变的，以此，文明社会的生活得以调整；这与同伴理解的法是取决于不同的"城邦的信条"相对。最后，苏格拉底指出，在所有法律制度中，古代克里特岛人的法制最为卓越。在宙斯的指导下，为克里特岛人的共同利益制定了那些体现了正义的法律的正是国王弥诺斯；他是最优秀的立法者，而我们任何人都不应该相信雅典剧作家对他拼命添加的诽谤。通过揭示历史和法律的真相，苏格拉底对弥诺斯的立法赞扬的意图之一似乎是要将同伴从忠诚于法是城邦的信条和投票通过的议案及其一些偏见中解放出来。

《塞亚革斯篇》

《塞亚革斯篇》是一篇虚拟的就教育问题关于如何使一个人变得有智慧的对话，它是在苏格拉底和傣崇道科斯及其儿子塞亚革斯这一对父子之间进行的。塞亚革斯是一个雄心勃勃的年轻人，他渴求成为一个卓越的政治领袖；他让其父亲为他找一个能够成就其理想的老师。傣崀道科斯认为只有与苏格拉底交往才会为他儿子准备伟大前程，所以，他请求苏格拉底给他儿子传授所需要的知识。对此，苏格拉底首先让塞亚革斯思考他渴求的有才智本身是什么的问题，然后讲述了他的"灵异"，表明了他的态度：受教者是否能够全然时常并迅速取得进步，完全仰赖他是否被神所爱。他们可以选择他，或者为可靠起见，选择其他对他们有助益的优秀且能干的智慧之人，例如，收费并保证能够授予求教者所需学问的智者。最后，在他们父子表示愿意让塞亚革斯通过结交苏格拉底试验一下他的灵异以及塞亚革斯希望无论怎样，苏格拉底不得不教他通过学习来实现他的政治抱负之后，苏格拉底勉强同意将承担指导塞亚革斯的义务。

《西西福斯篇》

《西西福斯篇》讨论的主题是：审议本身到底是什么。西西福斯认为审议能够获得将要行动的最好方案或应当做事的计划之类的东西，但苏格拉底表示，如果谁能够审议某事，谁就一定已懂得该主题，如此，谁也就不会试图审议它；这与以无知为前提的询问不同，因为富有意义的审议以知道为前提。再者，因为审议总是与未来有关系，而未来是尚未发生的和不确定的，也就不可能有明确的性质，因此，不论是好的还是坏的审议者无非是在审议有关将要存在或尚未存在的，或既不存在也未产生的，也就是没有性质的某事，在较好的和较差的审议之间也就不会有什么区别。审议就像对未来的一种猜测，它不会比任何别的一个推测更好些或更坏些而冒瞎猜的危险一样。随着对话的进行，显然表明西西福斯不懂得审议是什么。对话最后的结论是否定性的，因为即将审议的事情是属于不存在的事情，也就没有必要审议，甚至也就不存在真正的审议者。

附录五 《伪柏拉图文集》"内容提要"

《希帕尔科斯篇》

《希帕尔科斯篇》的主旨是，苏格拉底和一位匿名的同伴试着给出贪婪的定义。同伴认为，贪婪是一种从没有价值的东西中获利的渴望，贪婪者则是一个人从无价值的东西中获取有价值之利者。但在苏格拉底看来，任何有理智的人都不会试图从毫无价值的东西中获利，如果他们不知道是这样，贪婪的人就是愚蠢的，如果知道，那就没有一个人是贪婪的。但就贪婪的人是些好利者来说，由于利益是好的，就贪婪是为了得益的一种欲望或一种对好的愿望而言，那么，所有人看来似乎是都可能会是好利的或贪婪的。这一结论尤其让同伴难以接受，虽然他认为苏格拉底的论证有些问题，但不能说错在何处，也得不出比苏格拉底更好的结论，他便责怪苏格拉底不晓得什么缘故使他在辩论中出错了。苏格拉底抗议说，欺骗朋友将违反希帕尔科斯的教导，虽然苏格拉底建议收回任何有争议的辩论前提，但同伴最后无法避开任何人都是贪婪的结论。

《翠鸟篇》

《翠鸟篇》的主题是关于人类认识局限性的一般认识论问题。它的内容由苏格拉底和他的朋友凯瑞丰之间的一次虚拟的简短的谈话构成。他们讨论了在众多的神话中流传的由人变动物的变形是否事实上可能，以及人们在理解力方面存在不足和缺乏确定性。在对话中，苏格拉底对凯瑞丰讲述了翠鸟的古老神话，一个女人由某些神圣的力量而转化为一只在哀叹中永远在大海上搜索她淹死在海里的心爱丈夫的翠鸟。凯瑞丰怀疑该传说的真实性，但苏格拉底辩称他的怀疑是毫无根据的；人们对神圣力量的限度的说法是由无知和缺乏经验引起的，神圣的力量比人类的力量无法想象地大并且能够显示惊人的力量。鉴于神的能力，对于凡人来说，苏格拉底倡导认识论上的谦虚谨慎。

《书信（十八封）》

　　传统上，柏拉图的书信共有十三封。根据近代以来学者们的研究，除了虽然也有少数人怀疑，但被大多数学者认为是真作的《第七封信》和《第八封信》外，如果对其余被大多数学者认为是伪造的十一封书信的真实程度进行排序，则第六、第三和第十一封书信受到最大的支持；其次是第四、第十、第十三、第十二、第二、第五和第九封书信，只有《第一封信》几乎被学者们一致认为是伪造的。从《柏拉图书信集》的内容来看，除了《第二封信》和《第七封信》涉及柏拉图的哲学学说外，其他主要是关于柏拉图实际活动的记录和某些看法的流露。因此，它们一般是传记性质的。虽然其着眼点主要集中在柏拉图在叙拉古的活动和他对该地的政治人物迪翁和狄奥尼西奥斯二世等人的影响力以及他对他的其他学生和朋友的劝告和人事交往方面，但它们对于了解柏拉图的生平及其为人都很重要。此外，还有五封书信也归于柏拉图的名下，但它们无疑都是伪作，在某些《柏拉图书信集》的译本中作为附录一般列于其后。

《警句（三十三首）》

　　归于柏拉图名下的警句——除一首外——全都收录在《希腊诗文选》中，在第欧根尼·拉尔修的《名哲言行录》第 3 卷"柏拉图"中，记载了柏拉图的"警句"十一首，但在《希腊诗文选》中，除此之外还收录了归于柏拉图名下的二十余首警句；如果它们是柏拉图所作，则是自《名哲言行录》列举了柏拉图的作品之后新发现的属于他的一些作品。不过，这些诗文警句有几首在另外一些选集中也给予了其他的归因。这些诗文警句的题材是多样的，有怀古咏史、咏物、爱情，悼念朋友，赞颂、歌咏，劝诫和讽喻等，虽然大多数警句的作者身份不详，但都反映了作者一定的思想和感情，也具有较高的艺术性。

附录五　《伪柏拉图文集》"内容提要"

《遗嘱》

所谓柏拉图的《遗嘱》是一封关于如何处置被继承者的财产和奴隶以及由谁继承和由谁执行遗嘱的简明扼要的说明;《遗嘱》包含在第欧根尼·拉尔修的《名哲言行录》中,没有被大多数各语种版本的《柏拉图全集》所辑录;从《遗嘱》的内容来看,它反映了柏拉图一定的财富观;从传记的角度看,它与柏拉图的其他作品,特别是书信相关方面的内容基本上是一致的。

附录六

主要参考文献[*]

IOANNES BURNET, *PLATONIS OPERA* (Ⅰ-Ⅳ), OXONII E TYPOGRAPHEO CLARENDONIANO (Oxford University Press), 1899 – 1906.

Benjamin Jowett, *The Dialogues of Plato*, translated into English with Analytic and Introduction, in 5 Vols., Oxford, 1871.

JOHN M. COOPER, *PLATO COMPLETE WORKS*, *with Introduction and Notes*, by HACKETT PUBLISHING COMPANY, Indianapolis/Cambridge, Copyright 1997 by Hackett Publishing Company, Inc..

Friedrich Schleiermachers, *Platon: Sämtliche Dialoge* (Ⅰ-Ⅲ), HERAUSGEGEBEN VON ERICH LOEWENTHAL, 1982 Verlag Lambert Schneider GmbH Heidelberg.

JOHANNES IRMSCHER, *Platon: BRIEFE*. AKADEMIE-VERLAG Berlin. 1960.

Victor Cousin, *Œuvres de Platon*, (13), 1822 – 1840.

Les Belles Lettres, *Œuvres complètes de Platon*, (13), Paris, 1920 – 1935.

W. R. Paton, *The Greek Anthology*. with an English Translation, Cambridge, Mass.: Harvard University Press, 1916 – 1918, Loeb Edition.

---

[*] 以下所列参考文献仅限于书目,本著所引外文期刊类等文献主要源自国外学术期刊网站,如数字图书馆 jstor(Journal Storage)和 Wikipedia, The Free Encyclopedia 等;具体所引文献参见本译著有关内容脚注。

附录六 主要参考文献

Jeffrey Henderson, *Lucian*（1－8）, Harvard University Press, 1913－1967, Loeb Edition.

George Grote, *Plato, and the other companions of Sokrates*（1－3）, London: J. Murray, 1865.

W. K. C. Guthrie, *A History of Greek Philosophy*（1－5）, Published by the Press Syndicate of the University of Cambridge, Cambridge University Press, 1962－1978.

Henry Greorge Liddell and Robert Scott compiled, *A Greek-English lexicon*, with a revised supplement. Oxford: Clarendon Press, 1996.

Franz Passow, *HANDWORTERBUCH DER GRIECHISCHEN SPRACHE*, Leibzig, 1841.

Georg Anton Friedrich Ast, *LEXICON PLATONICUM/sive vocum Platonicarum index*（1－3）, Cambridge University Press, 2012.

Herbert Weir Smyth, *A Greek Grammar for Colleges*, American Book Company, 1920.

［古希腊］第欧根尼·拉尔修:《名哲言行录》（希汉对照本），徐开来、溥林译，广西师范大学出版社2010年版。

《柏拉图全集》（第1—4卷），王晓朝译，人民出版社2002—2003年版。

［古希腊］柏拉图:《理想国》，郭斌、张竹明译，商务印书馆1986年版。

［古希腊］希罗多德:《历史》，王嘉隽译，商务印书馆1959年版。

［古希腊］修昔底德:《伯罗奔尼撒战争史》，谢德风译，商务印书馆1960年版。

［古希腊］色诺芬:《回忆苏格拉底》，吴永泉译，商务印书馆1986年版。

［法］让·布兰:《柏拉图及其学园》，杨国政译，商务印书馆1999年版。

［英］波普尔:《开放社会及其敌人》（第一卷），陆衡等译，中国社会科学出版社1999年版。

［阿拉伯］阿尔法拉比:《柏拉图的哲学》，程志敏译，华东师范大学

出版社 2006 年版。

［英］泰勒：《柏拉图——生平及其著作》，谢随知等译，山东人民出版社 1991 年版。

刘小枫、甘阳主编：《阿尔喀比亚德》（前、后篇），华夏出版社 2009 年版。

林志猛译：《米诺斯》，华夏出版社 2010 年版。

刘小枫、陈少明主编：《柏拉图的真伪》，华夏出版社 2007 年版。

苗力田主编：《亚里士多德全集》，中国人民大学出版社 1990—1997 年版。

［古希腊］普鲁塔克：《希腊罗马名人传》，席代岳译，吉林出版集团有限责任公司 2009 年版。

［德］施莱尔马赫：《论柏拉图对话》，黄瑞成译，华夏出版社 2011 年版。

［德］H.-G. 伽达默尔：《伽达默尔论柏拉图》，余纪元译，光明日报出版社 1992 年版。

顾准：《希腊城邦制度》，中国社会科学出版社 1982 年版。

［瑞士］布克哈特：《希腊人和希腊文明》，王大庆译，上海人民出版社 2008 年版。

［美］依迪丝·汉密尔顿：《希腊精神》，葛海滨译，华夏出版社 2008 年版。

［法］莱昂·罗斑：《希腊思想和科学的起源》，陈修斋译，商务印书馆 1965 年版。

［古希腊］色诺芬：《希腊史》，徐松岩译注，上海三联书店 2013 年版。

［苏］B.C. 塞尔格叶夫：《古希腊史》，缪灵珠译，高等教育出版社 1955 年版。

汪子嵩、陈村富等：《希腊哲学史》（第 1—4 卷），人民出版社 1988—2010 年版。

［美］J.E. 齐默尔曼：《希腊罗马神话词典》，张霖欣编译，陕西人民出版社 1987 年版。

附录六 主要参考文献

罗念生、水建馥编:《古希腊语汉语词典》,商务印书馆 2004 年版。

刁绍华主编:《外国文学大词典》,吉林教育出版社 1990 年版。

乐戴云等主编:《世界诗学百科全书》,春风文艺出版社 1993 年版。

[法] 让-皮埃尔·韦尔南:《古希腊的神话与宗教》,杜小真译,生活·读书·新知三联书店 2001 年版。

[德] 利奇德:《古希腊风化史》,杜之、常鸣译,辽宁教育出版社 2000 年版。

[古希腊] 荷马:《伊利亚特》,罗念生译,人民文学出版社 1994 年版。

[古希腊] 荷马:《奥德赛》,王焕生译,人民文学出版社 1997 年版。

[古希腊] 阿忒纳乌斯:《天生尤物》,寒川子汉译,内蒙古大学出版社 2007 年版。

[古罗马] 奥维德:《变形记》,杨周翰译,人民文学出版社 1984 年版。

中国地名委员会编:《外国地名译名手册》,商务印书馆 1993 年版。

新华通讯社译名室主编:《世界人名翻译大辞典》,中国出版集团、中国对外翻译出版公司 2007 年版。

译者后记

本译著系译者主持的国家社会科学基金一般项目"伪柏拉图作品研究"（批准号：13BZX055）的阶段性成果。译者分别于2014年6月和2015年6月按时完成对该课题的翻译和研究，并上报课题主管部门。现承蒙甘肃省哲学社会科学规划办公室同意本译著作为阶段性成果可以出版。译者在此深表谢意。

对一位爱好哲学的译者来说，近些年以来除了教学工作，则整天沉浸于古希腊哲学及其文化之中，正犹如细嚼慢咽品尝一席盛宴。

实际上，译者对（伪）柏拉图作品的翻译始自1993年下半年在复旦大学法律系单科进修期间。本人从该校图书馆外文库借读了德文版《柏拉图对话全集》（O. Apelt：*PLATON SÄMTLICHE DIALOGE*，［Band 1－25］，1912－1922，Leipzig）中当时尚未被翻译成中文的作品，诸如《法律篇》《政治家篇》《小希庇亚斯篇》《阿尔基比亚德斯篇（Ⅰ、Ⅱ）》《卡尔米德篇》和《书信集》等，并打算将之译出。之后的十余年来，译者先后根据德文、英文和古希腊语版本翻译并发表了数篇柏拉图的作品（包括伪柏拉图的作品），诸如翻译并发表的柏拉图的第一篇作品是《小希庇亚斯篇》（1993年译出，1997年发表），《阿尔基比亚德斯篇（Ⅱ）》（1997年译出，1998年发表）等。当王晓朝翻译的《柏拉图全集》出版（2002—2003年）之后，我决定先将伪柏拉图作品全部翻译出来并对之进行研究。而这一切都是在教学工作之余断断续续、缓慢地进行的……

译者能够顺利完成本译著并将其付梓，受惠于他人之处很多。我对他们表示诚挚的感谢！首先，感谢全国哲学社会科学规划办公室和

译者后记

有关评审专家将本译著立为资助项目。其次，感谢中国社会科学出版社能够接受出版本译著。再次，感谢本人所在单位校领导的支持以及本译著的责任编辑夏侠女士和张冰洁女士的鼎力相助。最后，本人还要感谢许多师友。特别要感谢的是浙江大学哲学系的陈村富教授；1993年10月，我持《小希庇亚斯篇》的译文第一次拜见陈老师，向他请教关于柏拉图哲学的问题，他热情地先在其办公室而后在其家中两次接待我；他循循善诱，说理精到，对问题的分析鞭辟入里，让我受益匪浅。临别，他还给我惠赠了其皇皇巨著《希腊哲学史》（第二卷）以及《古希腊名著精要》；2013年10月，我在浙江大学查阅资料时，去看望了他，并向他请教关于伪柏拉图作品及晚期希腊哲学的问题。他虽年事已高，但仍精神矍铄，侃侃而谈，诲人不倦，高屋建瓴的指点让我的一些疑窦冰释；临别，他又给我惠赠了其《希腊哲学史》（第四卷［上、下］）并在我的请求下欣然与我合影留念。中国人民大学文学院古典文明研究中心的青年教师李致远博士不嫌麻烦，慷慨、热心地多次帮我查找和复印以及通过电子邮件给我寄来许多很有价值的资料；我在国家图书馆查阅资料时，与北京石化学院思想政治教育中心的吴泽宇博士萍水相逢，他也热心、慷慨地帮助我，用他的充值卡在图书馆内设的自助复印机上复印了我所需要的资料；还有北京外国语大学的研究生张昕昕同学也在其母校图书馆帮我借书、复印并查询我所需要的资料……在此，我对他们所做的有助于本译著完成和出版的一切工作以及本人在翻译过程中所参考了的所有文献的著者一并表示衷心感谢！

本译著是译者自古希腊语本文翻译的第一部作品，也是国内乃至国外迄今为止较为完整的伪柏拉图作品的单行译本。由于受译者能力和掌握的资料所限，本译著肯定尚有诸多不当之处。兼听则明。为免得自己"消化不良"，译者从善如流，恳请看了本译著的专家、学者和读者不吝赐教。

岳海湧

2018年11月于中共甘肃省委党校